의례 역주 儀禮譯註

사상례 · 기석례 · 사우례

【七】

역주자 장동우(張東宇)

연세대학교 대학원 철학과에서 석사 및 박사학위를 받았으며, 연세대학교 국학연구원 연구교수를 역임하였고, 현재 대진대학교 학술연구교수로 재직 중이다. 조선시대 예송과 상복에 관한 연구를 기반으로 『가례』에 대한 연구를 진행하고 있다. 저서로 『중국고대 상복의 제도와 이념』(2007)이 있으며, 역서로 『진일재선생문집』(2013)이 있다. 「『주자가례』의 수용과 보급 과정」(2010), 「조선시대 『가례』 연구의 진전」(2011), 「조선시대 가례 연구를 위한 새로운 시각과 방법」(2011), 「『국조오례의』에 규정된 대부·사·서인의 사례에 관한 고찰」(2013) 등 다수의 논문이 있다.

의례 역주 [七] 儀禮譯註 七

사상례 · 기석례 · 사우례

1판 1쇄 인쇄 2014년 5월 15일
1판 1쇄 발행 2014년 5월 25일
—
역주자 ｜ 장동우
발행인 ｜ 이방원
—
발행처 ｜ 세창출판사

　　　　신고번호 · 제300-1990-63호 ｜ 주소 · 서울 서대문구 경기대로 88 냉천빌딩 4층 ｜ 전화 · (02)723-8660
　　　　팩스 · (02)720-4579 ｜ http://www.sechangpub.co.kr ｜ e-mail: sc1992@empal.com
—
ISBN 978-89-8411-404-3 94380
　　　　978-89-8411-397-8 (세트)
—
· 이 책은 한국연구재단의 지원으로 세창출판사가 출판, 유통합니다.
· 잘못된 책은 구입하신 서점에서 바꾸어 드립니다.
· 책값은 뒤표지에 있습니다.

이 도서의 국립중앙도서관 출판시도서목록(CIP)은 e-CIP홈페이지(http://www.nl.go.kr/ecip)와 국가자료공동목록시스템(http://www.nl.go.kr/kolisnet)에서 이용하실 수 있습니다.(CIP제어번호: CIP2014015252)

의례 역주 儀禮譯註

사상례 · 기석례 · 사우례

The Translation and Annotation of "Yili"

【七】

장동우 역주

세창출판사

　본서는『의례』17편의 경문과 이에 대한 최초의 완정한 주석이자 후대『의례』주석의 전범이 되었던 '정현鄭玄의 주注'를 함께 우리말로 번역하고 주해한 것이다. 또한 번역과 주해 속에『의례』의 명물도수名物度數에 관한 도상圖象, 정현의 주석을 둘러싸고 일어났던 예학사 상의 논쟁점, 새롭게 보완된 후대의 주요한 주석 등을 함께 정리함으로써 독자들로 하여금 본 번역을 통해『의례』와 그 주석사의 맥락을 이해할 수 있도록 하는 데에 주안점을 두었다.

　『의례』는 한초漢初 고당생高堂生으로부터 전승된 것으로, 후에『예기』,『주례』와 더불어 '삼례三禮'로 칭해지게 되었다. 후한 말 정현이『삼례목록三禮目錄』을 작성할 당시『의례』의 전본傳本에는 '대대본大戴本', '소대본小戴本' 그리고 유향劉向의『별록別錄』본本' 등이 있었다. 정현은『별록』본'에 의거하여 주석 작업을 하였고, 이것이 오늘날 우리가 보는『의례』17편이다.

　정현 '의례 주'의 특징으로는 '훈고訓詁'의 측면에서 ① 여러 이본異本들을 대조하여 글자에 대한 교감을 가하였고, ② 전・후한 시대 금문학파의 번쇄한 주석방식에서 벗어나 여러 학설을 망라하면서도 핵심적인 논점을 중심으로 종합하여 관통시키는 '회통會通'의 방식을 취하였으며, ③ 간략하면서도 심오한 기록 탓에 난해하였던 고례古禮의 행례 절차와 배경들을 구체적으로 이해할 수 있게 하였다는 점을 들 수 있다. 이와 함께 '의리義理'의 측면에서 보면, ① 외형적 행례 절차를 기록한 '경문'을 가시적으로 형상화시키면서 동시에 경문의 행례 과정이 담고 있는 예학적 의미를 밝혀냈고, ②『의례』외에『주례』와『예기』등 '삼례서三禮書' 전체에 대한 주석 작업을 통해 정현 자신이 도달한 성찰, 즉 고례의 원리와 체계에 대한 구조적 성찰을 반영시킴으로써 고대 예학의 세계상을 이해할 수 있게 하였다. 말하자면 정현의 주는 '삼례'의 원융한 예의 체계를 구축하고, 그 체계 속에 모든 경서를 정합적으로 포괄한다는 정현의 학문적 영위의 일환으로 저술되었던 것이다. 후대에 '예학禮學은 정학鄭學'이라고 칭해질 정도로 정현의 삼례주三禮注는 중국 고대 예학 연구의 토대가 된다. 정현의 주석에 의거함으로써 우리는 비로소 '난독지서難讀之書'・'망이생외望而生畏'로 알려진『의례』에의 접근이 가능하게 된 것이다.『의례』의 경문과 더불어 '정현의 주'를 함께 번역하게 된 이유가 여기에 있다.

최근 한・중・일 동아시아 3국에서 예학연구는 새로운 각도에서 조명받는 학문영역 가운데 하나이다. '근대의 망루'에서 '예'는 동아시아 근대화를 가로막는 사상적 근원이자 제도적 고착으로서 비판받았다. 그러나 근대 자체가 상대화된 이후 이제 오리엔탈리즘의 시각에서 벗어나 그 '예'의 실체가 무엇이었으며 그것으로 지탱되던 전통시대 사회시스템의 실체는 어떠했는지를 객관적으로 구명하고자 하는 것은 시대적 요구가 되고 있다. 학문적 차원에서도 조선시대의 예송논쟁뿐 아니라 국가전례의 구체적 실상, 조선과 중국의 종묘제론, 종법론, 상복제도 나아가 일반 생활사의 영역에서도 예학에 대한 관심이 고조되고 있고, 새로운 시야가 개척되고 있다. 이러한 연구는 당연히 의식의 구체적 행위절차를 규정한『의례』에 대한 접근을

선행 조건으로 해야 하며, 따라서 엄밀한 학문적 차원에서 『의례』 등 주요한 예서를 역주하는 작업이 바탕이 되어야 할 것이다.

본서는 리쉐친(李學勤) 주편 십삼경주소정리본十三經注疏整理本 『의례주소儀禮注疏』(北京, 北京大學出版社, 2000)를 저본으로 삼아 번역한 것이다. 이 저본은 가장 최근에 간행된 『의례』 본으로 『의례』의 경문, 정현의 주, 가공언의 소를 단락별로 제시하였을 뿐 아니라, 다양한 판본에 대한 치밀한 교감이 이루어져 있기 때문이다. 우리말 번역에서도 표점은 기본적으로는 이 저본의 표점 원칙을 수용하였지만, 현재 우리나라에서 진행되는 각종 정본 사업의 표점 원칙을 반영하였고, 또 옮긴이들의 관점에서 필요한 표점 방식을 만들어내어 적용하였으며, 인용부호, 강조점 등은 우리말 어법에 맞추어 바꾸었다. 리쉐친 『의례주소』 본의 표점에 오류가 있는 경우 역시 정정하였다.

옮긴이들은 정현의 주에 의거하여 경문을 번역하는 방식을 취하였는데, 정현의 해석은 매우 간오簡奧하기 때문에 한대의 언어학적 맥락을 짚어내지 못한다면 그 행간에 담긴 함의를 간취하기 어려운 측면도 있다. 따라서 경문과 정현의 주에 대한 후대 주석가들의 해석을 동원하지 않을 수 없는데, 이 점에서 청대 호배휘胡培翬의 『의례정의儀禮正義』는 매우 유용한 정보를 제공해 준다. '표준적 해석'이라는 뜻에 걸맞게 『의례정의』에는 송대의 오계공敖繼公·이여규李如圭를 비롯해서 명대의 장이기張爾岐, 청대의 오정화吳廷華·채덕진蔡德晉·저인량著寅亮·호광충胡匡衷 등 역대 주석가들의 논점을 정합적인 논거와 비판적인 안목으로 각각의 정현 주 아래에 덧붙여 소개하고 있다. 약간 번잡한 느낌이 없는 것도 아니지만, 이들 후대 주석가들의 논점을 주석에 상세히 정리함으로써, 『의례』 해석의 시대적·역사적 변화를 드러낼 수 있도록 함과 동시에, 해석의 정확성을 최대한 높이고자 하였다. 또한 매 편의 표제 아래에 정현의 『삼례목록』을 번역하여 넣음으로써『의례』17편에 실린 각 의례의 역사적 연원을 이해할 수 있도록 하였다. 그리고 각각의 행례 절차가 시작되는 앞머리에 의례의 연원 및 의미, 그리고 각 의례의 행례 장소와 전반적인 행례 과정에 대한 간략한 개요를 제시하여 '해제'로 붙임으로써, 복잡한 각각의 의례 절차와 의의를 일목요연하게 파악한 후 본문 이해에 들어갈 수 있도록 하였다.

『의례』는 상대적으로 예의 이론적 측면을 논하는『예기』와 달리 구체적 의식 절차를 기록한 매뉴얼이다. 따라서 그 번역은 단순히 우리말로 옮기는 것뿐 아니라, 그것의 실체를 입체적이고 구조적으로 이해할 수 있도록 궁실, 의복, 기물, 건축물 등 명물도수名物度數들에 대한 도상圖象과 도해圖解를 제시할 필요가 있다. 따라서 본 번역에서는 송대 양복楊復의『의례도儀禮圖』·섭숭의聶崇義의『삼례도三禮圖』, 명대 유적劉績의『삼례도三禮圖』, 청대의『흠정의례의소欽定儀禮義疏(禮器圖)』·장혜언張惠言의『의례도儀禮圖』·황이주黃以周의『예서통고禮書通考』등에 수록된 도상과 도해뿐 아니라 양톈위(楊天宇), 이케다 스에토시(池田末利), 다니다 다카유키(谷田孝之) 등 현대『의례』연구자들의 성과물을 적극적으로 활용하였다.

'번역'이란 원문의 의미를 손상시키지 않고 타국의 언어로 이를 고스란히 되살려 내는 작업일 뿐 아니라 비전공자들도 쉽게 읽을 수 있도록 가독성을 높여야 한다는 상호 모순을 해소하는 과정이기도 하다.『의례』와 같은 고문헌을 번역할 때에는 그러한 고심이 더욱 깊어질 수밖에 없는데, 특히 제기 등 기물의 명칭을 어떻게 우리말로 옮길 것인가를 두고 번역과정에서 여러 논란이 있었다. 가령 '변籩'과 '두豆'의 경우, '변'과 '두'로 옮기는 것이 가장 정확한 번역일 수 있지만,『의례』안에는 수많은 제기, 궁실, 건축물, 의복, 음식 등의 명칭이 등장하는데 이를 모두 원래의 명칭 그대로 표기하게 될 경우, 번역문은 거의 기호의 나열이나 다름없어 가독성에 심각한 문제가 발

생할 것으로 판단하였다. 이에 따라 본 번역에서는 명물名物에 대한 정현의 해석과 각종 문헌의 기록에 의거하여 그 기물의 특징과 성격을 드러낼 수 있는 적절한 우리말로 표기하기로 하였다. 정현은 '변籩'에 대해 "변은 대나무로 만든 제기이다"(『周禮』, 「天官·籩人」, "籩,竹器"), "말린 고기를 올릴 때에는 변을 사용하는데, 변은 말린 음식을 담는 데에 적당하다"(『儀禮』, 「鄕射禮」, "脯用籩, 籩宜乾物")고 하였고, '두豆'에 대해서는 "고기 젓갈을 올릴 때에는 두를 사용하는데, 두는 젖은 음식을 담는 데에 적당하다"(『儀禮』, 「鄕射禮」, "醢以豆, 豆宜濡物也")고 하였다. 또 『이아爾雅』 「석기釋器」에서는 "나무로 만든 제기를 두라 하고, 대나무로 만든 제기를 변이라 한다"(木豆謂之豆, 竹豆謂之籩)고 하였다. 이에 따르면 '변'과 '두'는 그것을 만드는 재료의 측면에서는 '대나무'와 '나무'라는 차이가 있고, 기능적인 측면에서는 '말린 음식을 담는 제기'와 '젖은 음식을 담는 제기'라는 차이가 있다. 이러한 해석에 의거하여 본 번역에서는 '변'을 '대나무제기', '두'를 '나무제기'로 각각 표기하였다.

옮긴이들이 처음 『의례』 번역에 관심을 갖기 시작한 것은 1998년부터였다. 이봉규, 장동우, 이원택 그리고 김용천은 중국 고대철학, 다산 정약용, 조선시대 정치사상사, 중국 고대사 등 각자의 구체적 전공분야는 달리하였지만, 모두 '예학'을 학문의 밑바탕으로 하고 있어 자연스레 모임이 결성되었다. 당시에는 '상례'에 대한 관심이 고조되어 『의례』 「상복」의 번역으로 시작했지만, '삼례서'의 번역을 평생의 업으로 삼아보는 것이 어떻겠느냐는 이봉규 선생의 제안에 따라 청명문화재단의 지원 아래 『예기』 번역에 본격적으로 뛰어들었고, 모임의 이름도 '삼례사락三禮四樂'이라 하였다. 2005년에는 『예기』 전공자인 박례경 선생의 합류로 공부의 즐거움은 배가 되었고, '삼례사락'은 '삼례역락三禮亦樂'으로 바뀌었다. 그리고 보면 우리의 공부 모임도 벌써 15년이라는 짧지 않은 세월이 흐른 셈이 되며, 초창기에 비하면

내공의 깊이도 적지 아니 깊어진 느낌이다. 『예기』의 번역 초고가 마무리될 즈음, 2008년도에 본서가 한국연구재단의 '명저번역과제'로 선정됨으로써, '삼례서'의 두 번째 작업 『의례』의 번역을 개시하였던 것이다.

예서의 번역은 매주 금요일마다 연세대학교에서 '삼례역락' 모임을 갖고 미리 번역된 초고를 상호 토론하고, 수정하는 과정을 거쳤다. 그러나 난해한 구절이 등장할 경우 한 문장에 대한 해석을 놓고 몇 시간에 걸쳐 논쟁을 벌이는 경우도 다반사였고, 게다가 『의례』의 경우 번역 분량이 워낙 방대한 탓도 있어 이러한 방식으로는 주어진 기간 내에 완역은 불가능하였다. 따라서 모임에서는 용어의 통일 및 문체의 일관성을 유지할 수 있도록 초고에 대한 전반적인 검토 수준에 멈추고, 각자의 전공과 관련된 편들을 배당하여 번역하는 방식을 택하였다. 작업의 분담은 김용천 : 「사관례」1 · 「연례」6, 「빙례」8 · 「상복」11 · 「유사철」17, 박례경 : 「사혼례」2 · 「사상견례」3 · 「향음주례」4 · 「공사대부례」9 · 「근례」10 · 「특생궤사례」15, 이원택 : 「향사례」5 · 「대사의」7, 장동우 : 「사상례」12 · 「기석례」13 · 「사우례」14이며, 후에 참여하여 번역에 활기를 불어넣어주신 이봉규 선생께서는 「소뢰궤사례」16의 번역과 더불어 『의례』 해제'의 집필을 맡아주셨다.

이제 기나긴 번역의 고투 과정을 마치고 탈고를 앞두고 있다. 한국연구재단의 최종 보고 이후 번역문 전체의 체계와 통일성을 기하기 위해 거의 매일같이 연구실의 불빛을 밝히고 몰두하면서 나름대로 열심히 하였다고 자부하지만, 여전히 '망문생의望文生義'의 엉뚱한 오역이 없으리라 장담하지 못하는 불안감도 감출 수 없다. 사계의 질정을 기다리며, 예학 전공자들의 연구에 조그마한 보탬이라도 되었으면 하는 마음뿐이다. 본서를 명저번역과제로 선정해 주고 경제적 지원까지 아끼지 않았던 한국연구재단 관계자분들께 감사의 말씀을 드린다. 번역과정에서 복식과 관련하여 교열과 많은

자문을 해 주신 최규순 교수님께 고마움의 마음을 표한다. 예정보다 원고의 완성이 늦어져 마음으로 무척 초조했을 텐데도 옮긴이들에게 아무런 압박(?)도 가하지 않고 묵묵히 기다려주신 세창출판사 김명희 실장님께도 미안함과 고마움의 마음을 전한다. 투박한 박석璞石의 문체를 꼼꼼한 교열과 윤문으로 깔끔하게 다듬어 옥조玉藻로 탈바꿈시켜준 송경아 선생에게 누구보다 고맙다는 말을 전하고 싶다.

2012년 11월 12일
늦가을의 향기 그윽한 왕방산 아랫자락 연구실에서
번역자를 대표하여 김용천 씀

○ 본 번역의 대본은 2000년 12월 북경대학출판사北京大學出版社에서 간행한 리쉐친李學勤 주편,《십삼경주소정리본十三經注疏整理本》가운데『의례주소儀禮注疏』이다.『의례儀禮』경문과 함께 한漢 정현鄭玄 주注와 당唐 가공언賈公彦 소疏가 수록되어 있다. 청淸 완원阮元의 십삼경주소교감기十三經注疏校勘記를 저본으로 하고 손이양孫詒讓의 십삼경주소교기十三經注疏校記, 십삼경청인주소十三經淸人注疏의 성과들을 반영한 교감기가 부기되어 있다.

○ 번역에 가장 많이 참고한 서적은 1993년 7월 강소고적출판사江蘇古籍出版社에서 간행한 청淸 호배휘胡培翬 찬撰,『의례정의儀禮正義』이다.『의례』와 관련된 청대까지의 주요 연구 성과들을 망라하여 경문과 정현 주에 대한 이해를 돕고, 주소에 대한 논리적인 해명과 비판의 근거들을 제시한 저작이다. 번역본에서는 해당 경문의 번역에 직접적인 근거가 될 만한 학설이나 비판적인 이견 등이 있을 경우, 주석에서 직·간접의 형태로 번역하여 인용, 소개하였다.

○ 번역에서 경전이나 제자서諸子書 등을 인용할 경우에는, 인용문을 번역하고 괄호 안에 인용문의 한문 원문을 수록하였다.

○ 본 번역서에 수록된 도상圖象 자료는, 의례도儀禮圖의 경우 기본적으로 청淸『흠정의례의소欽定儀禮義疏』「예절도禮節圖」를 매 편마다 단락별 해제 앞에 수록하였고, 의례의 동선이나 위치 표현이 부족할 경우에는 송宋 양복楊復의『의례도(의례방통도)儀禮圖(儀禮旁通圖)』, 청淸 장혜언張惠言의『의례도儀禮圖』 등을 보완적으로 수록하였다. 경문과 정현 주, 각주에 서술된 각 명물도수名物度數에 관한 도상은 송宋 섭숭의聶崇義의『삼례도三禮圖』와 2006년 청화대학출판사淸化大學出版社에서 간행한 정안丁晏 교점·해설의『신정삼례도新定三禮圖』, 청淸『흠정의례의소』「예기도禮器圖」, 청淸 황이주黃以周의『예서통고禮書通考』에서 해당 도상을 찾아서 수록하였다. 이 밖에도 1998년 강소고적출판사江蘇古籍出版社에서 간행한 첸쉬안(錢玄)의『삼례사전三禮辭典』, 이케다 스에토시(池田末利)의『의례儀禮』, 1994년 상해고적출판사上海古籍出版社에서 간행한 양톈위(楊天宇)의『의례역주儀禮譯注』, 최규순崔圭順의『중국역대제왕면복연구中國歷代帝王冕服研究』, 쑨지孫機의『중국고여복논총中國古輿服論

叢』과『한대물질문화자료도설漢代物質文化資料圖說』, 가오밍첸高明乾의『고식물한명도고古植物漢名圖考』등 오늘날 예학 연구자들의 저작에서도 보완이 될 만한 도상들을 추출하여 수록하였다.

○ 용어의 번역은 가독성을 위해 가능한 한 우리말로 번역하고 괄호 안에 원문 용어를 병기하는 것을 원칙으로 하였다. 예) 대나무제기(籩), 고기국물(湆), 당 위 서쪽 벽(西序).

○ 문장의 번역은 통일성을 위해 반복적으로 등장하는 행례 과정 등은 일정한 문장으로 정형화하여 통일하는 것을 원칙으로 하였다. 예) 再拜稽首 : 머리를 바닥에 대면서 재배를 한다. 再拜送摯 : 예물을 보내준 후에 재배를 한다.

○ 본 번역에서 교감에 이용한 판본은 다음과 같이 표기한다.

송宋 엄주嚴州 단주본單注本은 '엄본嚴本', 번각翻刻 송宋 단주본은 '서본徐本', 명明 종인걸鐘人傑의 단주본은 '종본鐘本', 이원양李元陽의 주소본注疏本은 '민본閩本', 명明 국자감國子監 주소본은 '감본監本', 급고각汲古閣 주소본은 '모본毛本', 육덕명陸德明의『경전석문經典釋文』은『석문釋文』, 장순張淳의『의례지오儀禮識誤』는 '장씨張氏', 이여규李如圭의『의례집석儀禮集釋』은『집석集釋』, 주희朱熹의『의례경전통해儀禮經典通解』는『통해通解』, 위료옹魏了翁의 초본抄本『의례요의儀禮要義』는『요의要義』, 양복楊復의『의례도儀禮圖』는 '양씨楊氏', 오계공敖繼公의『의례집설儀禮集說』은 '오씨敖氏'로 각각 표기한다.

○ 본 번역본은『의례』17편의 내용상 의례범주와 번역분량을 고려하여 모두 여덟 권으로 나누고, 색인편을 별도의 한 책으로 엮었다. 1권은「사관례」(제1),「사혼례」(제2),「사상견례」(제3)이다. 2권은「향음주례」(제4),「향사례」(제5)이다. 3권은「연례」(제6),「대사의」(제7)이다. 4권은「빙례」(제8)이다. 5권은「공사대부례」(제9),「근례」(제10)이다. 6권은「상복」(제11)이다. 7권은「사상례」(제12),「기석례」(제13),「사우례」(제14)이다. 8권은「특생궤사례」(제15),「소뢰궤사례」(제16),「유사철」(제17)이다.

士喪禮
第十二

역주 장동우

士喪禮 第十二

소 정현鄭玄(127~200)의 『삼례목록三禮目錄』¹에서 말한다. "사士가 그의 부모를 여의었을 때 시사始死부터 성빈成殯까지의 예이다. 상례喪禮는 오례五禮 가운데 흉례凶禮에 속한다.² 대대본의 『의례』에는 제4로, 소대본의 『의례』에는 제8로, 유향劉向(BC 77~BC 6)의 『별록別錄』에는 제12로 되어 있다.

소 鄭『目錄』云, "士喪其父母, 自始死至於旣殯之禮. 喪於五禮屬凶. 大戴第四, 小戴第八, 『別錄』第十二."

1_『삼례목록』: 정현이 삼례 즉 『의례』·『주례』·『예기』의 각각의 편차와 편명에 대한 해제를 기록한 책이다. 『수서』「經籍志」에 "『三禮目錄』1卷, 鄭玄 撰"으로 저록되어 있고, 梁의 도홍경이 주를 달았지만 망실되었다고 한다. 『삼례목록』은 본래 별도의 단행본이었는데, 가공언이 『의례』의 소를 작성할 때 처음으로 각 편 제목 아래에 갖다가 붙였다. 『의례』·『예기』·『주례』를 '三禮'로 칭하기 시작한 것은 후한 이후의 일이다. 『후한서』 권69하, 「儒林傳」 '董鈞傳'에 "후한이 창업되자, 정중은 『周官經』을 전하였고, 후에 마융이 『周官傳』을 지어서 정현에게 전수하였는데, 정현은 『周官注』를 지었다. 정현은 본래 小戴의 『禮』를 익혔는데, 후에 고문경을 가지고 그것을 교수하여 그 의리가 뛰어난 것을 취하였다. 그리하여 鄭氏의 學으로 삼았다. 정현은 또 小戴가 전한 『예기』 49편에 주를 달아 통틀어서 三禮로 삼았다"(中興, 鄭衆傳 『周官經』, 後馬融作 『周官傳』, 授鄭玄, 玄作 『周官注』. 玄本習小戴 『禮』, 後以古經校之, 取 其義長者. 故爲鄭氏學. 玄又注小戴所傳 『禮記』四十九篇, 通爲三禮焉)고 하였다. 또 『후한서』 권64, 「盧植列傳」에는 "『尚書章句』와 『三禮解詁』를 지었다"고 되어 있다. 따라서 '三禮'라는 명칭은 후한 말부터 통행되기 시작했음을 알 수 있다.

2_상례은 ~ 속한다 : 五禮는 예를 다섯 범주로 나눈 것으로, 吉禮·凶禮·軍禮·賓禮·嘉禮를 가리킨다. 『주례』「춘관·小宗伯」에서 "오례의 금령과 희생에 사용되는 기물의 차등을 관장한다"(掌五禮之禁令與其用等)고 한 것에 대해 정현은 정사농의 말을 인용하여 "오례는 길례·흉례·군례·빈례·가례를 말한다"(五禮, 吉·凶·軍·賓·嘉)고 하였고, 『수서』「禮儀志」1에 "길례로 귀신을 공경하고, 흉례로 나라의 흉사를 애도하고, 빈례로 빈을 친애하고, 군례로 위반자를 주벌하고 가례로 姻戚과 화합한다. 이것을 오례라고 한다"(以吉禮敬鬼神, 以凶禮哀邦國, 以賓禮親賓客, 以軍禮誅不虔, 以嘉禮合姻好, 謂之五禮)고 하였다.

「사우적실死于適室」

(淸),『흠정의례의소』

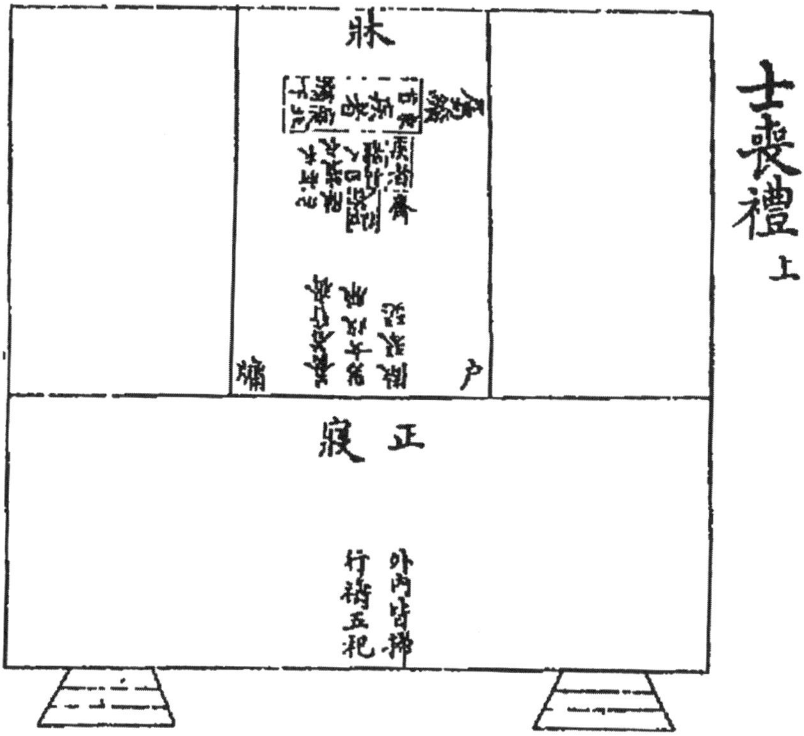

房　　　　　　　　　　　房

帷堂

經-01에서 經-05까지는 시사始死 즉 막 운명하였을 때와 복복復을 할 때의 절차이다.

[士喪禮12 : 經-01]

사상례士喪禮. 적실適室[1]에서 운명殞命을 하면, 대렴 때 쓸 이불(斂衾)로 시신을 덮는다.

士喪禮. 死于適室, 幠用斂衾.

정현주 '적실適室'은 정침正寢의 실室이다. 병자는 정침에서 재계齋戒를 하므로 정침에서 운명을 하는 것이다. 병환이 들었을 때에는 북쪽 벽(北墉) 밑에 있다가, 운명하면 실의 남쪽 창(牖) 밑으로 옮기는데, 침상과 잠자리에 까는 자리(茵)를 마련한다. '무幠'는 덮는다(覆)는 뜻이다. '염금斂衾'은 대렴 때 함께 사용할 금衾이다. '금衾'은 이불(被)이다. 소렴 때 사용할 이불은 곧 진설해야 한다.[2] 『예기』「상대기」에 "막 운명하면 시신을 침상으로 옮기고, 염금斂衾으로 덮으며, 병들었을 때 입은 새 옷을 벗긴다"[3]라고 하였다. '適室', 正寢之室也. 疾者齊, 故于正寢焉. 疾時處北墉下, 死而遷之當牖下, 有牀・茵. '幠', 覆也. '斂衾', 大斂所幷用之衾. '衾', 被也. 小斂之衾當陳. 「喪大記」曰, "始死, 遷尸于牀, 幠用斂衾, 去死衣."

衿

黍

금衿・금黍

(淸),『흠정의례의소』

[士喪禮12 : 經 - 02]

복復을 할 한 사람이, 사자死者가 살았을 때 입었던 작변복爵弁服[4]의 치마(裳)를 웃옷(衣)에 연결해서 왼쪽 어깨에 메고, 작변복의 옷깃을 자신의 허리띠 사이에 꽂는다.

復者一人, 以爵弁服, 簪裳于衣, 左何之, 扱領于帶.

정현주 '복을 할 사람'(復者)은 유사有司로서 신혼神魂을 불러 형백形魄으로 되돌리는 일을 담당한다.[5] 천자는 하채夏采[6]와 제복祭僕[7] 등이, 제후는 소신小臣[8]들이 복을 한다. 작변복은 검은색 비단 웃옷(純衣)과 옅은 진홍색 치마(纁裳)인데, 예에서는 관冠으로 복장을 이름한다. '잠簪'은 잇는다(連)는 뜻이다.[9] '復者', 有司招魂復魄也. 天子則夏采・祭僕之屬, 諸侯則小臣爲之. 爵弁服, 純衣纁裳也, 禮以冠名服. '簪', 連也.

[士喪禮12 : 經 - 03]

복復을 하는 사람은 동쪽 추녀(榮)[10]의 앞에서 사다리를 타고[11] 지붕으로 올라가 중앙까지 가 북쪽을 향해 옷을 흔들면서 혼령魂靈을 부르는데, 소리를 길게 내고 나서 "아무개는 돌아오라"라고 세 번을 외친 다음 옷을 당堂 앞으로 던진다.

升自前東榮, 中屋, 北面, 招以衣曰, "皋某復!" 三, 降衣于前.

정현주   '북쪽을 향해서 부른다'(北面招)는 것은 어두운 곳에서 구한다는 뜻이다.[12] '고皋'는 소리를 길게 내는 것이다. '모某'는 죽은 사람의 이름이다.[13] '복復'은 돌아오라는 뜻이다. '강의降衣'는 옷을 아래로 던진다는 뜻이다. 「상대기」에 "무릇 복復을 할 때는 남자는 이름을 부르고 부인은 자字를 부른다"고 하였다. '北面招', 求諸幽之義也. '皋', 長聲也. '某', 死者之名也. '復', 反也. '降衣', 下之也. 「喪大記」曰, "凡復, 男子稱名, 婦人稱字."

[士喪禮12 : 經-04]

옷을 받는 사람이 뜰에서 옷을 받을 때는 상자(篋)를 사용하여 받고, 옷을 받은 뒤 조계로 올라가[14] 옷을 시신 위에 덮어 놓는다.

受用篋, 升自阼階, 以衣尸.

정현주   '받는다'(受)는 것은 뜰에서 받는다는 것이다. 복復을 할 때는 한 사람이 초혼招魂을 하므로 옷을 받는 사람 또한 한 사람이다. 국군國君의 경우는 사복司服이 복의復衣를 받는다. '의시衣尸'는 시신 위에 덮는 것으로 마치 혼魂이 돌아온 것처럼 하는 것이다. '受'者, 受之於庭也. 復者, 其一人招, 則受衣亦一人也. 人君則司服受之. '衣尸'者, 覆之, 若得魂反之.

복復을 하는 사람은 지붕 뒤쪽의 서쪽 추녀(西榮)가 있는 곳으로 내려온다.

復者降自後西榮.

정현주   앞으로 내려오지 않는 것은 차마 빈손으로 돌아갈 수(虛反)¹⁵ 없어서이다. 내려와서는 곧 서북쪽 모퉁이를 치우는데 이 방은 흉하여 거처할 수 없다고 말하는 듯이 한다.¹⁶ 이때부터 죽음을 처리하는 일들을 시행한다. 不由前降, 不以虛反也. 降因徹西北屝, 若云此室凶不可居然也. 自是行死事.

1_ 적실 : 正寢으로 堂의 뒤에 있는 室을 말한다. 호배휘의 설명에 따르면 고대에 天子부터 士에 이르기까지 모두 正寢과 燕寢이 있었다. 정침은 齋戒할 때나 질병에 걸렸을 때 거처하는 곳이고, 燕寢은 평상시에 거처하는 곳이다. 천자와 제후의 정침을 路寢이라고 부르고, 대부의 정침을 適寢이라고 부른다. 정침과 연침의 형태는 동일한데, 오정화는 정침이 연침의 뒤쪽에 있다고 설명한다. 『의례정의』, 1641쪽 참조.

2_ 염금은 대렴 때 ~ 한다 : 가공언은 "소렴에 사용할 이불은 곧 진설해야 하므로 소렴금을 사용하지 않는다. 아직 대렴 때가 되지 않았으므로 잠시 대렴금으로 시신을 덮는 것이다. 따라서 소렴이 끝나고 대렴금을 진설해야 하면 夷衾으로 시신을 덮는데, 이것이 그 차례이다. 여기서 시신을 덮었던 대렴금은 시신을 수습한 뒤 소렴을 할 때쯤 제거한다"(小斂之衾當陳者, 不用小斂衾. 以其大斂未至, 故且覆尸. 是以小斂訖, 大斂之衾當陳, 則用夷衾覆尸, 是其次也. 此所覆尸, 尸襲後將小斂, 乃去之)라고 하였다. 『의례주소』, 762쪽 참조.

3_ 병들었을 때 ~ 벗긴다 : 『예기』 「喪大記」 정현의 주에 "병들었을 때 입은 새 옷과 復을 할 때 사용한 옷"(病時所加新衣及復衣也)을 가리키는 것으로 되어 있다.

4_ 작변복 : 『의례』 「사관례」에 "작변복. 옅은 진홍색 치마(纁裳)와 검은색 비단 웃옷(純衣)에 검은 색의 띠를 착용하고 적황색 무릎가리개(韎韐)를 한다"(爵弁服. 纁裳, 純衣, 緇帶, 韎韐)에 대해 정현은 "작변복은 면복의 다음으로, 그 색은 적색에 약간 흑색을 띠며, 마치 참새의 머리색과 같은데, 어떤 사람은 緅(검붉은 색)라고도 한다. 그 베는 30升이다"(爵弁者, 冕之次, 其色赤而微黑, 如爵頭然. 或謂之緅. 其布三十升)라고 하였다. '爵弁服'에 관해서는 [사관례01 : 經-28]의 정현 주 참조.

5_ 신혼을 불러 ~ 담당한다 : 『예기』 「郊特牲」에 "魂氣는 하늘로 돌아가고 形魄은 땅으로 돌아간다"(魂氣歸于天, 形魄歸于地)라고 하였고, 『예기』 「檀弓」에 "魂氣는 가지 않는 곳이 없다"(魂氣則無不之也)라고 하였다. 사람이 막 운명을 하면 혼기는 여전히 남아 있으므로 효자는 그것을 형백으로 되돌려 살아나도록 하고자 한다. 이 때문에 복을 하는 것이다. 『의례정의』, 1644쪽 참조.

6_ 하채 : 大喪과 관련된 업무를 처리하는 관리이다. 『주례』 「천관·序官」에 "夏采는 下士 4인이다"(夏采下士四人)라고 한 것에 대하여 정현은 "하채는 꿩의 깃털 색깔이다. 「禹貢」에 '徐州에서는 꿩의 깃을 공물로 바쳤는데 유우씨는 그것으로 깃대를 장식하였다. 후대에 하채가 없는 경우에 새의 깃털을 물들여 본떠 사용하고 하채라고 불렀다"(夏采, 夏翟羽色. 「禹貢」徐州貢夏翟之羽, 有虞氏以爲緌. 後世或無, 故染鳥羽, 象而用之, 謂之夏采)라고 하였다.

7_ 제복 : 祭禮를 관장하는 관리이다. 『주례』 「하관·祭僕」에 "왕에게 명을 받아 제사를 살피고, 제사에 참여하는 유사들을 경계하며 백관의 형구를 수습하는 일을 관장한다"(祭僕掌受命于王, 以視祭祀, 而警戒祭祀有司, 糾百官之戒具)라고 하였다.

8_ 소신 : 정현은 '국군의 측근 신하'(君之近臣也)로 해석한다. 『의례정의』, 1644쪽 참조.

9_ '裳'은 ~ 뜻이다 : 가공언은 "만약 일상적인 경우라면 웃옷과 치마가 각각 나뉘지만, 이제 초혼을 할 때는 편리하도록 하기 위하여 치마를 웃옷에 연결시킨다"(若凡常, 衣服·衣裳各別, 今此招魂, 取其便, 故連裳於衣)라고 하였다. 『의례주소』, 762쪽 참조.

10_ 추녀 : '榮'은 지붕의 용마루 양 끝 부분인데 새의 날개 형상을 하기 때문에 지붕의 날개 즉 '屋翼'이라고 한다. 『예기』 「喪大記」에 "국군의 측근 신하가 復을 하는데, 복을 할 때에는 朝服을 입는다. 군주를 위해서는 袞服을 입고, 군주의 부인을 위해서는 屈狄을 입으며 … 모두 東榮으로부터 올라가서 지붕 한가운데의 높은 곳에서 북쪽을 바라보면서 세 번 부른다"(小臣復, 復者朝服. 君以卷, 夫人以屈狄, 大夫以玄赬, 世婦以禮衣, 士以爵弁, 士妻以稅衣, 皆升自東榮, 中屋履危, 北面三號)고 한 것에 대해, 공영달의 소에는 "'榮'은 지붕의 날개(屋翼)이다. 천자와 제후는 모두 사면으로 물이 흐르게 하여 지붕을 만든다. 하지만 대부 이하는 사면으로 물이 흐르게 하지 못하고 단지 남쪽과 북쪽 두 곳으로 물이 흐르게 하여, 곧은 머리를 하는데, 머리 부분이 곧 屋翼이다"(榮, 屋翼也. 天子·諸侯, 四注爲屋. 而大夫以下, 不得四注, 但南北二注, 而爲直頭, 頭卽屋翼也)고 해석하였고, 진호는 "천자와 제후의 지붕은 모두 사면으로 물이 흘러내리게 하지만 대부 이하는 단지 앞뒤로 처마가 있을 뿐이다. 翼은 지붕의 양 머리에 있는데 날개와 비슷하기 때문에 '屋翼'이라고 칭한다"(天子·諸侯屋皆四注, 大夫以下但前簷後簷而已. 翼在屋之兩頭, 似翼, 故名屋翼也)고 하였다. 『예기집설』 참조.

11_ 사다리를 타고 : 『예기』 「喪大記」에 "복을 할 때 숲과 산기슭이 있으면 우인이 사다리를 설치하고, 숲과 산기슭이 없다면 적인이 사다리를 설치한다"(復, 有林麓則虞人設階, 無林麓則狄人設階)라고 하였다. 이에 대해 정현은 "階는 올라타서 지붕에 오르는 도구이다. '虞人'은 숲과 산기슭을 주관하는 관직이다. '狄人'은 음악을 관장하는 관리 가운데 천한 자이다. '階'는 사다리이다. 악기걸이(簨虡)의 일종이다"라고 하였다. 숲과 산기슭이 있다는 것은 군과 부인으로 나라와 채지가 있는 경우이고, 숲과 산기슭이 없다는 것은 대부와 사로서 채지가 없는 경우를 가리킨다. 그렇다면 여기에서 지붕에 올라갈 때는 적인에게 사다리를 설치하도록 하는 것이다. 『의례주소』, 673쪽 참조.

12_ '북쪽을 ~ 뜻이다 : 『예기』 「檀弓」의 구절이다. 「檀弓」에는 다음과 같이 되어 있다. "復은 사랑하는 마음을 다하는 도리로, 이때에도 회생하기를 기도하는 마음을 가지고 있는 것이다. 어두운 곳으로부터 돌아오기를 바라는 것은 귀신에게 구하는 도리이다. 북쪽을 향하는 것은 어두운 곳에서 구한다는 뜻이다."(復, 盡愛之道也, 有禱祠之心焉. 望反諸幽, 求諸鬼神之道也. 北面, 求諸幽之義也)

13_ 죽은 사람의 이름이다 : 이는 대부 이하의 경우이다. 천자가 죽으면 '皐天子復'이라 하고, 제후가 죽으면 '皐某甫復'이라고 한다. 『의례주소』, 763쪽 참조.

14_ 조계로 올라가 : 阼階는 주인이 평소 오르던 계단이다. 그 때문에 오계공은 "조

계로 오르는 것은 魂氣가 돌아왔음을 상징하는 것이다"라고 하였다. 『의례정의』, 1647쪽 참조.

15_ 빈손으로 돌아갈 수 : 호배휘는 정현의 주를 "復은 魂을 데리고 돌아오려는 것인데, 이제 혼이 돌아오지 않는다면 이것은 빈손으로 돌아가는 것이다. 그 때문에 앞쪽으로 내려오지 않고 뒤쪽으로 내려오는 것"으로 해석한다. 그리고 호배휘는 "이때는 복을 한 사람이 막 復衣를 앞쪽으로 던진 뒤, 받는 사람에게 그것을 시신에 덮도록 하여 死者가 살아나기를 바라고 있는 때인데, 어찌 지붕 위에 있는 사람이 곧바로 살아나지 못할 것이라고 미리 생각하여 앞으로 내려오지 않으려고 할 리가 있겠는가?"라고 반문한다. 따라서 그는 "복을 한 사람이 뒤쪽으로 내려오는 것은 올라갈 때와는 변화를 준 것으로, 서북쪽 모퉁이를 치우는 것이 편리하기 때문이다"라고 본다. 오계공도 "올라갈 때와는 변화를 준 것이다. 아래 문장에서 奠을 진설하는 경우에 올라갈 때와 내려갈 때 계단을 달리하는데 그 의미가 모두 같다"라고 하였다. 『의례정의』, 1647 ~ 1648쪽 참조.

16_ 이 방은 흉하여 ~ 한다 : 호배휘는 서북쪽 모퉁이를 치우는 것 또한 회생하기를 희구하는 것이라고 본다. 심동 또한 "서북쪽 모퉁이는 바로 室의 은밀하고 어두운 곳이다. 그곳을 치우는 것은 덮고 가린 것을 제거하여 神氣가 통하게 하려는 것이다. 復衣를 앞으로 던진 뒤 魂氣가 돌아왔는지를 아직 확인하지 못하였으므로, 다시 서북쪽 모퉁이를 치우면서 혼기가 이곳을 통해 돌아오기를 의도한 것이다"라고 하였다. 『의례정의』, 1648쪽 참조.

[士喪禮12 : 經 – 06]

반함飯含을 할 수 있도록 시신의 치아를 벌려 놓을 때는 뿔 숟가락
(角柶)[1]을 사용한다.
楔齒用角柶.

정현주   반함을 하려 할 때 사자
死者의 입이 굳게 닫힐까 염려해서이다. 爲
將含, 恐其口閉急也.

각사角柶

황이주(淸), 『예서통고』

[士喪禮12 : 經 – 07]

발에 신발을 신길 수 있도록 다리를 일정하게 고정시킬 때는 연궤
燕几[2]를 사용한다.
綴足用燕几.

정현주   '철綴'은 묶는다(拘)는 뜻과 같다. 신발을 신길 때 다리가
뒤틀릴까 염려해서이다. 금문본에는 '綴'이 '對'로 되어 있다. '綴'猶拘也. 爲將

履, 恐其辟戾也. 今文'綴'爲'對'.

[士喪禮12 : 經 – 08]

사자死者를 위하여 말린 고기(脯)와 고기젓갈(醢)과 예주(醴)와 청주(酒)로 전奠을 올리는데,[3] 조계로 올라가 시신의 동쪽에 내려놓는다.

奠脯·醢·醴·酒, 升自阼階, 奠于尸東.

정현주   귀신은 형상이 없어 전奠을 진설하여 깃들고 의지하게 하는 것[4]이다. 鬼神無象, 設奠以馮依之.

[士喪禮12 : 經 – 09]

당 위에 휘장을 친다.[5]

帷堂.

정현주   일이 조금 끝난 것[6]이다. 事小訖也.

1_ 뿔 숟가락 : 角柶는 뿔로 만든 수저를 의미한다. 반함을 하기 위해 사용하는 수저는 예주(醴)를 뜰 때 사용하는 수저와는 달리, 수저 두 개를 멍에처럼 연결해 놓은 모양이라고 한다. 『의례주소』, 784쪽 참조.

2_ 연궤 : 평상시 앉아서 사용하는 책상을 말하는데 이는 주나라의 禮制이다. 은나라에서는 아궁이를 헐어낸 벽돌을 사용한다. 『의례정의』, 1649쪽 참조.

3_ 전을 올리는데 : 『예기』「檀弓」에 "증자가 말했다. '막 운명하셨을 때 올리는 奠은 시렁에 남아 있던 것으로 한다'"(曾子曰, '始死之奠, 其餘閣也與')라고 하였고, 정현은 주에서 "새것으로 바꿀 수 없기 때문이다"(不容改新)라고 하였다. 그렇다면 이 전은 시렁에 남아 있는 음식을 가지고 하는 것이다. 이여규는 "이것을 始死奠이라고 부른다. 始死로부터 埋葬 때까지의 제사를 奠으로 부르고, 시동을 세우지 않으며, 奠을 마련할 뿐"이라고 본다. 주희는 "매장 이전을 모두 奠이라고 부른다. 그 예가 매우 간략한데 이는 슬퍼서 문식을 할 수 없을 뿐 아니라 돌아가신 분에 대하여 갑자기 귀신의 예로 대우할 수 없기 때문이다"라고 설명한다. 『의례주소』, 764쪽 및 『의례정의』, 1650쪽 참조.

4_ 깃들고 의지하게 하는 것 : 장이기는 "喪禮에는 무릇 두 가지 큰 단서가 있다. 하나는 體魄을 받드는 것이고, 다른 하나는 精神을 섬기는 것이다. 楔齒와 綴足은 體魄을 받드는 시작이고, 말린 고기(脯)와 고기젓갈(醢)로 奠을 올리는 것은 精神을 섬기는 시작이다"라고 하였다. 『예경석례』에 "그렇다면 埋葬은 體魄을 받드는 마지막이고, 祭祀는 精神을 섬기는 마지막이다"라고 하였다. 『의례정의』, 1650쪽 참조.

5_ 휘장을 친다 : 『예기』「檀弓」에 "증자가 말하였다. '시신을 아직 꾸미지 않았으므로 당에 휘장을 치고 소렴을 마치면 휘장을 거둔다.' 중량자가 말하였다. '부부가 한창 혼란한 상황이므로 당에 장막을 치고 소렴을 마치면 장막을 거둔다'"(曾子曰, '尸未設飾, 故帷堂, 小斂而徹帷.' 仲梁子曰, '夫婦方亂, 故帷堂, 小斂而徹帷')라고 하였다. 이에 대해 방각은 "사람이 죽으면 혐오스럽게 생각한다. 아직 시신을 꾸미지 않았으므로 휘장을 치는데, 사람들의 혐오감을 막으려는 것이다. 소렴을 하면 이미 꾸미는 일이 끝나게 되므로 휘장을 거둔다. 이와 같다면 휘장을 치는 것은 死者를 위해서이지 어찌 살아 있는 이들을 위해서이겠는가? 중량자가 '부부가 한창 혼란스러우므로 휘장을 친다'고 한 것은 예의 뜻을 잃은 것이다"라고 하였다. 『의례정의』, 1650쪽 참조.

6_ 일이 조금 끝난 것 : 장이기는 "이때는 아직 襲殮을 하지 않아 잠시 휘장을 쳐서 가리는 것이므로 '일이 조금 끝났다'고 한 것이다"라고 하였다. 『의례정의』, 1650쪽 참조.

[士喪禮12 : 經 - 10]

이때 사람을 시켜 국군國君에게 알리는데[1] 주인主人은[2] 서쪽 계단의 동쪽에서 남쪽을 향해 부고赴告할 사람에게 명하고, 배례를 하면서 전송한다.

乃赴于君, 主人西階東, 南面命赴者, 拜送.

정현주 '부赴'는 알린다는 뜻이다. 신하는 군주의 팔다리와 이목 노릇을 하는 사람이어서 죽으면 은혜를 베풀어야 한다. '赴', 告也. 臣, 君之股肱耳目, 死當有恩.

[士喪禮12 : 經 - 11]

빈賓이 와 있으면, 부고하도록 명령하는 때를 이용하여[3] 당 아래 서쪽 계단의 동쪽에서 남쪽을 향하여 빈에게 배례를 한다.

有賓則拜之.

정현주 '빈賓'은 동료同僚와 동지同志 등의 여러 선비[4]들이다. 배례를 하는 위치는 빈의 경우[5] 조석곡朝夕哭을 하는 위치와 같다. '賓', 僚友群士也. 其位猶朝夕哭矣.

1_ 국군에게 알리는데 : 부고하는 형식과 관련하여 『예기』 「雜記」에 "士가 같은 나라의 대부에게 부고할 때는 '아무개가 사망하였습니다'라고 말한다. 士에게 부고할 때에도 '아무개가 사망하였습니다'라고 말한다. 타국의 군주에게 부고할 때는 '군주의 外臣 아무개가 사망하였습니다'라고 말한다. 대부에게 부고할 때는 '吾子의 外私(타국에서 사적으로 은혜를 입은 사람) 아무개가 사망하였습니다'라고 말한다. 士에게 부고할 때에도 마찬가지로 '吾子의 外私 아무개가 사망하였습니다'라고 말한다"(士訃於同國大夫, 曰, '某死.' 訃於士, 亦曰, '某死.' 訃於他國之君, 曰, '君之外臣某死.' 訃於大夫, 曰, '吾子之外私某死.' 訃於士, 亦曰, '吾子之外私某死')고 되어 있다.

2_ 주인은 : 『예기』 「檀弓」에 "父兄이 부고할 사람에게 명한다"(父兄命赴者)라고 하였다. 여기서 부형은 諸父와 제형이다. 이때는 막 운명을 한 때여서 주인이 한창 혼란스러우므로 인척과 친족 그리고 붕우에게 부고를 하는 일은 父兄이 담당한다. 국군에게 부고를 하는 일은 반드시 몸소 명하고 배례를 하면서 보내는데 공경함을 표시하는 것이다. 『의례정의』, 1651쪽 참조.

3_ 부고하도록 명령하는 때를 이용하여 : 가공언은 이를 다음과 같이 설명한다. "이것은 부고하도록 명령하는 때를 이용하여 빈이 와 있으면 배례를 하는 것이다. 만일 부고하도록 명령하는 때를 이용하지 않는다면 나가지 않는다. 이 때문에 아래에서 '주인은 국군의 명령을 받드는 사자가 올 때만 室에서 나간다'고 하였고, 이에 대해 정현은 '처음 돌아가신 날은 슬픔과 애통함이 심하여 방에 있으므로 나가지 않는다'라고 하였다."(此謂因命赴者, 有賓則拜之. 若不因命赴者, 則不出. 是以下云'唯君命出', 鄭云'始喪之日, 哀戚甚, 在室故不出') 『의례주소』, 765쪽 참조.

4_ 동료와 동지 ~ 선비 : 막 운명하였을 때는 오직 국군에게만 부고를 하므로 이때의 동료와 동지들은 부고를 받지 않고 곧바로 온 것이다. 이는 질병이 위중한 것을 미리 알고 부고를 하지 않았는데도 곧바로 온 사람들이니, 大夫 및 소원한 관계의 사람이 아닌 것이 분명하다. 『의례주소』, 765쪽 참조.

5_ 빈의 경우 : 빈이 조문하는 자리는 빈이 조석곡을 하는 자리와 같다. 주인의 자리는 조석곡을 하는 자리와 달라, 당 아래 서쪽 계단의 동쪽에서 남쪽을 향하여 배례한다. 배례가 끝나면 서쪽 계단 아래에서 동쪽을 향한다. 저인량은 "소렴을 하기 전에 주인의 당 아래의 위치는 잠시 여기에 마련하지만 소렴을 마치고는 조계 아래의 서쪽을 향하는 자리로 나아간다"라고 하였다. 『의례주소』, 765쪽 및 『의례정의』, 1652쪽 참조.

해
제 經−12에서 經−14까지는 시신이 실室에 있을 때 주인 이하의 사람들의 곡
哭하는 자리에 관한 설명이다.

[士喪禮12 : 經−12]

주인主人은 빈賓에게 배례를 한 다음 실室로 들어와¹ 시신을 눕혀
놓은 침상(尸牀) 동쪽에 앉는다. 중주인衆主人은 주인의 뒤에 선다.²
주인과 중주인 모두 서쪽의 시신을 향한다. 부녀자들은 시상尸牀
을 사이에 두고 서쪽에서 동쪽으로 시신을 향해 앉는다.

入, 坐于牀東. 衆主人在其後. 西面. 婦人俠牀, 東面.

정현주　　　　　　‘중주인衆主人’은 주인의 여러 형제들³이다. ‘부인婦人’은
사자死者의 처와 첩 그리고 자성子姓(손녀)⁴을 가리키는데 또한 적처適妻가
앞에 자리한다. ‘衆主人’, 庶昆弟也. ‘婦人’謂妻·妾·子姓也, 亦適妻在前.

[士喪禮12 : 經−13]

대공大功 이상의 친속(親者)⁵들은 모두 실室 안에 있는다.

親者在室.

정현주　　　　　　대공 이상의 제부諸父·제형諸兄·종부곤제從父昆弟·고
모姑母·종부자매從父姊妹·손자孫子와 손녀孫女로서 여기에 있는 사람을 가

리킨다.[6] 謂大功以上父·兄·姑·姊妹·子姓在此者.

[士喪禮12 : 經 − 14]

소공小功 이하 중부인은 문(戶) 밖의 당 위에서 북쪽을 향해 서고,

소공 이하 중형제衆兄弟[7]들은 당 아래에서 북쪽을 향해 선다.

衆婦人戶外北面, 衆兄弟堂下北面.

정현주 　　중부인과 중형제는 소공 이하[8]이다. 衆婦人·衆兄弟, 小功

以下.

1_ **주인은 ~ 들어와** : 가공언에 따르면, 주인이 빈에게 배례하기를 마치고 室로 들어와 尸牀의 동쪽에 앉는 것이다. 『의례주소』, 765쪽 참조.

2_ **주인의 뒤에 선다** : 가공언은 "중주인의 경우 주인의 뒤에 있는다고만 하고 앉는다고 하지 않았으니 서는 것임을 알 수 있다"라고 하였다. 부인의 경우는 앉는다고 말하지 않았으나 「喪大記」에 "부인은 모두 앉으니 서는 법이 없다"고 되어 있으므로 모두 앉는 것으로 본다. 『의례주소』, 765쪽 참조.

3_ **주인의 여러 형제들** : 심동은 "정현이 말한 庶昆弟는 死者의 입장에서 보면 衆子인데, 중자라고 하지 않고 서곤제라고 한 것은 주인을 이어서 말한 것으로 당연한 것이다. 이 중주인은 참최복을 하는 친족이다"라고 하였다. 『의례정의』, 1654쪽 참조.

4_ **자성** : 성은 生의 의미이다. 아들이 낳았다는 의미에서 손자와 손녀가 된다. 여기서는 '婦人'을 정의하는 문맥이므로 손녀로 번역한다. 그러나 심동은 『예기』「喪大記」의 "土의 喪에서는 죽은 지 이틀 만에 빈을 한다. 3일째 날 아침부터 주인은 지팡이를 짚고, 婦人들도 모두 지팡이를 짚는다"(土之喪, 二日而殯. 三日之朝, 主人杖, 婦人皆杖)라고 한 것에 대한 정현의 주에 "부인들이 모두 지팡이를 짚는다는 것은 주부를 가리킨다. 첩이 남편과 시집가지 않은 딸을 위해 빈궁을 차리는 경우도 마찬가지이다"(婦人皆杖, 謂主婦. 容妾爲君·女子子在室者)라고 한 것을 근거로 '시집가지 않은 딸'(女子子在室者)만을 가리키는 것으로 해석한다. 『의례정의』, 1655쪽 참조.

5_ **친속** : 경문의 '親者'는 親屬을 가리키는 말로서, 정현이 注에서 大功 이상 服을 하는 사람들이라고 한 것에 대해 가공언은 "대공복 이상은 재산을 공유하는 의리가 있기 때문이다"(以大功以上有同財之義也)라고 해석하였다. 『의례정의』, 1655쪽 참조.

6_ **대공 ~ 가리킨다** : 가공언은 "위 구절의 주는 死者의 처와 첩 그리고 손녀를 근거로 말한 것이고, 이 구절의 주는 주인의 형제와 고모, 자매, 손자·손녀를 근거로 말한 것이다. 그렇다면 父는 諸父를 가리키고, 형은 제형 즉 종부곤제를 가리키고, 고는 주인의 고모를 가리키고 자매는 종부자매를, 자성은 주인의 손자 즉 사자에게는 중손 또는 현손을 가리킨다"고 본다. 『의례주소』, 676쪽 참조.

7_ **중형제** : 衆婦人과 衆兄弟는 小功 이하의 服을 하는 同姓과 異姓의 친속 전부를 통칭한 것이다. 호배휘는 형제에 대하여 다음과 같이 설명한다. "위에서 부인이라고 말하면서 아래에서는 남자라고 말하지 않고 형제라고 말한 이유는, 옛날 사람들이 혼인 관계에 있는 사람을 형제라고 통칭하였기 때문이다. 『의례』「상복·전」에도 '小功 이하는 형제가 된다'고 하였다. 따라서 형제로 포괄한 것이다."(上言婦人, 下不言男子言兄弟者, 古人通謂婚姻爲兄弟. 又「喪服·傳」曰, '小功以下爲兄弟.' 故以兄弟該也)

8_ **소공 이하** : 저인량은 "친소의 자리는 室과 堂을 기준으로 나눈다. 남녀의 자리는, 室에 있는 경우 東과 西로 나누고, 堂에 있는 경우에는 아래와 위로 나눈다. 정현의 주에서 '소공 이하'라고 하였으니 시마복 또한 통섭된다"라고 하였다. 『의례정의』, 1656쪽 참조.

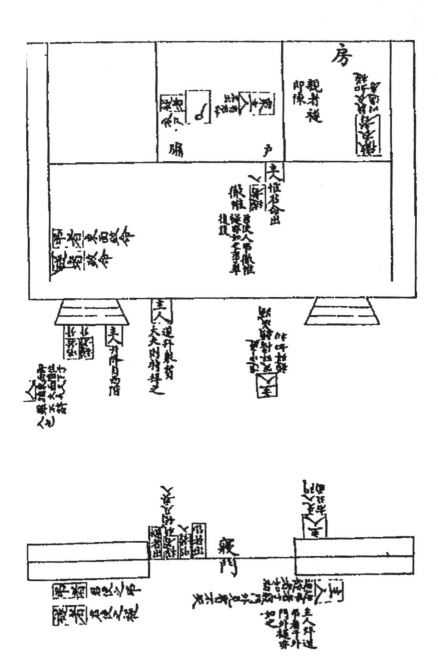

[士喪禮12 : 經-15]

국군國君은 사람을 보내 조문한다. 주인의 하인은 휘장(帷)을 위로
걷어 올린다. 주인은 침문寢門의 밖에서 빈賓, 즉 국군이 보낸 사
자를 맞이하는데, 빈賓을 만날 때 곡을 하지 않고[1] 먼저 문으로 들
어가 오른쪽으로 나아가 빈賓을 안내하고, 문 뒤쪽으로 가서 북쪽,
곧 당을 향해 선다.

君使人弔. 徹帷. 主人迎于寢門外, 見賓不哭, 先入門右, 北面.

정현주   '보낸 사람'(使人)은 사士이다. 예에 사람을 보낼 때는 반
드시 작위가 동등한 자를 보낸다.[2] 사자使者가 이르러 사람을 시켜 명을 전
하게 하면 주인이 나와서 맞이한다. '침문寢門'은 내문內門이다.[3] '휘장을 거
둔다'(徹帷)는 것은 위로 걷어 올린다는 것으로 일이 끝나면 내린다. '使人', 士
也. 禮使人必以其爵. 使者至, 使人入將命, 乃出迎之. '寢門', 內門也. '徹帷', 扂之,
事畢則下之.

[士喪禮12 : 經-16]

조문하러 온 사자使者는 침문으로 들어와 서쪽 계단을 통해 당에

올라 동쪽을 향해 선다. 주인은 중앙의 뜰까지 나아간다. 조문하러 온 사자가 국군의 조문하는 말을 전달한다.

弔者入, 升自西階, 東面. 主人進中庭. 弔者致命.

정현주 주인이 당으로 오르지 않는 것은 신분이 낮기 때문이다.[4] 조문하는 명을 전하기를 "군주께서 당신의 상사喪事를 듣고 저에게 조문을 시키셨습니다. 어쩌다가 이러한 불행을 당하셨습니까!"라고 말한다. 主人不升, 賤也. 致命曰, '君聞子之喪, 使某, 如何不淑!'

[士喪禮12 : 經 – 17]
주인은 곡哭을 하고, 이마가 바닥에 닿도록 하여 배례를 하며, 이어 세 차례 용踊을 한다.

主人哭, 拜稽顙, 成踊.

정현주 '계상稽顙'은 이마가 바닥에 닿도록 하는 것이다. '세 차례 용을 한다'(成踊)[5]는 것은 세 차례 뛰기를 세 번 한다는 것이다. '稽顙', 頭觸地. '成踊', 三者三.

[士喪禮12 : 經 – 18]
빈賓이 나가면 주인은 대문 밖에서 배례를 하면서[6] 전송한다.

賓出, 主人拜送于外門外.

[士喪禮12 : 經−19]

국군이 사람을 시켜 의복衣服을 부의로 보낸다(襚). 주인의 하인이
휘장을 걷는다. 주인은 조문을 받을 때처럼 수의襚衣를 전달하러
온 사자를 맞이한다. 수의를 전달하는 사람은 왼손으로는 수의의
옷깃을, 오른손으로는 허리 부분을 잡고[7] 침문으로 들어가 당에
올라 국군의 명을 전달한다.

君使人襚. 徹帷. 主人如初. 襚者左執領, 右執要, 入, 升, 致命.

정현주   '수襚'는 보낸다는 말이다. 의복을 부의賻儀로 보내는 것
을 수襚라 한다.[8] 군주의 명을 전달하면서 "군주가 저에게 의복을 부의하도
록 하였습니다"라고 말한다. '襚'之言遣也. 衣被曰襚. 致命曰, '君使某襚.'

[士喪禮12 : 經−20]

주인은 처음 국군이 사람을 보내 조문을 할 때처럼 배례를 한다.
수의를 전달하는 사람이 실室로 들어가 시신에 수의를 덮어 주고
나온다. 주인은 처음 국군이 사람을 보내 조문을 할 때와 동일한
절차로 배례를 하면서 빈賓을 전송한다. 주인은 국군의 명령을 받
드는 사자가 올 때만 실室에서 나가는데, 당을 오르고 내릴 때 모
두 서쪽 계단을 이용하며,[9] 이때를 이용하여 빈들에게 배례를 한
다. 빈 가운데 대부大夫가 있으면 주인은 그들에게 일일이 배례를
한다. 이때 주인은 서쪽 계단 아래의 자리로 내려가 동쪽을 향해
배례를 하고 용踊은 하지 않는다. 대부가 조문하는 말을 하지 않았
더라도 주인은 곧장 실室로 들어간다.[10]

主人拜如初. 襚者入, 衣尸, 出. 主人拜送如初. 唯君命出, 升降自西
階, 遂拜賓. 有大夫則特拜之. 卽位于西階下, 東面, 不踊. 大夫雖不
辭, 入也.

정현주   　　　'주인은 국군의 명령을 받드는 사자가 올 때만 실에서 나
간다'(唯君命出)는 것은 대부 이하가 조문을 하거나 부의賻儀를 할 때는 나가
지 않음을 분명히 한 것이다. 처음 돌아가신 날은 슬픔과 애통함이 심하여
실室에 머물므로 나가서 빈賓에게 배례를 하지 않는다. '대부가 있으면 일일
이 배례를 한다'(大夫則特拜)는 것은 사士에 대해 여럿이 함께 배례(旅拜)를
하는 것과 구별하는 것이다. '서쪽 계단 아래의 자리로 내려간다'(卽位西階下)
는 것은 차마 주인의 자리에 있을 수 없기 때문이다. '용은 하지 않는다'(不
踊)는 것은 곡하면서 배례만 한다는 것이다. '대부가 조문하는 말을 하지 않
았더라고 주인이 당으로 올라가 실로 들어간다'(不辭而主人升入)는 것은 본래
빈을 위해서 나온 것이 아니어서 예를 이루지 않음[11]을 분명히 하는 것이다.
'唯君命出', 以明大夫以下, 時來弔襚, 不出也. 始喪之日, 哀戚甚, 在室, 故不出拜賓
也. '大夫則特拜', 別於士旅拜也. '卽位西階下', 未忍在主人位也. '不踊', 但哭拜而已.
'不辭而主人升入', 明本不爲賓出, 不成禮也.

1_ 빈을 만날 ~ 않고 : 오계공은 "喪의 경우 주인은 賓을 맞이하지 않는데, 국군과 국군의 사신의 왔을 경우에는 주인이 직접 맞이한다. 여기에서 외문 밖으로 나가지 않는 것은 국군이 친히 온 경우와 차이를 둔 것이다"라고 하였다. 오정화는 사자를 만날 때 곡을 하지 않는 것은 "사자가 국군의 명령을 받들어 왔기 때문"(爲其以君命來)이라고 설명한다. 『의례정의』, 1656쪽 참조.

2_ 반드시 작위가 ~ 보낸다 : 「공사대부례」에 "大夫(공의 신하)를 보내서 食禮가 있음을 알리고 청하도록 하는데, 각각 賓과 작위가 같은 자를 보낸다"(使大夫戒, 各以其爵)라고 하였는데, 이것이 예의 통용되는 사례이다. 『의례정의』, 1657쪽 참조.

3_ '침문'은 내문이다 : 대부와 사는 두 개의 문이 있는데, 아래 문장에서 '주인이 외문 밖에서 배례하고 전송한다'고 하였으므로, 여기서의 寢門은 내문이 된다. 『의례정의』, 1657쪽 참조.

4_ 주인이 ~ 때문이다 : 가공언에 따르면 이는 대부의 경우와 비교하여 말한 것이다. 『예기』「喪大記」에 "대부의 상에 제후의 사신이 조문하러 왔다면 문 밖으로 나아가 맞이한다. 사신이 당에 올라 제후의 명을 고하면, 주인은 당 아래로 내려와 배례를 한다"(大夫於君命, 迎于寢門外. 使者升堂致命, 主人拜于下)라고 하였다. '아래로 내려와 배례를 한다'고 하였으므로 명을 받을 때는 당 위에 있었음이 분명하다. 이를 알 수 있는 것은 『예기』「喪大記」에 "대부의 상에서 대렴을 하고자 할 때 군주가 조문하러 왔다면, 주인은 맞이하여 먼저 문 오른쪽으로 들어오고, 군주는 東序 끝의 자리로 나아간다. 주인은 방 밖에서 남쪽을 향해 선다. 대렴이 끝나면 宰는 염이 끝났음을 주인에게 고한다. 주인은 서쪽 계단으로 내려와 당 아래에서 북쪽을 향해 선다. 군주가 시신을 어루만진다. 주인은 이마가 바닥에 닿도록 하여 배례를 한다"(大夫之喪, 將大斂, 君至, 主人迎, 先入門右, 君卽位于序端. 主人房外南面. 卒斂, 宰告. 主人降, 北面于堂下. 君撫之. 主人拜稽顙)라고 한 것에 대하여 정현이 "대부의 아들은 존귀하므로 올라가서 염하는 것을 살필 수 있다"(大夫之子尊, 得升視斂也)라고 하였기 때문이다. 『의례주소』, 767쪽 참조.

5_ 세 차례 용을 한다 : 踊은 상례에서 애통한 마음을 표시하는 의절이다. 곡을 하는 사람은 가슴을 두드리고 발을 구르면서 극도의 슬픔을 표시한다. 한 번 踊을 할 때마다 세 번 발을 구르는데, 세 번 용을 하여 9번 발을 구르는 것으로 하나의 의절을 삼고 이를 '成踊'이라고 말한다.(一踊三跳, 三踊九跳, 稱成踊) 『예기』「檀弓上」, "辟踊, 哀之至也"에 대한 공영달의 소 및 『삼례사전』, 360쪽 '成踊' 항목 참조.

6_ 대문 밖에서 배례를 하면서 : 枒門은 대문이다. 침문에 대해서 외문이 된다. 무릇 빈을 맞이하고 전송하는 예는 외문 밖에서 맞이한 경우에는 전송하는 것도 외문 밖에서 한다. 이 경문의 경우 침문 밖에서 빈을 맞이하고 외문 밖에서 전송하며, 맞이할 때는 배례를 하지 않고 전송할 때 배례를 하는 것은 모두 喪禮는 吉禮와 다르기 때문이다. 『의례정의』, 1659쪽 참조.

7_ 왼손으로는 수의의 ~ 잡고 : 오계공은 "여기에서 옷을 잡는 것이 복을 할 때와 같

으니 웃옷과 치마를 갖추고 또 치마를 웃옷에 연결하는 것이다"라고 하였다. 『의례정의』, 1660쪽 참조.

8_ 의복을 ~ 한다 : 『예기』「文王世子」에 "친족 간에 서로 도움에 있어 의당 조문해야 하는데 조문하지 않고 袒免해야 하는데 하지 않으면, 담당자가 처벌한다. 부의로 보내는 賵, 賻, 贈, 含에 있어 모두 올바른 禮가 있다"(族之相爲也, 宜弔不弔, 宜免不免, 有司罰之. 至于賵·賻·承·含, 皆有正焉)라고 한 것에 대하여 진호는 "賵은 수레나 말을 주는 것이요, 賻는 재화를 주는 것이요, 含은 구슬이나 옥을 주는 것이요, 襚는 의복을 주는 것으로 네 가지를 총칭해서 贈(부의를 보내는 것)이라고 한다"(賵以車馬, 賻以貨財, 含以珠玉, 襚以衣服, 四者總謂之贈)라고 하였다. 『삼례사전』 1137쪽, '賵' 참조.

9_ 당을 오르고 ~ 이용하며 : 조계는 주인이 오르내리는 계단이어서 차마 그곳을 통하지 못하는 것이다. 『예기』「曲禮」에 "喪 중에 거처하는 禮는, 오르고 내려올 때는 조계를 이용하지 않는다"라고 하였다. 『의례정의』, 1661쪽 참조.

10_ 실로 들어간다 : 가공언에 따르면, 주인은 소렴 뒤에는 빈이 '어쩌다가 이러한 불행을 당하셨습니까!'라고 조문하는 말을 한 뒤에야 제자리로 돌아가 踊을 한다. 지금은 막 운명하신 즈음이라 대부가 조문하는 말을 하지 않더라도 주인은 당 위로 올라가 실로 들어간다. 오정화는 "賓으로 온 大夫가 조문하는 말을 하지 않는 것은 주인이 室 밖에서 너무 오래 머무르게 될까 염려해서이고, 주인이 빨리 室로 들어가는 것은 주인이 室 밖으로 나온 것이 본래 大夫를 위해서가 아니었기 때문이다"라고 설명한다. 『의례주소』, 769쪽 및 『의례정의』, 1661쪽 참조.

11_ 예를 이루지 않음 : 빈에게 배례를 하기 위해 나왔다면 배례를 한 뒤에 반드시 踊을 하고 조문하는 말을 들은 뒤에 들어가야 예를 이루게 된다. 지금 자리로 나아가면서도 용을 하지 않고 또 조문하는 말을 듣지도 않은 채 곧바로 들어가는 것은 예를 이루지 않는 것이다. 『의례정의』, 1661쪽 참조.

經-21에서 經-24까지는 대공 이상의 친속과 서형제庶兄弟 그리고 붕우들이 수의를 기증하는 절차이다.

[士喪禮12 : 經-21]

대공大功 이상 친족은 의복을 부의賻儀로 보내는데(襚), 사람을 시켜 주인에게 통보하지 않고 자신이 직접 방房에다 진설한다.

親者襚, 不將命以卽陳.

정현주　　대공 이상의 친족 간에는 재물을 함께 나누는 의리가 있기 때문이다. '부장명不將命'은 사람을 시켜 주인에게 통보하고 보내지 않는다는 것이다.[1] '곧바로 진설한다'(卽陳)는 것은 방 안에 진설한다는 것이다. 大功以上, 有同財之義也. '不將命', 不使人將之致於主人也. '卽陳', 陳在房中.

[士喪禮12 : 經-22]

서형제庶兄弟가 의복을 부의賻儀로 보낼 때는 사람을 시켜 실室 안의 주인에게 통보한다.[2] 주인은 시신을 눕혀 놓은 침상(尸牀)의 동쪽 곡哭을 하는 자리에서 배례를 한다. 그런 뒤 수의를 전달하는 사람은 시상尸牀 위 시신의 동쪽에 수의를 올려놓는다.

庶兄弟襚, 使人以將命于室. 主人拜于位. 委衣于尸東牀上.

'서형제庶兄弟'는 곧 중형제衆兄弟를 말한다. '중衆'이란 말을 바꾸어 '서庶'라고 한 것은 동성同姓을 포함하기 때문이다. 명을 전하면서 "아무개가 저에게 수의를 부의하도록 하였습니다"라고 말한다. '자리에서 배례를 한다'(拜于位)는 것은 실室 안의 자리³에서 한다는 것이다. '庶兄弟', 卽衆兄弟也. 變'衆'言'庶', 容同姓耳. 將命曰, "某使某襚." '拜于位', 室中位也.

[士喪禮12 : 經−23]
친구(朋友)들이 의복을 부의賻儀로 보낼 때는, 직접 수의襚衣를 들고 실室로 들어간다. 주인은 친구에게 배례를 한다. 수의를 처음처럼 시상尸牀 위 시신의 동쪽에 놓고 당을 내려와 빈賓의 자리로 돌아간다. 주인은 친구가 수의를 보낸 경우에는 곡哭만 하고 용踊은 하지 않는다.
朋友襚, 親以進. 主人拜. 委衣如初, 退. 哭, 不踊.

'직접 수의를 들고 나아간다'(親以進)는 것은 친구간의 은의恩誼이다. '물러나온다'(退)는 것은 당을 내려와 빈賓의 자리로 돌아간다는 것이다. '주인이 곡哭만 하고 용踊을 하지 않는다'(主人徒哭不踊)는 것은 국군이 수의를 보낸 경우와 구별하는 것이다. '親以進', 親之恩也. '退', 下堂反賓位也. '主人徒哭不踊', 別於君襚也.

[士喪禮12 : 經−24]
기증한 수의들을 치우는 사람은 국군國君이 보낸 사자가 수의襚衣

를 전달할 때 수의를 잡았던 방식[4] 즉 왼손으로 옷깃을 잡고 오른

손으로 허리를 잡고 방房으로 가지고 가 진설한다.[5]

徹衣者執衣如襚, 以適房.

정현주　　　　　무릇 수의를 전달하는 사람이 나가면 유사有司가 수의襚

衣를 치운다. 凡於襚者出, 有司徹衣.

1_ 사람을 시켜 ~ 것이다 : 호배휘는 "위에서 '大功 이상의 친속(親者)들은 모두 室 안에 있는다'고 하였으니 직접 전달할 수 있으므로 사람을 시켜 주인에게 통보할 필요가 없다"고 해석한다. 『의례정의』, 1662쪽 참조.

2_ 사람을 시켜 ~ 통보한다 : 이 서형제의 哭位는 당 아래 있으므로 실에 있는 주인에게 통보하는 것이다. 또한 哭位에 있지 않으면서 襚를 하는 경우도 여기에 포함되는데, 모두 사람을 시켜 실에 있는 주인에게 통보한다. 『의례정의』, 1662쪽 참조.

3_ 실 안의 자리 : 호배휘에 따르면, 실 안의 尸牀 동쪽의 자리이다. 『의례정의』, 1663쪽 참조.

4_ 국군이 보낸 ~ 방식 : 윗글에서 국군이 의복을 부의로 보낼 때 전달하는 사람은 왼손으로 옷깃을 잡고 오른손으로 허리를 잡는데, 여기에서 수의를 거두는 사람이 옷을 잡을 때도 그와 같이 한다. 다만 '襚衣를 전달할 때 수의를 잡았던 방식으로 한다'고만 하였으니, 무릇 수의를 부의할 경우에는 모두 왼손으로 옷깃을 잡고 오른손으로 허리를 잡는다. 『의례정의』, 1663쪽 참조.

5_ 방으로 가지고 가 진설한다 : 방포는 "국군이 보낸 수의는 거두지 않는다. 습과 소렴을 마친 뒤에도 여전히 이불 위에 덮었다가, 대렴 때가 된 뒤에 밖에 덮어 여러 수의를 싼다"고 보았다. 이에 대해 호배휘는 아래 경문에서 '襚衣를 방 안에 진설한다'고 하고 또 '소렴에 襚衣를 방에 진설한다'고 하면서 모두 국군이 보낸 수의를 언급하지 않았으니, 방씨의 설이 그럴 듯하다고 동의한다. 아울러 "대공 이상의 친속이 수의를 賻儀로 보낼 때는 직접 房에다 가져다 놓으므로 거둘 필요가 없다. 여기에서 수의를 거두는 것은 오직 尸牀 위에 놓은 수의만을 가리키는 것이다. 서형제와 붕우는 사람이 매우 많아 수의 또한 많을 것이므로 시상에 놓을 수 없기 때문에 무릇 襚衣를 전달하는 사람이 나가면 곧바로 有司에게 치우도록 한다"라고 해석한다. 『의례정의』, 1664쪽 참조.

[士喪禮12 : 經 − 25]

명정銘旌¹을 만들 때에는 각각 사자死者가 생전에 사용했던 물物 깃발을 가지고 한다. 이 깃발이 없다면, 상단 부분은 길이가 반폭 半幅인 검은 포로 하고, 하단 부분은 길이가 한 폭인 붉은 포(經末)² 로 하며, 너비가 3촌寸이 되게 만든 것을 대신 사용한다. 하단의 붉은 포에 '아무개씨 아무개의 널(柩)'³이라고 쓴다.

爲銘, 各以其物. 亡則以緇長半幅, 經末長終幅, 廣三寸. 書銘于末曰, '某氏某之柩.'

정현주 '명銘'은 명정銘旌이다.⁴ 비단을 섞어서 만든 깃발을 '물物' 이라고 한다.⁵ 대부大夫와 사士가 세우는 것으로 사자死者는 구별이 되지 않기 때문에 깃발로 표시하는 것이다. 그를 사랑하므로 이름을 기록한다.⁶ '망 亡'은 없다는 뜻이다. 정기旌旗가 없는 것은 명命을 받지 못한 사士의 경우이다. 반폭半幅⁷은 1척이고 종폭終幅은 2척이다. 시신이 관에 들어가면 널(柩)이 된다.⁸ 금문본에는 '銘'이 모두 '名'으로 되어 있고, '末'이 '旆'로 되어 있다. '銘', 明旌也. 雜帛爲'物'. 大夫士之所建也, 以死者爲不可別, 故以其旗識識之. 愛之斯錄之矣. '亡', 無也. 無旌, 不命之士也. 半幅一尺, 終幅二尺. 在棺爲柩. 今文'銘'皆爲'名', '末'爲'旆'也.

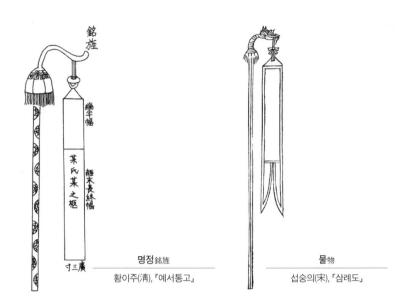

명정銘旌

황이주(淸), 『예서통고』

물物

섭숭의(宋), 『삼례도』

[士喪禮12 : 經−26]

길이가 3척尺 되는 대나무 깃대에 명정銘旌을 달아 서쪽 계단 위의
평고대(字)에 세워 둔다.[9]

竹杠長三尺, 置于字西階上.

정현주   '강杠'은 명의 깃대(銘橦)이다. '우字'는 평고대(字)[10]이다.
'杠', 銘橦也. '字', 字也.

1_ 명정 : 銘은 기록한다는 의미이다. 즉 죽은 사람의 이름을 죽은 사람이 생전에 사용
하던 旗에 써서 관의 표지로 삼는 것이다. 정현은 주에서 "銘은 곧 明旌이다"라고 하
였는데, 이것은 旌 즉 사자가 생전에 사용하던 旗로서 누구의 棺인지를 밝힌다는
의미이다. 후대에 이 銘은 보통 銘旌이라고 불렀다.『삼례사전』, 1029쪽 참조.

2_ 붉은 포 : 䞓은 붉은색을 뜻하며, 末은 깃발의 하단 부분을 뜻한다.『의례정의』,
1665쪽 참조.

3_ 아무개씨 아무개의 널 :『예기』「喪服小記」에 "復을 하고 銘을 쓸 때는 천자로부터
士에 이르기까지 그 용어가 한결같았다. 남자는 이름을 부르고, 婦人은 姓과 伯仲
을 썼으며, 姓을 모를 때는 氏를 썼다"(復與書銘, 自天子達於士, 其辭一也. 男子稱名,
婦人書姓與伯仲, 如不知姓, 則書氏)라고 하였다. 이에 대해 정현은 "이것은 은나라의
예를 말한 것이다. 은나라는 質을 숭상하여 이름을 중시하지 않았고, 그 때문에 復
을 하면서 신하가 군주의 이름을 부를 수 있었다. 주나라의 예는 천자가 崩했을 때
復을 하면서 '皐天子復'이라 하였고, 제후가 薨했을 때 復을 하면서 '皐某甫復'이라고
하였다. 그 나머지와 銘을 쓰는 것은 동일했다"(此謂殷禮也. 殷質, 不重名, 復則臣得
名君. 周之禮, 天子崩, 復曰皐天子復, 諸侯薨, 復曰皐某甫復. 其餘及書銘則同)라고 하
였다.

4_ 명정이다 :『예기』「檀弓」의 글이다.

5_ 비단을 ~ 한다 : 기의 直幅의 장대에 붙인 것을 '緣'(기폭)이라고 하고, 緣의 옆에 횡
폭을 꿰매어 緣에 붙여서 휘날리게 하는 것을 '斿'(깃발)이라고 하는데, '緣'과 '斿'가
같은 색깔의 기는 모두 '旜'이라고 하고, 각각 색깔을 달리하는 기는 모두 '物'이라고
한다.『주례』「춘관·司常」에 "해와 달을 그려 넣은 것이 '常'이고, 交龍을 그려 넣은
것이 '旂'이고, 通帛으로 만든 것이 '旜'이고, 雜帛으로 만든 것이 '物'이고, 곰과 호랑
이를 그려 넣은 것이 '旗'이고, 거북과 뱀을 그려 넣은 것이 '旐'이다. 다섯 색깔의 깃
털을 장식한 것이 '旞'이다. 다른 색깔의 깃털을 장식한 것이 '旌'이다"(日月爲常, 交
龍爲旂, 通帛爲旜, 雜帛爲物, 熊虎爲旗, 鳥隼爲旟, 龜蛇爲旐. 全羽爲旞. 析羽爲旌)라고
하였다.

6_ 사자는 ~ 기록한다 :『예기』「檀弓」의 글이다. 본문은 다음과 같다. "銘은 사자의 성
명을 적은 깃발이다. 사자는 구별이 되지 않기 때문에 깃발로 표시한다. 그를 사랑
하므로 이름을 기록하고, 그를 존경하므로 도리를 다하는 것이다."(銘, 明旌也. 以死
者爲不可別已, 故以其旗識之. 愛之, 斯錄之矣. 敬之, 斯盡其道焉耳)

7_ 반폭 : 한 폭은 終幅이라고 하며 2尺이다. 따라서 반폭은 1척이 된다. 원래 布의 한
폭은 2척2촌 정도이지만 양쪽으로 1촌씩 감하기 때문에 2척으로 계산한다고 한다.
『의례주소』, 771쪽 참조.

8_ 시신이 ~ 된다 :『예기』「問喪」에 "침상에 있는 유해를 시신(尸)이라고 하고, 棺에
들어간 유해를 널(柩)이라고 한다"(在牀曰尸, 在棺曰柩)라고 하였다.

9_ 서쪽 계단 ~ 세워 둔다 : 호배휘는 "置는 세운다는 뜻이다. 서계의 위에 세우는데,

그 위쪽이 처마에 해당한다. 명정을 서쪽 계단 위에 세워 두는 것은, 명은 널을 표시하는 것인데 널이 서쪽 계단 위에 있기 때문이다"라고 하였다. 『의례정의』, 1667쪽 참조.

10_ 평고대 : 처마 끝에 서까래를 받치기 위해 놓은 나무를 가리킨다.

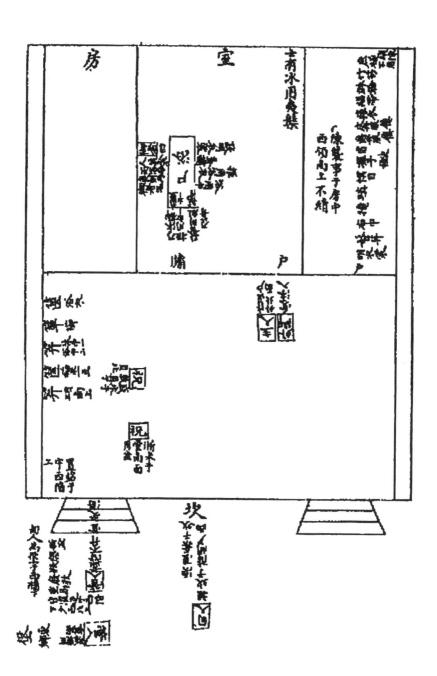

[士喪禮12 : 經-27]

전인甸人은 양쪽 계단 중간에서 약간 서쪽에 구덩이를 파고, 서쪽 담장아래에 아궁이(堅)를 만드는데, 아궁이가 동쪽을 향하게 한다.

甸人掘坎于階間, 少西, 爲堅于西墻下, 東郷.

정현주 '전인甸人'[1]은 전야田野를 담당하는 관리이다. '역堅'은 흙으로 만든 아궁이이다. '서쪽 담장'(西墻)은 뜰 중앙(中庭)의 서쪽 담장[2]이다. 금문본에는 '郷'이 '面'으로 되어 있다. '甸人', 有司主田野者. '堅', 塊竈. '西墻', 中庭之西. 今文'郷'爲'面'.

[士喪禮12 : 經-28]

새롭게 마련한 물동이(盆)·목욕하고 남은 물을 받을 그릇(槃)·물을 따를 병(瓶)·다리가 없는 밥솥(廢敦)·중에 매달 솥(重鬲)[3] 등을 모두 씻어, 서쪽 계단 아래에 급히 진설해 놓는다.

新盆·槃·瓶·廢敦·重鬲, 皆濯, 造于西階下.

정현주 이 다섯 가지 종류의 질그릇(瓦器)을 새것으로 준비하는 것은 상사喪事를 중시하는 것이다. '분盆'으로는 물을 채우고, '반槃'으로는 목욕하고 남은 물을 받으며, '병甁'으로는 물을 따른다. '폐대廢敦'는 밥솥에 다리가 없는 것으로 쌀을 채우기 위한 것이다. '중력重鬲'은 중重에 매달 솥⁴이다. '탁濯'은 물로 씻는다(滌漑)는 뜻이다. '조造'는 이른다(至)는 뜻으로 차린다는 뜻과 같다. '조造'라고 함으로써 상사喪事를 서두르도록 하는 것⁵이다. 新此瓦器五種者, 重死事. '盆'以盛水, '槃'承澳濯, '甁'以汲水也. '廢敦', 敦無足者, 所以盛米也. '重鬲', 鬲將縣重者也. '濯', 滌漑也. '造', 至也, 猶饌也. 以'造'言之, 喪事遽.

1_ 전인 : 호광충은 國君의 신하로서 士의 상례에 와서 喪事를 돕는 사람으로 해석한다. 호광충은 『의례석관』에서 "고대에는 신하가 상을 당하면, 公家에서 사람을 보내 喪事를 처리하게 하였다. 그것은 喪事에는 사람 손길을 필요로 하는 일이 많은데 家臣이 관리를 다 갖추어 둘 수 없기 때문이다"(古者臣有喪事, 公家使人治之. 以喪事需人孔多, 家臣不能具官故也)라고 하였다. 『의례정의』, 1668쪽 참조.

2_ 뜰 중앙의 서쪽 담장 : 이여규는 "뜰 중앙은 남북방향으로 뜰의 중앙이다. 당 앞이 뜰이고 뜰의 동쪽과 서쪽에는 담장이 있다. 이 아궁이는 서쪽 담장 아래 있고, 남북 방향으로 뜰의 중앙에 해당하는 위치에 있으므로 뜰 중앙(中庭)의 서쪽이라고 한 것이다"라고 하였다. 『의례정의』, 1668쪽 참조.

3_ 중에 매달 솥 : 여섯 말을 담을 수 있는 솥인데, 重이라는 나무막대에 매달기 때문에 重鬲이라고 부른다.

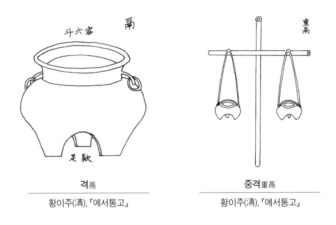

격鬲	중격重鬲
황이주(淸), 『예서통고』	황이주(淸), 『예서통고』

4_ 중에 매달 솥 : 가공언은 "아래 문장에서 飯含을 하고 남은 쌀로 粥을 만들어 重에 건다고 하였다. 이때는 먼저 목욕할 때 쓸 쌀뜨물을 끓이는 데 사용하므로, '장차 重에다 건다'고 한 것이다. 그 일이 아직 이르지 않았으므로 '장차'(將)라고 하였다"(下文饎餘飯, 乃縣於重. 此時先用煮沐潘, 故云'將縣重者也.' 以其事未至, 故言'將'也)라고 하였다. 『의례주소』, 772쪽 참조.

5_ 상사를 서두르도록 하는 것 : 호배휘는 "喪事는 급박하여 造次의 뜻이 있으므로 造라고 한 것이다"라고 본다. 이에 반해 채덕진은 "다른 곳에서 씻어서 이곳에 이르렀기 때문이다"라고 해석한다. 『의례정의』, 1670쪽 참조.

해제 經-29에서 經-46까지는 襲襲을 할 때 사용하는 의물들을 방 안에 진설하는 절차이다.

[士喪禮12 : 經 - 29]

동쪽 방에다 습襲에 필요한 의복 등을¹ 준비되는 대로 진설하는데,² 습의襲衣는 옷깃이 서쪽을 향하도록 놓고, 남쪽을 윗자리로 삼으며,³ 옷을 남쪽 윗자리로부터 북쪽으로 펼쳐 놓을 때 완전히 펼쳐 놓고 북쪽에서 다시 남쪽으로 접어서 놓지 않게 한다(不綪).

陳襲事于房中, 西領, 南上, 不綪.

정현주 　　　　　'습사襲事'는 의복을 가리킨다. '쟁綪'은 '쟁紲'으로 읽는데, 굽힌다(屈)는 뜻이다. 습에 필요한 의복은 적으므로 위쪽으로 완전히 펼치고 아래쪽으로 접지 않는다.⁴ 강수江水와 면수沔水 사이의 지역에서는 얽고 수습하여 새끼를 꼬는 것을 '쟁紲'이라 하였다. 고문본에는 '綪'이 모두 '精'으로 되어 있다. '襲事'謂衣服也. '綪'讀爲紲, 紲, 屈也. 襲事少, 上陳而下不屈. 江沔之間, 謂縈收繩索爲'紲'. 古文'綪'皆爲'精'.

[士喪禮12 : 經 - 30]

명의明衣⁵는 베(布)를 사용하여 만든다.

明衣裳, 用布.

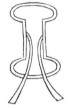

정현주 　　　　　　　　몸에 직접 닿는 것[6]이기 때문에
정결함을 위해서이다. 所以親身, 爲主絜也.

명의明衣

섭숭의(宋), 「삼례도」

[士喪禮12：經 – 31]

괄계髻笄[7]는 뽕나무로 만드는데, 길이는 4촌寸이고, 비녀의 가운데
부분으로 머리를 안정시킨다.

髻笄, 用桑, 長四寸, 纋中.

정현주 　　　　　　　'상桑'이라는 말은 여의다(喪)는 뜻이다. 뽕나무를 이용하
여 비녀를 만든 것은 그 이름을 취한 것이다. '길이가 4촌'[8]인 것은 관을 하지
않기 때문이다. '우纋'는 비녀의 가운데 부분으로 머리를 안정시킨다는 것이
다. '桑'之爲言, 喪也. 用爲笄, 取其名也. '長四寸', 不冠故也. '纋', 笄之中央以安髮.

괄계髻笄

섭숭의(宋), 「삼례도」

[士喪禮12 : 經 −32]

반함飯含을 할 때 시신의 얼굴을 가리는 베로 된 수건(布巾)은 길이
와 너비가 같게 2척 2촌으로 하고(環幅),⁹ 입을 가리는 부분에 구멍
을 내지 않는다.

布巾, 環幅, 不鑿.

정현주 　　　　　'환폭環幅'은 너비와 길이가 같은 것이다. '구멍을 내지 않
는다'(不鑿)는 것은 사士의 경우는 자식이 몸소 반함을 하고, 그때는 수건을
걷고 하기 때문이다. 대부大夫 이상의 경우는 빈賓이 반함을 하고, 그때는
입 부분에 구멍을 내는데, 혐오감이 생길까 염려하기 때문이다.¹⁰ 고문본에
는 '環'은 '還'으로 되어 있다. '環幅', 廣袤等也. '不鑿'者, 士之子親含, 反其巾而已.
大夫以上, 賓爲之含, 當口鑿之, 嫌有惡. 古文'環'作'還'.

[士喪禮12 : 經 −33]

머리싸개(掩)에는 누인 비단(練帛)¹¹을 사용하는데, 너비는 한 폭이
고 길이는 5척이 되게 하고, 그 끝 부분을 두 갈래로 갈라놓는다.

掩, 練帛廣終幅, 長五尺, 析其末.

정현주 　　　'엄掩'¹²은 머리
를 감싸는 것이다. '끝 부분을 두
갈래로 갈라놓는다'(析其末)는 것
은 턱 아래에서 묶고 다시 돌려
서 목 가운데서 묶기 위해서이다.

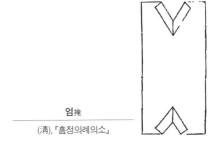

엄掩
(淸),「흠정의례의소」

'掩', 裹首也. '析其末', 爲將結於頤下, 又還結於項中.

[士喪禮12 : 經 – 34]

귀마개(瑱)에는 흰 솜을 사용한다.

瑱, 用白纊.

정현주 '진瑱'[13]은 귀를 막는 것이다. '광纊'은
새 솜이다. '瑱', 充耳. '纊', 新綿.

진瑱

(淸), 「흠정의례의소」

[士喪禮12 : 經 – 35]

얼굴덮개(幎目)[14]의 겉면 색깔은 검은색을 사용하는데, 너비와 폭
이 1척2촌으로, 안쪽 천의 색깔은 붉은 색을 쓰며, 속에 솜으로 채
우고, 네 귀퉁이에 명주 끈을 매달아 놓는다.

幎目用緇, 方尺二寸, 䞓裏, 著, 組繫.

정현주 '멱목幎目'은 얼굴을
덮는 것이다. '멱幎'은 『시경』의 "칡덩
굴이 휘감고 있네"[15]라고 한 것에서 '휘
감다'(縈)의 뜻으로 읽는다. '정䞓'은 붉
다는 뜻이다. '착著'은 솜으로 채운다는
뜻이다. '명주 끈을 매달아 놓는다'(組

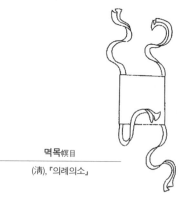

멱목幎目

(淸), 「의례의소」

繫)는 것은 묶을 수 있도록 하기 위해서이다. 고문본에는 '幎'이 '涓'으로 되어 있다. '幎目', 覆面者也. 幎讀若『詩』云"葛藟縈"之'縈'. '纁', 赤也. '著', 充之以絮也. '組繫', 爲可結也. 古文'幎'爲'涓'.

[士喪禮12 : 經-36]

손싸개(握手)는[16] 겉면을 검은색으로 안쪽 면을 옅은 진홍색으로 하는데, 길이는 1척2촌이고 너비는 5촌이며, 중간의 양쪽 부분을 안으로 1촌씩 줄여 놓고(牢中旁寸),[17] 겉면과 안쪽 면 사이에 솜을 채워 넣으며, 위쪽에 명주실로 된 끈을 달아 놓는다.

握手, 用玄, 纁裏, 長尺二寸, 廣五寸, 牢中旁寸, 著, 組繫.

정현주　'뢰牢'는 '루樓'의 뜻으로 읽으니, '루樓'는 악수握手의 중앙을 깎아 줄여 손을 고정시키는 것이다. 금문본에는 '樓'가 '纋'로 되어 있고, '旁'은 '方'으로 되어 있다. '牢讀爲樓', '樓' 謂削約握之中央以安手也. 今文'樓'爲'纋', '旁'爲'方'.

악수握手

(淸), 『흠정의례의소』

[士喪禮12 : 經-37]

활깍지(決)는[18] 재질이 좋은 왕극王棘과 탁극檡棘을 사용하여 만든다. 끈을 매달아 놓고, 명주실로 된 깍지(纁極)[19] 두 개를 만들어 놓는다.

決, 用正王棘若檡棘. 組繫, 纁極二.

極纊

決

광극纊極 · 결決
(淸), 『흠정의례의소』

'결決'은 연다(闓)는 뜻과 같
으니, 오른쪽 엄지손가락에 끼우고 활을 메어
횡으로 시위를 잡을 때 사용하는 것이다. 『시
경』에 "활깍지와 팔찌 이미 나란하고"[20]라고 하
였다. '정正'은 좋다는 뜻이다. 왕극과 탁극[21]은
결이 좋고 견고하며 내구성이 있는 것으로 모
두 활깍지를 만들 수 있다. '극極'은 놓는다는
뜻과 같다. 손가락에 끼고 활시위를 당겼다 놓
음으로써 손가락을 다치지 않도록 하는 것이
다. 살아 있는 사람의 경우는 붉은 가죽으로
만드는데[22] 세 개를 한다. 죽은 사람의 경우 명
주실을 사용하고 또 두 개를 하는 것은 사용하
지 않음을 분명히 한 것이다. 고문본에는 '王'이 '玉'으로 되어 있다. 금문본에
는 '檡'이 '澤'으로 되어 있다. 세속에서는 '왕극王棘'을 '책서砝鼠'라고 말한다.

'決'猶闓也, 挾弓以橫執弦. 『詩』云, "決拾旣次." '正', 善也. '王棘'與'檡棘', 善理堅刃
者, 皆可以爲決. '極'猶放也. 以沓指放弦, 令不挈也. 生者以朱韋爲之, 而三. 死用纊,
又二, 明不用也. 古文'王'爲'玉'. 今文'檡'爲'澤'[23]也. 世俗謂'王棘', '砝鼠'.

[士喪禮12 : 經 – 38]

모冒는 상체 부분(質)은 검은색으로 만들고 길이는 손과 나란하게
한다. 하체 부분(殺)은 붉은색으로 만들고 발등을 덮을 수 있을 정
도가 되게 한다.

冒, 緇質, 長與手齊. 經殺, 掩足.

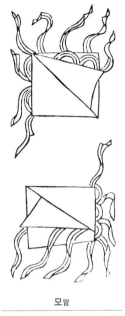

모冒

섭숭의(宋), 「삼례도」

정현주　　　　'모冒'는 시신을 감싸는 것으로 제도는 곧은 자루와 같다. 상체를 감싸는 부분을 '질質'이라 하고 하체를 감싸는 부분을 '쇄殺'라 한다. '질質'은 곧다는 뜻이다.[24] 그것을 사용할 때는 먼저 쇄로 발쪽을 감싸 올라온 뒤, 질로 머리 쪽을 감싸 내려 손에서 가지런히 모은다.[25] '상체 부분을 검은 색으로 만들고 하체 부분을 옅은 진홍색으로 만든다'(上玄下纁)는 것은 하늘과 땅을 본뜬 것이다. 「상대기」에 "국군國君의 경우 비단의 모冒에 도끼 문양을 그려 넣은 쇄殺를 사용하며, 철방綴旁(묶어 매는 끈)은 7개이다. 대부大夫의 경우 검은색의 모에 도끼 문양을 그려 넣은 쇄를 사용하며, 철방은 5개이다. 사士의 경우 검은 비단의 모에 옅은 진홍색의 쇄를 쓰며, 철방은 3개이다. 모든 모冒에서 질의 길이는 손과 나란하며 쇄殺의 길이는 3척이다"라고 하였다. '冒', 韜尸者, 制如直囊. 上曰'質', 下曰'殺'. '質', 正也. 其用之, 先以殺韜足而上, 後以質韜首而下, 齊手. '上玄下纁', 象天地也. 「喪大記」曰, "君錦冒黼殺, 綴旁七. 大夫玄冒黼殺, 綴旁五. 士緇冒赬殺, 綴旁三. 凡冒, 質長與手齊, 殺三寸."

[士喪禮12 : 經-39]

동쪽 방房에 작변복爵弁服에 입는 검은색 비단 웃옷(純衣)[26]과,

爵弁服純衣,

정현주 　　　　　　 살아 있을 때 하던 작변복[27]이다. '순의純衣'에는 옅은 진
홍색 치마(纁裳)를 입는다. 옛날에는 관冠으로 복장을 총칭하였는데 사자死
者는 관을 쓰지 않는다. 謂生時爵弁之服也. '純衣'者, 纁裳. 古者以冠名服, 死者
不冠.

순의純衣 · 단의褖衣
섭숭의(宋), 「삼례도」

[士喪禮12 : 經 – 40]

피변복皮弁服[28]과,

皮弁服,

정현주 　　　　　　 피변에 입는 복장이다. 그 복장은 흰 베로 된 웃옷(衣)과
흰색의 치마(裳)를 한다. 皮弁所衣之服也. 其服, 白布衣素裳也.

[士喪禮12 : 經−41]

단의褖衣와,

褖衣,

정현주
검은색의 웃옷(衣)과 치마(裳)에 붉은 가선을 두른 것을
'단단褖'이라 한다. '단단褖'이라는 말은 가선을 두른다는 것으로 속옷에 덧입는
것이다. 「상대기」에 "옷에는 반드시 치마가 있고, 속옷(袍)에는 반드시 웃옷
을 입어 홑옷을 드러내지 않는데, 이를 한 벌이라고 한다"라고 하였다. 고문
본에는 '褖'이 '緣'으로 되어 있다. 黑衣裳, 赤緣謂之'褖'. '褖'之言緣也, 所以表袍者
也.「喪大記」曰, "衣必有裳, 袍必有表, 不襌, 謂之一稱." 古文'褖'爲'緣'.

[士喪禮12 : 經−42]

검은색 비단으로 가선 장식을 한 허리띠(緇帶)와,

緇帶,

정현주
치대緇帶는 검은 비단으로 된 허리띠이다. 黑繒之帶.

[士喪禮12 : 經−43]

적황색 무릎가리개(韎韐)와,

韎韐,

정현주
매겹韎韐은 일명一命의 경우에는 옅은 적색의 무릎가리

개(緼韍)이다. 一命緼韍.

[士喪禮12 : 經 – 44]

죽홀竹笏[29] 등을 진설해 놓는다.

竹笏.

정현주　　　　'홀笏'은 자기의 생각과 보고할 내용을 기록하기 위한 것
이다. 「옥조」에 "홀은 천자의 경우에는 구옥球玉으로 만들고, 제후는 상아로
만들고, 대부는 물고기의 수염을 장식한 대나무로 만들고, 사는 대나무를 본
체로 삼고 상아로 그 가장자리를 장식해도 좋다"라고 하였다. 또 "홀의 길
이는 2척 6촌인데, 그 중간의 너비는 3촌이고, 그 깎은 부분은 6등분하여 1
을 제거한 길이이다"라고 하였다. 또 "천자는 옥홀(珽)을 꽂으니 천하에 방정
한 도리를 보이는 것이다. 제후가 허리띠에 꽂는 서(茶)[30]가 앞쪽이 구부러지
고 뒤쪽이 곧은 것은 천자에게 겸양함을 보여 주는 것이다. 대부의 홀이 앞
쪽도 구부러져 있고 뒤쪽도 구부러져 있는 것은 겸양하지 않는 바가 없음을
보여 주는 것이다"라고 하였다. 금문본에는 '笏'이 '忽'로 되어 있다. '笏', 所以
書思對命者.「玉藻」曰, "笏, 天子以球玉, 諸侯以象, 大夫以魚須文竹, 士以竹本象可
也." 又曰, "笏度二尺有六寸, 其中博三寸, 其殺六分而去一." 又曰, "天子搢珽, 方正
於天下也. 諸侯茶, 前詘後直, 讓於天子也. 大夫前詘後詘, 無所不讓." 今文'笏'作'忽'.

[士喪禮12 : 經 – 45]

시신에게 신기는 신발은 여름에는 칡으로 만든 흰 신발을 사용하

고, 겨울에는 가죽으로 만든 흰 신발을 사용하는데, 모두 신발의
장식끈(繶), 신발의 코 장식(絇), 신발의 가선 장식(純)을 검은색으로
하고, 신발이 발꿈치와 만나는 부분에 신발을 고정시킬 수 있도록
신발 끈(綦)을 매달아 놓는다.

夏葛屨, 冬白屨, 皆繶絇純, 組綦繫于踵.

정현주　　　　'동피구冬皮屨'를 '동백구冬白屨'라고 바꾸어 말한 것은 여
름에 사용하는 칡으로 만든 신발도 흰색임을 분명히 한 것이다. 이것은 피
변皮弁에 착용하는 신발인데, 「사관례」에 "흰색 주름치마(素積)에는 흰색의
신발을 신는데,[31] 대합(魁)으로 칠을 한다. 신발의 코 장식(絇)·신발의 장식
끈(繶)·신발의 가선 장식(純)은 모두 검은색으로 하는데, 가선(純)의 너비는
1촌寸이다"라고 하였다. '기綦'[32]는 신발 끈으로, 신발을 고정하는 것이다. '기
綦'는 '마반기馬絆綦'라고 할 때의 기綦의 뜻으로 읽는다. '冬皮屨'變言'白'者, 明
夏時用葛亦白也. 此皮弁之屨, 「士冠禮」曰, "素積白屨, 以魁柎之. 緇絇·繶·純, 純
博寸." '綦', 屨係也, 所以拘止屨也. '綦'讀如'馬絆綦'之綦.

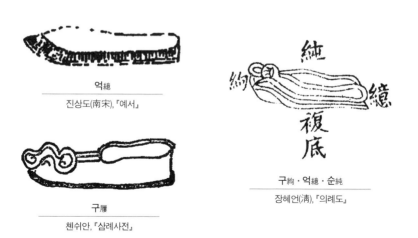

억繶
진상도(南宋), 『예서』

구屨
첸쉬안, 『삼례사전』

구絇·억繶·순純
장혜언(淸), 『의례도』

친척과 친구 등 여러 사람들이 가져온 수의(庶襚)는 습의襲衣에 이
어서³³ 동쪽 방에 진설해 놓고 실제로 사용하지는 않는다.

庶襚繼陳, 不用.

정현주   '서庶'는 여럿이라는 뜻이다. '사용하지는 않는다'(不用)는
것은 습襲에 사용하지 않는다³⁴는 것이다. 많이 진설해 놓는 것이 영광이 되
고, 조금 드리는 것이 귀함이 된다.³⁵ '庶', 衆也. '不用', 不用襲也. 多陳之爲榮,
少納之爲貴.

1_ 의복 등을 : 호배휘는 "옷깃이 서쪽을 향하도록 놓으므로 의복을 가리켜 말한 것이다. 다만 아래 문장에서 진설한 것이 의복에만 그치지 않으니 중요한 것을 거론하여 말한 것이다"라고 하였다. 『의례정의』, 1670쪽 참조.

2_ 준비되는 대로 진설하는데 : 막 운명하였을 때이므로 먼저 완성된 것을 먼저 진설하고, 뒤에 완성된 것을 나중에 진설한다. 喪事가 급박하게 진행되는 때이므로 준비되는 대로 갖출 뿐 순서에 따르지 않는다. 『의례주소』, 773쪽 참조.

3_ 옷깃이 서쪽을 ~ 삼으며 : 王士讓은 "「士冠禮」에 '관복을 방 안에 진설하는데 옷깃이 동쪽을 향하도록 놓고 북쪽을 윗자리로 삼는다'고 하였다. 여기에서 '옷깃이 서쪽을 향하도록 놓고, 남쪽을 윗자리로 삼는 것'은 길례와 흉례는 서로 반대로 하기 때문이다"라고 하였다. 『의례정의』, 1670쪽 참조.

4_ 위쪽으로 완전히 ~ 않는다 : 가공언은 "습의를 진설하는 방법은 房의 문 안쪽 즉 문의 동쪽에 옷깃이 서쪽을 향하도록 하고 남쪽을 윗자리로 삼는데, 의복이 적으므로 남쪽에서 북쪽에 이르면 다 진설하게 되고, 접어서 진설할 필요가 없다"고 해석한다. 호배휘는 "'綪'은 屈 즉 굽힌다는 의미이다. '不綪'은 襲을 하기 위하여 수의를 펼쳐 놓을 때 남쪽에서부터 북쪽으로 펼치다가 다시 북쪽에서 접어서 남쪽으로 늘어놓지 않는 것을 말한다"라고 하였다. 『의례주소』, 772쪽 및 『의례정의』, 1671쪽 참조.

5_ 명의 : 明은 깨끗하다는 의미이다. 원래는 평상시 齋戒할 때 입는 정결한 옷을 가리킨다. 여기서는 시신을 목욕시킨 후 안에 입히는 옷을 가리키는데, 시신의 몸에 직접 닿기 때문에 정결한 옷을 사용하는 것이다. 『의례주소』, 1672쪽 참조.

6_ 몸에 직접 닿는 것 : 아래 문장에서 목욕이 끝나고 먼저 명의를 진설하므로 몸에 직접 닿는 것임을 알 수 있다. 『의례주소』, 773쪽 참조.

7_ 괄계 : 성세좌는 "髻笄는 머리를 묶은 뒤에 꽂는 비녀이다. 반드시 머리를 묶는다(髻)는 말과 연결하여 말한 것은 冠을 고정시키는 비녀와 구별하기 위해서이다"라고 하였다. 채덕진은 "살아 있을 때 머리를 고정하는 비녀는 뼈를 사용하여 만드는데, 이제 뽕나무를 사용하는 것은 살아 있을 때와 달리하는 것이다"라고 하였다. 『의례정의』, 1672쪽 참조.

8_ 길이가 4촌 : "비녀에는 두 가지 종류가 있다. 하나는 머리를 고정시키는 비녀로 남자와 부인 모두에게 있으니 바로 이 경문의 비녀가 그것이다. 다른 하나는 관을 고정시키는 것으로 皮弁笄, 爵弁笄가 그것이다. 오직 남자만 있고 여자는 없으며, 두 가지 비녀는 모두 길어 4寸에 그치지 않는다. 이제 경문의 비녀가 4촌인 것은 머리만을 묶기 위한 것이기 때문이다." 『의례주소』, 773쪽 참조.

9_ 길이와 너비가 ~ 하고 : 멱건의 규격은 정사각형이다. 무릇 베의 폭과 너비는 2척 2촌이니 너비와 길이가 방정하다. 『의례정의』, 1673쪽 참조.

10_ 혐오감이 생길까 ~ 때문이다 : 수건은 반함을 할 때 반함하는 사람이 시신의 얼굴을 보지 않기 위해 가리는 것이다. 수건에 구멍을 내지 않는다는 것에 대하여

호배휘는 다음과 같이 설명한다. "대부의 喪일 경우 賓이 반함을 하면서 대부의 얼굴을 보고 혐오감을 갖지 않도록 수건의 입 부분에 구멍을 내놓고 그 구멍으로 반함을 한다. 그러나 士의 喪에 반함을 할 때는 보통 죽은 사람의 자식이 하기 때문에 시신의 얼굴을 보는 것에 대하여 혐오감을 갖지 않는다. 따라서 수건을 걷고 하지, 구멍을 내서 그곳으로 반함을 하지 않는다"는 것이다. 『의례정의』, 1673쪽 참조.

11_ 누인 비단 : 양잿물에 담갔다가 다시 솥에 삶아서 부드럽게 만든 명주를 가리킨다. 『의례정의』, 1674쪽 참조.

12_ 엄 : 가공언은 소에서 "掩은 지금 사람들의 幞頭와 같다. 다만 죽은 사람의 경우는 뒤 두 갈래를 턱 아래서 묶는다는 점에서 살아 있는 사람과는 다르다"(掩, 若今人 襆頭. 但死者以後二脚, 於頤下結之, 與生人爲異也)라고 설명한다. 호배휘는 掩이 冠을 대신하는 것으로서의 역할을 한다고 설명한다. 『의례주소』, 774쪽 및 『의례정의』, 1674쪽 참조.

13_ 진 : 귀마개로 보통은 玉이나 象牙로 만든다. 『의례주소』, 774쪽 참조.

14_ 얼굴덮개 : 幎은 覆, 즉 덮는다는 의미로 幂으로도 쓰인다. 幎目은 시신의 얼굴을 덮는 것으로 수의의 한 부분이다. 겉면은 검은 천을 안쪽은 붉은 천을 각각 사용하고, 가운데에 솜을 넣는다. 그리고 네 귀퉁이에 명주실로 된 끈을 달아 시신의 목 뒤에서 양쪽으로 묶을 수 있게 한다. 호배휘의 설명에 따르면 천은 명주를 사용한다. 『의례정의』, 1675쪽 참조.

15_ 칡덩굴이 휘감고 있네 : 『시경』, 「周南·樛木」에 나오는 구절이다.

16_ 손싸개 : 시신의 손을 감싸기 위해 직사각형의 주머니 모양으로 만든 것으로, 한 손에 한 짝씩 감싼다. 보통 명주로 만드는데, 안쪽의 천은 붉은색으로 겉면의 천은 검은색으로 하며, 중간 부분을 양 끝보다 1촌씩 줄여 잘록하게 하고, 입구 양 끝에 끈을 매달아 묶을 수 있게 한다. 握手의 모양에 대한 설명은 고대에서부터 여러 견해가 분분하다. 『삼례사전』, 809쪽 참조.

17_ 중간의 양쪽 ∼ 놓고 : '牢'는 깎는다는 의미이다. 즉 握手의 중간 양 옆 부분을 1촌 씩 안쪽으로 줄인다는 의미로 해석된다. 『의례정의』, 1676쪽 참조.

18_ 활깍지 : 활을 쏘기 위해 시위를 당겼다 놓을 때 손가락을 보호하기 위하여 오른손 엄지손가락에 끼우는 깍지이다. 『의례정의』, 1677쪽 참조.

19_ 명주실로 된 깍지 : 纊은 명주를, 極은 손가락에 끼는 깍지를 의미한다. 원래는 활을 쏠 때 손가락을 보호하기 위해 손가락에 끼는 활깍지로서, 부드럽게 마전한 소가죽으로 만든다. 산 사람은 食指, 中指, 無名指 등 세 손가락에 끼운다. 그러나 죽은 사람에게는 명주를 사용하여 만들고, 상징적으로 두 개만 끼운다. 『의례정의』, 1678쪽 참조.

20_ 활깍지와 ∼ 나란하고 : 『시경』 「小雅·車攻」에 나오는 구절이다.

21_ 왕극과 탁극 : 가시나무의 한 종류로 생각된다. 살아 있는 사람이 사용하는 깍지

는 보통 상아나 뼈로 만들고, 죽은 사람을 위해 만드는 깍지는 나무로 만든다고 한다. 『의례정의』, 1678쪽 참조.

22_ 살아 있는 ~ 만드는데 : 진상도는 "살아 있는 사람의 경우 붉은 가죽으로 만드는 것은 화려하게 꾸미기 위한 것이고, 死者의 경우 솜으로 하는 것은 질박함을 회복하기 위한 것이다"라고 하였다. 『의례정의』, 1678쪽 참조.

23_ 澤 : 북경대본에는 '澤'이 없으나 교감기 및 호배휘의 『의례정의』에 따라 바로잡았다.

24_ '질'은 곧다는 뜻이다 : 유적은 "상체를 씌우는 것은 방정하므로 질이라 하고, 하체를 씌우는 것은 조금씩 좁아지므로 쇄라고 한다"라고 하였다. 『의례정의』, 1680쪽 참조.

25_ 그것을 ~ 모은다 : 사람이 옷을 입을 때는 치마를 먼저 입고 웃옷을 나중에 입는다. 또 질은 길이가 손과 나란하고 쇄는 길이가 3척이며 키가 작은 사람은 질이 아래로 쇄를 덮으므로 질로 씌우는 것을 나중에 한다. 『의례주소』, 777쪽 참조.

26_ 검은색 비단 웃옷 : 사혼례에서 신부가 입는 웃옷이다.

27_ 작변복 : '爵弁服'에 관해서는 [사관례01 : 經-27]의 주석 참조. 『삼례사전』, 1159쪽 참조. 『예기』「雜記上」, 채옹의 『獨斷』, 『후한서』「輿服志」, 『진서』「輿服志」, 『통전』「禮志」에도 유사한 기록들이 보인다.

28_ 피변복 : [사관례01 : 經-27] 주석 참조.

29_ 죽홀 : 「釋名」에 笏은 忽 즉 문득 잊는다는 의미라고 설명한다. 笏은 신하가 군주에게 보고할 내용, 군주의 질문에 답할 내용, 또는 군주로부터 받은 지시 등을 간단히 메모하여 실제 상황에 부닥쳐 잊어버리고 당황하는 일이 없도록 대비하는 것이다. 이것은 군주와 신하가 모두 가지고 있는데, 군주의 홀은 玉을 사용하여 만들고 신하의 것은 대나무로 만든다. 그래서 竹笏이라고 하였다. 관련 내용은 정현의 주와 『예기』「玉藻」에 자세하다.

30_ 서 : 옥으로 만든 기물의 이름으로 규의 종류이다. 『순자』「大略」에 "천자가 거둥할 때는 珽을 하고, 제후는 荼를 하며, 대부는 笏을 착용하는 것이 예이다"(天子御珽, 諸侯御荼, 大夫服笏, 禮也)라고 하였고, 양경은 "荼는 옛날의 舒라는 글자로 옥 가운데 위는 둥글고 아래는 각이 진 것이다"(荼, 古舒字, 玉之上圓下方者也)라고 하였다.

31_ 흰색 주름치마에는 ~ 신는데 : 호배휘는 이는 두 번째 皮弁을 쓸 때 사용하는 신발이라고 하였다. 『의례정의』, 130쪽 참조.

32_ 기 : 신발 머리의 장식으로 곧 絇(신발의 코장식)이다. 이에 대해 주희는 "綦는 신발 입구의 끈이다. 옛사람들은 모두 둘러서 묶었는데, 요즘 사람들은 단지 간편한 것만 좇아 가짜 끈인 양 위에 매달아 놓기만 한다"(『禮記』, 「內則」, 陳澔 註, "綦, 鞋口帶也. 古人皆旋繫, 今人只從簡易, 綴之於上如假帶然")라고 하였다.

33_ 습의에 이어서 : 가공언은 襲衣 아래에 이어서 진설하는 것으로 본다. 『의례주소』, 779쪽 참조.

34_ 습에 사용하지 않는다 : 가공언은 "소렴이 되면 진설하고 사용하지만, 국군이 하사한 수의는 대렴 때가 되서야 사용한다"고 본다. 『의례주소』, 780쪽 참조.

35_ 많이 ~ 된다 : 『예기』「喪服小記」에 "광에 매장하는 기물(明器)을 진설하는 도리는 붕우와 빈이 보내온 명기는 모두 진설하고 줄여서 壙에 넣어도 되며, 상주의 명기는 줄여서 진설하고 모두 광에 넣어도 된다"(陳器之道, 多陳之而省納之可也, 省陳之而盡納之可也)라고 한 것에 대하여 정현의 주에 "'모두 진설한다'는 것은 빈객이 明器를 보내올 때는 많은 것을 영광으로 생각한다는 말이다"('多陳之', 謂賓客之就器也, 以多爲榮)라고 하였다.

해제 經-47에서 經-52까지는 목욕과 반함에 필요한 기물을 당 위 벽(序) 아래에 진설하는 절차이다.

[士喪禮12 : 經-47]

조개껍질 세 개를 폐백 바구니(箅)에 담아 놓는다.

貝三實于箅.

정현주   '조개껍질'(貝)은 물에서 나는 것이다. 옛날에는 화폐로 사용하였는데 강수江水에서 나온다. '변箅'은 대나무 그릇의 명칭이다. '貝', 水物. 古者以爲貨, 江水出焉. '箅', 竹器名.

변箅
섭숭의(宋), 「삼례도」

[士喪禮12 : 經-48]

쌀 네 되를 네모진 대광주리(筐)에 담아 놓는다.

稻米一豆實於筐.

筐

정현주   '두豆'는 네 되이다. '豆', 四升.

광筐
『삼재도해』

[士喪禮12 : 經-49]

시신의 머리를 닦을 수건(沐巾) 한 개와 몸을 닦을 수건(浴巾) 두 개
를 준비하는데, 모두 거친 칡베를 사용하고,[1] 폐백 바구니(篚)에 담
아 놓는다.

沐巾一, 浴巾二, 皆用綌, 於篚.

정현주   '수건'(巾)은 땀과 먼지를 제거하는 것이다. '몸을 닦을 수
건 두 개를 준비한다'(浴巾二)는 것은 상체上體와 하체下體를 달리하기 때문
이다. '격綌'은 거친 칡베이다. '巾'所以拭汙垢. '浴巾二'者, 上體·下體異也. '綌',
麤葛.

[士喪禮12 : 經-50]

빗(櫛)은 둥근 대광주리(篳)에 담아 놓는다.

櫛於篳.

정현주   '둥근 대광주리'(篳)[2]는 갈대로 만든 광주리이다. '篳', 葦笥.

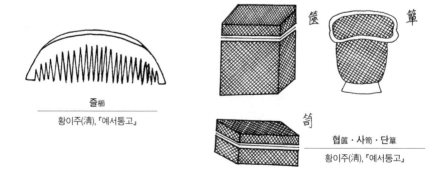

즐櫛
황이주(淸), 「예서통고」

협篋 · 사笥 · 단篳
황이주(淸), 「예서통고」

[士喪禮12 : 經 - 51]

욕의浴衣를 상자(篋)에 담아 놓는다.

浴衣於篋.

<u>정현주</u> '욕의浴衣'는 목욕을 마치고 입는 옷으로 베로 만드는데,
그 제도는 오늘날 '통재通裁'³와 같다. '浴衣', 已浴所衣之衣, 以布爲之, 其制如今
'通裁'.

[士喪禮12 : 經 - 52]

이상 말한 준비물들은 모두 당의 서쪽 벽(西序) 앞에 놓아두는데,
남쪽을 윗자리로 삼는다.

皆饌于西序下, 南上.

<u>정현주</u> '모두'(皆)라는 것은 '조개껍질' 이하 모두를 말한다. 동쪽
과 서쪽의 벽을 서序⁴라 하는데 서序의 가운데로부터 남쪽 부분을 당堂이라
한다. '皆'者, 皆'貝'⁵以下. 東西牆謂之序, 中以南謂之堂.

1_ 모두 거친 ~ 사용하고 : 『예기』「玉藻」에 "목욕을 할 때에는 수건 2개를 사용하는데, 상체에는 고운 칡베로 만든 수건을 사용하고, 하체에는 거친 칡베로 만든 수건을 사용한다"(浴用二巾, 上絺下綌)라고 하였다. 이는 대부 이상의 경우로, 상체와 하체를 귀하고 천한 것으로 구분하였기 때문에 상체에는 고운 것을 사용하고 하체에는 거친 것을 사용하는 것이다. 『의례주소』, 781쪽 참조.

2_ 둥근 대광주리 : 『예기』「曲禮上」의 정현 주에 "'簞笥'는 밥을 담는 대광주리로, 둥근 것을 '簞'이라고 하고, 네모난 것을 '笥'라고 한다"(簞笥, 盛飯食者, 圜曰簞, 方曰笥)고 하였다.

3_ 통재 : 가공언은 "베로 만든 홑옷(布單衣)로, 漢代에는 통재라고 불렀다"라고 하였다. 『의례주소』, 781쪽 참조.

4_ 서 : 당 위의 담장은 '序'라고 하고, 당 아래의 담장은 '壁'이라고 하는데 당 위에서 東堂과 西堂을 가로막는 벽을 '序'라고 한다. 동쪽에 있는 것이 '東序', 서쪽에 있는 것이 西序이다. 『의례정의』, 36쪽 및 [빙례08 : 經 - 107] 황이주의 '大夫ㆍ士의 廟制'와 [특생궤사례15 : 經 - 28] 양복의 '寢廟辨名圖' 그림 참조.

5_ 貝 : 북경대본에는 '具'로 되어 있으나 교감기에 따라 바로잡는다.

經-53에서 經-65까지는 시신을 목욕시키는 절차이다.

[士喪禮12 : 經-53]

관인管人은 두레박으로 물을 길어 올리는데, 두레박 끈을 풀지 않고 끈을 휘어감아 잡고¹ 당으로 가져간다.

管人汲, 不說繘, 屈之.

정현주 '관인管人'은 관사館舍를 관리하는 담당자이다.² '두레박 끈을 풀지 않는다'(不說繘)는 것은 두레박을 가지고 당에 있는 축祝에게 주어 쌀을 씻게 하려는 것이다. '굴屈'은 휘어 감는다(縈)는 뜻이다. '管人', 有司主館舍者. '不說繘', 將以就祝濯米. '屈', 縈也.

[士喪禮12 : 經-54]

축祝은 당에서 쌀을 씻는데, 남쪽을 향하고 물동이(盆)를 이용한다.

祝淅米于堂, 南面, 用盆.

정현주 '축祝'은 하축夏祝이다.³ '석淅'은 쌀을 씻는 것이다. 祝, 夏祝也. '淅', 汏也.

[士喪禮12 : 經 – 55]

관인管人은 계단 끝까지 올라와 당에는 오르지 않은 상태에서 쌀을 씻은 물을 축祝에게서 받은 다음, 중重에 매달 솥(重鬲)에 담아 아궁이(垼)에서 데운다.

管人盡階, 不升堂, 受潘, 煑于垼, 用重鬲.

정현주 '계단 끝까지 오른다'(盡階)는 것은 세 계단의 위를 말한다. 「상대기」에 "관인은 목욕물을 받으면 그것을 곧바로 끓인다. 전인은 복復을 한 사람이 내려올 때 치웠던[4] 묘廟의 서북쪽 모퉁이의 땔감나무를 가져다가 불을 땐다"라고 하였다. '盡階', 三等之上. 「喪大記」曰, "管人受沐, 乃煑之. 甸人取所徹廟之西北厞薪, 用爨之."

[士喪禮12 : 經 – 56]

축祝은 씻은 쌀을 다리가 없는 밥솥(廢敦)에 담아, 조개껍질 북쪽에 놓아둔다.

祝盛米于敦, 奠于貝北.

정현주 네모진 대광주리(筐)가 있던 곳으로 되돌리는 것이다.[5] 復於筐處.

[士喪禮12 : 經 – 57]

사士는 여름에 상喪을 당한 경우, 국군國君으로부터 얼음을 하사받으면, 이반夷槃을 사용해도 된다.

士有冰, 用夷槃, 可也.

정현주   여름철에 국군
이 얼음을 더 하사한 경우이다.[6] '이
반夷槃'[7]은 시신을 받치는 쟁반이다.
「상대기」에 "군주는 대반大盤을 설치
하고 그 안에 얼음을 넣는다. 대부는
이반을 설치하고 그 안에 얼음을 넣
는다. 사는 와반瓦槃을 설치하지만

盤 夷

이반夷盤
(淸), 「흠정의례의소」

얼음은 넣지 않는다. 침상을 설치할 때는 평상의 살이 드러나게 하고 베개
를 둔다"라고 하였다. 謂夏月而君加賜冰也. '夷槃', 承尸之槃. 「喪大記」曰, "君設
大槃, 造冰焉. 大夫設夷槃, 造冰焉. 士倂瓦槃, 無冰. 設牀襢笫, 有枕."

[士喪禮12 : 經 - 58]
시중드는 하인(外御)은 관인管人이 데운 목욕물을 당 위에서 받아
실室 안으로[8] 들어온다.

外御受沐入.

정현주   '외어外御'는 시중드는 하인이다.[9] '목沐'은 관인管人이 데
운 뜨물이다. '外御', 小臣侍從者. '沐', 管人所責潘也.

[士喪禮12 : 經-59]

주인主人들과 부인婦人들은[10] 모두 실室을 나가 문(戶) 밖에서 북쪽 즉 실室을 향하여 선다.

主人皆出, 戶外北面.

정현주   평소 목욕을 할 때 옷을 벗고 알몸으로 있으면 자손들이 곁에 있지 못하는 것을 본뜻 것이다. 주인은 나가 평상의 살을 드러낸다(禮第).[11] 象平生沐浴倮裎, 子孫不在旁. 主人出而禮第.

[士喪禮12 : 經-60]

이어서[12] 외어外御 두 사람이 시신의 머리를 씻기고 빗질한 다음, 수건을 사용하여 물기를 닦아낸다.

乃沐櫛, 挋用巾.

정현주   '진挋'은 말린다, 맑게 한다는 뜻이다. 고문본에는 '挋'이 모두 '振'으로 되어 있다. '挋', 晞也, 淸也. 古文'挋'皆作'振'.

[士喪禮12 : 經-61]

수건을 사용하여 시신을 씻기고, 욕의浴衣로 시신의 물기를 닦아낸다.

浴用巾, 挋用浴衣.

정현주 　　　　　'수건을 사용한다'(用巾)는 것은 수건을 사용하여 씻긴다는 뜻이다. 「상대기」에 "어자御者 2인이 목욕을 시키는데, 목욕시키는 물은 동이에 담고, 시신을 매끄럽게 하는 물은 국자를 사용하여 뜬다"라고 하였다. '用巾', 用拭之也. 「喪大記」曰, "御者二人浴, 浴水用盆, 沃水用枓."

[士喪禮12 : 經 - 62]
목욕시킨 물(澡濯)¹³은 당 아래 양쪽 계단 사이에 파 놓은 웅덩이에 버린다.
澡濯棄于坎.

정현주 　　　　목욕시킨 나머지 뜨물과 수건, 빗, 욕의浴衣 역시 함께 거기에 버린다. 고문본에는 '澡'이 '緣'으로 되어 있는데 형주荊州와 면수沔水 지역의 말이다. 沐浴餘潘水·巾·櫛·浴衣, 亦幷棄之. 古文'澡'作'緣', 荊沔之間語.

[士喪禮12 : 經 - 63]
평상시처럼 시신의 손톱과 발톱을 자르고 수염을 다듬는다.
蚤揃如他日.

정현주 　　　　'조蚤'는 '조爪'의 뜻으로 읽는데, 손톱을 자르고 수염을 다듬는다¹⁴는 것이다. 국군의 경우에는 소신小臣이 한다. '타일他日'은 평상시를 말한다. '蚤', 讀爲'爪', 斷爪揃鬚也. 人君則小臣爲之. '他日', 平生時.

[士喪禮12 : 經 – 64]

끈으로 머리를 묶은 뒤 비녀를 꽂고, 명의明衣로 덮는다.

鬠用組, 乃笄, 設明衣裳.

정현주 '끈을 사용한다'(用組)는 것은 끈으로 머리를 묶는다는 뜻이다. 고문본에는 '鬠'이 모두 '括'로 되어 있다. '用組', 組束髮也. 古文'鬠'皆爲 '括'.

[士喪禮12 : 經 – 65]

주인들과 부인들[15]은 들어와 각자 곡哭을 하는 자리에 가 앉는다.

主人入, 卽位.

정현주 이미 명의明衣를 진설하였으므로 들어갈 수 있다. 已設明 衣, 可以入也.

1_ 두레박 끈을 ~ 잡고 : 喪事는 급박하므로 물을 긷는 자가 두레박의 끈을 풀 겨를 없이 두레박에 휘감고 손으로 잡는 것이다. 동시에 쌀 씻을 물이 부족하면 다시 길어야 하므로 끈을 풀지 않는 것이기도 하다. 『의례정의』, 1689~1690쪽 참조.

2_ 관사를 ~ 담당자이다 : 『주례』에는 '管人'이라는 관직은 없지만, 『주례』「천관」에 '掌舍', '幕人', '掌次' 등의 관명이 보인다. 제후의 경우에는 관직을 겸하기 때문에 이들 관직을 '管人' 즉 '館人'으로 총괄한 것이다. 관인은 館舍를 관장하는 관리로, 喪事를 도우러 파견된 국군의 신하 가운데 한 사람이다. 그러나 이 경문의 경우에 한정하여 보면, 가공언은 '士에게는 신하가 없어 일을 처리하는 사람은 모두 府史이므로, 관인은 일을 담당하는 사람임을 알 수 있다'라고 하였다. 『의례주소』, 782쪽 참조.

3_ 하축이다 : 『의례석궁』에 "夏祝, 商祝, 祝은 모두 周나라의 祝이다. 夏禮를 익힌 사람을 夏祝이라 하고, 商禮를 익힌 사람을 商祝이라고 한다. 세 사람의 祝은 모두 제후의 신하로 『주례』「喪祝」의 직관에 해당한다"라고 하였다. 이처럼 세 사람의 축은 모두 국군의 신하로서 파견되어 喪事를 시행하는 사람이지, 士의 私臣이 아니다. 『의례정의』, 1690쪽 참조.

4_ 복을 한 ~ 치웠던 : 가공언은 "이 땔나무는 復을 한 사람이 서북쪽 처마로 내려올 때 치웠던 것"이라고 해석한다. 『의례주소』, 782쪽 참조.

5_ 광이 ~ 것이다 : 씻기 전의 쌀은 원래 筐에 담겨 조개껍질 북쪽에 놓여 있었기 때문에 씻은 다음에도 담는 그릇만 重鬲으로 바꾸어 원래 있던 자리에 놓는 것이다. 『의례정의』, 1691쪽 참조.

6_ 여름철에 ~ 경우이다 : 士의 喪에 본래 얼음을 사용하지 못한다. 다만 여름에 士가 상을 당한 경우 국군이 시신의 부패를 막기 위해 얼음을 하사할 수 있는데, 이때는 특별히 사용할 수 있다. 『의례정의』, 1692쪽 참조.

7_ 이반 : 목욕한 물 등을 담는 그릇으로 『예기』「喪大記」에 "군주는 大槃을 사용하고 大夫는 夷槃을 사용한다"(君用大槃, 大夫用夷槃)고 하였고 정현은 주에서 『漢禮器制度』를 인용하여 "大槃은 넓이가 8척, 길이가 1丈2尺, 깊이가 3尺이고 夷槃은 그보다 작다"(大槃廣八尺, 長丈二尺, 深三尺, 夷槃小焉)고 설명한다. 즉 夷槃은 대부가 사용하고 士는 사용하지 못하는데, 군주가 얼음을 夷槃에 담아 보낸 경우 사용할 수 있는 것이다.

8_ 당 위에서 ~ 안으로 : 호배휘는 "시중드는 하인이 목욕물을 받는다는 것은 관인에게서 받는다는 것으로 당 위에서 받는다"라고 하였다. 『의례정의』, 1693쪽 참조.

9_ '외어'는 ~ 하인이다 : 정현은 주에서 '시중드는 하인'(小臣, 侍從者)이라고 하였다. 그러나 가공언은 소에서 外御는 內御 즉 안에서 시중드는 하인과 짝이 되는 말로 본다. 따라서 어머니의 喪에는 內御가 목욕시키는 것을 시중든다고 설명한다. 『의례주소』, 783쪽 참조.

10_ 부인들은 : 오계공은 "이때 부인 또한 모두 나가는데, 경에서 말하지 않은 것은 생략한 것이다"라고 하였다. 『의례정의』, 1693쪽 참조.

11_ 평상의 살을 드러낸다 : 자리를 제거하여 살을 드러낸다는 것으로, 물기가 마르기
좋도록 하는 것이다. 『의례주소』, 784쪽 참조.
12_ 이어서 : 주인이 나가기를 기다려 목욕을 시킨다는 말이다. 『의례정의』, 1693쪽
참조.
13_ 목욕시킨 물 : 潘水는 덥히거나 끓인 뒤에는 '湆'이라 부르고, 목욕이 끝난 뒤에는
'濯'이라고 한다. 『의례주소』, 784쪽 참조.
14_ 수염을 다듬는다 : 공영달은 '손톱을 깎고 수염을 다듬는 것'으로 보았다. 만사대
는 "揃은 펴다(展)는 글자와 같으니 수염을 펴서 곧게 하는 것이다"라고 하였다. 강
조석은 "揃에는 몇 가지 뜻이 있다. 첫째는 剪, 翦과 같은 뜻으로 잘라 없앤다는 말
이다. 다른 하나는 나눈다는 뜻이고, 또 다른 하나는 푼다는 뜻이며, 다른 하나는
鬋과 같은데 가지런하게 한다는 뜻이다. … 씻기를 마치면 수염이 어지러울 수 있
으므로 揃은 가지런하게 나눈다는 뜻이다"라고 하였다. 『의례정의』, 1696쪽 참조.
15_ 주인들과 부인들 : 오계공은 "주인이 들어가므로 중주인과 부인들도 모두 들어가
자리로 나아간다"라고 하였다. 그러나 혹자는 "경에서 '모두'라고 하지 않았으므로
주인만 들어가는 것"으로 보기도 한다. 『의례정의』, 1697쪽 참조.

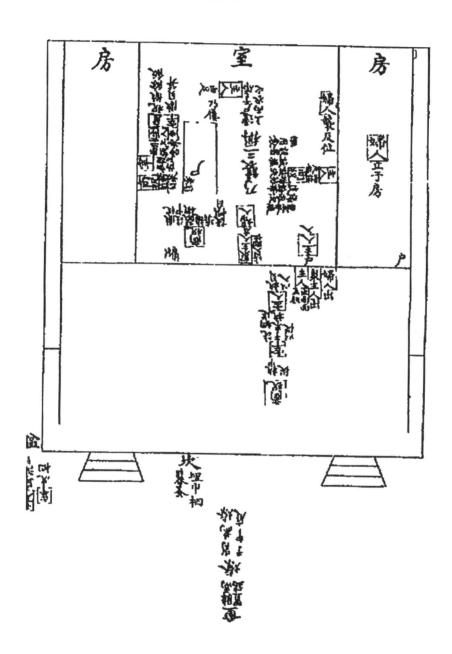

[士喪禮12 : 經-66]

상축商祝은 습하기 위해 준비한 침상[1]에다 제복祭服을 늘어놓는데,
단의緣衣는 제복 다음에 놓는다.

商祝襲祭服, 緣衣次.

정현주　　　　　'상축商祝'은 축祝 중에서 은殷 시대의 예를 익힌 사람이
다. 상나라 사람은 경敬으로 가르쳤기 때문에 접신接神에 적당하다. '습襲'은
습에 사용할 옷을 침상 위에 늘어놓는 것이다. '제복祭服'은 작변복爵弁服과
피변복皮弁服으로 모두 국군을 따라 제사를 도울 때 입는 복이다. 대사大蜡
(큰 납향 제사)[2]에는 피변皮弁에 소복素服을 하고 제사를 드리는데, 한 해를 마
무리하는 예이다. 습의를 침상에 늘어놓는데, 침상의 위치는 반함을 할 침
상(含牀)의 동쪽이며, 임衽(잠자리에 까는 자리)은 처음처럼 한다.[3] 「상대기」에
"반함을 할 때 침상 하나, 습을 할 때 침상 하나, 시신을 당에 옮길 때 당에
다시 침상 하나를 둔다"라고 하였다. '商祝', 祝習商禮者. 商人敎之以敬, 於接神
宜. '襲', 布衣牀上. '祭服', 爵弁服·皮弁服, 皆從君助祭之服. 大蜡有皮弁素服而祭,
送終之禮. 襲衣於牀, 牀次含牀之東, 衽如初也. 「喪大記」曰, "含一牀, 襲一牀, 遷尸
於堂又一牀."

[士喪禮12 : 經-67]

주인은 실室을 나가 남쪽을 향해 왼쪽 어깨를 드러내고(左袒), 벗은 왼쪽 옷소매를 가슴 앞으로 가로질러서 오른쪽 겨드랑이 아래 허리띠에 꽂는다.⁴ 그리고 손을 물동이에 씻은 다음 조개를 씻어 폐백 바구니(笄)에 담아 들고서 실室로 들어온다.⁵ 재宰가 수저를 씻고, 쌀을 떠서 들고 뒤따라 들어온다.

主人出, 南面, 左袒, 扱諸面之右. 盥于盆上, 洗貝, 執以入. 宰洗柶, 建于米, 執以從.

정현주
　　모두 문(戶)으로 들어와 서쪽을 향한다. 금문본에는 '재宰가 든다'라고는 말하지 않았다. 俱入戶, 西鄕也. 今文宰不言執.

[士喪禮12 : 經-68]

상축은 수건을 들고 뒤따라 들어와서 창(牖)이 있는 곳에서 북쪽을 향하고, 베개를 치우고, 수건을 시신의 얼굴 위에 펼쳐 놓으며, 입에 끼워 놓은 뿔 숟가락(角柶)을 치우고, 조개를 받아 시신의 서쪽에 놓는다.

商祝執巾從入, 當牖北面, 徹枕, 設巾, 徹楔, 受貝, 奠于尸西.

정현주
　　'창이 있는 곳에서 북쪽을 향한다'(當牖北面)는 것은 시신의 남쪽⁶에 해당한다. '수건을 펼쳐 얼굴을 덮는다'(設巾覆面)는 것은 반함을 할 때 떨어지는 쌀을 받기 위해서이다.⁷ 상축이 일하는 자리를 고려하면 시신은 남쪽으로 머리를 두는 것이 분명하다.⁸ '當牖北面', 値尸南也. 設巾覆面,

爲飯之遺落米也. 如商祝之事位, 則尸南首明矣.

[士喪禮12 : 經 - 69]

주인은 시신의 발이 있는 북쪽 끝으로부터 돌아 침상 서쪽으로 가서 침상 위에서 동쪽을 향해 앉는다.

主人由足西, 牀上坐, 東面.

정현주 감히 머리 앞쪽으로 가지 못하는 것이다. 축祝이 주인과 재宰로부터 조개와 쌀을 받아 올리는데[9] 입에 채우는 것은 발쪽을 경유하지 못하기 때문이다. 不敢從首前也. 祝受貝米奠之, 口實不由足也.

[士喪禮12 : 經 - 70]

축祝은 또한 재宰로부터 쌀을 받아 조개 북쪽에 놓는다. 재宰는 주인을 뒤따라가서 침상 서쪽, 즉 주인의 오른쪽에 선다.

祝又受米, 奠于貝北. 宰從立于牀西, 在右.

정현주 쌀을 조개의 북쪽에 두는 것은 뜨기에 편리하도록 하는 것이다. 재宰는 침상의 서쪽 즉 주인의 오른쪽에 서는데 반함飯含하는 일을 도와야 하기 때문이다. 米在貝北, 便扱者也. 宰立牀西, 在主人之右, 當佐飯事.

[士喪禮12 : 經 – 71]

주인은 왼손으로 쌀을 숟가락에 떠서 입의 오른쪽에 채우기를 세 번 한 다음, 조개를 채운다. 시신의 입 왼쪽과 가운데에도 똑같이 한다. 그리고 쌀을 채울 때는 오직 가득 차게 한다.

主人左扱米, 實于右, 三實一貝. 左·中亦如之. 又實米, 唯盈.

정현주 '오른쪽에'(于右)라는 것은 시신의 입 오른쪽이다. '오직 가득 차게 한다'(唯盈)는 것은 9번 떠서 채워도 부족할까 염려하여 가득하도록 하는 것이다.[10] '于右', 尸口之右. '唯盈', 取滿而已.

[士喪禮12 : 經 – 72]

반함飯含을 마친 다음 주인은 왼팔의 소매를 벗어냈던(袒) 차림에서 다시 원래의 상태로 옷을 잘 여며 입고(襲)[11] 자신의 위치, 즉 침상의 동쪽으로 돌아온다.

主人襲, 反位.

정현주 '습襲'은 왼팔의 소매를 벗어냈던 차림에서 다시 원래의 상태로 되돌리는 것이다. '자리'(位)는 시신의 동쪽에 있다. '襲', 復衣也. '位'在尸東.

1. 침상 : 여기서 침상은 시신을 누인 침상이 아니라 祭服을 진설하는 별도의 침상이다. 『예기』 「喪大記」 참조.

2. 대사 : 『예기』 「郊特牲」에 "천자는 여덟 신에게 드리는 큰 납향 제사(蜡)를 지낸다. 伊耆氏가 처음 납향 제사를 지냈다. 蜡는 찾는다는 뜻이다. 매년 12월 만물이 닫고 감추는 때에 만물을 모아 그 신을 찾아서 제사드린다"(天子大蜡八. 伊耆氏始爲蜡. 蜡也者索也. 歲十二月合, 聚萬物而索饗之也)라고 하였다. 이에 대해 정현은 "만물 가운데 백성에게 공로를 끼친 것이 있으면 神으로 삼아 제사드려서 보답하고, 그것을 처음 만든 이를 배향한다"(萬物有功加於民者, 神使爲之也, 祭之以報焉, 造者配之也)라고 하였다. 이에 따르면 12월에 여러 신을 제사지내고 농민을 휴식하게 하는 것이다.

3. 침상의 위치는 ~ 한다 : 이때 시신을 목욕시키는 일이 끝나고 아직 반함을 하지는 않은 상태이며, 含牀은 바로 목욕을 시킨 침상으로, 막 운명하였을 때 시신을 옮겼던 침상이다. 含牀은 창문 아래 있고 襲牀은 침상의 동쪽에 있으니 또한 室 안에 있다. [기석례13 : 記-13]에 "실의 창(牖) 아래에 침상(牀)을 설치하고, 침상 위에 깔개(笫)를 깔며, 그 위에 잠자리에 까는 자리(茌)를 펴는데, 왕골로 짠 자리를 먼저 밑에 깔고(下莞), 대자리를 그 위에 깔아 놓는다(上簟). 그 위에 베개를 진설한다"라고 하였다. 이것은 막 운명했을 때 茌席을 마련한 것이다. 목욕을 할 때는 치우지만 반함을 할 때와 습을 할 때는 그대로 진설하므로 '茌은 처음처럼 한다'고 한 것이다. 『의례정의』, 1698쪽 참조.

4. 벗은 왼쪽 ~ 꽂는다 : 가공언은 "'面'은 앞이라는 뜻으로, 왼쪽 소매를 벗어 왼쪽 겨드랑이 아래 허리띠에 꽂는다는 것이다. 편리함을 취한 것이다"라고 하였다. 『의례주소』, 785쪽 참조.

5. 조개를 씻어 ~ 들어온다 : 조개를 箄에 담은 뒤 箄을 들고 들어오는 것이다. 『의례정의』, 1699쪽 참조.

6. 시신의 남쪽 : 상축이 반드시 시신의 남쪽에 있는 것은 베개를 치우는 등의 세 가지 일은 시신의 머리에 해당하는 곳에서 해야 편리하기 때문이다. 이는 상축이 북쪽을 향하는 것은 시신을 바라보는 것이지 창을 바라보는 것이 아니라는 것이다. 『의례정의』, 1700쪽 참조.

7. 반함을 할 ~ 위해서이다 : 가공언은 소에서 "士의 자식이 몸소 반함을 할 때 수건을 치우는 것은 더러운 것을 싫어하지 않기 때문이다. 지금 수건을 펼쳐 얼굴을 가리는 것은 반함을 할 때 떨어진 쌀이 얼굴 위에 있게 될까 염려되므로 덮는 것이다"라고 하였다. 그러나 오계공은 "수건을 펼치는 것은 효자가 부모의 형체가 변한 것을 보고 슬퍼하여 반함을 할 수 없을까 염려해서이다"라고 해석한다. 『의례주소』, 786쪽 및 『의례정의』, 1700쪽 참조.

8. 시신은 남쪽으로 ~ 분명하다 : 예전에는 "시신을 남쪽 창 밑으로 옮길 때 머리를 북쪽으로 둔다"는 해석이 있었다. 만일 북쪽으로 머리를 둔다면 상축은 머리가 있

는 북쪽에서 남쪽을 향해야 한다. 그것은 베개를 치우고 수건을 펼칠 때 시신의 머리 부분에 있어야 편리하기 때문이다. 이제 상축의 일하는 자리가 북쪽을 향하고 있다면 시신은 머리를 남쪽으로 하는 것이 분명하다. 그렇다면 매장을 하기 전에는 살아 있을 때와 차이 없이 모두 남쪽으로 머리를 두는 것이다. 『의례주소』, 786쪽 참조.

9_ 축이 ~ 올리는데 : 축은 시신의 동쪽에서 주인의 조개를 받아 시신의 서쪽에 올리고, 宰로부터 쌀을 받아 조개의 북쪽에 올리는데, 모두 시신의 머리가 있는 남쪽을 경유해 시신의 서쪽으로 간다. 입에 채우는 것은 귀중한 것이기 때문에 발쪽을 경유하지 않으며, 또한 주인이 발쪽을 경유해 서쪽으로 갈 때는 빈손으로 간다는 것을 보인 것이다. 『의례정의』, 1701쪽 참조.

10_ 9번 떠서 ~ 것이다 : 가공언은 소에서 "왼쪽과 오른쪽 그리고 가운데 각각 세 번 쌀을 떠서 채우는데도 다시 '쌀을 채울 때 오직 가득 차게 한다'고 한 것은, 9번 떠서 채우는 것으로도 가득 채우지 못할까 염려하여 거듭 '오직 가득 차게 한다'고 한 것이다"라고 하였다. 『의례주소』, 787쪽 참조.

11_ 다시 원래의 ~ 입고 : 襲이란 본래 옷을 입는 것을 뜻한다. 그 점에서 袒, 裼, 肉袒과 대비되어 사용된다. 겉옷의 왼 소매만을 벗고 속옷과 中衣를 남기는 것을 袒이라 하고, 속옷인 갖옷 위에 중의로 裼衣를 입고 다시 겉옷을 입었을 때 겉옷의 왼 소매를 벗어 석의가 드러나도록 하는 것이 裼이며, 왼 소매의 중의와 속옷을 모두 벗어 팔뚝이 드러나도록 하는 것을 肉袒이라고 한다. 袒도 하지 않고 裼도 하지 않는 것이 襲이다. 다시 말하면 속옷과 중의와 겉옷을 모두 입은 상태 그대로 두는 것을 가리킨다. 『삼례사전』, 688쪽 참조.

[士喪禮12 : 經-73]

상축商祝은 시신에게 머리싸개(掩)로 머리를 감싸고, 귀막이(瑱)로 귀를 막고, 얼굴덮개(幎目)로 얼굴을 덮고, 신을 신겨 신발 끈(綦)을 발등에 묶은 다음, 끈을 신발의 코 장식(絇)에 연결한다.

商祝掩, 瑱, 設幎目, 乃屨, 綦結于跗, 連絇.

정현주
머리싸개(掩)는 먼저 턱 밑에서 묶고, 귀막이와 얼굴덮개를 한 뒤에는 돌려서 목에서 묶는다. '부跗'는 발등이다. '구絇'는 신발의 장식으로 칼집의 고리처럼 신발의 앞쪽에 있는데 거기에 남은 끈을 연결하여 신발이 갈라지지 않도록 한다.

掩者, 先結頤下, 旣瑱・幎目, 乃還結項也. '跗', 足上也. '絇', 屨飾, 如刀衣鼻, 在屨頭上, 以餘組連之, 止足坼也.

[士喪禮12 : 經-74]

그리고 나서 수의壽衣 세 벌,[1] 즉 작변복爵弁服,[2] 피변복皮弁服,[3] 단의緣衣를 시신에게 입힌다.

乃襲三稱.

시신을 습상襲牀에 옮기고 입힌다. 무릇 시신에 옷을 입

힐 때는 옷깃을 왼쪽으로 여미고 옷을 묶는데 교絞를 사용하고 고를 내지 않

는다.[4] 습을 하면서 습상襲牀을 진설한다고 하지 않고 또 그 위로 시신을 옮

긴다고 하지 않은 것은 모두 창이 있는 곳에서 진행하여 큰 차이가 없기[5] 때

문이다. 遷尸於襲上而衣之. 凡衣死者, 左衽, 不紐. 襲不言設牀, 又不言遷尸於襲

上, 以其俱當牖, 無大異.

[士喪禮12 : 經 – 75]

명의明衣는 이 세 가지에 포함되지 않는다.[6]

明衣不在算.

'산算'은 계산한다는 뜻이다. '계산에 포함되지 않는다'(不

在數)는 것은 명의는 홑옷으로 한 벌(稱)을 이루지 못하기[7] 때문이다. '算', 數

也. '不在數', 明衣禪衣不成稱也.

[士喪禮12 : 經 – 76]

적황색 무릎가리개(韎韐)를 끼우고, 검은색 비단으로 가선 장식을

한 허리띠(緇帶)[8]를 메어 준 다음 검은색 비단으로 가선 장식을 한

허리띠에 죽홀竹笏을 꽂는다.

設韐·帶, 搢笏.

'겹대韐帶'는 매겹韎韐과 치대緇帶이다. '겹치韎緇'라고 말

하지 않는 것은 문장을 생략한 것이고 또한 매겹에는 본디 허리띠가 있음을
보이고자 한 것이다. 매겹과 치대는 가죽을 사용한다.[9] '진진揗'은 꽂는다는 뜻
으로 의대衣帶의 오른쪽에 홀을 꽂는다. 고문본에는 '紟'이 '合'으로 되어 있
다. '紟帶', 袺紟·緇帶. 不言'袺緇'者, 省文, 亦欲見紟自有帶. 紟帶用革. '揗', 插也,
插衣帶之右旁. 古文'紟'爲'合'也.

[士喪禮12 : 經 – 77]

깍지(決)를 시신의 오른손 엄지손가락에 끼우는데, 먼저 깍지의 끈
을 엄지손가락 밑동에 맨 다음 손목에 맨다. 손싸개(握手)를 양 손
에 끼우고 악수의 끈을 손목에 맨 決의 끈과 묶는다.
設決麗于掔, 自飯持之. 設握, 乃連掔.

정현주   '리麗'는 끼운다는 뜻이다. '완掔'은 손의 뒷마디 가운데 즉
손목이다. '반飯'은 엄지손가락의 밑동이다. 결決은 가죽으로 만드는데 고리
가 있다. 고리의 안쪽에 끈을 묶고 바깥쪽 끝에는 횡대橫帶를 둔다. 진설할
때는 끈을 엄지손가락 밑동에 매고 이어서 고리에 걸어 횡대를 꿰고 손목의
겉쪽에 맨다. '악수握手를 진설한다'(設握)는 것은
들메끈으로 가운데 손가락을 휘감아 손의 겉쪽에
서 깍지 띠의 남은 부분과 연결한다는 것이다. 이
것은 오른손을 가리킨다. 고문본에는 '麗'가 또한
'連'으로 되어 있고, '掔'은 '捥'으로 되어 있다. '麗',
施也. '掔', 手後節中也. '飯', 大擘指本也. '決', 以韋爲之
籍, 有彄. 彄內端爲紀, 外端有橫帶. 設之, 以紐擽大擘

결決
황이주(淸), 「예서통고」

本也, 因沓其彊, 以橫帶貫紐結於掔之表也. '設握'者, 以纂繫鉤中指, 由手表與決帶之
餘連結之. 此謂右手也. 古文'麗'亦爲'連', '掔'作'捥'.

[士喪禮12 : 經-78]

모冒로 시신의 상체와 하체를 씌우고, 염금斂衾으로 시신을 덮는다.

設冒櫜之, 幠用衾.

정현주   '고櫜'는 물건을 덮거나 담는 것으로 그러한 일에서 이
름을 취한 것이다. '금衾'은 막 운명했을 때 덮었던 염금이다.[10] 금문본에는
'櫜'가 '橐'으로 되어 있다. '櫜', 韜盛物者, 取事名焉. '衾'者, 始死時斂衾. 今文'櫜'
爲'橐'.

[士喪禮12 : 經-79]

반함飯含을 할 때 얼굴을 가렸던 수건과 목욕시킬 때 사용한 수건,
설치楔齒를 했던 뿔 수저(角柶), 빗질할 때 떨어져 나온 머리카락,
깎은 손톱과 발톱 등도 당 아래에 구덩이를 파고 묻는다.

巾·柶·鬠·蚤埋于坎.

정현주   구덩이는 이때에 이르러 만든다.[11] 습襲을 할 것이므로
전奠[12]을 물렸다가 끝나면 돌려놓는다. 坎至此築之也. 將襲辟奠, 旣則反之.

1_ 세 벌 : 웃옷과 치마 한 벌을 '一稱'이라고 한다. 壽衣의 爵弁服, 皮弁服, 褖衣 세 가지로 구성되어 있기 때문에 '三稱'이라고 한 것이다. 『의례정의』, 1703쪽 참조.

2_ 작변복 : '爵弁服'에 관해서는 [사관례01 : 經-27]의 주석 참조. 『삼례사전』, 1159쪽 참조. 『예기』 「雜記上」, 채옹의 『獨斷』, 『後漢書』 「輿服志」, 『晉書』 「輿服志」, 『通典』 「禮志」에도 유사한 기록들이 보인다.

3_ 피변복 : 피변복에 관해서는 『삼례사전』, 317쪽 및 崔圭順, 『中國歷代帝王晜服研究』, 26~27쪽 참조.

4_ 웃깃을 왼쪽으로 ~ 않는다 : 『예기』 「喪大記」에 "소렴과 대렴에 祭服은 웃깃을 거꾸로 하지 않고, 모두 웃깃을 왼쪽으로 여미며, 옷을 묶는데 絞를 사용하고 끈을 사용하지 않는다"(小斂大斂, 祭服不倒, 皆左衽, 結絞不紐)라고 하였고, 정현의 주에 "左衽은 웃깃이 왼쪽으로 향하게 하는 것으로, 살아 있을 때와 반대로 하는 것이다"(左衽, 衽鄕左, 反生時也)라고 하였다.

5_ 큰 차이가 없기 : 가공언은 소에서 "이것은 대렴과 소렴에서 수의를 진설한 뒤 모두 시신을 염을 할 침상 위로 옮긴다고 한 것과 대비하여 말한 것이다. 소렴은 문(戶) 안에서 하고 대렴은 阼階에서 하여 그 장소가 다르기 때문이다. 이 경우 襲牀과 舍牀은 모두 남쪽 창 아래 있어 조금 구별될 뿐 큰 차이가 없으므로 '습상을 진설한다는 것과 시신을 옮긴다는 것'을 말하지 않았다"라고 하였다. 『의례주소』, 788쪽 참조.

6_ 명의는 ~ 않는다 : 明衣까지 포함하여 세 가지가 아니라는 뜻이다. 따라서 먼저 明衣를 입히고 이 세 가지를 입힌다. 『의례정의』, 1704쪽 참조.

7_ 한 벌을 이루지 못하기 : 가공언은 『예기』 「喪大記」에 "袍(속옷)는 반드시 그 위에 웃옷을 입어 홑옷을 드러내지 않게 하며, 옷에는 반드시 치마가 있다. 이를 1稱이라고 한다"(袍必有表, 不襌, 衣必有裳. 謂之一稱)라고 한 것을 근거로, "褖衣는 홑옷이지만 袍를 겉옷으로 하므로 稱이라고 한다. 明衣는 홑옷이고 속옷이 없으므로 한 벌이 되지 못한다"고 주장한다. 이에 대해 장이기는 "明衣는 몸에 가장 가까이 입는 옷으로 法服이 아니므로 계산에 넣지 않는다"고 본다. 『의례주소』, 788쪽 및 『의례정의』, 1704쪽 참조.

8_ 검은색 비단으로 ~ 허리띠 : 士의 허리띠(大帶)이다. 허리띠는 신분에 따라 만드는 제도가 각기 다르다. 士의 허리띠는 2寸의 정련한 순백색 비단 홑겹으로 몸통을 만들고, 양쪽 가장자리에 緇色의 단을 댄다. 허리띠를 맬 때에는 앞에서 양쪽으로 고를 남기고 묶은 후 나머지를 늘어뜨리는데, 이 고를 '紐'라 하고 늘어뜨린 부분(下垂)을 '紳'이라 한다. '紳'은 3尺을 늘어뜨린다. 허리띠의 가장자리에 대는 단은 신분에 따라 부위가 다른데 士는 '紳' 부분에만 댈 수 있다.

9_ 매접과 ~ 사용한다 : 『예기』 「玉藻」에 "폐슬은 아랫부분의 넓이가 2척이고, 윗부분의 넓이가 1척이며, 길이는 3척이고, 그 목 부분의 넓이는 5촌이다. 어깨부분은 혁대와 연결시키는데, 너비가 2촌이다"(韠下廣二尺, 上廣一尺, 長三尺, 其頸五寸. 肩, 革

帶, 博二寸)라고 하였다. 폐슬은 매겹과 같은 것이므로 치대 역시 가죽을 사용하는
것을 알 수 있다. 『의례정의』, 1704쪽 참조.

10_ 막 운명했을 ~ 염금이다 : 가공언은 소에서 "이제 막 습이 끝났음에도 大斂衾을
사용하는 것은, 襲을 할 때는 衾이 없고 小斂衾은 이미 진실하여 襲을 하지 않은 때
와 같기 때문이다. 殮衾이라 하지 않고 衾이라고만 한 것은 이것이 殮衾임을 알 수
있으므로 말하지 않은 것이다"라고 하였다. 『의례주소』, 790쪽 참조.

11_ 이때에 이르러 만든다 : 가공언은 "반드시 이때에 이르러 만드는 것은, 殮을 하는
일이 급박하여 곧바로 묻을 겨를이 없고, 또 다시 묻어야 할 것이 있을까를 고려하
여 시신을 덮고 난 이때 파는 것이다"라고 하였다. 『의례주소』, 790쪽 참조.

12_ 전 : 처음 돌아가셨을 때 올렸던 脯醢醴酒의 奠, 즉 始死奠을 가리킨다. 그때는 시신
의 동쪽에 진설하고, 습을 할 때는 물렸다가 습이 끝나면 다시 시신의 동쪽에 돌려
놓는다. 『의례주소』, 790쪽, 참조.

해제

經-80에서 經-83까지는 중重을 설치하는 절차이다.

[士喪禮12 : 經-80]

중重[1]은 나무를 깎아 구멍을 뚫어서 만든다. 전인甸人은 중重을 동서 방향으로는 뜰 중앙에 설치하는데, 남북 방향으로는 뜰을 삼등분하여 남쪽으로 삼분의 일이 되는 곳에 설치한다.

重, 木刊鑿之. 甸人置重于中庭, 參分庭一在南.

정현주 나무로 만드는데, 물건을 거기에 매달아 놓는 것을 '중重'

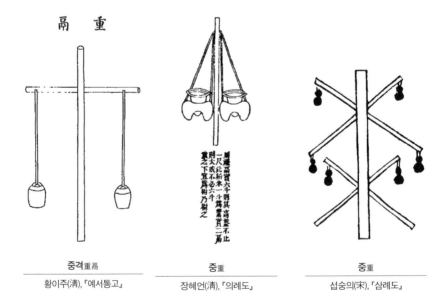

| 중격重鬲 | 중重 | 중重 |
| 황이주(淸), 『예서통고』 | 장혜언(淸), 『의례도』 | 섭숭의(宋), 『삼례도』 |

이라 한다. '간刊'은 깎고 다듬는다는 뜻으로, 거기에 구멍을 뚫어 잠簪을 매달 구멍을 만든다. 사士의 중목重木은 길이가 3척尺이다. 木也, 縣物焉曰'重'. '刊', 斲治, 鑿之爲縣簪孔也. 士重木長三尺.

[士喪禮12 : 經-81]
하축夏祝은 반함을 하고 남은 쌀로 죽을 끓이는데, 서쪽 담장 아래 부뚜막에서 두 개의 솥으로 만든다.
夏祝鬻餘飯, 用二鬲于西牆下.

정현주   '하축夏祝'은 축祝 가운데 하나라의 예를 익힌 사람이다. 하나라 사람은 충실함으로 가르쳤기 때문에 봉양을 하는 데 적당하다.[2] '죽여반鬻餘飯'은 반함을 하고 남은 쌀로 죽을 만드는 것이다. '중重'은 신주의 도리[3]이다. 사士가 솥을 둘로 한다면 대부는 넷이고 제후는 여섯이며 천자는 여덟인 듯하다. 궤簋(밥그릇)의 경우와 감쇄減殺하는 정도가 같다. '夏祝', 祝習夏禮者也. 夏人教以忠, 其於養宜. '鬻餘飯', 以飯尸餘米爲鬻也. '重', 主道也. 士二鬲, 則大夫四, 諸侯六, 天子八與. 簋同差.

[士喪禮12 : 經-82]
다 끓인 후 두 솥(鬲) 위에 거친 베(布)로 솥의 입구를 막으며, 대나무 끈을 사용하여 솥을 중重에 매달아 놓는다. 중重과 솥을 덮을 때는 갈대자리(葦席)를 사용하는데, 갈대자리의 양 끝이 북쪽을 향하게 하고, 오른쪽 끝이 왼쪽 끝의 위로 오게 해서, 서쪽을 향하게

한다. 갈대자리를 묶는 끈은 대오리를 사용하고, 둘레를 두 번 둘러서 갈대자리 뒤쪽 즉 남쪽에 묶는다.⁴

冪用疏布, 久之, 繫用靪, 縣于重. 冪用葦席, 北面, 左衽. 帶用靪, 賀之, 結于後.

정현주

'구久'는 '구炙'로 읽는데 솥(鬲)의 입구를 막는다는 말이다. '금靪'⁵은 대오리 즉 대나무로 만든 끈이다. 갈대자리⁶로 중重을 두 번 둘러서⁷ 양 끝을 뒤에서 묶는다. '좌임左衽'⁸은 서쪽 끝이 위로 오게 하는 것이다. '하賀'는 더한다는 뜻이다. 고문본에 '冪'은 모두 '密'로 되어 있다. '久'讀爲'炙', 謂以蓋塞鬲口也. '靪', 竹篾也. 以席覆重, 辟屈而反, 兩端交於後. '左衽', 西端在上. '賀', 加也. 古文'冪'皆作'密'.

[士喪禮12 : 經-83]

축祝이 명정銘旌을 가져다 중重에 걸어 놓는다.⁹

祝取銘, 置于重.

정현주

축祝은 주나라의 예를 익힌 사람이다. 祝, 習周禮者也.

1_ 중 : 정현의 설명에 따르면, 重은 물건을 매달기 위해 설치한 나무막대로, 길이는 3 尺이다. 모양은 나무를 깎아 위부분에 구멍을 뚫어 놓은 형태로 구멍에 鬲 또는 簪, 즉 대나무로 된 막대기를 꽂아 물건을 매단다. 방포는 "襲을 마치고 冒로 덮은 뒤에는 부모의 모습을 다시 볼 수 없으므로 나무를 뜰의 중앙에 설치하여 신령이 의지하도록 한다"고 설명하였다. 『의례정의』, 1709쪽 참조.

2_ 하나라 ~ 적당하다 : 『예기』「表記」에 "하나라의 도는 命을 높여, 귀신을 섬기고 공경하면서도 멀리 하였고, 사람을 가까이 하여 (남을 대함이) 충후하였다"(夏道尊命, 事鬼敬神而遠之, 近人而忠焉)라고 하였다. 이것이 하나라 사람은 충실함으로 가르쳤다는 것이다. 『의례주소』, 791쪽 참조.

3_ 신주의 도리 : 『예기』「檀弓」의 글이다. 정현의 주에는 "막 운명하신 상황에서 아직 신주를 만들기 이전에는 重으로 그 神靈을 주관하게 하는 것이다"(始死未作主, 以重主其神也)라고 하였다. 곧 虞祭를 지낸 뒤에는 나무신주로 중을 대신하므로 그렇게 말한 것이다. 『의례주소』, 791쪽 참조.

4_ 뒤쪽 즉 남쪽에 묶는다 : 갈대자리가 북쪽을 향하고 있으므로 남쪽이 뒤쪽이 된다. 『의례정의』, 1711쪽 참조.

5_ 금 : 대오리로, 대나무 껍질을 얇고 길게 쪼개서 꼬아 만든 끈이다. 이 끈을 重 윗부분에 뚫어 놓은 구멍에 끼워 양쪽으로 솥을 매단다. 『의례정의』, 1711쪽 참조.

6_ 갈대자리 : 갈대자리로, 重과 鬲을 덮기 위한 것이다. 이 자리를 덮을 때 갈대자리를 나팔 모양으로 말아서 사방 둘레를 따라 덮는다.

7_ 두 번 둘러서 : 호배휘는 "위에서 덮는 것이 아니라 사방으로 둘러서 가리는 것이므로 치마에 주름이 있는 것같이 하는 것이다"라고 하였다. 『의례정의』, 1712쪽 참조.

8_ 좌임 : 죽은 사람은 左衽, 즉 오른쪽 옷깃이 왼쪽 위로 가게 하는 형태로 옷을 매기 때문에 갈대자리도 좌임을 하는 것이다. 즉 좌임은 死者에 대한 문식의 한 상징이다. 『의례정의』, 1712쪽 참조.

9_ 중에 걸어 놓는다 : 이때는 명정을 아직 사용하지 않고 잠시 중에 걸어놓는 것이다. 반드시 重에 놓는 것은 중 또한 柩를 표시하는 것이기 때문이다. 『의례정의』, 1712쪽 참조.

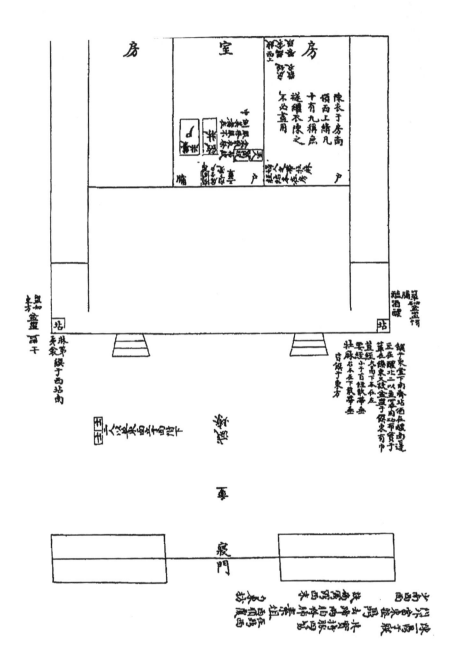

經-84에서 經-90까지는 소렴小斂에 필요한 의복을 진설하는 절차이다.

[士喪禮12 : 經-84]

다음날 즉 사망한 지 둘째 날에 방房에다 소렴小斂에 필요한 의복 등 물건들을¹ 진설하는데, 진설할 때 옷깃이 남쪽을 향하게 하고, 먼저 사용하는 의복을 서쪽 윗자리에 놓는다. 의복은 먼저 서쪽에서 동쪽으로 가면서 늘어놓고, 동쪽 끝에 이르면 다시 꺾어서 서쪽으로 가면서 늘어놓는다(綪). 수의를 묶는 끈(絞)은 가로로 3폭, 세로로 1폭을 늘어놓는데, 끈의 너비는 전체 폭 즉 2척이 되게 하고 끈의 끝 부분을 3가닥으로 갈라놓는다.

厥明, 陳衣于房, 南領, 西上. 綪. 絞橫三, 縮一, 廣終幅, 析其末.

정현주　　　　　　　　'쟁綪'²은 구부린다(屈)는 뜻이다. '교絞'는 옷을 묶어 견고하게 하는 것으로 베로 만든다.³ '축縮'은 세로(從)라는 뜻이다. 가로로 3폭 세로로 1폭을 사용한다. '끝부분을 갈라놓는다'(析其末)는 것은 묶을 수 있도록 하려는 것이다. 『예기』 「상대기」에 "교絞 1폭을 3가닥으로 나눈다"라고 하였다. '綪', 屈也. '絞', 所以收束衣服爲堅急者也, 以布爲之. '縮', 從也. 橫者三幅, 從者一幅. '析其末'者, 令可結也. 「喪大記」曰, "絞一幅爲三."

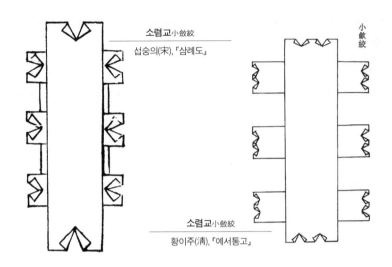

소렴교小斂絞
섭숭의(宋), 「삼례도」

小斂絞

소렴교小斂絞
황이주(淸), 「예서통고」

[士喪禮12 : 經−85]

이불은 겉은 검은색이고 안쪽은 붉은색이며, 이불 끝에 술 즉 위와
아래를 구별하기 위한 표지를 하지 않는다.

緇衾, 赬裏, 無紞.

정현주 '담紞'은 술이다.[4] 염의殮衣의 경우 앞뒤를 뒤집어 진설하
는 경우도 있으므로 이불도 앞뒤를 구별하지 않아도 괜찮다. 무릇 이불의
규격은 같은데 모두 5폭이다. '紞', 被也. 斂衣或倒, 被無別於前後可也. 凡衾制
同, 皆五幅也.

[士喪禮12 : 經−86]

제복祭服이 그 다음에 놓이고,

祭服次,

정현주 작변복爵弁服과 피변복皮弁服을 말한다. 爵弁服, 皮弁服.

[士喪禮12 : 經 – 87]

산의散衣가 또 그 다음에 놓이는데,

散衣次,

정현주 수의襚衣 이하 솜옷(袍)과 누에옷(繭)의 종류이다. 襚衣以
下, 袍·繭之屬.

[士喪禮12 : 經 – 88]

제복과 산의를 모두 합해서 19벌[5]이 된다.

凡十有九稱.

정현주 제복과 산의를 말한다. 祭服與散衣.

[士喪禮12 : 經 – 89]

여러 사람들이 기증한 수의襚衣를 다음에 진설하는데,

陳衣繼之,

정현주 여러 사람이 기증한 수의이다. 庶襚.

전부 사용할 필요는 없다.

不必盡用.

정현주

벌수에 맞게 취할 뿐 많이 쓰려고 하지 않는 것이다. 取稱
而已, 不務多.

1_ 필요한 의복 등 물건들을 : 소렴에는 다른 준비물이 있지만 의복이 대부분을 차지하므로 의복을 진설한다고 말한 것이다. 『의례정의』, 1716쪽 참조.

2_ 쟁 : [사상례 : 經-29] 정현 주 참조.

3_ 옷을 묶어 ~ 만든다 : 『예기』「喪大記」의 정현 주에 "소렴에 사용하는 교는 너비가 종폭인데, 그 끝을 쪼개어 견고함이 강하도록 한다. 대렴에 사용하는 교는 한 폭을 세 가닥으로 쪼개어 사용함으로써 견고함이 급박하도록 한다"(小斂之絞也, 廣終幅, 析其末, 以爲堅之強也. 大斂之絞, 一幅三析用之, 以爲堅之急也)라고 하였다.

4_ '담'은 술이다 : 이불의 위쪽과 아래쪽을 식별하기 위하여 이불 끝에 다는 술 또는 끈 종류를 가리킨다. 『예기』「喪大記」에 "(상례에 사용되는) 홑이불(紟)은 5폭 정도의 크기이며 술(紞)을 달지 않는다"(紟, 五幅, 無紞)고 하였다. 이에 대한 정현의 주에 "술(紞)은 끈으로 만드는데, 이불의 가장자리 귀퉁이에 매단다. 지금의 이불에 있는 깃술(識)과 같다. 살아 있을 때는 홑이불에 깃술을 달지만 사망한 사람의 경우에는 제거한다. 살아 있을 때와 달리하는 것이다"(紞, 以紐類爲之, 綴之領側. 若今被識矣. 生時, 單被有識, 死者去之. 異於生也)라고 하였다.

5_ 19벌 : 『예기』「喪大記」 "옷은 19벌(稱)이다"(衣十有九稱)라고 한 것에 대하여 정현의 주에 "옷을 19벌로 하는 것은 하늘과 땅의 끝나는 수를 본뜬 것이다"(衣十有九稱, 法天地之終數也)라고 하였다. 이에 따르면 천자 이하가 모두 19벌로 한다. 가공언은 소에서 "'하늘과 땅의 마지막 수를 본뜬 것'이라는 말은 하늘과 땅의 처음의 수는 하늘은 一, 땅은 二이고 끝나는 수는 하늘은 九, 땅은 十이다. 사람은 하늘과 땅 사이에서 살다가 생을 마치므로 하늘과 땅의 마지막 수를 襚衣의 벌수로 삼는데, 신분이 높거나 낮거나 상관없이 동일한 수를 절도로 삼는다"라고 하였다. 『의례주소』, 793쪽 참조.

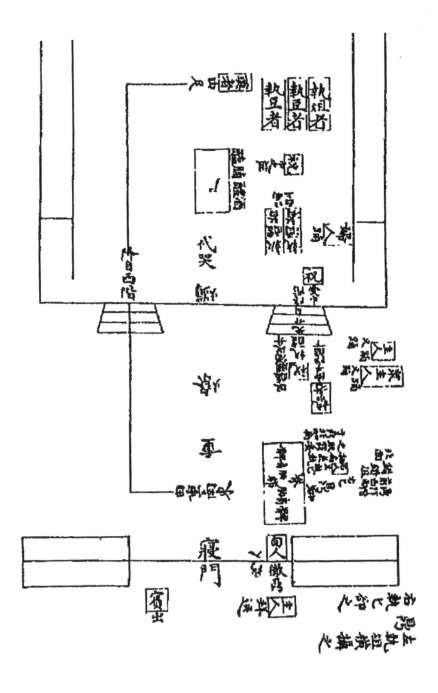

解題 經-91에서 經-92까지는 소렴의 전奠을 차리고 동쪽의 물동이를 설치하는 절차이다.

[士喪禮12 : 經-91]

동당東堂 아래에 말린 고기(脯)·고기젓갈(醢)·예주(醴)·청주(酒) 등을 진설한다. 덮개보(冪)¹는 대공포大功布로 만든 것²을 사용하는데, 둥근 대광주리(箅)에 담아 진설한 음식물의 오른쪽에 놓는다.

饌于東堂下, 脯醢·醴·酒. 冪奠用功布, 實于箅, 在饌東.

정현주 '공포功布'는 물에 씻고 회로 마전한 베이다. 무릇 당 아래 동서東西로 있는 것들은 남쪽으로 흙 받침대(坫)와 가지런히 놓는다. 고문본에는 '奠'이 '尊'으로 되어 있다. '功布', 鍛濯灰治之布也. 凡在東西堂下者, 南齊坫. 古文'奠'爲'尊'.

[士喪禮12 : 經-92]

음식물의 오른쪽에 손을 씻을 물동이³를 놓는데, 손을 닦을 수건도 갖추어 놓는다.

設盆盥于饌東, 有巾.

정현주 전奠을 올리는 사람을 위하여 물동이를 진설하는 것이

다. 상사喪事는 간략히 하므로 물받이 항아리(洗)가 없다. 爲奠設盥也. 喪事
略, 故無洗也.

1. 덮개보 : 기물을 덮는 수건을 말한다. 거친 베나 고운 베 혹은 그림을 넣은 베로 만든다. 『주례』「천관·冪人」에 "冪人은 덮개보를 공급하는 일을 관장한다. 제사에는 거친 베로 수건 덮개를 만들어 8尊을 덮고, 그림을 그려 넣은 가는 베로 덮개보를 만들어 6彝를 덮는다"(冪人, 掌共巾冪. 祭祀, 以疏布巾冪八尊, 以畵布巾冪六彝)이라 한 것에 대해 정현은 "거친 베로 만드는 것은 천지의 귀신이 질박함을 숭상하기 때문이다. 종묘에서는 문양을 넣은 것을 사용해도 괜찮다. 문양은 구름의 기운을 그려 넣은 듯하다"(以疏布者, 天地之神尙質. 宗廟可以文. 畵者, 畵其雲氣與)고 하였다. 尊, 彝, 簋, 豆, 籩, 鉶에 모두 덮개가 있다. 덮개보는 거친 베 및 갈포로 만드는데 통칭하여 '巾'(수건)이라고 한다. 『삼례사전』, 798쪽 참조.

2. 대공포로 만든 것 : 『의례』「상복」, '殤大功'장 "大功布로 만든 상의(衰)와 하의(裳)를 입고"(大功布衰裳)라고 한 것에 대한 정현의 주에 "'대공포'는 그 두드려서 씻는 공이 거칠고 소략한 것이다"('大功布'者, 其鍛治之功麤沽之)라고 하였다. 따라서 여기에서 공포라고 한 것은 대공포이다. 『의례주소』, 793쪽 참조.

3. 손을 씻을 물동이 : 정현과 가공언은 물동이를 가리키는 것으로 보지만, 오계공은 '盥'은 손 씻을 물을 담는 물동이로, '盆'은 버릴 물을 받는 것으로 해석한다. 『의례정의』, 1721쪽 참조.

經-93에서 經-94까지는 소렴에 필요한 수질首経과 요질腰経 그리고 대帶를 진설하는 절차이다.

[士喪禮12 : 經 - 93]

검은 빛의 암마로 만든 참최斬衰의 수질首経은 크기가 9촌이니, 마의 뿌리 부분을 왼쪽 귀의 옆에 놓고, 마의 뿌리 부분을 마의 끝 부분의 아래에 놓고서 묶는다. 요질腰経은 수질首経보다 가늘고, 허리를 두르고 남은 부분은 늘어뜨리는데, 늘어뜨리는 부분의 길이는 3척이다. 모마牡麻로 만든 수질首経은 삼의 뿌리 부분이 머리 오른쪽 귀 위에 오게 하고, 삼 끝 부분의 위에 오도록 얽어 맨 다음, 띠의 남는 부분은 늘어뜨린다. 수질首経과 요질腰経은 모두 당 동쪽의 흙 받침대(東坫)의 남쪽에 진설한다.

苴経大鬲, 下本在左. 要経小焉, 散帶垂, 長三尺. 牡麻経, 右本在上, 亦散帶垂. 皆饌于東方.

정현주 ‘거친 암마로 만든 수질’(苴経)은 참최의 수질이다. ‘암마’(苴麻)는 그 모양이 거칠어 그것으로 수질을 만든다.[1] 무거운 복을 하는 경우는 조악한 것을 숭상한다. ‘질経’이라는 말은 충실하다는 뜻[2]이다. ‘격鬲’은 움켜진다는 뜻으로 보통 사람의 손은 움켜진 둘레가 9촌寸이다. 질대의 차등은 이로부터 유래한다.[3] ‘뿌리 부분을 왼쪽으로 한다’(下本在左)는 것은 무거운 상복은 마음을 통어하고 양에 근본[4]하기 때문이다. ‘요질腰経은 수질首

經보다 가늘어' 1/5을 제거한다. '숫마로 만든 수질'(牡麻絰)이란 자최 이하의
수질이다. 숫마로 만든 수질은 그 모양이 매끄러운데, 가벼운 상복을 하는
경우는 조금 나은 것을 써야 하기 때문이다.[5] '뿌리 부분을 위로 한다'(右本在
上)는 것은 가벼운 상복은 음에 근본하고 외부를 통어하기 때문이다. '띠의
남는 부분을 늘어뜨린다'(散帶之垂)는 것은은 남자의 도리인데, 문식에 변화
가 많은 것이다. '동쪽에 진설한다'(饌於東方)는 것은 동점東坫의 남쪽에 저질
苴絰을 위로 하여 진설한다는 것이다. '苴絰', 斬衰之絰也. '苴麻'者, 其貌苴, 以
爲絰. 服重者尙麤惡. '絰'之言實也. '搹', 搤也, 中人之手, 搤圍九寸. 絰帶之差, 自此
出焉. '下本在左', 重服統於內而本陽也. '要絰小焉', 五分去一. '牡麻絰'者, 齊衰以下
之絰也. 牡麻絰者其貌易, 服輕者宜差好也. '右本在上', 輕服本於陰而統於外. '散帶
之垂'者, 男子之道, 文多變也. '饌于東方', 東坫之南, 苴絰爲上.

[士喪禮12 : 經-94]
부인婦人의 요질도 숫마(牡麻)를 사용하는데, 삼의 뿌리 부분을 늘
어뜨리지 않고 묶으며, 동쪽 방房에[6] 진설한다.
婦人之帶, 牡麻結本, 在房.

정현주　　　　　　　　부인 또한 거친 암마로 만든 수질(苴絰)을 하는데 '띠'(帶)
만을 말한 것은 그 차이를 기록한 것이다. 이는 자최齊衰를 하는 부인으로,
참최斬衰를 하는 부인 역시 거친 암마로 만든 수질을 한다. 婦人亦有苴絰, 但
言帶者, 記其異. 此齊衰婦人, 斬衰婦人亦苴絰也.

1_ 그 모양이 ~ 만든다 : 『예기』「間傳」에 "참최의 상을 당하면 얼굴빛이 조악한 암마 (苴)처럼 짙게 검푸르고, 자최의 상을 당하면 숫마(枲)처럼 얼굴빛이 어둡고, 대공 의 상에는 얼굴빛이 마치 구애를 받아 굳어서 펴지 못하는 듯하고, 소공과 시마의 상에는 얼굴빛을 평소처럼 해도 괜찮다"(斬衰貌若苴, 齊衰貌若枲, 大功貌若止, 小功·緦麻容貌可也)라고 하였고, 이에 대해 정현은 "큰 근심이 있는 사람은 얼굴이 반드 시 짙은 검은색이다"(有大憂者, 面必深黑)라고 하였다.

2_ 충실하다는 뜻 : 『예기』「檀弓」의 글이다.

3_ 질대의 ~ 유래한다 : 「상복·전」에 "검은 빛의 암마로 만든 참최의 首絰은 크기가 9 촌이니, 마의 뿌리 부분을 왼쪽 귀의 옆에 놓고, 마의 뿌리 부분을 마의 끝 부분의 아래에 놓고서 묶는다. 참최의 수질에서 5분의 1을 줄여서 참최의 腰絰을 만든다. 자최의 수질은 참최 요질과 크기가 같으니, 자최의 수질에서 5분의 1을 줄여서 자 최의 요질을 만든다"(苴絰大搹, 左本在下. 去五分一以爲帶. 齊衰之絰, 斬衰之帶也, 去 五分一以爲帶)라고 하였다. 이처럼 참최의 띠로부터 5분의 1씩을 줄여 자최, 대공, 소공, 시마의 띠에까지 이른다는 것이다. 『의례주소』, 795쪽 참조.

4_ 양에 근본 : 가공언은 소에서 "아버지는 자식의 하늘로 양이 되고, 어머니는 자식의 땅으로 음이 됨을 말한 것이다"라고 하였다. 『의례주소』, 795쪽 참조.

5_ 숫마로 만든 ~ 때문이다 : 진상도는 "絰帶의 삼에는 암마(苴)가 있고 숫마(牡)가 있 으며 씻은 것(澡)이 있다. 암마는 색이 조악하고 씻은 것은 색이 깨끗하며 숫마는 조악하지도 깨끗하지도 않아서 가볍고 무거운 중간정도에 해당한다. 숫마는 암마 에 비교하면 모양이 매끄러우면서 조금 낫다"라고 하였다. 『의례정의』, 1723쪽 참 조.

6_ 동쪽 방에 : 오계공은 서쪽 방으로 해석한다. 이에 대해 강균은 "이는 「喪大記」의 정 현 주를 원용한 것이다. 「喪大記」에서 '婦人은 북상투를 틀고 방 안에서 요질을 한 다'(婦人髽, 帶麻于房中)라고 한 것에 대해 정현은 '방 안은 서쪽 방이다'라고 하였기 때문이다. 천자와 제후는 좌우에 방이 있다. 오계공은 大夫와 士의 방실제도가 천 자·제후의 경우와 같다고 보았으므로 옮겨서 이것을 설명한 것이다. 그러나 본 경 문의 문장은 '동쪽 방에 진설한다'는 문장을 받고 있고, 또한 아래로 다시 '西坫(당 서쪽의 흙 받침대)의 남쪽에 놓는다'는 문장이 있으니, 동쪽이지 서쪽이 아님은 분 명한다"라고 하였다. 『의례정의』, 1723쪽 참조.

[士喪禮12 : 經-95]

침상(牀), 침상의 깔개(第), 시신을 덮는 이불(夷衾) 등은 당 서쪽의 흙 받침대(西坫)¹의 남쪽에 놓는다.

牀·第·夷衾饌于西坫南.

정현주 '자第²'는 깔개이다. '이금夷衾'은 시신을 덮는 이불이다. 「상대기」에 "소렴 이후에는 이금을 사용하는데, 이금의 질質과 쇄殺의 제도는 모冒의 경우와 같다"³라고 하였다. '第', 簀也. '夷衾', 覆尸之衾. 「喪大記」曰, "自小斂以往用夷衾, 夷衾質殺之裁猶冒也."

[士喪禮12 : 經-96]

서쪽에 물동이와 베로 만든 수건을 놓는 것도 동당東堂 아래에 놓았던 것과 똑같이 서당西堂 아래 진설한다.

西方盥, 如東方.

정현주 시신을 옮길 사람을 위하여 물동이를 마련하는 것이다.⁴ '동쪽에서와 같이 한다'(如東方)는 것은 또한 물동이와 베로 만든 수건을 서

당西堂 아래 진설한다는 것이다. 爲擧者設盥也. '如東方'者, 亦用盆布巾, 饌於西堂下.

주

1_ 당 서쪽의 흙 받침대 : 坫은 당의 네 모퉁이에 있는데 술잔, 笏, 음식물 등을 올려 두는 臺이다. 『삼례사전』, 461쪽 참조.

2_ 자 : 침상에 까는 깔개로 대나무 또는 나무로 만든다. 簀이라고도 한다. 깔개 위에 까는 자리를 莞, 簟이라고 한다. 『삼례사전』, 669쪽 참조.

3_ 소렴 이후에는 ~ 같다 : 『예기』「喪大記」 해당 구절의 진호 주에는 "'夷'는 시신(尸) 이라는 뜻이다. '裁'는 제도(製)라는 뜻과 같다. 夷衾과 質殺의 제도는 모두 시신의 형체를 덮기 위해서 만들어진 것이다"('夷', 尸也. '裁', 猶製也. 夷衾與質殺之制, 皆爲 覆冒尸形而作也)라고 하였다.

4_ 시신을 ~ 것이다 : 小斂 때 東堂 아래의 물동이는 奠을 올리기 위하여 진설하는 것 이고, 西堂 아래의 물동이는 시신을 옮길 사람을 위하여 진설하는 것이다. 大斂 때 에도 두 개의 물동이를 두는데, 東堂 아래의 물동이는 문 밖에 옮겨 진설하고, 西堂 아래의 물동이는 처음처럼 진설한다. 대렴 때도 시신을 드는 일이 있기 때문이다. 『의례정의』, 1725쪽 참조.

[士喪禮12 : 經 - 97]

침문寢門 바깥에 세발솥(鼎) 한 개를 놓는데, 묘문 밖의 동당東堂(東塾)에서 조금 남쪽에다 서쪽을 향하게¹ 놓는다. 그 안에 새끼 돼지 한 마리(特豚)를 넣는데, 희생犧牲을 네 조각으로 가르고(四鬄),² 돼지의 발굽을 버리고(去蹄), 양쪽 갈비(兩胉), 등뼈(脊), 폐를 함께 넣어 삶는다. 세발솥의 양 귀를 가로지르는 가로막대(局)³를 설치하고 덮개보(鼏)로 덮는데, 띠풀이 조금 서쪽을 향하게 덮는다. 장식이 없는 희생제기(素俎)를 세발솥의 서쪽에 놓는데, 세발솥의 머리 부분이 동쪽을 향하고 꼬리 부분이 서쪽을 향하게 놓는다(西順). 수저를 세발솥 위에 엎어 놓는데, 수저 자루 부분이 동쪽을 향하게 놓는다.

陳一鼎于寢門外, 當東塾少南, 西面. 其實特豚, 四鬄, 去蹄, 兩胉 · 脊 · 肺. 設局鼏, 鼏西末. 素俎在鼎西, 西順. 覆匕, 東柄.

정현주   '체鬄'는 해체한다는 뜻으로, 네 조각으로 해체하는데, 앞다리 뼈의 위쪽 부위(肩)와 넓적다리뼈(髀) 부분을 따라 절단할 뿐이다. 상사喪事는 간략하게 하기 때문이다. '발굽을 버린다'(去蹄)는 것은 껍질을 제거하는 것으로 깨끗하지 않기 때문이다. '박胉'은 갈비뼈(脅)이다. '장식이 없는 희생제기'(素俎)를 사용하는 것은 상喪은 질박함을 숭상하기 때문이다. 진설을 마치고 소렴을 하게 되면 습전襲奠을 물린다. 금문본에는 '鬠'가 '剔'으로, '胉'이 '迫'으로 되어 있다. 고문본에는 '鼏'이 '密'로 되어 있다. '鬠', 解也, 四解之, 殊肩髀而已. 喪事略. '去蹄', 去其甲, 爲不絜淸也. '胉', 脅也. '素俎', 喪尙質. 旣饌, 將小斂, 則辟襲奠. 今文'鬠'爲'剔', '胉'爲'迫'. 古文'鼏'爲'密'.

1_ 서쪽을 향하게 : 吉事의 경우 鼎을 진설할 때는 북쪽을 향하게 하는데, 이제 서쪽을 향하게 한 것은 흉례이기 때문에 길례를 변화시킨 것이다. 『의례정의』, 1726쪽 참조.

2_ 네 조각으로 가르고 : 骼는 동사로 쓰일 때 '剔'(뼈를 발라낸다) 또는 '解'(각을 뜬다)의 뜻으로, 여기서는 희생을 4조각으로 해체한 것을 의미한다.

3_ 가로막대 : 세발솥의 양 귀를 관통하는 가로막대로서, 세발솥을 들 때에 사용한다. 본래 글자는 '鉉'이며, '鉉'으로도 쓴다. 『설문』 「鼎部」에 "鼏은 나무로 세발솥의 귀를 가로로 관통하여 드는 것이다. 鼎을 따르고, 一이 발음을 나타낸다"(鼏, 以木橫貫鼎耳擧之. 從鼎, 一聲)라고 하였다. 『설문』 「金部」에서는 "鉉은 세발솥을 드는 도구이다"(鉉, 所以擧鼎也)라고 하였다. 『예기』 「曲禮上」에 "문으로 들어갈 때 빗장을 받들 듯이 한다"(入戶奉扃)고 한 것에 대해 공영달은 "禮에 鼎扃이 있는데, 세발솥에 빗장을 치는 도구이다. 오늘날 문에 빗장을 치는 나무가 세발솥에 빗장을 치는 것과 서로 유사하기 때문에 또한 扃으로 칭하게 되었다"(謂禮有鼎扃, 所以關鼎. 今關戶之木, 與關鼎相似, 亦得稱扃)고 하였다. 공영달에 따르면 '鼎扃'은 세발솥을 드는 용도 이외에 빗장을 치는 데도 사용한다고 한다. 『삼례사전』, 555쪽 참조.

經-98에서 經-108까지는 소렴을 마치고 시신을 옮기는 것과 주인과 주부가 단袒, 괄발髺髮, 문縓, 북상투를 하는 절차이다.

[士喪禮12 : 經-98]

사士는 손을 씻고 두 사람씩 함께 동쪽을 향해 서쪽 계단 아래로 가 선다.

士盥, 二人以並, 東面, 立于西階下.

정현주 　　　　　　　'선다'(立)는 것은 시신을 들 때[1]를 기다리는 것이다. 금문본에는 '並'이 '倂'으로 되어 있다. '立', 俟擧尸也. 今文'並'爲'倂'.

[士喪禮12 : 經-99]

유사有司는 문(戶) 안에다 자리를 깔아 놓는데, 왕골로 짠 자리를 먼저 밑에 깔고(下莞),[2] 대자리를 그 위에 깔아 놓는다(上簟).[3]

布席于戶內, 下莞, 上簟.

정현주 　　　유사가 소렴小斂할 자리를 까는 것이다. 有司布斂席也.

[士喪禮12 : 經 – 100]

상축商祝은 베로 된 끈(布絞), 이불, 산의散衣, 제복祭服 등을 순서대
로 깔아 놓는다.4 제복祭服은 위와 아래를 뒤바꾸어 놓지 않는데,
아름다운 것은 몸에 가까이 입기 때문이다.5

商祝布絞 · 衾 · 散衣 · 祭服. 祭服不倒, 美者在中.

정현주　　　　　　　염을 할 때는 방정한 것을 추구하여6 웃옷과 치마를 뒤바
꾸기도 하지만 제복은 존귀하므로 뒤바꾸지 않는다. '미美'는 아름답다는 뜻
이다. 아름다운 옷은 뒤에 깔므로 염을 하면 안에 있게 된다. 그 뒤 제복을
까는데 다시 '아름다운 옷은 몸 안에 있다'(善者在中)고 말한 것은 각각의 복
이 1벌씩이 아님7을 분명히 한 것이다. 斂者趨方, 或傎倒衣裳, 祭服尊, 不倒之
也. '美', 善也. 善衣後布, 於斂則在中也. 旣後布祭8服, 而又言'善者在中', 明每服非
一稱也.

[士喪禮12 : 經 – 101]

사士는 시신을 상축이 진설해 놓은 자리 위로 옮겨 놓고 제자리로
돌아간다.

士擧遷尸, 反位.

정현주　　　시신을 염복斂服 위로 옮기는 것이다. 遷尸於服上.

[士喪禮12 : 經 – 102]

당 위의 동서 양쪽 기둥(楹) 사이에 침상을 놓고 그 위에 깔개를 깐
다. 그리고 처음처럼 깔개 위에 왕골자리(莞席)와 대자리(簟席)를
차례로 깔아 놓고 베개를 놓는다.

設牀·第于兩楹之間. 衽如初, 有枕.

정현주 　　　　　'임衽'은 잠자리에 까는 자리이다. 또한 왕골로 짠 자리를
먼저 밑에 깔고 대자리를 그 위에 깔아 놓는다. '衽', 寢臥之席也. 亦下莞上簟.

[士喪禮12 : 經 – 103]

소렴小斂[9]을 마치고는 휘장을 거둔다.

卒斂, 徹帷.

정현주 　　　　　시신을 이미 꾸몄기[10] 때문이다. 尸已飾.

[士喪禮12 : 經 – 104]

주인主人은 서쪽을 향해 시신을 껴안고(馮尸) 일어나 횟수에 상관
없이 용踊을 한다. 주부主婦는 동쪽을 향해 시신을 껴안고[11] 일어나
주인이 한 것과 같이 용踊을 한다.

主人西面馮尸, 踊無算. 主婦東面馮, 亦如之.

정현주 　　　　　'빙馮'은 껴안는 것이다.[12] '馮', 服膺之.

[士喪禮12 : 經-105]

주인은 방에서 하고 있던 머리싸개와 비녀를 바꾸어 삼끈으로 상투를 묶고(髺髮), 왼팔의 겉옷을 벗어서 속옷을 드러내며(袒),[13] 중주인衆主人은 방에서 관冠을 벗고 문免[14]을 한 뒤 왼팔의 소매를 벗어낸다(袒).

主人髺髮袒, 衆主人免于房.

정현주　　　　막 운명하면 참최복斬衰服을 할 사람은 계사雞斯[15]를 하고 자최복齊衰服을 할 사람은 흰 관을 한다. 이제 소렴에 이르러 변제變制를 하고 또 처음으로 상복喪服을 하게 된다. '머리를 묶는다'(髺髮)는 것은 비녀와 비단 끈을 제거하고 삼끈으로 상투를 묶는다는 것이다. '중주인이 문免을 한다'(衆主人免)는 것은 자최복을 할 사람이 단袒을 하기 위하여 관冠 대신에 문免을 한다는 것이다. 관冠은 복 가운데 존귀한 것으로 단袒에 견줄 것이 아니다. 문免의 제도에 관해서는 듣지 못하였다. 구설에서는 관의 모양과 같으며 너비는 1촌이라고 보았다. 「상복소기」에 "참최斬衰의 상喪에는 삼끈으로 머리를 묶고 (어머니의 상에는 삼끈으로 머리를 묶고) 문免을 착용하고 베로 묶는다"라고 하였다. 여기서는 삼베로 만드는데 모양은 지금의 삼두幓頭(머리를 묶는 두건)를 착용한 것과 같다. 목 가운데서 앞으로 둘러 이마 위에서 교차시키고 조금 물려 상투에 감는다. 방房에서 하고 실室에서 하는 것은 묶은 머리를 푸는 일은 은밀한 곳이 적당하기 때문이다. 금문본에는 '免'이 모두 '統'으로 되어 있고, 고문본에는 '髺'이 '括'로 되어 있다. 始死, 將斬衰者雞斯, 將齊衰者素冠. 今至小斂變, 又將初喪服也. '髺髮'者, 去笄纚而紒. '衆主人免'者, 齊衰將袒, 以免代冠. 冠, 服之尤尊, 不以袒也. 免之制未聞. 舊說以爲如冠狀, 廣一寸. 「喪服小記」曰, "斬衰髺髮以麻, 免而以布." 此用麻布爲之, 狀如今之著幓頭矣. 自項

中而前, 交於額上, 卻繞紒也. 于房于室, 釋髻髮宜於隱者. 今文'免'皆作'統', 古文'髻'作'括'.

부인婦人은 실실室 안에서 삼베 끈을 이용하여 북상투를 튼다.
婦人髻于室.

정현주 막 운명하면 부인으로 참최복을 할 사람은 비녀를 제거하고 머리싸개(纚)를 하며, 자최복을 할 사람은 뼈로 만든 비녀를 하고 머리싸개를 한다. 지금 '북상투를 한다'(髻)고 말한 것도 비녀를 제거하고 머리를 땋아 묶어 상투를 트는 것(紒)이다. 자최복 이상은 성복成服 때 비녀를 할 경우에도 여전히 북상투를 한다.[16] 북상투가 괄발髻髮과 다른 것은 머리싸개를 제거한 뒤에 머리를 땋아 큰 상투를 튼다는 점으로, 지금 부인들의 맨 상투머리(露紒)와 같은 것이 그 모양이다. 『예기』 「단궁」에 "남궁도의 처가 시어머니의 상을 당했는데, 공자가 그녀에게 북상투를 하도록 가르치면서 '너는 너무 높게도 하지 말라! 너는 너무 넓게도 하지 말라!'"라고 하였다. 삼베를 사용하여 또한 삼두慘頭를 착용한 것과 같이 한다. 始死, 婦人將斬衰者, 去笄而纚, 將齊衰者, 骨笄而纚. 今言'髻'者, 亦去笄纚而紒也. 齊衰以上, 至笄猶髻. 髻之異於髻髮者, 既去纚而以髮爲大紒, 如今婦人露紒, 其象也. 「檀弓」曰, "南宮縚之妻之姑之喪, 夫子誨之髻, 曰, '爾毋縱縱爾, 爾毋扈扈爾.'" 其用麻布, 亦如著慘頭然.

[士喪禮12 : 經 – 107]

사士가 시신을 당으로 옮기기 위해 들면,¹⁷ 주인과 부인도 함께 시
신을 받들어 시신을 실室에서 당 위로 옮기고, 널을 덮는 이불(夷
衾)로 시신을 덮는다.¹⁸ 주인과 부인들은 실室에서의 자리와 같이
시신의 양쪽에 위치하여 횟수에 상관없이 용踊을 한다.¹⁹

士擧, 男女奉尸, 侇于堂, 幠用夷衾. 男女如室位, 踊無算.

정현주 　　　　　'이侇'는 시신을 말한다. '이금夷衾'은 널(柩)을 덮는 이불
이다. '당堂'은 기둥 사이에 있는 침상의 깔개 위를 가리킨다. 금문본에는 '侇'
가 '夷'로 되어 있다. '侇'之言尸也. '夷衾', 覆尸柩之衾也. '堂'謂楹間牀第上也. 今文
'侇'作'夷'.

[士喪禮12 : 經 – 108]

주인은 시신의 발이 있는 쪽을 거쳐 서쪽으로 가 서쪽 계단을 통
해 당을 내려간다. 중주인도 주인을 따라 서쪽 계단을 통해 당을
내려가²⁰ 조계阼階 아래의 자리로 나아간다. 부인들은 시신의 발이
있는 쪽을 거쳐 조계 위로 가서 당을 내려가지 않고 서쪽을 향해
선다. 주인이 빈賓에게 배례를 하는데,²¹ 빈賓 가운데 대부大夫가
있으면 개별적으로 한 번 배례하고, 사士이면 한꺼번에 세 번 배례
한다.²² 주인이 배례를 마친 다음 조계 아래 자리로 가서 용踊을 한
다. 그런 뒤에 당 위 동쪽 벽(東序)의 동쪽에서 수질首絰과 요질腰絰
을 착용하고 다시 조계 아래의 자리로 돌아온다.

主人出于足, 降自西階. 衆主人東卽位. 婦人阼階上西面. 主人拜

賓, 大夫特拜, 士旅之. 卽位, 踊. 襲経于序東, 復位.

정현주 '빈에게 배례를 한다'(拜賓)는 것은 빈의 자리를 향하여 배례하는 것이다. '자리로 가서 용을 한다'(卽位踊)는 것은 동쪽의 자리이다. '당 위 동쪽 벽의 동쪽에서 수질과 요질을 착용한다'(襲経於序東)는 것은 동 협東夾[23]의 앞쪽을 말한다. '拜賓', 鄕賓位拜之也. '卽位踊', 東方位. '襲経于序東', 東夾前.

1_ 시신을 들 때 : 시신을 들어 문 안의 수의 위로 옮기기를 기다리는 것이다. 『의례정의』, 1728쪽 참조.

2_ 왕골로 짠 ~ 깔고 : 침상의 깔개 위에 까는 왕골로 짠 자리이다.

3_ 대자리를 ~ 놓는다 : 여기서는 대나무로 짠 자리, 즉 單席으로 莞 위에 깔아 놓는다.

4_ 순서대로 깔아 놓는다 : 먼저 땅에 자리를 깔고 이것들을 자리 위에 까는데, 먼저 絞를 깔고 나머지는 차례로 간다. 絞는 대자리 위에 있고, 이불은 교 위에 있으며, 산의는 이불 위에 있고, 제복은 산의 위에 있다. 염을 할 때가 되면 제복이 몸에 가까이 있고, 산의가 그 다음에 있으며 이불로 밖에서 싸고 교를 이용하여 묶는다. 『의례정의』, 1729쪽 참조.

5_ 아름다운 제복은 ~ 때문이다 : 호배휘의 설명에 따르면, 散衣는 진설할 때 거꾸로 놓는데 그 이유는 진설하는 의복이 앞뒤로 두께가 균일하게 쌓이도록 하기 위해서이다. 그러나 祭服은 존귀하기 때문에 진설할 때 거꾸로 놓을 수 없다. 정현의 주를 따르면, 祭服은 가장 나중에 진설하는데, 소렴을 할 때 가장 먼저 사용하여 몸에 가깝게 입기 때문에 '몸 안에 있다'(在中)고 경문에서 말한 것이다. 『의례정의』, 1730쪽 참조.

6_ 방정한 것을 추구하여 : 가공언은 소에서 "습을 할 때는 의복이 적으므로 뒤바꾸지 않지만, 소렴은 19벌로 의복이 많아 방정하게 하기 위하여 제복을 제외하고는 뒤바꾸기도 한다"라고 하였다. 『의례주소』, 798쪽 참조.

7_ 각각의 복이 1벌씩이 아님 : 아름다운 옷은 祭服인데 다시 '아름다운 옷은 안에 있다'고 하였으므로 제복 가운데 더욱 아름다운 것이다. 소렴의는 19벌이고, 제복은 1벌이 아니니 새 것과 오래된 것이 있는 듯하다. 『의례정의』, 1730쪽 참조.

8_ 布祭 : 북경대본에는 '祭布'로 되어 있으나 교감기에 따라 바로잡는다.

9_ 소렴 : 호배휘의 설명에 따르면, 襲을 할 때는 옷이 적어 옷을 시신에게 직접 입히지만, 小斂을 할 때는 옷이 많아 옷을 입히지 않고 시신을 싼다고 한다. 즉 소렴을 하는 법은 시신을 먼저 祭服, 散衣, 이불 순서로 감싸고 나서 끈으로 묶는 것이다. 『의례정의』, 1730쪽 참조.

10_ 시신을 이미 꾸몄기 : 『예기』 「檀弓」에 "시신을 아직 꾸미지 않았으므로 당에 장막을 치고 소렴을 마치면 장막을 거둔다"(尸未設飾, 故帷堂, 小斂而徹帷)라고 하였다.

11_ 주부는 ~ 껴안고 : 『예기』 「喪大記」에 "군주는 신하의 시신을 어루만진다. 부모는 자식의 시신의 옷을 붙잡는다. 자식은 부모의 시신을 껴안는다. 며느리는 시부모의 시신의 옷을 받들어 잡는다. 시부모는 며느리의 시신을 어루만진다. 아내는 지아비의 시신의 옷을 가만히 끌어당긴다. 지아비는 아내의 시신과 형제들의 시신을 붙잡는다"(君於臣撫之. 父母於子執之. 子於父母馮之. 婦於舅姑奉之. 舅姑於婦撫之. 妻於夫拘之. 夫於妻·於昆弟執之)라고 하였다. 그런데 이 경문에서 주부 또한 껴안도록 한 것은 세밀하게 구별하면 차이가 있지만 두루뭉술하게 말하면 모두 '껴

안는 것'이기 때문이다. 『의례정의』, 1731쪽 참조.

12_ 껴안는 것이다 : 채덕진은 "주인이 憑尸한다는 것은 가슴 위쪽을 안는 것이고, 주부가 빙시한다는 것은 가슴 부분의 옷을 잡는 것이다"라고 해석한다. 『의례정의』, 1731쪽 참조.

13_ 왼팔의 겉옷을 ~ 드러내며 : 웃옷의 왼쪽 소매만 벗고 그 안에 입은 속옷은 그대로 입고 있는 것을 裼이라고 한다. 겨울에 裘(갖옷)를 입은 위에 다시 裼衣(갖옷 위에 입는 속옷으로 체의라고도 발음한다)를 입고 그 위에 웃옷을 입는데 이때 웃옷의 왼쪽 소매를 벗어 裼衣를 드러낸 것을 裼이라고 한다. 왼쪽 소매를 전부 벗어 어깨의 맨살을 드러낸 것을 肉袒이라고 하며 이것은 형벌을 받기 위한 경우에 주로 한다. 『삼례사전』, 688쪽 참조.

14_ 문 : 冠을 대신하는 것으로, 한 치 넓이의 베를 목 중앙에서 이마 앞에서 교차시키고 다시 뒤로 감아 상투에 묶는 것이다. 『삼례사전』, 384쪽 참조.

15_ 계사 : 『예기』 「問喪」에서 정현은 "'雞斯'는 '笄纚'여야 한다. 발음으로 인한 잘못이다. 부모가 막 돌아가시면 관을 벗고, 이틀 만에 비녀와 머리싸개를 풀고 머리를 묶는다'('雞斯'當爲'笄纚'. 聲之誤也. 親始死去冠, 二日乃去笄纚, 括髮也)라고 하였다. 이에 대해 진호는 "'笄'는 뼈로 만든 비녀이다. '纚'는 머리카락을 감추는 비단 끈이다. 부모가 막 돌아가시면 상주는 먼저 관을 벗고 오직 비녀와 머리싸개만을 남겨둔다"(笄, 骨笄也. 纚, 韜髮之繒也. 親始死, 孝子先去冠, 惟留笄纚也)라고 해석한다.

16_ 성복 때 ~ 한다 : 소렴 때는 成服을 하기 이전의 북상투를 트는 것을 따라서, 成服 때 비녀를 할 경우에도 여전히 북상투 트는 것을 고치지 않는다. 大斂과 殯을 한 뒤에 이르러 成服의 북상투로 대신한다. 『의례주소』, 800쪽 참조.

17_ 시신을 당으로 ~ 들면 : 오계공은 "士는 머리를 들고 주인은 오른쪽을 받들며 부인은 왼쪽을 받든다"고 하였으나, 호배휘는 "사가 시신을 들 때는 시신의 좌우에서 들고, 주인과 주부는 시신의 머리와 발을 받든다"라고 해석한다. 『의례정의』, 1738쪽 참조.

18_ 널을 덮는 ~ 시신을 덮는다 : 막 돌아가셨을 때는 대렴에 쓸 이불로 덮는데 소렴 때 쓸 이불은 진설해야 하기 때문이다. 지금은 소렴을 마친 뒤여서 대렴에 쓸 이불은 대렴에 사용해야 하므로, 널을 덮는 夷衾으로 시신을 덮는 것이다. 『의례주소』, 800쪽 참조.

19_ 횟수에 상관없이 용을 한다 : 방포는 "喪事는 조금씩 멀어지는데, 이 경우는 부모가 자신의 室을 떠나는 처음이므로 횟수에 상관없이 踊을 한다"라고 하였다. 『의례정의』, 1738쪽 참조.

20_ 주인을 따라 ~ 내려가 : 가공언의 소에 "비록 계단을 내려간다는 글은 없으나 주인을 따라 서쪽 계단으로 내려가야 한다"라고 하였다. 『의례주소』, 800쪽 참조.

21_ 주인이 ~ 하는데 : 이전에 시신은 室에 있고 주인은 나오지 않았지만, 지금은 시신을 받들고 나왔으므로 배례를 하는 것이다. 『의례정의』, 1739쪽 참조.

22_ 빈 가운데 ~ 배례한다 : 오계공은 "대부는 사람마다 한 번씩 배례하고, 사는 많더라도 세 번 배례를 할 뿐이다"라고 하였다. 『의례정의』, 1739쪽 참조.

23_ 동협 : 廟寢의 제도에는 모두 '東夾'과 '西夾'이 있다. 東夾은 堂의 東序의 동쪽에 있고, 序夾은 堂의 西序의 서쪽에 있으며, 東夾의 북쪽이 '東房'이고, 西夾의 북쪽이 '西房'이다. 東房과 西房 사이에 堉이 있어 두 방을 가로막아 서로 통하지 못하게 한다. 東夾과 西夾은 각각 '東箱'과 '西箱'이라고도 칭하며, 또 '左个' · '右个' 혹은 '左達' · '右達'이라고도 한다. 즉 '夾' · '箱' · '个' · '達'은 명칭은 다르지만 실질은 같은 것이다. 『의례정의』, 994~995쪽 참조.

[士喪禮12 : 經 – 109]

이어서 축祝과 집사執事가 주인主人을 대신하여 사자死者를 위해 전奠을 올린다.

乃奠.

정현주 축과 집사가 올린다.[1] 祝與執事爲之.

[士喪禮12 : 經 – 110]

세발솥(鼎)을 드는 사람 두 명은 손을 씻고 침문寢門 밖으로 나가 세발솥을 드는데, 세발솥을 들 때 오른쪽에서 드는 사람이 오른손으로 수저를 잡아 위로 향하게 하고, 왼쪽에서 드는 사람이 왼손으로 희생제기(俎)를 가로로 들고, 침문으로 들어와[2] 조계 앞에서 세발솥이 서쪽을 향하도록 놓는다. 왼쪽에서 든 사람이 희생제기(俎)를 세발솥의 남쪽에 놓는데, 희생제기(俎)가 북쪽을 향하도록 놓는다.

擧者盥, 右執匕, 卻之, 左執俎, 橫攝之, 入, 阼階前西面錯. 錯俎北面.

'드는 사람이 손을 씻는다'(擧者盥)는 것은 문 밖으로 나가 세발솥을 드는 사람으로, 오른쪽에서 드는 사람은 오른손으로 수저를 잡고, 왼쪽에서 드는 사람은 왼손으로 희생제기(俎)를 드는데[3] 편리함을 따른 것이다. '섭攝'은 잡는다는 뜻이다. '서쪽을 향하도록 놓는다'(西面錯)는 것은 세발솥을 여기에 둘 때는 서쪽을 향해야 하기 때문이다. '희생제기(俎)를 세발솥의 남쪽에 놓는데 북쪽을 향하도록 한다'(錯俎北面)는 것은 희생제기(俎)는 서쪽으로 따라야 하기 때문이다. '擧者盥', 出門擧鼎者, 右人以右手執匕, 左人以左手執俎, 因其便也. '攝', 持也. '西面錯', 錯鼎於此宜西面. '錯俎北面', 俎宜西順之.

[士喪禮12 : 經－111]

오른쪽에서 든 사람이 왼손으로 수저를 잡고 오른손으로 세발솥(鼎)의 귀를 가로지른 가로막대를 빼내서 왼손으로 함께 잡은 뒤에, 오른손을 사용하여 세발솥을 덮은 덮개를 들어 세발솥의 북쪽에 내려놓는다. 그리고 왼손에 들었던 가로막대를 덮개 위에 내려놓는다. 세발솥을 드는 사람은 앉지 않는다.

右人左執匕, 抽扃予左手, 兼執之, 取鼏, 委于鼎北. 加扃. 不坐.

세발솥의 빗장을 빼내고 솥 덮개보를 들어 빗장을 덮개 위에 내려놓는 것은 모두 오른손으로 한다. 금문본에는 '扃'이 '鉉'으로 되어 있고, 고문본에는 '予'가 '與'로, '鼏'이 '密'로 되어 있다. 抽扃取鼏, 加扃於鼏上, 皆右手. 今文'扃'爲'鉉', 古文'予'爲'與', '鼏'爲'密'.

[士喪禮12 : 經-112]

오른쪽에서 든 사람이 수저로 세발솥(鼎) 안에 든 희생 덩어리를
건져 내면, 왼쪽에서 든 사람은 희생제기(俎)를 두 손으로 가지런
히 받쳐서 받는다. 건져낸 고기를 희생제기(俎)에 놓을 때, 넓적다
리뼈(髀)를 먼저 희생제기(俎)의 양 끝에 놓고, 그 안쪽으로 앞다리
뼈의 위쪽 부위(肩)를 다음에 놓고, 또 양쪽 갈비 부분(胉)을 그 다
음에 놓고, 등뼈(脊)와 허파(肺) 부분은 한복판에 놓는데, 모두 뒤
집어 뼈가 앞쪽으로 보이게 놓는다. 왼쪽에서 든 사람이 양손으로
희생제기(俎)를 가지런히 들고 기다린다.

乃朼載. 載兩髀于兩端, 兩肩亞, 兩胉亞, 脊肺在於中, 皆覆, 進柢.
執而俟.

정현주 　　　　　'이에 수저로 건져낸다'(乃朼)는 것은 수저를 사용하여 차
례로 희생의 덩어리를 건져낸다는 것으로, 오른쪽에 있는 사람이 한다. '재
載'는 받아서 조俎에 놓는 것으로 왼쪽에 있는 사람이 한다. '아亞'는 다음이
라는 뜻이다. 일곱 덩어리를 모두 뒤집어 놓는 것은 먼지가 끼지 않도록 하
기 위해서이다. '저柢'는 뿌리이다. 뿌리가 앞으로 가게 놓는 것은 살아 있을
때와 달리하지 않는 것이다. 뼈에는 본과 말이 있다. 고문본에는 '朼'가 '匕'
로, '髀'가 '脾'로 되어 있고, 금문본에는 '胉'이 '迫'으로 되어 있고, '柢'가 모두
'胝'로 되어 있다. '乃朼', 以朼次出牲體, 右人也. '載', 受而載於俎, 左人也. '亞', 次
也. 凡七體, 皆覆, 爲塵. '柢', 本也. 進本者, 未異於生也. 骨有本末. 古文'朼'爲'匕',
'髀'爲'脾', 今文'胉'[4]爲'迫', '柢'皆爲'胝'.

[士喪禮12 : 經 – 113]

하축夏祝과 집사는 손을 씻는다. 하축이 앞에서 예주(醴)를 들고, 집사가 청주(酒), 말린 고기(脯), 고기젓갈(醢), 희생제기(俎)를 들고 뒤따르면서 조계로 올라간다. 이때 장부丈夫[5]는 용踊을 한다. 전인甸人은 세발솥(鼎)을 침문寢門 밖으로 치운다. 유사有司는 예주(醴), 청주(酒), 말린 고기(脯), 고기젓갈(醢), 희생제기(俎)를 덮을 수건들을 들고 축祝에게 주기 위해 기다린다.

夏祝及執事盥. 執醴先, 酒・脯・醢・俎從, 升自阼階. 丈夫踊. 甸人徹鼎巾. 待于阼階下.

정현주   집사는 전奠에 관한 일을 담당하는 여러 사람이다. '건巾'은 공포公布이다. 수건을 든 사람이 조계를 통해 오르지 않는 것은 자기는 진설을 하지 않고 축祝이 예주(醴)를 놓고 나면 그것을 받을 것이기 때문이다. 執事者, 諸執奠事者. '巾', 功布也. 執者不升, 己不設, 祝旣錯醴, 將受之.

[士喪禮12 : 經 – 114]

전奠에 올릴 물건들은 모두 시신의 동쪽에 놓는다. 예주(醴)와 청주(酒)를 든 사람이 먼저 당堂으로 올라와 북쪽을 향해서 서는데, 서쪽을 윗자리로 삼는다.[6]

奠于尸東. 執醴・酒, 北面西上.

정현주   예주(醴)[7]와 청주(酒)를 든 사람이 먼저 오르는 것은 존귀하기 때문이다. 서서 기다린 뒤에 놓는 것은 이루기를 요구하는 것이다. 執

醴酒者先升, 尊也. 立而俟, 後錯, 要成也.

말린 고기(脯)를 담은 대나무제기(籩)와 고기젓갈(醢)을 담은 나무
제기(豆)를 먼저 놓고, 희생제기(俎)를 나무제기(豆)의 동쪽에 놓고,
대나무제기(籩), 나무제기(豆), 희생제기(俎)를 들었던 사람들은 희
생제기(俎) 북쪽에 서는데, 서쪽을 윗자리로 삼는다.[8] 예주와 청주
는 나무제기(豆)의 남쪽에 놓는다.[9] 축祝은 조계 아래에 서 있는 유
사로부터 수건을 받아 말린 고기(脯)를 담은 대나무제기(籩)와 고기
젓갈(醢)을 담은 나무제기(豆)를 덮고, 시신의 발이 있는 남쪽을 거
쳐 서쪽으로 가서 서쪽 계단으로 당을 내려온다. 이때 부인婦人들
은 용踊을 한다. 전奠을 차린 집사들은 뜰 남쪽에 있는 중重의 남쪽
을 거쳐 동쪽으로 가서 문 동쪽에 있는 원래의 위치로 돌아간다.
주인과 중주인衆主人이 용踊을 한다.

豆錯, 俎錯于豆東, 立于俎北, 西上. 醴酒錯于豆南. 祝受巾, 巾之,
由足降自西階. 婦人踊. 奠者由重南東. 丈夫踊.

'수건으로 덮는다'(巾之)는 것은 먼지가 끼지 않도록 하
기 위해서이다. '동쪽'(東)은 제자리로 돌아가는 것이다. '巾之', 爲塵也. '東',
反其位.

[士喪禮12 : 經 – 116]

빈賓이 나가면 주인이 묘廟의 문 즉 정침正寢의 문 밖까지 배례를
하면서 전송한다.

賓出, 主人拜送于門外.

정현주
묘문廟門10의 밖이다. 廟門外也.

[士喪禮12 : 經 – 117]

이어서 주인을 대신해서 번갈아 곡을 하게 시키는데(代哭),11 관직
에 있는 사람12을 쓰지 않는다.

乃代哭, 不以官.

정현주
'대代'는 번갈아한다는 뜻이다. 상주가 처음 부모의 상을
당하면, 비통해하여 몸이 초췌해진다. 예법은 죽은 사람 때문에 산 사람이
상하게 되는 것을 막는다.13 따라서 상주를 대신하여 교대로 곡을 하게 하
여 곡을 하는 소리가 끊이지 않게 한다. 국군은 관직의 높고 낮음을 기준으
로 대곡을 하게 하고, 사는 신분이 낮아 친소를 기준으로 대곡을 하도록 한
다.14 3일 지난 뒤에는 무시곡無時哭을 한다.15 『주례』「설호씨」에 "모든 상喪
에서는 호壺를 걸어놓고 대곡代哭을 한다"라고 하였다. '代', 更也. 孝子始有親
喪, 悲哀憔悴. 禮防其以死傷生. 使之更哭, 不絶聲而已. 人君以官尊卑, 士賤以親疏
爲之. 三日之後, 哭無時. 『周禮』「挈壺氏」, "凡喪, 縣壺以代哭."

1_ 축과 ～ 올린다 : 막 운명하시면 효자는 정신이 혼미해져서 예를 완전하게 갖출 수 없으므로 축과 집사가 대신 전을 올리는 것이다. 『의례정의』, 1742쪽 참조.

2_ 침문으로 들어와 : '들어온다'는 것은 침문으로 들어온다는 뜻이다. 『의례정의』, 1743쪽 참조.

3_ 오른쪽에서 드는 ～ 드는데 : 북쪽을 향해 문을 들어가니 동쪽에 있는 사람이 右人이 되고 서쪽에 있는 사람이 左人이 되므로 각각 안쪽에 있는 손으로는 鼎을 들고 바깥에 있는 손으로는 匕와 俎를 드는 것이다. 『의례주소』, 801쪽 참조.

4_ 胉 : 북경대본에는 '胉胉'으로 되어 있으나 교감기와 『의례정의』에 따라 수정하였다.

5_ 장부 : 호배휘는 主人과 衆主人을 가리킨다고 말한다. 『의례정의』, 1746쪽 참조.

6_ 서쪽을 윗자리로 삼는다 : 鼎를 든 사람이 윗자리인 서쪽에 선다는 것이다.

7_ 예주 : '醴'는 '五齊' 즉 다섯 가지 탁한 술 가운데 하나인 '醴齊'를 가리킨다. 『주례』「천관·酒正」에서 泛齊·醴齊·盎齊·緹齊·沈齊를 '五齊'라고 하였는데, 정현은 "醴는 體와 같다. 빚고 나서도 즙과 앙금이 서로 뒤엉켜 있다. 오늘날의 恬酒와 같은 것이다"(成而汁滓相將, 如今恬酒矣)라고 하였다. '醴齊'는 아직 찌꺼기를 거르지 않은 탁한 술 즉 濁酒로서, 하루 밤에 익히고 그 맛이 약간 달다. 예를 행할 때에는 모두 이 술을 사용했는데, 입으로 맛을 보기만 하고 마시지는 않았다. '醴'는 하루 동안 숙성시켜 만들기 때문에 鷄鳴酒 혹은 一宿酒라고도 한다. 『삼례사전』, 1261쪽 참조.

8_ 서쪽을 윗자리로 삼는다 : 籩을 드는 사람이 서쪽에 선다는 것이다.

9_ 예주와 ～ 놓는다 : 경문에서 豆만을 언급하였지만 籩도 함께 포함된 것으로 본다. 籩과 豆는 시신의 동쪽에서 약간 북쪽에 진설하며, 醢를 담은 豆를 남쪽에 脯를 담은 籩을 북쪽에 놓는다. 『의례정의』, 1748쪽 참조.

10_ 묘문 : 가공언에 따르면, 士는 適室에서 운명을 하는데 귀신이 있는 곳을 廟라고 하므로 正寢을 묘라고 이름한 것이다. 『의례주소』, 803쪽 참조.

11_ 대신해서 번갈아 ～ 시키는데 : 주인을 대신해서 服을 하는 사람들이 번갈아가면서 哭을 하여 곡소리가 끊이지 않게 하는 것이다. 호배휘의 설명에 따르면, 후대에 죽은 사람에게 服을 하지 않는 하인들을 시켜 대신 거짓으로 곡을 하게 하는 것은 代哭 본래의 뜻이 아니다. 代의 우선적 의미는 주인을 '대신한다'는 의미보다 곡을 '교대로 번갈아 한다'는 의미라고 본다. 『의례정의』, 1750쪽 참조.

12_ 관직에 있는 사람 : 보통 大夫 이상을 의미한다고 본다. 『의례정의』, 1749쪽 참조.

13_ 죽은 사람 ～ 막는다 : 『예기』「喪服四制」에 "3일 만에 음식을 먹고, 3개월 만에 목욕을 하고, 1년 만에 練祭를 지내는데, 몸을 훼손시키는 경우는 있지만 목숨을 잃지는 않게 한다. 죽은 이로 인해서 살아 있는 사람을 해쳐서는 안 되는 것이다"(三日而食, 三月而沐, 期而練, 毀不滅性. 不以死傷生也)라고 하였다.

14_ 사는 신분이 ～ 한다 : 『예기』「喪大記」에 "군주의 상에는 司馬가 壺를 매단다. 이어서 관리들이 번갈아 곡을 한다. 대부의 상에는 관리들이 번갈아 곡을 하지만 호는 매달지 않는다. 사의 상에는 (혈연관계에 있는 사람들이) 번갈아 곡을 하고, 관리

가 곡을 하지는 않는다"(君喪, 司馬縣之. 乃官代哭. 大夫, 官代哭, 不縣壺. 士, 代哭不以官)라고 한 것에 대하여, 정현은 "스스로 혈연적 친소에 따라 곡을 하는 것이다"(自以親疏哭也)라고 하였다.

15_ 3일 ~ 한다 : 예에는 세 번의 무시곡이 있다. 막 돌아가시고 殯을 하기 전까지 곡소리가 끊이지 않게 하는데, 이것이 첫 번째 무시곡이다. 殯을 한 뒤 매장을 하기 전까지 아침저녁으로 廟에 들어가 조계 밑에서 곡을 하고 또 여막 안에서 추억을 생각하면서 곡을 하는데, 이것이 두 번째 무시곡이다. 練祭를 지낸 뒤 堊室에 머물면서 10일 또는 5일에 한 번 곡을 하는데, 이것이 세 번째 무시곡이다. 『의례주소』, 803쪽 참조.

經-118에서 經-121까지는 소렴이 끝난 후 수의를 기증하는 절차이다.

[士喪禮12 : 經-118]

소렴小斂 뒤에도 의복을 부의賻儀로 보내는 사람이 있으면,¹ 빈
擯²을 통해 명령을 전달해야 한다. 빈擯은 문을 나와 빈賓께서 어떤
일로 왔는가를 묻고, 들어와 주인에게 보고한다. 주인은 조계 아
래의 자리에서 빈賓을 기다린다.

有襚者, 則將命. 擯者出請, 入告. 主人待于位.

정현주   상례喪禮에서는 위의威儀를 생략한다. 이미 소렴을 하였
으므로 빈擯이 말을 하는 것이다. 어떤 일로 왔는가 묻는 말은 "상주喪主인
아무개가 아무개를 시켜 무슨 일로 오셨는가를 묻습니다"³라고 한다. 喪禮略
於威儀. 旣小斂, 擯者乃用辭. 出請之辭曰, "孤某使某請事."

[士喪禮12 : 經-119]

빈擯은 나와서 빈賓에게 주인이 기다리고 있다고 말하고, 빈賓을
인도하여 침문寢門 안으로 들어온다.

擯者出, 告須, 以賓入.

'수須'는 또한 기다린다는 뜻이다. 나와서 고하는 말은 "상주인 아무개가 기다리고 있습니다"라고 한다. '須', 亦待也. 出告之辭曰, "孤某須矣."

[士喪禮12 : 經 – 120]

빈賓은 들어와 뜰 중앙에서 북쪽을 향하여 조문하는 말을 한다. 주인이 이마를 땅에 대고 배례를 한다. 빈賓이 서쪽 계단으로 올라가 시신의 발 북쪽을 거쳐 시신의 동쪽으로 가서 서쪽을 향하고, 기증하는 수의를 시신 동쪽의 침상에 놓는데, 시신을 실室 안에 두었을 때의 절차와 똑같이 한다. 그러고 나서 당을 내려와 물러 나온다. 주인이 문 밖까지 나가 배례를 하면서 전송한다. 친구가 와서 수의를 기증할 경우에도, 그 절차는 소렴 전 시신이 실室 안에 있었을 때의 절차와 같이 한다. 수의를 기증하고 나서 서쪽 계단으로 올라가 동북쪽을 향해 곡을 하고 나서, 세 번 용踊을 하고, 당을 내려온다. 주인은 용踊을 하지 않는다.

賓入中庭, 北面致命. 主人拜稽顙. 賓升自西階, 出于足, 西面, 委衣, 如於室禮. 降, 出. 主人出, 拜送. 朋友親襚, 如初儀. 西階東北面哭, 踊三, 降. 主人不踊.

정현주 친구는 수의襚衣를 기증한 뒤 다시 서쪽 계단 위로 돌아가 곡을 하는데 주인과 등지지 않는다. 朋友旣委衣, 又還哭於西階上, 不背主人.

[士喪禮12 : 經 – 121]

수의를 기증하는 사람이 습襲⁴을 기증할 때는 반드시 치마가 있는
데, 이 습襲을 손에 드는 방식은 처음 수의를 기증할 내와 같이 왼
손으로 옷깃을 잡고 오른손으로 허리 부분을 잡는다.⁵ 수의를 거
두는 사람도 똑같은 방법으로 옷을 손에 들고, 서쪽 계단으로 내려
와 동쪽에 놓는다.⁶

襚者以襲, 則必有裳, 執衣如初. 徹衣者亦如之, 升降自西階, 以東.

정현주　　　　비단으로 습襲을 만드는데 솜을 넣지 않아 겹옷이라도
홑옷과 같다. 치마가 있어 한 벌을 이루며 겉옷으로 사용하지 않는다. '동쪽
에 놓는다'(以東)는 것은 보관하고 있다가 일을 기다린다는⁷ 것이다. 고문본
에는 '襲'은 '襲'으로 되어 있다. 帛爲襲, 無絮, 雖複, 與襌同. 有裳乃成稱, 不用表
也. '以東', 藏以待事也. 古文'襲'爲'襲'.

1_ 소렴 ~ 있으면 : 호배휘는 멀리 떨어져 있는 사람이 小斂 뒤에 도착한 경우라고 설명한다. 『의례정의』, 1750쪽 참조.

2_ 빈 : 有司 가운데 예의 진행을 돕는 자이다. 주인 쪽의 사람을 '擯'이라고 하고, 빈 쪽의 사람을 '介'라고 한다.

3_ 상주인 ~ 묻습니다 : 이 말은 『예기』「雜記」의 글을 요약하여 인용한 것이다. 「잡기」의 내용은 다음과 같다. "조문하러 온 使者는 대문의 서쪽에 서서 동쪽을 향한다. 그 介(부관)들은 동남쪽에서 북쪽을 향해 있는데, 서쪽을 윗자리로 삼고 문 서쪽에 선다. 主國의 孤(상주)는 서쪽을 향한다. 喪事를 돕는 자(相)가 상주의 명령을 받아 '孤子 아무개는 아무개를 시켜 무슨 일로 오셨는지 여쭈게 하였습니다'라고 한다. 조문하러 온 사자는 '寡君께서 아무개를 시켜 조문하게 하였습니다. 어쩌다가 좋지 않은 일을 당하셨습니까!'라고 한다. 상을 돕는 자가 들어와 아뢰고, 다시 나가서 '孤子 아무개가 기다립니다'라고 말한다. 조문하러 온 사자가 대문을 들어오면, 주인은 당으로 올라 서쪽을 향한다. 조문하러 온 사자는 서쪽 계단을 통해 堂에 올라 동쪽을 향해 군주의 명령을 전하면서 '寡君께서 군주의 상사를 들으시고 寡君께서 아무개를 시켜 조문하게 하였습니다. 어쩌다가 좋지 않은 일을 당하셨습니까!'라고 말한다. 상주는 이마가 바닥에 닿도록 하여 拜禮를 하며, 조문하러 온 사자는 계단을 내려가 대문 밖의 자리로 돌아간다."(弔者卽位于門西, 東面. 其介在其東南, 北面, 西上, 西於門. 主孤西面. 相者受命引, '孤某使某請事.' 客曰, '寡君使某, 如何不淑!' 相者入告, 出曰, '孤某須矣.' 弔者入, 主人升堂, 西面. 弔者升自西階, 東面, 致命曰, '寡君聞君之喪, 寡君使某. 如何不淑!' 子拜稽顙, 弔者降反位)

4_ 습 : 『예기』「玉藻」에 "새솜(纊)으로 만든 솜옷이 繭이고, 묵은 솜(縕)으로 만든 솜옷이 袍이다. 겉옷만 있고 속옷이 없는 솜옷이 絅이고, 겉옷과 속옷을 비단으로 만들고 솜을 넣지 않은 옷이 襠이다"(纊爲繭, 縕爲袍. 禪爲絅, 帛爲襠)라고 한 것에 대하여 정현은 "겉옷과 속옷은 있지만 솜이 없다"(有表裏而無著)라고 하였다. 즉 겉과 안 두 겹으로 되고 속에 솜을 넣지 않은 겹옷이다. 『삼례사전』, 1134쪽 참조.

5_ 처음 수의를 ~ 잡는다 : 왼손으로 옷깃을 잡고 오른손으로 허리 부분을 잡는다는 것이다. 『의례정의』, 1752쪽 참조.

6_ 동쪽에 놓는다 : 호배휘의 설명에 따르면 大斂 때 사용하기 위해 준비하는 것이다. 『의례정의』, 1752쪽 참조.

7_ 일을 기다린다는 : 『예기』「喪大記」에 "소렴에서 군주와 대부와 사는 모두 솜을 넣은 옷과 이불을 쓴다. 대렴에서 군주와 대부와 사는 제복의 수에 제한을 두지 않는다. 군주는 겹옷과 겹이불을 사용한다. 대부와 사는 소렴에서와 마찬가지로 솜을 넣은 옷과 이불을 사용한다"(小斂, 君·大夫·士皆用複衣複衾. 大斂, 君·大夫·士祭服無算. 君襠衣襠衾, 大夫·士猶小斂也)라고 하였다. 이처럼 士의 경우는 소렴과 대렴에서 모두 솜을 넣은 겹옷(複衣)을 사용하고 솜을 넣지 않은 겹옷(襠)을 사용하지 않는다. 襚者가 襠을 기증한 것은 주인에게 부의로 보낸 것이어서 소렴과 대렴에 꼭 사용할 필요는 없다. '일을 기다린다'는 것은 대렴 때를 기다려 진설한다는 것이다. 『의례주소』, 805쪽 참조.

해
제
經−122는 소렴을 한 날 밤에 뜰 안에 불을 켜 놓는 절차이다.

[士喪禮12 : 經−122]

밤이 되면 뜰 안에 화톳불을 켜 놓는다.

宵, 爲燎于中庭.

정현주   '소宵'는 밤이라는 뜻[1]이다. '요燎'는 화톳불이다. '宵', 夜
也. '燎', 火燋.

주 1_ 밤이라는 뜻 : 경에서 '宵'라고 하고 'ʔ'이라고 하지 않았으니 이것은 밤새 화톳불을 켜 놓는 것이다. 『예기』「雜記」에 "士의 喪禮에 天子의 喪禮와 동일한 것이 세 가지이 다. 밤새 화톳불을 밝혀 놓는 것, 다른 사람을 시켜 상여를 끌게 하는 것(乘人), 상 여가 길을 專用하여(專道) 가는 것 등이다"(士喪有與天子同者三. 其終夜燎, 及乘人, 專 道而行)라고 하였다. 『의례정의』, 1753쪽 참조.

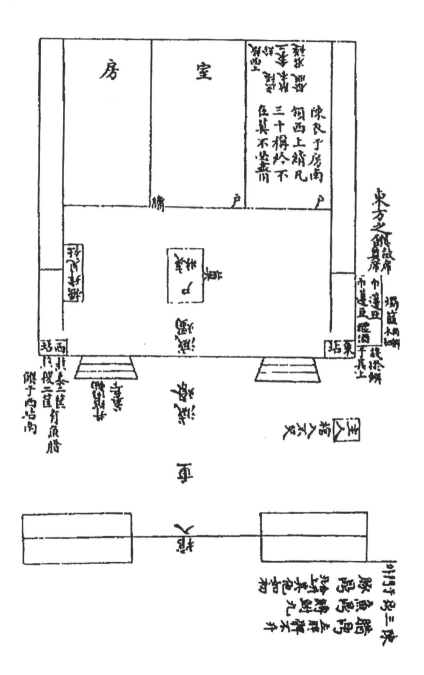

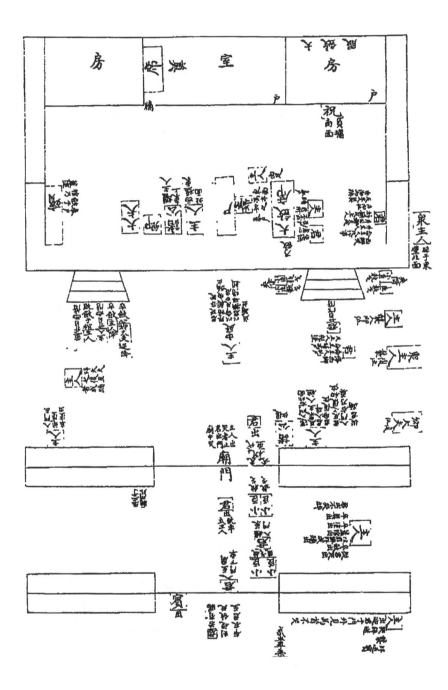

[士喪禮12 : 經 – 123]

소렴小斂 다음날 날이 밝으면 밤 동안 뜰에 밝혀 놓았던 화톳불(燎)을 끈다. 동쪽 방에 대렴에 사용할 수의를 진설해 놓는데, 옷깃이 남쪽을 향하게 하고 서쪽을 윗자리로 삼으며, 서쪽에서부터 동쪽으로 늘어놓다가 동쪽 끝에 이르면 다시 서쪽으로 꺾어 놓는다. 먼저 수의를 묶는 끈(絞), 홑이불(給) 각 1개, 염금斂衾 2개를 동쪽 방에 진설해 놓고, 이이서 국군國君이 기증한 수의壽衣, 제복祭服, 산의散衣, 친구와 형제 등이 기증한 수의 등 모두 30벌을 진설한다. 그러나 수의를 묶는 끈(絞)과 염금殮衾[1] 그리고 홑이불은 30벌에 들어가지 않으며, 기증한 옷을 전부 다 사용할 필요는 없다.[2]

厥明滅燎. 陳衣于房, 南領, 西上, 綪. 絞·給·衾二, 君襚·祭服·散衣·庶襚, 凡三十稱. 給不在算, 不必盡用.

정현주   '금給'[3]은 홑이불이다. '염금이 두 개'(衾二)라는 것은 막 운명했을 때 덮었던 것과 지금(대렴 때) 또 다시 만든 것[4]이다. 소렴의小斂衣의 수는 천자로부터 사에 이르기까지 동일하지만 대렴의의 경우는 차이가 있다.[5] 「상대기」에 "대렴에 사용하는 베로 만든 교絞는 세로로 된 것이 세 폭이고, 가로로 된 것이 다섯 폭이다"라고 하였다. '給', 單被也. '衾二'者, 始死斂衾,

今又復制也. 小斂衣數, 自天子達, 大斂則異矣.「喪大
記」曰, "大斂, 布絞, 縮者三, 橫者五.**6**"

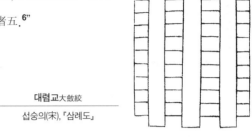

대렴교大斂絞
섭숭의(宋),「삼례도」

[士喪禮12 : 經 – 124]

동당東堂 아래 대렴을 위해 사용할 음식물들을 진설하는데, 그것
들은 1통에는 예주(醴)를 담고 1통에는 청주(酒)를 담은 2통의 와무
瓦甒,**7** 술잔(角觶), 나무로 만든 숟가락(木枓), 1개에는 자르지 않은
아욱절임(葵菹)을 담고 1개에는 달팽이 젓갈(蠃醢)**8**을 담은 2개의
갈두龔豆,**9** 1개에는 좋은 것만을 고르지 않고 되는대로 밤을 담고,
1개에는 4조각의 말린 고기를 담은 2개의 가선을 두르지 않은 대
나무제기(籩)에 수건을 덮어 놓은 것 등이다.

東方之饌, 兩瓦甒, 其實醴 · 酒, 角觶, 木枓, 龔豆兩, 其實葵菹芋, 蠃
醢, 兩籩無縢, 布巾, 其實栗不擇, 脯四脡.

정현주　　　　　이 음식물에 대하여 '동쪽'(東方)이라고만 말하였으니 또
한 동당東堂 아래에 있다. '갈龔'은 흰색이다. 제나라 사람들은 전체를 그대
로 사용하여 만든 채소절임(全菹)**10**을 '우芋'라고 한다. '등縢'은 가선이라는
뜻이다.『시경』「소융小戎」에 "대나무 고정대에 끈으로 가선을 둘렀네"라고
하였다. '베로 된 수건'(布巾)은 변을 덮을 수건이다. 변두籩豆가 갖추어지고
수건을 두는 것은 성대하게 하는 것이다.「특생궤사례」에 변을 덮는 수건이

있다. 금문본에는 '贏'가 '蝸'로 되어 있고, 고문본에는 '縢'
이 '旬'으로 되어 있다. 此饌但言'東方', 則亦在東堂下也. '皚',
白也. 齊人或名'全菹'爲'芋'. '縢', 緣也. 『詩』云, "竹閟緄縢." '布
巾', 邊巾也. 邊豆具而有巾, 盛之也. 「特牲饋食禮」有邊巾. 今
文'贏'爲'蝸', 古文'縢'爲'旬'.

와무瓦甒

황이주(淸), 「예서통고」

[士喪禮12 : 經−125]

전奠을 차리는 자리(席)는 음식물 북쪽에 진설하고, 대렴大斂에 사
용하는 자리(斂席)**11**는 전을 차리는 자리 동쪽에 진설한다.

奠席在饌北, 斂席在其東.

정현주 　　　　대렴에 전奠을 올리면서 자리를 마련하는 것은 더욱 신
령으로 대우하는 것이다.**12** 大斂奠而有席, 彌神之.

[士喪禮12 : 經−126]

서쪽 계단 위**13**에 관을 안치할 구덩이(肂)를 파는데, 구덩이의 깊이
는 임衽**14**이 보일 정도로 판다.

掘肂見衽.

정현주 　　　　'사肂'는 관을 안치할 구덩이로 서쪽 계단 위에 판다. '임
衽'은 소요小要(장부)이다. 「상대기」에 "군주의 빈殯에는 순輴(상여)을 사용하

고, 나무를 모아 쌓아 올려서 관의 위까지 이르게 한 뒤 모두 진흙을 발라서 지붕처럼 만든다. 대부의 빈殯에는 덮개를 사용하고, 나무를 모아서 당 위 서쪽 벽(西序)에까지 이르게 하는데, 진흙을 바르는 것이 관에까지 미치지는 못한다. 사의 빈에는 임衽을 보이게 하고, 나무로 덮고 그 위에 진흙을 바른 뒤 휘장을 둘러친다"라고 하였다. 또 "군주는 관의 덮개 판에 옻칠을 하는데, 3개의 임衽과 3개의 속束[15]을 사용한다. 대부는 관의 덮개 판에 옻칠을 하는데, 2개의 임과 2개의 속을 사용한다. 사는 관의 덮개 판에 옻칠을 하지 않는데, 2개의 임과 2개의 속을 사용한다"라고 하였다. '肂', 埋棺之坎者也, 掘之於西階上. '衽', 小要也.「喪大記」曰, "君殯用輴, 欑至于上, 畢塗屋. 大夫殯以幬, 欑置于西序, 塗不曁于棺. 士殯見衽, 塗上, 帷之." 又曰, "君蓋用漆, 三衽三束. 大夫蓋用漆, 二衽二束. 士蓋不用漆, 二衽二束."

[士喪禮12 : 經 – 127]
관棺을 침문寢門으로 옮길 때 주인은 곡哭을 하지 않는다. 관을 당 위로 옮길 때 공축輁軸(관굄차)[16]을 사용하고, 관을 옮긴 후에도 관의 덮개는 당 아래에 놓아둔다.
棺入, 主人不哭. 升棺用軸, 蓋在下.

정현주 '축軸'은 공축
(관굄차)이다. 공축輁의 모양은 침상
寢牀처럼 생겼고 바퀴 대신에 구

輁軸

공축輁軸
(淸),「흠정의례의소」

르는 축軸을 달아 끌고 간다. '軸', 軼軸也. 軼狀如牀, 軸其輪, 輓而行.

[士喪禮12 : 經−128]
볶은 찰기장(黍)과 메기장(稷)을[17] 두 광주리씩 준비하고 거기에 생선(魚)과 말린 고기(腊)도 함께 넣어서 당 위 서쪽 모서리에 있는 흙받침대(西坫)의 남쪽 당 아래에 진설해 놓는다.
熬黍稷各二筐, 有魚腊, 饌于西坫南.

정현주 서직黍稷을 볶아 놓는 것은 왕개미와 하루살이를 유인하여 관 옆으로 가지 못하도록 하려는 것이다. 관을 옮길 사람을 위해 물동이를 서쪽에 마련한다. 熬所以惑蚍蜉, 令不至棺旁也. 爲擧者設盆盥於西.

[士喪禮12 : 經−129]
3개의 세발솥(鼎)을 문 밖에 진설하는데 북쪽을 윗자리로 삼는다. 가장 북쪽에 놓는 세발솥에 어린 돼지를 넣어 두는데, 좌우 부분을 모두 넣는다. 돼지를 넣은 세발솥 남쪽에 놓는 세발솥에 생선을 넣는데, 전어鱄魚나 붕어 모두 가능하며 9마리를 놓는다. 생선을 넣은 세발솥 남쪽에 놓는 세발솥은 말린 토끼 고기(腊)를 넣는데, 좌우로 갈라놓은 두 부분 중에 왼쪽 부분을 넣고 넓적다리 부분(髀)은 넣지 않는다. 그 밖의 돼지를 갈라놓는 법이라든지 수저와 희생제기(俎)를 놓는 법 등은 모두 처음 소렴을 하던 때와 같은 방식으로 한다.

陳三鼎于門外, 北上. 豚合升. 魚, 鱄·鮒九. 腊左胖, 髀不升. 其他
皆如初.

정현주　　　　　　'합승合升'은 좌우 부분을 합하여 세발솥에 넣는 것이다.
'그 밖에는 모두 처음처럼 한다'(其他皆如初)는 것은 돼지를 갈라놓는 법과 수
저와 조俎를 놓는 법 등은 소렴 때 하던 방식과 같이 한다는 말이다. 희생을
네 조각으로 갈라 좌우 부분을 합하여 세발솥에 넣는 것도 서로 동일하다.
'合升', 合左右體升於鼎. '其他皆如初', 謂豚體及匕俎之陳, 如小斂時. 合升四鬚, 亦
相互耳.

[士喪禮12 : 經-130]
음식물을 진설해 놓은 동쪽에 횃불(燭)을 준비해 둔다.
燭俟于饌東.

정현주　　　　　　'촉燭'은 횃불이다. '찬饌'은 동쪽의 음식물이다. 횃불을
마련하는 것은 당堂이 밝기는 하지만 실室은 여전히 어둡기 때문이다. 불을
땅에 두면 '요燎'(화톳불)라 하고, 손에 잡으면 '촉燭'(횃불)이라 한다. '燭', 燋也.
'饌', 東方之饌. 有燭者, 堂雖明, 室猶闇. 火在地曰'燎', 執之曰'燭'.

1_ 수의를 ~ 염금 :『예기』「喪大記」에 "絞와 홑이불(給)은 19벌 안에 포함되지 않는다"(絞·給不在列)라고 하였다. 이 경문에서 홑이불만을 말한 것은 絞는 給의 밖에 있고 衾 또한 給의 종류여서 給을 말하면 絞와 衾 또한 계산에 들어가지 않음을 알 수 있다.『의례정의』, 1753쪽 참조.

2_ 전부 다 ~ 없다 : 호배휘는 "30벌 이외의 것은 사용하지 않지만 30벌 안에 속한 것이라도 다 사용할 필요는 없다"고 해석한다.『의례정의』, 1754쪽 참조.

3_ 금 : 給은 홑이불을 뜻한다. 혼례와 大斂 등에 사용된다.『예기』「喪大記」에 "(상례에 사용되는) 홑이불(給)은 5폭 정도의 크기이며 술(紐)을 달지 않는다"(給, 五幅, 無紐)라고 하였다. 이에 대한 정현의 주에 "술(紐)은 끈으로 만드는데, 이불의 가장자리 귀퉁이에 매단다. 지금의 이불에 있는 깃술(識)과 같다. 살아 있을 때는 홑이불에 깃술을 달지만 사망한 사람의 것에는 제거한다. 살아 있을 때와 달리 하기 때문이다"(紐, 以紐類爲之, 綴之領側. 若今被識矣. 生時, 單被有識, 死者去之. 異於生也)라고 하였다.

4_ 또 다시 만든 것 : 대렴에 사용하는 이불은 두 개이다. 막 운명했을 때 '염금으로 덮는다'라고 한 것은 소렴 때 쓸 홑이불은 진설해야 하기 때문에 대렴금을 사용한다. 소렴이 끝나면 夷衾을 사용하여 시신을 덮으므로 다시 홑이불 한 개를 만들어야 2개가 될 수 있음을 알 수 있다.『의례주소』, 806쪽 참조.

5_ 대렴의의 경우는 ~ 있다 :『예기』「喪大記」에 "大斂에 사용하는 베로 만든 교(布絞)는 세로로 된 것이 세 폭이고, 가로로 된 것이 다섯 폭이다. 베로 만든 홑이불(布給)과 두 장의 이불(二衾)을 사용한다. 군주와 대부와 사 모두 똑같다. 군주의 경우 옷을 뜰(庭)에 진설하는데, 100벌이다. 옷깃을 북쪽으로 하여 서쪽에서부터 순서대로 진설한다. 대부의 경우 옷을 당의 序 동쪽에 진설하는데, 50벌이다. 옷깃을 서쪽으로 하여 남쪽에서부터 진설한다. 사의 경우 옷을 당의 序 동쪽에 진설하는데, 30벌이다. 옷깃을 서쪽으로 하여 남쪽에서부터 진설한다. 絞와 홑이불(給)은 朝服과 마찬가지로 15승의 베를 쓴다. 絞 한 폭을 세 가닥으로 나누는데, 그 끝은 찢지 않는다. 홑이불은 다섯 폭인데, 끄트머리에 장식을 붙이지 않는다"(斂, 布絞, 縮者三, 橫者五. 布給, 二衾. 君·大夫·士一也. 君陳衣于庭, 百稱. 北領, 西上. 大夫陳衣于序東, 五十稱. 西領, 南上. 士陳衣于序東, 三十稱. 西領, 南上. 絞·給如朝服. 絞一幅爲三, 不辟. 給五幅, 無紐)라고 하였다.

6_ 五 : 북경대본에는 '三'으로 되어 있으나『예기』「喪大記」의 원문에 따라 바로잡는다.

7_ 와무 : 도기로 된 고대의 술통으로 甒, 瓦大, 瓦甒이라고도 부른다. 宋 섭숭의의『삼례도』에 인용된『舊圖』에 따르면 醴甒는 질그릇으로 만드는데 용량이 5斗이며, 입구의 직경이 1척, 목 부분의 높이는 2촌이며, 아랫부분이 좁고 밑바닥은 평평하다고 한다.

8_ 달팽이 젓갈 :『이아』「釋魚」에 "羸醢는 달팽이 젓갈(蜬蠯醢)이다"라고 하였다.

9_ 갈두 : 문식을 가하지 않은 흰색의 豆이다. 정현의 주에 따르면, 瓺은 흰색으로 문식

이 없는 것을 의미한다.

10_ 전체를 그대로 ~ 채소절임 : 葵菹는 葵로 만든 채소절임이다. 喪禮에 쓰이는 葵菹
가 다른 의례에 쓰이는 것과 다른 것은 葵를 일정한 크기로 잘라 다듬지 않고 전체
를 그대로 쓴다는 것이다. 호배휘의 설명에 따르면, 다른 의례의 경우 葵를 4寸의
크기로 일정하게 잘라 다듬지만, 葵가 비록 길더라도 그대로 사용한다. 정현의 주
에 따르면, 齊 지역에서 칼로 자르지 않고 葵 전체를 그대로 사용하여 만든 채소절
임을 芋라고 부른다. 따라서 경문의 葵菹芋는 齊 지역의 방언을 따다가 이름을 붙
인 것이라고 볼 수 있다. 『의례정의』, 1755쪽 참조.

11_ 대렴에 사용하는 자리 : 대렴을 할 때 사용하는 자리이다. 호배휘의 설명에 따르
면, 소렴 때와 마찬가지로 아래에 莞席(왕골자리)을 깔고 그 위에 簟席(대자리)을
깔아 놓은 형태이다. 『의례정의』, 1756쪽 참조.

12_ 더욱 신령으로 ~ 것이다 : 소렴에 전을 올릴 때는 수건이 없고 대렴에 전을 올릴
때 수건이 있는 것은 이미 신령으로 대우하는 것이다. 이제 대렴에 전을 올리면서
다시 자리를 마련한 것은 더욱 신령으로 대우하는 것이다. 『의례주소』, 807쪽 참
조.

13_ 서쪽 계단 위 : 『예기』 「檀弓」에 "子貢아! 네가 왜 이리 더디게 왔느냐? 夏后씨는 동
계 위에 빈궁을 차렸으니 여전히 주인의 지위에 있는 것이다. 은나라 사람은 두
기둥 사이에 빈궁을 차렸으니 손님과 주인의 지위 사이에 끼어 있는 것이다. 주나
라 사람은 서계 위에 빈궁을 차렸으니 여전히 손님으로 본 것이다"(賜! 爾來何遲
也? 夏后氏殯於東階之上, 則猶在阼也. 殷人殯於兩楹之間, 則與賓主夾之也. 周人殯於西
階之上, 則猶賓之也)라고 하였다. 그러므로 사 또한 서계 위에 빈궁을 차렸음을 알
수 있다. 『의례주소』, 808쪽 참조.

14_ 임 : 棺의 양 변 쪽 판자와 양 머리 쪽 판자가 만나는 부분을 연결하여 고정시켜 주
는장치로 그 형상은 양 머리는 넓고 가운데는 좁다. 못 대신에 사용하는 것이다.
漢代에는 '小要'라고 하였다. 深衣의 衽(옷깃)과 비슷하기 때문에 '衽'이라고 한다.
우리말로 보통 장부라고 한다. 『삼례사전』, 588쪽 참조.

15_ 속 : 『예기』 「檀弓」에 "관을 묶을 때는 세로로 두 갈래 가로로 세 갈래로 하고, 衽은
묶을 때마다 하나씩 사용한다"(棺束縮二衡三, 衽每束一)라고 하였고, 이에 대해 진
호의 주에는 "옛날 관에는 못을 사용하지 않고 가죽 끈으로 세로로는 두 갈래로
묶고 가로로는 세 갈래로 묶었다. '衽'은 형태가 지금의 銀則子와 같이 양 끝이 크
고 가운데가 작다. 漢代에는 '小要'라고 불렸는데 어떤 재료로 만드는지는 언급하
지 않았다. 그 역시 나무로 만들었을 것이다. 옷의 바느질하여 꿰맨 곳을 '衽'이라
한다. 小要로 관과 뚜껑이 맞닿아 있는 곳을 연결하고 합쳤으므로 또한 임이라고
부른다. 먼저 나무를 깎아 임을 설치한 뒤에 가죽으로 묶었다. 묶는 곳마다 반드
시 하나의 衽을 사용한다"(古者棺不用釘, 惟以皮條, 直束之二道, 橫束之三道. 衽, 形如
今之銀則子, 兩端大而中小. 漢時呼爲小要, 不言何物爲之. 其亦木乎! 衣之縫合處曰衽.

以小要連合棺與蓋之際, 故亦名衽. 先鑿木置衽然後, 束以皮. 每束處, 必用一衽)라고 설명하였다. 즉 장부로 관을 고정 시킨 위에 단단하게 묶기 위해 사용하는 가죽 끈이다.

16_ 공축 : 관을 운반하는 수레로 寢牀 모양의 臺에 바퀴를 달지 않고 대신 구르는 軸(散輪이라고도 한다)을 달아 놓았다. 관굄차라고 한다. 『삼례사전』, 963쪽 참조.

17_ 볶은 찰기장과 메기장을 : 『예기』「喪大記」에 "볶을 곡식(熬)의 수는 군주의 경우 네 종류인데, 여덟 광주리를 사용한다. 대부의 경우는 세 종류인데 여섯 광주리를 사용한다. 사의 경우는 두 종류에 네 광주리를 사용하는데 생선과 말린 토끼고기를 더한다"(熬, 君四種八筐. 大夫三種六筐. 士二種四筐, 加魚腊焉)라고 한 것에 대하여 정현은 "熬는 볶은 곡물로서 흙을 칠하려고 할 때 관 옆에 두는데, 개미와 하루살이를 유인하여 관에 이르지 못하도록 하기 위한 것이다"(熬者, 煎穀也, 將塗, 設於棺旁, 所以感蚍蜉, 使不至棺也)라고 하였다. 士의 경우 두 광주리는 머리와 발쪽에 각각 1광주리씩을 놓고, 그 나머지는 왼쪽과 오른쪽에 놓는 것이다. 『의례주소』, 809쪽 참조.

[士喪禮12 : 經 - 131]

축祝은 손을 씻는 대야를 침문寢門 밖으로 치우고, 다시 들어와 조계를 통해 당 위로 올라온다. 이때 주인과 중주인衆主人은 용踊을 한다.

祝徹盥于門外, 入, 升自阼階. 丈夫踊.

정현주   '축祝이 치운다'(祝徹)는 것은 소렴의 전奠을 치우도록 되어 있는 축과 유사有司가 치운다는 것이다. 소렴 때는 대야를 음식물의 동쪽에 진설하고 수건을 마련한다. 대렴 때는 대야를 문 밖에 진설하는데 더욱 위의威儀가 있도록 하는 것이다. '祝徹', 祝與有司當徹小斂之奠者. 小斂設盥于饌東, 有巾. 大斂設盥于門外, 彌有威儀.

[士喪禮12 : 經 - 132]

축祝은 소렴 때 올렸던 음식물을 덮었던 덮개(巾)를 거두어 집사執事에게 건네주고, 조계 아래에서 쓰일 때[1]를 기다리도록 한다.

祝徹巾, 授執事者以待.

　　　　시신의 동쪽에서 덮개(巾)를 담당한 집사에게 주어 먼저 조계 밑에서 기다리도록 하는 것은 대렴의 전奠에 다시 덮기 위해서이다. 축祝은 돌아와 예주(醴)를 기둔다. 授執巾者於阼東, 使先待於阼階下, 爲大斂奠又將巾之. 祝還徹醴也.

[士喪禮12 : 經 - 133]
소렴 때 올린 음식물을 거두는데, 먼저 축祝과 집사 한 사람이 예주와 청주를 각각 들고 북쪽을 향해 선다.
徹饌, 先取醴酒, 北面.

　　　　북쪽을 향해 서서 기다리다 함께 내려온다. 北面立, 相待俱降.

[士喪禮12 : 經 - 134]
그 밖에 전奠으로 올린 것들은 다른 집사가 먼저 진설되었던 것부터 들고 시신의 발이 있는 곳의 북쪽을 거쳐 서쪽으로 가서 서쪽 계단으로 당을 내려온다. 이때 부인婦人들이 용踊을 한다. 거두어 온 소렴 때의 음식물들을 당 위 서쪽 벽(西序)의 남쪽에 서쪽 처마(西榮)와 마주하는 당 아래 위치에 놓는데, 당 위 즉 시신의 동쪽에 진설하던 것과 같은 방식으로 놓는다.
其餘取先設者, 出于足, 降自西階. 婦人踊. 設于序西南, 當西榮, 如設于堂.

정 현 주

　　　　　신령을 뜰에서 찾으려는 것이다.[2] 효자는 부모가 잠시라
도 의지할 곳이 없는 것을 참지 못한다. '당堂'은 시신의 동쪽을 가리킨다.
당 위 서쪽 벽(西序)의 남쪽에 진설한 전奠은 일을 끝마치면 제거한다. 爲求
神於庭. 孝子不忍使其親須臾無所憑依也. '堂', 謂尸東也. 凡奠設于序西南者, 畢事
而去之.

[士喪禮12 : 經 – 135]
예주(醴)와 청주(酒)의 술동이를 든 사람의 자리는 처음 소렴 전을
올리던 때와 마찬가지로 북쪽을 향하여 서쪽을 윗자리로 삼는다.
그 밖의 집사들이 대나무제기(籩), 나무제기(豆), 희생제기(俎) 등을
진설한 후에 진설한 물품들의 북쪽에 서서 남쪽을 향해 있는데, 동
쪽을 윗자리로 삼는다.
醴·酒位如初. 執事豆北, 南面, 東上.

정 현 주

　　　　　'처음처럼 한다'(如初)는 것은 예주와 청주의 술동이를 든
사람[3]이 북쪽을 향하여 서쪽을 윗자리로 삼는다는 것이다.[4] 예주의 술동이
를 든 사람은 일을 편하게 하기 위하여 자리를 바꾸지 않는다. '如初'者, 如其
醴酒北面西上也. 執醴尊, 不爲便事變位.

[士喪禮12 : 經 – 136]
소렴 때 전奠으로 올린 것들을 거두어 당 아래 진설하는 일을 마친
후, 축祝과 집사가 대렴大斂을 할 때 전奠으로 올릴 물품들이 놓여

있는 동당東堂 아래로 간다.[5]

乃適饌.

정현주　　　동쪽에 있는 새로 진설할 음식물이다. 東方之新饌.

1_ 쓰일 때 : 이 덮개는 앞서 소렴 奠을 덮는 데 사용하였고, 지금 축이 덮개를 거두었 다가 다시 大斂 때 사용한다. 『의례주소』, 810쪽 참조.

2_ 신령을 ~ 것이다 : 이미 당 위에 진설을 했다가 다시 뜰에 진설하는 것은, 신령이 계신 곳이 여기인지 저기인지 모르기 때문에 다시 이곳에서 신령을 찾는 것이다. 奠은 신령을 의지하게 하는 것인데 이때 이전의 奠은 이미 거두었고 새로운 奠은 아직 진설하지 않았으므로, 奠을 거두어 다시 이곳에 진설하는 것이다. 새로운 奠 이 진설되면 거둔다. 『의례정의』, 1763쪽 참조.

3_ 예주와 청주의 ~ 사람 : 호배휘에 따르면 "醴酒'는 예주를 든 사람과 청주를 든 사 람을 가리킨다. 집사는 희생제기와 나무제기를 든 사람이다"라고 하였다. 『의례정 의』, 1763쪽 참조.

4_ 북쪽을 향하여 ~ 것이다 : 이전에 소렴전을 시신의 동쪽에 진설할 때는 예주와 청 주를 든 사람이 먼저 올라가 북쪽을 향하여 서쪽을 윗자리로 삼아 서고, 희생제기 와 나무제기를 든 사람은 나무제기의 북쪽에 서쪽을 윗자리로 삼아 섰다. 『의례주 소』, 811쪽 참조.

5_ 축과 집사가 ~ 간다 : 축과 집사가 새로 진설한 음식물이 있는 곳으로 가 일을 기 다리는 것이다. 그곳으로 가는 것은 대렴이 끝나면 室에 새로 음식물을 진설해야 하기 때문이다. 『의례정의』, 1764쪽 참조.

[士喪禮12 : 經 - 137]

당堂에 휘장을 친다.[1]

帷堂.

정현주   소렴전小斂奠을 치우는 일이 끝났기 때문이다. 徹事畢.

[士喪禮12 : 經 - 138]

소렴小斂 뒤에 조계 위에 서 있던[2] 부인婦人들은 시신의 서쪽에서 동쪽을 향해 선다. 주인과 중주인[3]은 서쪽 계단으로 올라와 시신의 발이 놓인 곳의 북쪽을 거쳐 시신의 동쪽으로 가서 서쪽을 향하여 서서 왼팔의 겉옷을 벗어서 속옷을 드러낸다(袒).

婦人尸西, 東面. 主人及親者升自西階, 出于足, 西面袒.

정현주   '단袒'은 대렴을 하기 위해 바꾸는 것이다.[4] 북상투, 문免, 괄발髺髮에 대해 언급하지 않은 것은 소렴 이래로 성복 때까지 여전히 동일하기 때문이다. '袒', 大斂變也. 不言髺·免·髺髮, 小斂以來自若矣.

[士喪禮12 : 經-139]

사士들은 서당西堂 아래서 손을 씻고, 소렴 때와 마찬가지로[5] 서쪽 계단 아래 둘씩 함께 동쪽을 향해 선다.

士盥, 位如初.

정현주 또한 씻기를 마치고 함께 서쪽 계단 아래 선다. 亦既盥並 立西階下.

[士喪禮12 : 經-140]

조계 위에 소렴 때와 마찬가지 방식으로 자리(席)를 깔아 놓는다.

布席如初.

정현주 또한 왕골로 짠 자리를 먼저 밑에 깔고(下莞), 대자리를 그 위에 깔아 놓는다(上簟). 조계 위에 까는 것은 두 기둥 사이에서 조금 남쪽이 된다. 亦下莞上簟, 鋪於阼階上, 於楹間爲少南.

[士喪禮12 : 經-141]

상축商祝은 수의를 묶는 끈(絞), 홑이불(給), 염금斂衾, 수의(衣) 등을 조계의 자리 위에 펴는데, 아름다운 것 즉 국군國君이 기증한 수의[6]는 가장 먼저 진설하여 나중에 시신을 감쌀 때 가장 밖에 오도록 한다. 국군이 기증한 수의襚衣는 상하를 바꿔 진설하지 않는다.[7]

商祝布絞·給·衾·衣, 美者在外. 君襚不倒.

　　　　　이때에 이르러 국군이 기증한 수의를 사용하는데, 주인
은 먼저 자신이 마련한 수의를 다 사용한다.[8] 至此乃用君襚, 主人先自盡.

[士喪禮12 : 經−142]

이때 대부大夫가 조문하러 오면, 사람을 시켜 대렴大斂을 하는 중
이기 때문에 당을 내려가 배례를 할 수 없다고 알린다.

有大夫, 則告.

　　　　　대렴을 시작한 뒤에 온 경우라면 대렴을 하는 중이라고
알린다. 대렴을 할 때가 아니라면 당을 내려가 배례해야 한다.[9] 後來者, 則告
以方斂. 非斂時, 則當降拜之.

[士喪禮12 : 經−143]

사士는 시신을 들어 옮기고[10] 다시 서쪽 계단 아래 제자리로 돌아
간다. 주인은 횟수에 상관없이 용踊을 한다. 대렴을 마치고 휘장을
걷는다. 주인은 소렴 때와 마찬가지로 시신의 동쪽에서 시신에 기
대어 용踊을 하고, 주부主婦들도 소렴 때와 마찬가지로 시신의 서
쪽에서 시신에 기대어 용踊을 한다.

士擧遷尸, 復位. 主人踊無算. 卒斂, 徹帷. 主人馮如初, 主婦亦
如之.

1_ 휘장을 친다 : 오정화는 "소렴이 끝나고 휘장을 거뒀다가 이때에 이르러 휘장을 치는 것은, 소렴전을 치우는 일이 끝나고 대렴을 할 것이기 때문이다"라고 보았다. 『의례정의』, 1766쪽 참조.

2_ 소렴 ~ 있던 : 호배휘에 따르면, 소렴 뒤에 부인의 자리는 조계 위이다. 『의례정의』, 1766쪽 참조.

3_ 중주인 : 親者는 중주인을 가리킨다. 『의례정의』, 1766쪽 참조.

4_ 바꾸는 것이다 : 앞에서 소렴에 袒을 했다가 소렴이 끝나자 襲을 하였다. 여기서는 대렴을 할 것이므로 다시 습했던 것을 바꾸어 단을 하는 것이다. 『의례정의』, 1766쪽 참조.

5_ 소렴 때와 마찬가지로 : 소렴 때 士들이 손을 씻고 두 사람씩 동쪽을 향하여 서쪽 계단 아래 서서 시신 들기를 기다렸다. 『의례정의』, 1766쪽 참조.

6_ 아름다운 것 ~ 수의 : 아름다운 것은 국군이 기증한 수의를 가리킨다. 진혜전은 "의복 가운데 아름다운 것으로는 국군이 기증한 수의만한 것이 없다. 대렴에 그것을 사용하는 것은 국군의 하사품을 높이려는 것이다. 그 때문에 밖에 오도록 하고 안에 오도록 하지 않는다"라고 하였다. 『의례정의』, 1767쪽 참조.

7_ 상하를 바꿔 ~ 않는다 : 오계공은 "상하를 바꾸어 진설하지 않는 것은 존귀하기 때문이다. 祭服을 散衣와 비교해 보면 제복이 존귀하고, 국군이 하사한 수의와 제복을 비교하면 국군이 하사한 수의가 존귀하다. 오직 국군이 하사한 수의만 바꾸어 진설하지 않는다면 제복 또한 바꾸어 진설하는 경우가 있다는 것이다"라고 하였다. 『의례정의』, 1767쪽 참조.

8_ 주인은 먼저 ~ 사용한다 : 염을 할 때 밖에 있는 것이 가장 고귀한 복이다. 주인은 감히 자기의 수의를 국군이 하사한 수의 위에 놓지 않으므로, 먼저 자신이 마련한 수의를 다 사용하고 대렴에 이른 뒤에야 국군이 하사한 수의를 사용한다. 『의례정의』, 1767쪽 참조.

9_ 대렴을 ~ 한다 : 주인은 소렴을 한 뒤 조계 아래 자리한다. 아직 대렴을 하기 전에 대부가 왔다면 곧바로 배례를 해야 한다. 이 경문은 한창 대렴을 하고 있어 배례를 할 수 없으므로 사람을 시켜 고하는 것이다. 『의례정의』, 1767쪽 참조.

10_ 시신을 들어 옮기고 : 당 위 두 기둥 사이에서부터 조계 위로 시신을 옮기는 것이다. 『의례정의』, 1769쪽 참조.

經-144에서 經-148까지는 빈궁殯宮을 마련하는 절차이다.

[士喪禮12 : 經-144]

주인, 중주인衆主人 그리고 부인婦人들이 양쪽 옆에서 시신을 받들어 서쪽 계단 위 구덩이 속에 있는 관棺에 안치하고[1] 나서, 시신을 조계 위로 옮길 때처럼 주인은 횟수에 상관없이 용踊을 한다. 용踊을 마치고 나서 관棺의 뚜껑을 덮는다.

主人奉尸斂于棺, 踊如初. 乃蓋.

정현주　　　　　　관棺은 구덩이 속에 있고 거기에 시신을 모시는데 이것을 빈殯이라고 한다. 『예기』「단궁」에 "객의 자리[2]에서 빈殯을 한다"라고 하였다. 棺在肂中, 斂尸焉, 所謂殯也.「檀弓」曰, "殯於客位."

[士喪禮12 : 經-145]

주인이 서쪽 계단으로 당을 내려와 나중에 도착한 대부大夫에게 배례를 하고, 다시 계단으로 올라와[3] 북쪽으로 향해 관을 안치한 구덩이가 있는 곳을 바라본다.

主人降, 拜大夫之後至者, 北面視肂.

서쪽 계단의 동쪽에서 북쪽을 향한다. 北面於西階東.

[士喪禮12 : 經 – 146]

중주인이 조계 아래 제자리로 간다. 부인들도 조계 위 제자리로 간다.

衆主人復位. 婦人東復位.

조계 위아래의 자리이다. 阼階上下之位.

[士喪禮12 : 經 – 147]

볶은 찰기장(黍)와 메기장(稷)을 한 광주리씩 관의 사방[4]에 놓고, 나무로 관 위를 덮은 후에 흙으로 덮는다.[5] 이때 주인은 횟수에 상관없이 용踊을 한다.

設熬, 旁一筐, 乃塗. 踊無算.

나무로 관 위를 덮은 후 흙으로 덮는 것은 화재에 대비하기 위해서이다. 以木覆棺上而塗之, 爲火備.

[士喪禮12 : 經 – 148]

흙덮기를 마친 후에 주축周祝이 중重에 걸려 있던 명정銘旌을 가져와 관을 안치한 구덩이 앞에 놓는다. 주인이 조계 아래 원래의 위치로 돌아가 용踊을 하고, 용踊을 마친 뒤 옷을 잘 여며 입는다(襲).

卒塗, 祝取銘置于殯. 主人復位, 踊, 襲.

정현주

명정의 받침을 마련하여 구덩이의 동쪽에 세운다. 爲銘設

柎, 樹之殯東.

주

1_ 시신을 받들어 ~ 안치하고 : 조계 위에서부터 시신을 모시고 가 西階 위에 있는 관 안에 넣는 것이다. 『의례정의』, 1769쪽 참조.

2_ 객의 자리 : 西階 위를 가리킨다. 『의례정의』, 1769쪽 참조.

3_ 다시 계단으로 올라와 : 오정화는 "계단을 올라가 보는 것으로 殯所를 흙으로 덮을 때는 반드시 몸소 보아야 하기 때문이다"라고 하였다. 『의례정의』, 1770쪽 참조.

4_ 관의 사방 : 머리와 발쪽 그리고 왼쪽과 오른쪽의 사방에 각각 한 광주리씩 놓는 것이다. 『의례정의』, 1770쪽 참조.

5_ 나무로 관 ~ 덮는다 : 『예기』 「喪大記」에 "군주의 殯에는 상여(輴)를 사용하고, 나무를 모아 쌓아 올려서 관의 위에까지 이르게 하고 모두 진흙을 발라서 지붕처럼 만든다. 대부의 빈에는 덮개(幬)를 사용하고, 나무를 모아서 西序에까지 이르게 하는데 진흙을 바르는 것이 관에까지 미치지는 못한다. 사의 빈에는 장부(衽 : 쐐기)를 보이게 하고, 나무로 덮고 그 위에 진흙을 바르고 휘장을 둘러친다"(君殯用輴, 欀至于上, 畢塗屋. 大夫殯以幬, 欀至于西序, 塗不曁于棺. 士殯見衽, 塗上帷之)라고 하였다.

[士喪禮12 : 經−149]

이어서 전奠을 올린다. 집사執事는 횃불을 들고 조계를 통해 당으로 올라온다. 축祝은 덮개(巾)를 들고 자리(席)를 든 사람과 함께 횃불을 뒤따르며, 자리를 실室의 서남쪽 모서리에 깔아 놓는데, 자리가 동쪽을 향하게[1] 놓는다.

乃奠. 燭升自阼階. 祝執巾席從, 設于奧, 東面.

정현주　　　　횃불을 든 사람이 먼저 당으로 올라가[2] 실을 비추면, 이때부터는 시신에게 다시 전奠을 올리지 않는다.[3] 축이 덮개를 들고 자리를 든 사람과 함께 따라 들어오는 것은 신위神位를 안정시키기 위한 것이다. 실의 안쪽 서남쪽 모서리를 '오奧'라고 한다. 횃불을 든 사람은 남쪽을 향하고[4] 덮개는 자리의 오른쪽에 놓는다.[5] 執燭者先升堂照室, 自是不復奠于尸. 祝執巾, 與執席者從入, 爲安神位. 室中西南隅謂之'奧'. 執燭南面, 巾委於席右.

[士喪禮12 : 經−150]

축祝은 돌아서서 당을 내려와 집사와 함께 전奠을 올릴 음식물들을 든다.

祝反降, 及執事執饌.

동쪽에 마련한 음식물이다. 東方之饌.

[士喪禮12 : 經 - 151]
사士들은 손을 씻고 세발솥(鼎)을 들고 침문寢門으로 들어와 뜰 동
쪽에 세발솥이 서쪽을 향하도록 놓는데, 북쪽을 윗자리로 삼는다.
그 밖의 세발솥을 드는 사람들이 수저와 희생제기(俎)를 들고, 세
발솥의 가로막대를 빼고, 세발솥의 덮개를 드는 것 등등의 절차는
소렴小斂 때와 같다. 생선을 희생제기(俎)에 놓을 때 생선의 머리가
왼쪽을 향하고 생선 등이 앞을 향하게 9마리를 3줄로 놓는다.[6] 말
린 토끼 고기(腊)를 희생제기(俎)에 놓을 때 뼈 밑 부분이 앞쪽을 향
하게 놓는다.
士盥, 擧鼎入, 西面北上. 如初, 載. 魚左首, 進鬐, 三列. 腊進柢.

'처음처럼 한다'(如初)는 것은 세발솥을 드는 사람들이 수
저와 조俎를 들고, 세발솥의 가로막대를 빼고, 세발솥의 덮개를 들며, 세발
솥 안의 희생을 건져내는 등의 의절을 소렴 때처럼 한다는 것이다. 생선은
머리가 왼쪽을 향하도록 진설하여 남쪽에 둔다. '기鬐'는 생선의 등이다. '머
리를 왼쪽으로 하고 등이 앞을 향하게 한다'(左首進鬐)는 것은 또한 살아 계
실 때와 달리하지 않는 것이다. 무릇 살아 계실 때와 다르게 하지 않는 것
은 죽은 것으로 간주하지 않기 때문이다.[7] 고문본에는 '首'가 '手'로 되어 있고
'鬐'가 '耆'로 되어 있다. '如初', 如小斂擧鼎執匕 · 俎 · 扃 · 羃 · 杜載之儀. 魚左首設

而在南. '鬐', 脊也. '左首進鬐', 亦未異於生也. 凡未異於生者, 不致死也. 古文'首'爲'手', '鬐'爲'耆'.

축축祝은 예주(醴)를 들고 소렴小斂 때와 마찬가지로 먼저 당에 올라
온다. 청주(酒), 나무제기(豆), 대나무제기(籩), 희생제기(俎) 등을 든
집사들은 축祝을 따라 조계로 당에 올라온다. 주인과 중주인衆主人
은 용踊을 한다. 전인甸人은 세발솥을 침문 밖으로 치운다.

祝執醴如初. 酒·豆·籩·俎從, 升自阼階. 丈夫踊. 甸人徹鼎.

정현주   '처음처럼 한다'(如初)는 것은 축祝이 먼저 당 위로 올라간
다는 것이다. '如初', 祝先升.

전奠을 올릴 음식물을 든 사람들은 당 위 동쪽 기둥(東楹)의 서쪽으
로부터 실室로 들어온다. 예주와 청주를 들고 있는 사람은 북쪽을
향해 선다.

奠由楹內入于室. 醴·酒北面.

정현주   또한 처음 소렴을 할 때처럼 하는 것이다. 亦如初.

집사는 두 개의 나무제기(豆)를 놓는데, 채소절임(菹)을 담은 나무제기를 고기젓갈(醢)을 담은 나무제기의 오른쪽에 놓는다. 채소절임을 담은 나무제기의 남쪽에 밤을 놓는다. 밤 동쪽에 말린 고기(脯)를 놓는다. 어린 돼지를 담은 희생제기(俎)를 두 개의 나무제기 동쪽에 놓고, 생선을 담은 희생제기를 어린 돼지를 담은 희생제기의 동쪽에 놓고, 말린 토기고기를 담은 희생제기는 어린 돼지를 담은 희생제기와 생선을 담은 희생제기 사이 북쪽에 가로로 놓는다. 예주와 청주는 밤과 포脯를 담은 대나무제기(籩)의 남쪽에 놓는다. 소렴 때와 같은 방식으로 축祝은 전奠에 올린 음식물들 위에 덮개를 덮어 놓는다.

設豆, 右菹. 菹南栗. 栗東脯. 豚當豆, 魚次, 腊特于俎北. 醴·酒在籩南. 巾如初.

정현주　　　'우저右菹'는 채소절임을 담은 나무제기가 고기젓갈을 담은 나무제기의 남쪽에 있다는 뜻이다. 이곳에서 왼쪽에 놓고 오른쪽에 놓는 것이 생선의 경우와 다른 것은, 올려놓는 자가 잡는 자에게 통섭되고 진설하는 자가 자리에 있는 자에게 통섭되도록 하기 위한 것이다. 예주(醴)는 마땅히 밤의 남쪽에 놓아야 하고, 청주(酒)는 마땅히 포의 남쪽에 놓아야 한다. '右菹', 菹在醢南也. 此左右異於魚者, 載者統於執, 設者統於席. 醴當栗南, 酒當脯南.

들고 온 음식물을 진설한 집사들은 실室을 나가 문(戶)의 서쪽에 서
되, 서쪽을 윗자리로 삼는다. 축祝이 가장 나중에 실室을 나와 문
을 닫고 맨 앞에 서서 집사들을 이끌고 당 위 서쪽 기둥(西楹)의 서
쪽을 거쳐 서쪽 계단으로 당을 내려온다. 이때 부인들은 용踊을 한
다. 전奠을 차린 사람들은 당을 내려온 후 뜰에 설치된 중重의 남
쪽을 거쳐 동쪽으로 가서 원래 있었던 문 동쪽의 위치로 돌아간
다. 이때 주인과 중주인衆主人은 용踊을 한다.

既錯者出, 立于戶西, 西上. 祝後, 闔戶, 先由楹西, 降自西階. 婦人
踊. 奠者由重南, 東. 丈夫踊.

정현주 신령이 의지하도록 하기 위해서이다. 爲神馮依之也.

주

1_ 자리가 동쪽을 향하게 : 신령을 위하여 자리를 실 안에 펼 때에는 모두 동쪽을 향한다. 『의례정의』, 1772쪽 참조.

2_ 횃불을 ~ 올라가 : 室의 서남쪽 모서리에 자리를 깔기 위해서는 먼저 밝게 비쳐야 하기 때문이다. 『의례주소』, 813쪽 참조.

3_ 시신에게 다시 ~ 않는다 : 소렴 이전에는 모두 奠을 시신의 동쪽에 올리는데, 大斂 奠 이후의 朝夕奠, 朔月·薦新奠 등은 모두 시신을 안치한 柩가 서쪽 계단 위에 있으므로 室 안에서 올린다. 『의례정의』, 1772쪽 참조.

4_ 횃불을 ~ 향하고 : 횃불이 먼저 들어가 남쪽을 향하여 비추는 것이 편리하기 때문이다. 『의례주소』, 813쪽 참조.

5_ 덮개는 ~ 놓는다 : 자리를 동쪽을 향하여 펴면 남쪽이 오른쪽이 된다. 『의례정의』, 1772쪽 참조.

6_ 9마리를 3줄로 놓는다 : 생선이 3줄이라면 이는 줄마다 세 마리씩 9마리이다.

7_ 죽은 것으로 ~ 때문이다 : 『예기』 「檀弓」에 "죽은 이를 보내는데 완전히 죽은 것으로 대하는 것은 어질지 못하니 그렇게 해서는 안 된다. 죽은 이를 보내는데 완전히 산 것으로 대하는 것은 지혜롭지 못하니 그렇게 해서는 안 된다"(之死而致死之, 不仁而不可爲也. 之死而致生之, 不知而不可爲也)라고 하였다.

經-156에서 經-157까지는 대렴을 마치고 빈賓과 형제를 전송하고 상차喪次로 나가는 의절이다.

[士喪禮12 : 經 – 156]

빈賓이 물러 나가면 부인들은 용踊을 한다. 주인은 침문寢門 밖까지 나와 배례를 하고 전송한다. 전송을 마치고 주인은 적침適寢으로 돌아와 소공小功 이하의 친속들과 함께 북쪽의 빈궁을 향하여 지팡이를 짚고[1] 곡哭을 한다. 곡을 마친 소공 이하의 친속들은 각자의 집으로 돌아간다. 주인은 침문 밖까지 나와 배례를 하면서 전송한다.

賓出, 婦人踊. 主人拜送于門外. 入, 及兄弟北面哭殯. 兄弟出. 主人拜送于門外.

정현주 소공 이하의 친속은 이때에 이르러 집으로 돌아갈 수 있는데, 다른 집에 사는 대공의 친속들 또한 집으로 돌아갈 수 있다.[2] 小功以下, 至此可以歸, 異門大功亦存焉.

[士喪禮12 : 經 – 157]

중주인衆主人들도 침문을 나와 곡哭을 멈추고, 모두 문 밖의 동쪽에서 서쪽을 향해 선다. 이때 침문을 닫는다. 주인은 읍揖하고 서 있는 사람들에게 상차喪次로 갈 것을 청한다.

衆主人出門, 哭止, 皆西面于東方. 闔門. 主人揖就次.

정현주   '상차喪次'[3]는 참최를 하는 사람들의 의려倚廬[4]와 자최를 하는 사람들의 악실堊室을 가리킨다. 대공을 하는 사람들은 휘장을 마련하고, 소공과 시마를 하는 사람들은 침상과 깔개를 해도 괜찮다. '次', 謂斬衰倚廬, 齊衰堊室也. 大功有帷帳, 小功緦麻有牀第可也.

주

1_ 지팡이를 짚고 : 『예기』 「喪大記」에 "대부와 사가 빈궁에 곡을 할 때는 지팡이를 짚고, 널(柩)에 곡을 할 때는 지팡이를 들어서 땅에 닿지 않게 한다"(大夫·士哭殯則杖, 哭柩則輯杖)라고 한 것에 대하여 정현은 "'빈궁에 곡을 한다'는 것은 이미 흙으로 덮었음을 말한다. '널에 곡을 한다'는 것은 빈궁을 연 이후의 일이다"(哭殯, 謂旣塗也. 哭柩謂啓後也)라고 하였다. 여기에서 곡을 하면서 지팡이를 언급하지 않은 것은 문장을 생략한 것이다. 『의례주소』, 814쪽 참조.

2_ 다른 집안의 ~ 있다 : 가공언은 『의례』 「기석례」 "형제들이 나가면, 주인은 배례를 하면서 전송한다"(兄弟出, 主人拜送)는 조항에 대한 정현의 주에 "'兄弟'는 小功 이하를 말한다. 다른 집에 사는 大功의 친속 또한 돌아간다"('兄弟', 小功以下也. 異門大功, 亦可以歸)라고 한 것을 근거로 집으로 돌아가는 것으로 해석한다. 그러나 호배휘는 "'存'은 남아 있다는 뜻이다. 정현의 뜻은 대공에는 同門과 異門의 구분이 있다. 다른 집에 사는 친속이 조금 소원하기는 하지만 소공 이하에 비하면 친밀하다. 이때는 한창 殯을 하고 있고 아직 成服은 하지 않은 상태이다. 따라서 같은 집에 사는 大功의 친속들이 돌아가지 못할 뿐 아니라, 다른 집에 사는 대공의 친속 또한 여기에 남아 집으로 돌아가지 못하므로 '또한 남아 있는다'라고 한 것이다"라고 하였다. 『의례주소』, 814쪽 및 『의례정의』, 1777쪽 참조.

3_ 상차 : 『예기』 「間傳」에 "부모의 상에는 倚廬에 거처하면서 거적에서 자고, 흙덩이를 베개로 삼으며, 絰과 帶를 벗지 않는다. 자최의 상에는 堊室에 거처하면서, 양 끝을 베어서 가지런하게만 하고 끝을 엮어서 안으로 넣지 않는 부들을 자리로 사용한다. 대공의 상에는 자리를 깔고 잔다. 소공과 시마의 상에는 침상에서 잠을 자도된다. 이는 슬픔이 거처에 나타나는 모습이다"(父母之喪, 居倚廬, 寢苫枕塊, 不說絰·帶. 齊衰之喪, 居堊室, 苄翦不納. 大功之喪, 寢有席. 小功·緦麻, 牀可也. 此哀之發於居處者也)라고 하였다.

4_ 의려 : 상주가 상중에 거처하는 곳이다. 中門 밖 동쪽 벽에 나무를 걸쳐서(倚木) 만든다. 그러므로 倚廬라고 한다. 堊室은 중문 밖의 지붕 아래에 날벽돌을 쌓아 만들고 벽을 맥질하지는 않는다. 『삼례사전』, 610쪽 참조.

경-158에서 經-179까지는 국군이 몸소 신하의 대렴을 와서 볼 때의 의절이다.

[士喪禮12 : 經 - 158]

국군國君이 사士에게 특별히 은혜를 베푸는 경우, 사士의 대렴大斂을 직접 와서 본다. 상축商祝이 대렴에 사용할 수의壽衣를 진설한 뒤에 국군이 도착한다.

君若有賜焉, 則視斂. 旣布衣, 君至.

정현주 '사賜'는 은혜이다. '염斂'은 대렴이다.[1] 국군이 대렴을 보기 위해 올 때는 피변복皮弁服에 습구襲裘[2]를 한다. 주인이 성복成服을 한 뒤에 간다면 석최錫衰[3]를 한다. '賜', 恩惠也. '斂', 大斂. 君視大斂, 皮弁服, 襲裘. 主人成服之後往, 則錫衰.

[士喪禮12 : 經 - 159]

주인은 대문 밖까지 나가 국군을 맞이하는데, 국군이 타고 온 수레의 말머리를 보고도 곡哭을 하지 않으며,[4] 곧 돌아서서 대문 오른쪽을 통해 묘문 안으로 들어와 문 동쪽에서 북쪽을 향하고 중주인衆主人과 함께 왼팔의 소매를 벗어낸다(袒).[5]

主人出迎于外門外, 見馬首, 不哭, 還, 入門右, 北面, 及衆主人袒.

'곡을 하지 않는다'(不哭)는 것은 국군에게 눌려 감히 자기의 사은私恩을 펼 수 없기 때문이다. '不哭', 厭於君, 不敢伸其私恩.

[士喪禮12 : 經 – 160]

국군을 따라오면서 선두에 섰던 남자 무당(巫)[6]은 묘廟 문 밖에서 머물고, 축祝[7]이 무당을 대신해서 국군을 인도한다. 소신小臣[8] 두 사람이 창을 들고 국군의 앞에 서고, 두 사람은 뒤에 선다.

巫止于廟門外, 祝代之. 小臣二人執戈先, 二人後.

'남자 무당'(巫)은 복을 부르고 재앙을 물리쳐 질병을 제거하는 일을 담당한다. '소신小臣'은 국군의 법의法儀를 바로잡는 일을 담당하는 사람이다. 『주례』「남무」에 "왕이 조문을 할 때 축과 같이 나아간다"라고 하였고, 『예기』「단궁」에는 "임금이 신하의 상喪에 임할 때 무당은 복숭아나무를 잡고, 축祝은 빗자루를 잡고, 소신은 창을 잡으니, 꺼리는 바가 있기 때문이다. 살아 있는 사람을 대하는 것과 달리하는 것이다"라고 하였는데, 모두 천자의 예이다. 제후가 신하의 상에 임할 때는 축으로 하여금 무당을 대신하여 복숭아나무를 잡고 앞에 있도록 하는데, 이는 천자에게 낮추는 것이다. 소신은 국군이 행차하면 앞뒤에 있고, 군주가 당에 오르면 조계를 끼고 북쪽을 향한다. 무릇 귀신을 모신 집을 '묘廟'라고 한다.[9] '巫', 掌招弭以除疾病. '小臣', 掌正君之法儀者. 『周禮』「男巫」, "王弔則與祝前", 「檀弓」曰, "君臨臣喪, 以巫祝桃苅執戈以惡之. 所以異於生也", 皆天子之禮. 諸侯臨臣之喪, 則使祝代巫, 執苅居前, 下天子也. 小臣, 君行則在前後, 君升則俠阼階北面. 凡宮有鬼神曰'廟'.

[士喪禮12 : 經 - 161]

상축이 국군을 대신해서 대문의 신에게 예를 표(釋菜)한 뒤에, 국군은 묘문으로 들어간다. 주인은 동쪽으로 옮겨 국군을 피한다.[10]

君釋菜, 入門. 主人辟.

정현주   '석채釋菜'[11]는 축祝이 국군을 위해 문의 신神에게 예를 표시하는 것이다. 문의 신에게 반드시 예를 표시하는 것은 국군이 오지 않을 이유가 없음을 분명히 하는 것이다. 『예기』「예운」에 "제후가 신하의 질병에 위문하거나 상사喪事에 조문하는 것이 아니면서 신하들의 집에 들어가는 것, 이것을 임금과 신하가 장난하는 것이라고 한다"라고 하였다. '釋菜'者, 祝爲君禮門神也. 必禮門神者, 明君無故不來也. 「禮運」曰, "諸侯非問疾弔喪, 而入諸臣之家, 是謂君臣爲謔."

[士喪禮12 : 經 - 162]

국군이 조계를 통해 당으로 올라가[12] 당 위 동쪽 벽(東序)의 남쪽에서 서쪽을 향해 선다. 축祝이 당에 오른 후 동쪽 방의 동쪽 벽을 등지고 남쪽을 향해 선다. 주인은 문 동쪽으로부터 북쪽으로 뜰 중앙까지 간다.

君升自阼階, 西鄕. 祝負墉, 南面. 主人中庭.

정현주   축祝이 방 안에서 남쪽을 향하는 것은 동쪽에서 국군을 향하는 것이다. '장牆'은 용墉[13]을 가리킨다. '주인이 뜰 중앙으로 간다'(主人中庭)는 것은 조금 더 북쪽으로 나아간다는 것이다. 祝南面房中, 東鄕君. '牆'謂

之埔. '主人中庭', 進益北.

[士喪禮12 : 經－163]
국군이 시신을 바라보며 곡哭을 하면, 주인도 곡哭을 하고 동시에
이마가 바닥에 닿도록 하여 배례를 한다. 또한 세 차례 용踊을 한
뒤, 주인은 묘문廟門 밖으로 나간다.
君哭. 主人哭, 拜稽顙. 成踊, 出.

정현주 '나간다'(出)는 것은 국군이 대렴을 마칠 때까지 보아주기
를 감히 바랄 수 없기 때문이다. '出', 不敢必君之卒斂事.

[士喪禮12 : 經－164]
국군이 '돌아와서 대렴의 절차를 진행하라'고 명령하면, 주인은 뜰
중앙의 제자리로 돌아온다.
君命'反行事', 主人復位.

정현주 대렴의 일이다. 大斂事.

[士喪禮12 : 經－165]
국군이 주인에게 '당으로 올라오라'고 명령하면, 주인은 당에 올라
와 당상의 서쪽 기둥(西楹)의 동쪽에서 북쪽을 향해 선다.

君升主人, 主人西楹東, 北面.

정현주 주인에게 당으로 올라오라고 명령하는 것이다. 命主人使
之升.

[士喪禮12 : 經-166]
국군이 앞서 조문하러 온 공公·경卿·대부大夫들에게도 당으로 올
라오라고 명령하면, 이들도 당으로 올라와 주인의 서쪽에 이어서
서는데, 이들 사이에는 동쪽이 윗자리가 된다. 그리고 난 뒤 대렴
을 한다.
升公卿大夫, 繼主人, 東上. 乃斂.

정현주 '공公'은 대국大國의 고孤로서 사명四命이다.[14] 『춘추전』에
다음과 같이 되어 있다. "정백鄭伯인 유有는 술을 좋아하여 굴 속에 방을 마련
하여 밤새 술을 마시고 음악을 연주하면서 조회 때가 되어도 끝내지 않았다.
조회를 온 사람이 '공公은 어디에 계시는가?'라고 묻자 '공께서는 학곡壑穀에
계십니다'라고 대답하였다." '정백인 유'는 공자公子 자량子良의 손자인 양소
良宵이다. '公', 大國之孤, 四命也. 『春秋傳』曰, "鄭伯有耆酒, 爲窟室, 而夜飮酒擊鍾
焉, 朝至未已. 朝者曰, '公焉在?' 其人曰, '吾公在壑穀.'" '伯有'者, 公子子良之孫良霄.

[士喪禮12 : 經-167]
대렴의 절차를 마치고, 공·경·대부들은 당에 오른 순서와 반대 순서로

당을 내려와 아침과 저녁마다 곡하는 의식(朝夕哭)을 하고 조문弔問을 하던 본래의 위치로 돌아간다. 주인은 당을 내려와 묘문 밖으로 나간다.[15]
卒, 公卿大夫逆降, 復位. 主人降, 出.

'반대 순서로 내려온다'(逆降)는 것은 뒤에 오른 사람이 먼저 내려온다는 것이다. '위치'(位)는 조석곡을 하고 조문을 하는 위치이다.
'逆降'者, 後升者先降. '位', 如朝夕哭弔之位.

[士喪禮12 : 經-168]

국군이 주인에게 돌아오라고 명령한다. 주인은 다시 뜰 중앙의 제자리로 간다. 국군이 시신의 동쪽에 앉아, 손으로 가슴 부분을 쓰다듬으면서[16] 시신에 기대는 몸짓을 한다. 주인은 이마가 바닥에 닿도록 하여 배례를 하고, 세 차례 용踊을 한 후, 묘문 밖으로 나간다.
君反主人. 主人中庭. 君坐, 撫當心. 主人拜稽顙, 成踊, 出.

'무撫'는 손으로 쓰다듬는다는 뜻이다. 무릇 시신에 기대고 일어나면 반드시 용踊을 한다. 금문본에는 '成'이 없다. '撫', 手案之. 凡馮尸興必踊. 今文無'成'.

[士喪禮12 : 經-169]

국군이 돌아오라고 명령하면, 주인은 문 동쪽의 제자리로 돌아온다. 조계 아래에서 서쪽을 향해 서 있던 중주인들은 국군이 당을 내려오는 것을 피하기 위해 동쪽 담장으로 가서 남쪽을 향해 선다.
君反之, 復初位. 衆主人辟于東壁, 南面.

정현주 국군이 내려갈 것이기 때문이다. '남쪽을 향하면' 흙 받침
대(坫)의 동쪽에 해당한다. 以君將降也. '南面'則當坫之東.

[士喪禮12 : 經 – 170]

국군은 당을 내려가 서쪽을 향하여, 주인에게 빙시憑尸하도록 명
령한다. 주인主人은 서쪽 계단으로 올라가 시신의 발이 놓인 쪽을
거쳐 시신의 동쪽에서 빙시憑尸를 하는데, 이때 국군이 기대어 쓰
다듬었던 부분에 기대지 않는다. 빙시를 마치면 용踊을 한다. 주부
主婦들도 시신의 서쪽에서 동쪽을 향해 기대고 용踊을 하는데, 주
인과 마찬가지 방식으로 한다.

君降, 西鄉, 命主人憑尸. 主人升自西階, 由足, 西面憑尸, 不當君
所. 踊. 主婦東面憑, 亦如之.

정현주 국군이 반드시 내려가는 것은 상주가 자기의 슬픈 마음
을 다할 수 있도록 하려는 것이다. 君必降者, 欲孝子盡其情.

[士喪禮12 : 經 – 171]

사士가 시신을 들면 주인, 중주인, 부인婦人들도 시신의 옆쪽을 같
이 받들고 빈궁 구덩이 안에 있는 관棺에다 옮겨 안치하고 뚜껑을

닫는다. 주인이 당을 내려와 묘문 밖으로 나간다. 국군이 주인에게 돌아가라고 명령한다. 주인은 문 안으로 들어가서 왼쪽으로 나아가 관에 흙을 덮는 것을 본다.

奉尸斂于棺, 乃蓋. 主人降, 出. 君反之. 入門左, 視塗.

구덩이는 서쪽 계단 위에 있다. '문 안으로 들어가서 왼쪽으로 나아간다'(入門左)는 것은 빨리 가기에 편리하기 때문으로, 국군을 감히 오래도록 머물게 하지 않으려는 것이다. 坎在西階上. '入門左', 由便趨疾, 不敢久留君.

[士喪禮12 : 經-172]

국군은 당으로 올라가 자리에 나간다. 중주인들도 조계 아래의 제자리로 돌아간다. 관棺에 흙을 덮는 것을 마친 후, 주인은 묘문 밖으로 나간다. 국군이 주인에게 돌아와서 전奠을 차리라고 명령한다. 주인이 문 안으로 들어가 오른쪽으로 나아가 전奠을 차리는 절차를 밟는다.

君升卽位. 衆主人復位. 卒塗, 主人出. 君命之反奠. 入門右.

또한 가운데 뜰의 자리로 돌아가는 것이다. 亦復中庭位.

[士喪禮12 : 經-173]

전奠을 차리는 절차를 밟는데, 전奠에 올릴 음식물을 든 축祝과 집사執事는 모두 서쪽 계단을 통해 당으로 올라온다.

乃奠, 升自西階.

정현주 국군이 조계에 있기 때문이다. 以君在阼.

[士喪禮12 : 經 – 174]

국군은 용踊을 해야 할 때마다 용踊을 한다. 주인도 국군을 따라서
용踊을 한다.

君要節而踊. 主人從踊.

정현주 '절節'은 전奠을 들고 처음 계단을 오를 때, 그리고 전奠을
마치고 중重의 남쪽을 거쳐 동쪽으로 갈 때이다. '節', 謂執奠始升階, 及旣奠由
重南東時也.

[士喪禮12 : 經 – 175]

전奠을 마친 뒤 주인은 묘문 밖으로 나간다. 이때 모든 사람이 하
던 곡哭을 중단한다.

卒奠, 主人出. 哭者止.

정현주 국군이 나가려 하므로 감히 떠들썩하여 존자尊者의 귀를
어지럽혀서는 안 되기 때문이다. 以君將出, 不敢譁囂聒尊者也.

[士喪禮12 : 經 – 176]

국군이 묘문 밖으로 나가면, 다시 묘 안에 있는 친속들은 곡을 한
다. 주인은 곡을 하지 않는다. 국군이 묘문 밖으로 나올 때 주인은
뒷걸음질하여 자리를 피한다. 국군은 수레에 올라 주인에게 식례
式禮를 한다.

君出門, 廟中哭. 主人不哭. 辟. 君式之.

정현주　　　　　'피한다'(辟)는 것은 뒷걸음질하여 자리를 피하는 것이다.
옛날에는 수레에 서서 탔는데, '식式'은 선 상태에서 잠시 굽혀 주인에게 예
禮를 표시하는 것이다. 『예기』「곡례」에서 "서 있을 때는 수레바퀴원주(雋)의
다섯 배 정도 떨어진 거리를 바라본다. 식式에 의지해 있을 때는 말의 꼬리
를 바라본다"라고 하였다. '辟', 逡遁辟位也. 古者立乘, '式', 謂小俛以禮主人也.
「曲禮」曰, "立視五雋. 式視馬尾."

[士喪禮12 : 經 – 177]

국군을 따라 왔던 다른 사람들도 부속 수레(貳車)들에 모두 오른
다. 주인은 곡을 하고 배례를 하면서 전송한다.

貳車畢乘. 主人哭, 拜送.

정현주　　　　　'이거貳車'[17]는 부속 수레이다. 그 수는 그 명命의 등급에
준한다. 국군이 나가면 이성異姓의 사士에게 타도록 하여 뒤에 있게 한다.
국군이 조문을 할 때는 상로象路[18]를 탄다. 『예기』「곡례」에 "군주가 평상시
타고 다니는 수레(乘車)를 탈 때, 왼쪽 자리를 비우지 않는다. 왼쪽에 탄 사

람은 반드시 식式을 한다"라고 하였다. '貳車', 副車也. 其數各視其命之等. 君出, 使異姓之士乘之, 在後. 君弔, 蓋乘象路. 「曲禮」曰, "乘君之乘車, 不敢曠左. 左必式."

[士喪禮12 : 經 – 178]

국군이 떠난 뒤, 왼팔의 소매를 벗어냈던(袒) 차림에서 다시 원래의 상태로 옷을 잘 여며 입고(襲), 묘로 들어가 조계 아래 자리로 간다. 중주인도 모두 옷을 잘 여며 입는다. 주인은 나중에 도착한 대부들에게 배례를 하고, 세 차례 용踊을 한다.

襲, 入卽位. 衆主人襲. 拜大夫之後至者, 成踊.

정현주 '나중에 도착하였다'(後至)는 것은 포의布衣로서 나중에 도착한 사람이다. '後至', 布衣而後來者.

[士喪禮12 : 經 – 179]

빈賓이 나가면, 주인은 묘문 밖까지 나가 배례를 하면서 전송한다.

賓出, 主人拜送.

정현주 빈이 나간 뒤로부터는 국군이 없을 때의 의식과 동일하게 한다. 自賓出以下, 如君不在之儀.

1_ '염'은 대렴이다 : 『예기』「喪大記」에 "士가 상을 당했을 때에는 빈을 한 후에 조문하러 간다. 특별한 은혜를 내렸다면 대렴의 의식에 참석하여 살펴본다"(於士, 旣殯而往. 爲之賜, 大斂焉)라고 하였다.

2_ 습구 : 『예기』「玉藻」에 "(석의를 입지 않고) 갓옷을 겉으로 드러낸 채 공문을 들어가지 못하고, 갓옷 위에 습의를 덧입고는 공문에 들어가지 못한다"(表裘不入公門, 襲裘不入公門)라고 한 것에 대하여 정현은 "표구는 겉옷이다. 갓옷을 입을 때는 반드시 석의를 해야 한다"(表裘, 外衣也. 衣裘必當裼也)라고 하였고, 공영달은 "갓옷 위에는 석의가 있고, 석의 위에는 습의가 있으며, 습의 위에 정복을 입는다"(裘上有裼衣, 裼衣之上有襲衣, 襲衣之上有正服)라고 하였다. 이에 따르면 갓옷 위에 반드시 입어야 하는 裼衣를 입고 그 위에 다시 襲衣를 덧입는 것이다.

3_ 석최 : 『주례』「춘관·司服」에 "(조문할 때) 천자는 三公과 六卿에 대하여 錫衰를 하고, 제후에 대하여 緦衰를 하고, 대부와 사에 대해 疑衰를 한다. 그 머리의 복장은 弁을 하고 経을 두른다"(王爲三公六卿錫衰, 爲諸侯緦衰, 爲大夫士疑衰. 其首服皆弁経)고 하였다. 『예기』「喪服小記」에도 "제후가 조문을 갈 때 반드시 皮弁과 錫衰를 한다"(諸侯弔必皮弁錫衰)라고 하였다. 피변은 흰색의 弁이며, 錫衰는 7升半의 麻를 매끄럽게 가공하여 만든 옷으로 천자가 삼공과 육공에 대하여 조문할 때 입는 옷이다. 『삼례사전』, 317쪽 '皮弁服' 항목 및 1142쪽 '錫衰' 항목 참조.

4_ 곡을 하지 않으며 : 『예기』「喪大記」에 "男子가 침문 밖으로 나가서 사람을 뵈었다면 곡을 하지 않는다"(男子出寢門外見人, 不哭)라고 한 것에 대하여 정현은 "섬길 곳이 아닌데도 곡을 하는 것은 들판에서 곡을 하는 것과 같다"(非其事處而哭, 猶野哭也)라고 하였다. 이를 근거로 가공언은 "여기서 국군을 맞이할 때는 곡을 해야 한다"고 주장한다. 『의례주소』, 815쪽 참조.

5_ 중주인과 함께 ~ 벗어낸다 : 이때 주인과 중주인은 모두 북쪽을 향하여 中庭에서 남쪽으로 대문 가까운 곳에서 국군이 들어오기를 기다리고 있다. 저인량은 "국군이 대렴을 직접 와서 보지 않으면 주인이 먼저 袒을 한 뒤에 교와 홑이불 등을 편다. 지금은 국군이 직접 왔기 때문에 먼저 수의를 펴고 기다렸다가 국군을 나가 맞이한 뒤에 비로소 들어가 단을 하는 것이다"라고 하였다. 『의례정의』, 1781쪽 참조.

6_ 남자 무당 : 정현은 주에서 "무당은 복을 부르고 재앙을 물리쳐 질병을 제거하는 일을 담당한다"(巫掌招弭以除疾病)고 말한다. 이 무당은 제후의 무당으로 下士가 담당하고, 대렴에 군주를 따라 下祝, 小臣 등과 함께 온다. 『의례정의』, 1781쪽 참조.

7_ 축 : 여기서 祝는 제후를 위해 귀신의 일을 담당하는 喪祝으로 中士가 담당한다. 즉 國君을 따라 巫(무당), 小臣과 함께 오는데 士의 묘에 도착할 때까지는 무당이 안내자가 되지만, 묘에 들어갈 때부터 이 喪祝이 안내자가 된다.

8_ 소신 : 國君을 경호하는 근위병으로 국군의 앞과 뒤에 두 명씩 창을 들고 호위한다.

9_ 무릇 ~ 한다 : 가공언에 따르면 경문에서 '廟'라고 한 것은 適寢을 가리키는 것이므로 이렇게 해석한 것이다. 『의례주소』, 816쪽 참조.

10_ 국군을 피한다 : 방포의 설명에 따르면, 喪服 즉 凶服 차림으로 국군을 대면할 수 없기 때문이다. 『의례정의』, 1783쪽 참조.

11_ 석채 : 대문의 신에게 예를 표시하는 것을 의미한다. 釋은 놓는다는 것을, 菜는 菜, 즉 나물을 의미한다. 『예기』 「喪大記」의 "君釋菜"에 대한 정현의 주에는 "나물을 놓고 예를 표시하는 사람은 祝으로, 국군을 대신해 대문의 신에게 禮를 표시하는 것이다. 반드시 신에게 예를 표시하는 것은 국군은 정당한 이유가 없으면 신하의 집에 오지 못함을 밝힌 것이다"(釋菜者祝, 君禮門神也. 必禮神者, 明君無故不來也)라고 한다. 즉 대문 귀신에게 제사하는 것은 국군이 직접 하는 것이 아니라, 귀신의 일에 관련된 업무를 담당하는 喪祝이 대신한다는 것이다. 이때 나물로 어떤 채소를 사용하는지 명확치 않는데, 호배휘의 설명에 따르면 蘋蘩(마름과 다북쑥) 종류라고 한다. 『의례정의』, 1783쪽 참조.

12_ 조계를 통해 ~ 올라가 : 『예기』 「郊特牲」에 "군주가 신하의 집에 갔을 때 阼階로 오르는 것은 대부가 자신의 가정을 감히 사적으로 차지하지 못하기 때문이다"(君適其臣, 升自阼階, 不敢有其室也)라고 하였다. 또한 「坊記」에 "군주가 신하를 방문하면 조계로 올라가고 당에 자리하는데, 이는 백성들에게 자신의 가정을 감히 마음대로 하지 못함을 보이는 것이다"(君適其臣, 升自阼階, 卽位於堂, 示民不敢有其室也)라고 하였다.

13_ 용 : 호배휘에 의하면 '東房의 西墉'은 곧 '室의 東墉'을 가리키는데, '墉'은 '담장'(牆)을 뜻한다. 또한 '牆'은 총명인데, 室中・房中・夾의 담장은 '墉'이라고 하고, 堂上의 담장은 '序'라고 하고, 堂下의 담장은 '壁'이라고 하는데 모두 같은 뜻이다. 『의례정의』, 36쪽 및 [빙례08 : 經-107] 황이주의 '大夫・士의 廟制'와 [특생궤사례15 : 經-28] 양복의 '寢廟辨名圖' 그림 참조.

14_ '공'은 ~ 사명이다 : "大國有孤, 四命"은 『주례』 「춘관・典命」의 문장이다. 호배휘에 따르면, 천자에게는 三孤가 있는데 三公의 副官이다. 그러나 大國에는 公이 없이 孤만 있을 뿐이므로 孤도 公이라고 호칭한다. 또 신하가 자기의 군주를 높일 때는 모두 公으로 부른다. 周의 九等의 官爵 제도를 九命이라고 칭하는데, 그 중에 公의 孤는 四命에 해당한다. 『의례정의』, 411쪽 참조.

15_ 묘문 밖으로 나간다 : 감히 국군을 오래 머물도록 할 수 없기 때문이다. 『의례정의』, 1786쪽 참조.

16_ 손으로 ~ 쓰다듬으면서 : 『예기』 「喪大記」에 "군주는 신하의 시신을 어루만진다. 부모는 자식의 시신의 옷을 붙잡는다. 자식은 부모의 시신에 몸을 구부려 기댄다. 며느리는 시부모의 시신의 옷을 받들어 잡는다. 시부모는 며느리의 시신을 어루만진다. 아내는 지아비의 시신의 옷을 가만히 끌어당긴다. 지아비는 아내의 시신과 형제들의 시신을 붙잡는다. 시신을 어루만질 때에는 군주가 만졌던 곳을 피한다. 무릇 시신을 어루만지면 일어나면서 반드시 踊을 한다"(君於臣撫之. 父母於子執之. 子於父母馮之. 婦於舅姑奉之. 舅姑於婦撫之. 妻於夫拘之. 夫於妻・於昆弟執之.

馮尸不當君所. 凡馮尸, 興必踊)라고 하였다. 이에 따르면 국군이 어루만지면 또한 踊을 한다. 『의례주소』, 818쪽 참조.

17_ 이거 : 국왕은 업무의 성격에 따라 그에 맞는 수레를 사용하는데 5개가 있다. 이를 五路라고 한다. 이 오로를 뒤따르며 업무를 보좌하는 수레들이 있는데, 그것을 貳 車라고 한다. 『주례』「추관·大行人」에 "上公은 貳車가 9乘이고, 諸侯와 諸伯은 7승이며, 諸子는 5승이다"(上公貳車九乘, 諸侯·諸伯貳車七乘, 諸子貳車五乘)라고 하였다. 『삼례사전』, 869쪽 '貳車' 항목 참조.

18_ 상로 : 군주가 타는 다섯 가지 수레 가운데 하나이다. 玉路, 金路, 象路, 木路, 革路가 그것이다. 혁로는 전쟁 등 군사적인 일이 있을 때 사용한다. 兵車, 武車, 戎路 등의 명칭으로 불리기도 한다. 玉路는 옥으로 장식한 수레로 왕이 이용하는 다섯 가지 수레 가운데 가장 존귀하다. 玉路는 제사가 있을 때 사용한다. 金路는 금으로 장식한 수레로, 왕이 빈과 만나거나 제후와 연회가 있을 때 사용한다. 천자가 제후에게 하사할 수도 있다. 象路는 상아로 장식한 수레로, 왕이 아침에 조정에 나가고 저녁에 돌아올 때 사용하고, 평상시 사적인 외출이 있을 때 사용한다. 木路는 나무에 검은 칠을 한 수레로, 사냥할 때 사용한다. 이들 왕이 이용하는 수레에 관한 규정은 『주례』「춘관·巾車」에 상세하다.

[士喪禮12 : 經 - 180]

죽은 지 사흘째 되는 날, 즉 대렴大斂을 한 다음 날, 오복五服의 친속들은 모두 상복喪服으로 갈아입고, 지팡이를 짚는 복服을 하는 사람은 지팡이를 짚는다. 주인은 미리 국군國君에게 찾아가 배례를 하고 대렴에 와 준 것에 사례한 다음, 아울러 조문 왔던 여러 빈賓들에게도 찾아가 사례한다. 다만 수의를 보내온 사람들에게는 찾아가서 사례하지 않는다.

三日成服, 杖. 拜君命及衆賓. 不拜棺中之賜.

정현주   빈殯을 마친 다음 날로, 죽은 다음 날부터 사흘째이다. 죽을 먹기 시작한다. 예에 따르면 존귀한 사람이 은혜를 베풀면 다음날 반드시 가서 감사의 배례를 한다. '수의를 보내온 것'(棺中之賜)은 상주인 자기에게 보낸 것이 아니다. 『예기』「곡례」에 "살아 있는 사람을 위해서는 다음 날부터 계산한다"라고 하였다. 旣殯之明日, 全三日. 始歠粥矣. 禮, 尊者加惠, 明日必往拜謝之. '棺中之賜', 不施己也. 「曲禮」曰, "生與來日."

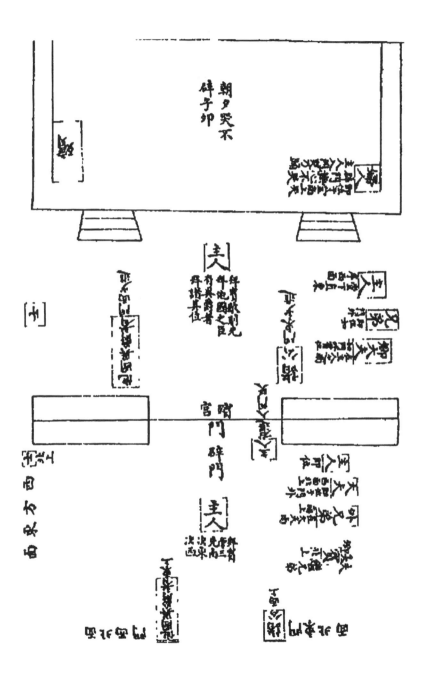

「철대렴전徹大斂奠」

(淸),『흠정의례의소』

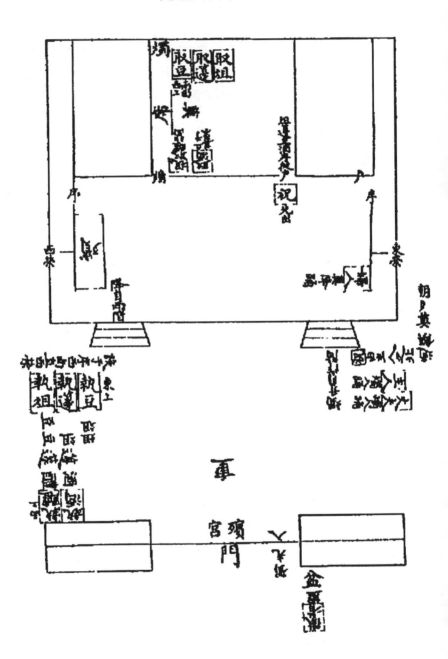

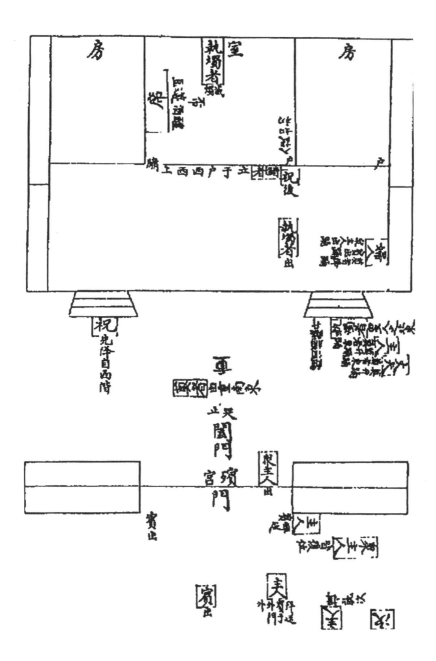

經-181에서 經-191까지는 아침과 저녁마다 곡하는 의식과 전奠을 올리
는 절차이다.

[士喪禮12 : 經 - 181]
아침과 저녁마다 곡하는 의식(朝夕哭)¹은 자일子日과 묘일卯日을 피
하지 않는다.
朝夕哭, 不辟子·卯.

정현주 시신을 빈궁殯宮에 안치한 뒤로부터 아침과 저녁 그리고
슬픔이 북받칠 때마다 곡哭을 하고, 번갈아 가면서 끊이지 않고 곡을 하는
것은 하지 않는다. '자일子日과 묘일卯日'은 걸桀과 주紂가 망한 날이다. 흉사
의 경우는 피하지 않고 길사吉事의 경우는 그 날을 피해서 거행한다. 旣殯之
後, 朝夕及哀至乃哭, 不代哭也. 子·卯, 桀·紂亡日. 凶事不辟, 吉事闕焉.

[士喪禮12 : 經 - 182]
부인婦人들은 당 위의 자리로 나아가 남쪽이 윗자리가 되도록 서
서 곡哭을 한다. 주인과 중주인衆主人은 묘문廟門 밖의 자리로 나아
가 서쪽을 향해 서는데, 북쪽을 윗자리로 삼는다. 외형제外兄弟는
중주인의 남쪽에 서는데, 남쪽을 윗자리로 삼는다. 경卿·대부大
夫인 빈賓은 외형제 남쪽에 서는데 북쪽을 윗자리로 삼는다. 제공

諸公은 문 동쪽에서 북쪽을 향해 서는데, 서쪽을 윗자리로 삼는다. 다른 나라의 경과 대부는 문 서쪽에서 북쪽을 향해 서는데, 동쪽을 윗자리로 삼는다. 사士는 서쪽에서 동쪽을 향해 서는데, 북쪽을 윗자리로 삼는다. 주인이 중주인의 북쪽 자리로 나아간다. 이때 묘의 문을 열어 놓는다.

婦人卽位于堂, 南上, 哭. 丈夫卽位于門外, 西面, 北上. 外兄弟在其南, 南上. 賓繼之, 北上. 門東, 北面, 西上. 門西, 北面, 東上. 西方, 東面, 北上. 主人卽位. 辟門.

'외형제外兄弟'는 이성異姓으로 복을 하는 사람[2]이다. '벽辟'은 연다(開)는 뜻이다. 무릇 묘의 문은 일이 있으면[3] 열고 일이 없으면 닫는다.[4] '外兄弟', 異姓有服者也. '辟', 開也. 凡廟門有事則開, 無事則閉.

[士喪禮12 : 經－183]

부인들이 손으로 가슴을 치지만 곡哭은 하지 않는다.

婦人拊心, 不哭.

한창 일이 진행되고[5] 있으므로 떠들썩하기를 그치는 것이다. 方有事, 止讙囂.

[士喪禮12 : 經－184]

주인은 빈賓에게 배례를 하는데, 빈이 서 있는 방향마다 세 번씩

절한다. 그러고 나서 오른쪽으로 몸을 돌려 묘문으로 들어와 곡哭
을 한다. 부인들은 용踊을 한다.

主人拜賓, 旁三. 右還入門哭. 婦人踊.

먼저 서쪽을 향하여 배례를 하고, 이어서 남쪽을 향하여
그리고 동쪽을 향하여 배례를 한다. 先西面拜, 乃南面拜, 東面拜也.

[士喪禮12 : 經-185]

주인은 당 위 동쪽 벽(東序)과 마주하는 당 아래 지점에서 서쪽을
향해 선다. 중주인과 외형제를 포함한 형제들이[6] 모두 정해진 자
리로 나아가 묘문 밖에서 설 때와 같은 방식으로 선다. 경卿·대부
大夫도 주인, 중주인 그리고 외형제의 남쪽에 선다. 제공은 문 동
쪽에서 사士의 관리들[7] 조금 앞쪽으로 나아가 선다. 다른 나라의
경·대부들[8]은 문 서쪽에서 제공의 유사有司들 조금 앞쪽으로 나아
가 선다. 묘 안에서 주인은 빈賓에게 배례를 할 때, 다른 나라의 빈
과 본국의 빈이 서로 같은 지위이면 다른 나라의 빈에게 먼저 한
다.[9] 모든 경·대부에 대하여 일일이 그들의 자리에 나아가 배례를
한다.

主人堂下, 直東序, 西面. 兄弟皆卽位, 如外位. 卿大夫在主人之南.
諸公門東, 少進. 他國之異爵者門西, 少進. 敵則先拜他國之賓. 凡
異爵者, 拜諸其位.

빈賓이 모두 이 자리 즉 외위外位에 나아가 곡을 하면서

슬픔을 다 표시한 뒤에 그친다. 주인이 오른쪽으로 돌아 배례를 하는데 외위外位에서처럼 한다. 형제들 가운데 자최복齊衰服과 대공복大功服을 하는 사람들은 주인이 곡을 하면 곡을 하고, 소공복小功服과 시마복緦麻服을 하는 사람들은 또한 곡위哭位에 나아가 곡을 한다. 위에서는 '빈賓'이라 하고 여기에서는 '경卿·대부大夫'라고 한 것은 그들 또한 빈賓임을 분명히 한 것이다. '조금 나아간다'(少進)는 것은 열의 앞으로 나아간다는 것이다. '이작異爵'은 경·대부를 가리킨다. 타국에서 온 경·대부 또한 열에서 앞으로 나아가는 것은 그들을 높이는 것이다. '그들의 자리에서 배례를 한다'(拜諸其位)는 것은 그들의 자리로 나아가 하나하나 배례를 한다는 것이다. 賓皆卽此位, 乃哭盡哀止. 主人乃右還拜之, 如外位矣. 兄弟, 齊衰大功者, 主人哭則哭, 小功緦麻, 亦卽位乃哭. 上言'賓', 此言'卿·大夫', 明其亦賓爾. '少進', 前於列. '異爵', 卿·大夫也. 他國卿·大夫亦前於列, 尊之. '拜諸其位', 就其位特拜.

[士喪禮12 : 經-186]

대렴大斂 때 올린 전奠을 치울 집사執事는 문 밖에서 손을 씻는다. 횃불(燭)을 든 집사는[10] 먼저 조계를 통해 당 위로 올라와 실室 안으로 먼저 들어간다. 이때 주인과 중주인은 용踊을 한다.

徹者盥于門外. 燭先入, 升自阼階. 丈夫踊.

정현주

'거둔다'(徹)는 것은 대렴을 하고 올린 전날의 전(宿奠)[11]을 거둔다는 뜻이다. '徹'者, 徹大斂之宿奠.

[士喪禮12 : 經 – 187]

전奠을 거둘 때 축祝이 먼저 예주(醴)를 들고 북쪽을 향해 선다. 청주(酒)를 든 집사는 축祝의 동쪽에 선다. 이어서 집사들은 나무제기(豆)·대나무제기(籩)·희생제기(俎) 등을 들고 남쪽을 향해 서는데, 서쪽을 윗자리로 삼는다. 축祝이 먼저 실室을 나가면, 청주(酒)·나무제기(豆)·대나무제기(籩)·희생제기(俎) 등을 든 집사들이 순서대로 뒤따르고, 서쪽 계단을 통해 당을 내려간다. 이때 부인들은 용踊을 한다.

祝取醴, 北面. 取酒立于其東. 取豆·籩·俎南面, 西上. 祝先出, 酒·豆·籩·俎序從, 降自西階. 婦人踊.

'서序'는 순서라는 뜻이다. '序', 次也.

[士喪禮12 : 經 – 188]

거두어 온 전奠의 음식물들은 당 위 서쪽 벽(西序)의 서남쪽으로 서쪽 처마(西榮)와 마주하는 곳에 진설해 놓는다. 예주를 든 축祝과 청주를 든 집사는 북쪽을 향해 서는데, 서쪽을 윗자리로 삼는다. 나무제기(豆)를 든 집사는 나무제기(豆)를 서쪽을 향하게 놓고 나무제기(豆)의 북쪽에서 남쪽을 향해 선다. 대나무제기(籩)와 희생제기(俎)를 든 사람은 대나무제기(籩)와 희생제기(俎)를 놓은 다음 나무제기(豆)를 들었던 사람의 서쪽에 서는데, 동쪽을 윗자리로 삼는다. 청주를 든 사람은 청주를 놓고 제자리로 돌아간다. 축祝은 예주를 청주의 서쪽에 놓고, 집사들을 앞에서 이끌고 주인의 북쪽을 거쳐 동당東堂 아래 조전朝奠에 올릴 음식물들이 놓인 곳으로 간다.

設于序西南, 直西榮. 醴·酒北面, 西上. 豆西面錯, 立于豆北, 南面. 籩俎旣錯, 立于執豆之西, 東上. 酒錯, 復位. 醴錯于西, 遂先, 由主人之北適饌.

정현주
'앞에서 이끈다'(遂先)는 것은 축祝은 제자리로 돌아가지 않음을 분명히 한 것이다. '음식물이 놓인 곳으로 간다'(適饌)는 것은 조전에 올릴 새로운 음식물이 있는 곳으로 간다는 것으로, 다시 전을 올릴 것이기 때문이다. '遂先'者, 明祝不復位也. '適饌', 適新饌, 將復奠.

[士喪禮12 : 經 - 189]

그러고 나서 조전[12]을 올린다. 축祝과 집사들은 예주(醴), 청주(酒), 말린 고기(脯), 고기젓갈(醢) 등을[13] 들고 당으로 올라온다. 이때 주인과 중주인이 용踊을 한다. 축祝과 집사들은 실室 안으로 들어와 대렴大斂 때와 마찬가지 방식으로 전奠을 (사자死者의 신위 앞에) 차리는데, 음식물에 덮개(巾)를 덮지는 않는다.

乃奠. 醴·酒·脯·醢·升. 丈夫踊. 入, 如初設, 不巾.

정현주
'들어간다'(入)는 것은 실室 안으로 들어간다는 것이다. '처음처럼 차린다'(如初設)는 것은 두豆를 앞에 놓고 변籩, 청주, 예주의 차례로 한다는 것이다. '덮개를 덮지 않는다'(不巾)는 것은 절임이 없고 밤이 없기 때문이다. 절임과 밤이 있다면 조俎가 있고, 조俎가 있으면 수건으로 덮는

다. '入', 入於室也. '如初設'者, 豆先, 次籩, 次酒, 次醴也. '不巾', 無菹·無栗也. 菹·
栗具則有俎, 有俎乃巾之.

[士喪禮12 : 經 – 190]

전奠을 차린 집사들은 실室을 나가 실문室門 서쪽에 서는데, 서쪽
을 윗자리로 삼는다. 이어 횃불을 담당한 집사가 불을 끄고 실室을
나간다. 축祝이 마지막으로 실室을 나가 문을 닫고, 집사들을 앞에
서 이끌고 서쪽 계단으로 당堂을 내려온다. 이때 부인들은 용踊을
한다. 전奠을 차린 집사들은 뜰에 세워진 중重의 남쪽을 거쳐 문
동쪽의 제자리로 돌아간다. 주인과 중주인이 용踊을 한다. 빈은 묘
밖으로 물러 나온다. 부인들이 용踊을 한다. 주인은 묘문 밖까지
나와 빈에게 배례를 하면서 전송한다.

錯者出, 立于戶西, 西上. 滅燭, 出. 祝闔戶, 先降自西階. 婦人踊. 奠
者由重南東. 丈夫踊. 賓出. 婦人踊. 主人拜送.

정현주 곡이 멈추면 바로 전奠을 올린다. 전을 올리면 예가 끝난
다. 금문본에는 '拜'가 없다. 哭止乃奠. 奠則禮畢矣. 今文無'拜'.

[士喪禮12 : 經 – 191]

중주인이 물러 나온다. 부인들은 용踊을 한다. 부인들을 제외하고
모두 묘문 밖으로 나와, 곡哭을 중단하고, 각자 문 밖의 자기 위치
로 돌아간다. 이때 묘의 문을 닫는다. 주인은 일일이 빈에게 배례

를 하면서 전송한 뒤에, 중주인에게 상차喪次로 나아갈 것을 청하고, 모두 각자 상차로 간다.

衆主人出. 婦人踊. 出門, 哭止, 皆復位. 闔門. 主人卒拜送賓, 揖衆主人, 乃就次.

1_ 아침과 ~ 의식 : 정현은 '시신을 殯宮에 안치한 다음날'(旣殯之後) 즉 죽은 지 4일째 되는 날부터 하는 것으로 규정한 반면, 『삼례사전』에서는 成服, 즉 喪服으로 갈아입는 절차를 마친 다음 날(죽은 지 5일째 되는 날)부터 매장하기 전까지 매일 아침과 저녁으로 조계 아래에서 그리고 슬픔이 북받칠 때마다 廬舍에서 곡하는 것으로 규정하고 있다. 『삼례사전』, 820쪽 참조.

2_ 이성으로 복을 하는 사람 : 외삼촌의 자식, 고모와 자매 그리고 이모의 자식 등이 모두 그에 해당한다. 『의례주소』, 821쪽 참조.

3_ 일이 있으면 : 朝夕哭과 奠을 올릴 때를 가리킨다. 이러한 일이 없을 때는 닫는데, 귀신은 어두운 것을 숭상하기 때문이다. 『의례주소』, 821쪽 참조.

4_ 일이 없으면 닫는다 : 『예기』 「喪服小記」에 "일이 없으면 殯宮의 문을 열지 않는다. 수시로 하는 哭은 모두 廬次에서 한다"(無事不辟廟門, 哭皆於其次)라고 한 것에 대하여 정현은 "귀신은 幽闇을 높이 여긴다"(鬼神尙幽闇也)라고 해석하였다.

5_ 일이 진행되고 : 大斂奠을 치우고 朝奠을 진설하는 일이다. 『의례주소』, 822쪽 참조.

6_ 중주인과 ~ 형제들이 : 호배휘는 "丈夫라고도 하지 않고 外兄弟라고도 하지 않은 것은 형제 속에 포함되기 때문'이라고 해석한다. 『의례정의』, 1796쪽 참조.

7_ 사의 관리들 : 문의 동쪽에 土가 있으므로 조금 앞쪽으로 나아간다고 한 것으로, 土보다 조금 앞쪽으로 나아간다는 것이다. 『의례주소』, 822쪽 참조.

8_ 다른 나라의 경·대부들 : 빙문을 왔거나 국군을 따라 조문을 온 경우를 가리킨다. 『의례정의』, 1796쪽 참조.

9_ 다른 나라의 빈에게 먼저 한다 : 멀리에서 온 손님을 우대하는 것이다. 『의례정의』, 1796쪽 참조.

10_ 횃불을 든 집사가 : 『예기』 「檀弓」에 "아침에 올리는 奠은 해가 뜨면 올리고, 저녁에 올리는 奠은 해가 떨어지기 직전에 올린다"(朝奠日出, 夕奠逮日)라고 하였다. 夕奠을 치우는 것은 朝奠을 올리기 전에 하므로 횃불을 사용해야 한다. 『의례정의』, 1797쪽 참조.

11_ 대렴을 하고 ~ 전 : 襲奠, 小斂奠, 大斂奠은 다음날 치운다. 그러나 朝奠과 夕奠의 경우, 조전은 당일 저녁에 치우고, 석전은 다음날 아침에 치운다. 『의례정의』, 1797쪽 참조.

12_ 조전 : 호배휘에 따르면 여기서의 전은 아침에 哭을 할 때 올리는 奠 곧 朝奠을 의미하며, 이것은 저녁에 곡을 할 때 올리는 전, 즉 夕奠의 절차와 같다. 『의례정의』, 1798쪽 참조.

13_ 예주, 청주 ~ 등을 : 이것이 朝夕奠과 大斂奠과의 차이이다. 대렴전과 朔月·薦新의 殷奠에는 鼎과 俎가 있지만 여기에는 鼎과 俎 없이 예주, 청주, 말린 고기, 고기젓갈뿐이다. 『의례정의』, 1798쪽 참조.

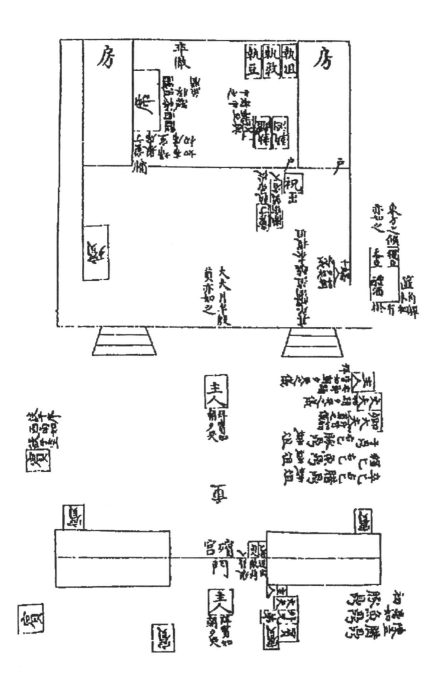

해제 經-192에서 經-201까지는 초하루에 올리는 전奠과 제철에 나는 과일을 올리는 절차이다.

[士喪禮12 : 經 - 192]

매달 초하루에 전奠을 올릴 때는 어린 돼지 한 마리(特豚), 생선(魚), 말린 고기(腊) 등을 세 개의 세발솥(鼎)에 나누어 진설하는데,[1] 대렴 大斂 때 전奠을 올리던 방식과 같이 한다. 당 동쪽에 전奠에 쓸 음식물을 진설하는 것도 대렴 때와 같이 한다.

朔月, 奠用特豚 · 魚 · 腊, 陳三鼎如初. 東方之饌亦如之.

정현주   '삭월朔月'은 매달 초하루이다. 대부大夫 이상은 보름에 또 전奠을 올린다. '처음처럼 한다'(如初)는 것은 대렴 때를 말한다. '朔月', 月朔日也. 自大夫以上, 月半又奠. '如初'者, 謂大斂時.

[士喪禮12 : 經 - 193]

그러나 매달 초하루에 올리는 전奠에는 대나무제기(籩)가 없고, 찰기장 밥(黍)과 메기장 밥(稷)을 올리는데, 질그릇 밥솥(瓦敦)에 담아 뚜껑을 덮고 대나무제기(籩)를 놓는 위치에 놓는다.

無籩, 有黍稷, 用瓦敦, 有蓋, 當籩位.

　　　　　　찰기장 밥(黍)과 메기장 밥(稷)은 술동이(甒)의 북쪽에 함께 놓는다. 이때에 비로소 서黍와 직稷을 마련한다. 사자死者에게 초하루와 보름에 올리는 전奠은 살아 있을 때의 아침저녁과 같다.[2] 대상大祥 뒤에는 네 계절의 제사(四時祭)에 서黍와 직稷을 갖추어 올린다. 黍稷併於甒北也. 於是始有黍稷. 死者之於朔月月半, 猶平常之朝夕. 大祥之後, 則四時祭焉.

[士喪禮12 : 經 – 194]

주인은 아침과 저녁마다 곡哭을 할 때[3]와 같이 빈賓에게 배례를 한다. 전奠을 올리기 전에 먼저 그 전날 저녁에 올린 전奠을 거둔다.
主人拜賓, 如朝夕哭. 卒徹.

　　　　전날에 올린 전(宿奠)을 거둔다. 徹宿奠也.

[士喪禮12 : 經 – 195]

세발솥(鼎)을 들고 묘廟 안으로 들어오고, 희생을 세발솥에 담아 당에 오르는 등등의 절차는 모두 대렴 때 전奠을 올리는 절차와 같이 한다. 오른쪽에서 세발솥을 든 사람은 수저를 사용하여 세발솥 안에서 희생을 꺼낸 후 수저를 세발솥 안에 놓는다. 왼쪽에서 세발솥을 든 사람이 희생을 담은 희생제기(俎)를 당으로 가져갈 때, 오른쪽에서 세발솥을 든 사람, 즉 수저로 희생을 세발솥 안에서 꺼낸 사람은 들어갈 때와 반대의 순서로 물러 나오고, 전인甸人이 세발솥을 거둔다. 전奠을 차리는 사람들이 당에 올라가고 실室에 들어가는 순서는, 예주를 든 사람이 제일 앞에 있고, 그 뒤로 청주를 든 사람, 채소절임(菹)을 든 사람, 고기젓갈(醢)을 든 사람, 찰기장 밥(黍)을 든 사람, 메기장 밥(稷)을 든 사람, 희생제기(俎)를 든 사람의 차례로 선다.

擧鼎入, 升, 皆如初奠之儀. 卒朼, 釋朼于鼎. 俎行, 朼者逆出, 甸人徹鼎. 其序, 醴·酒·菹·醢·黍·稷·俎.

정현주 '조행俎行'은 희생제기(俎)에 담은 뒤에 드는 것이다. 조俎를 든 사람이 가면 세발솥(鼎)을 치울 수 있다. 그 순서는 당에 올라 들어올 때의 차례이다. '俎行'者, 俎後執. 執俎者行, 鼎可以出. 其序, 升入之次.

[士喪禮12 : 經 – 196]

전奠의 음식물을 실室에서 진설하는 순서는 먼저 나무제기(豆)를 놓고 다음에 희생제기(俎)를 놓는데, 말린 고기를 담은 희생제기(俎)를 어린 돼지를 담은 희생제기(俎)와 생선을 담은 희생제기(俎)의 북쪽에 둘 사이에 가로질러 놓는다. 대나무제기(籩)를 놓는 자리에 찰기장 밥(黍)을 담은 밥솥(敦)과 메기장 밥(稷)을 담은 밥솥(敦)을 놓는데, 둘 다 뚜껑을 열어 밥솥(敦)의 남쪽에 놓는다. 마지막으로 예주와 청주를 대렴 때와 같은 위치에 놓는다.

其設于室, 豆錯, 俎錯, 腊特. 黍稷當籩位, 敦啓會·却諸其南. 醴酒位如初.

정현주 '대나무제기를 놓는 자리에 해당한다'(當籩位)는 것은 희

생제기(俎)는 서黍의 남쪽에, 서黍는 직稷의 동쪽
에 놓는다는 것이다. '회會'는 뚜껑이다. 금문본에
는 '敦'가 없다. '當邊位', 俎南黍, 黍東稷. '會', 蓋也.
今文無'敦'.

敦

대敦
(淸), 「흠정의례의소」

[士喪禮12 : 經 – 197]

음식물을 모두 진설한 후 축祝과 나무제기(豆)를 들었던 사람은 덮
개로 음식물을 덮고 나서[4] 나간다.

祝與執豆者巾, 乃出.

정현주 함께하는 것이다. 共爲之也.

[士喪禮12 : 經 – 198]

주인, 중주인衆主人, 부인들[5]은 용踊을 해야 할 때 모두 용踊을 하는
데, 아침과 저녁으로 곡哭을 할 때 하던 방식과 같이 한다. 사士는
보름 때 정식의 전(殷奠)[6]을 올리지 않는다.

主人要節而踊, 皆如朝夕哭之儀. 月半不殷奠.

정현주 '은殷'은 성대하다는 뜻이다. 사士가 보름에 초하루 때 올
렸던 것과 같은 정식의 전奠을 올리지 못하는 것은 신분이 높은 사람에 비해
예를 낮추기 때문이다. '殷', 盛也. 士月半不復如朔盛奠, 下尊者.

[士喪禮12 : 經 – 199]

철에 따라 새로운 음식을 올릴 경우는 초하루에 전奠을 올리는 절
차와 같이 한다.[7]

有薦新, 如朔奠.

정현주　　　　　　오곡五穀과 제철에 난 새 과일을 올리는 것이다. 薦五穀若
時果物新出者.

[士喪禮12 : 經 – 200]

초하루에 올리는 전(朔奠)을 거둘 때, 먼저 예주와 청주를 거두고,
그 밖의 음식은 먼저 진설한 것부터 순서대로 거둔다. 밥솥(敦)을
들 때에는 뚜껑을 열어 놓은 채로 들고, 뚜껑을 들 때는 뚜껑의 발
쪽이 앞을 향하게 든다. 전奠의 음식물을 거두어 나가는 순서는 들
어올 때의 순서와 같다.

徹朔奠, 先取醴酒, 其餘取先設者. 敦啓會, 面足. 序出, 如入.

정현주　　　　　　'뚜껑을 연다'(啓會)는 것은 거둘 때 다시 덮지 않는다는
것이다. '발쪽을 향하여 든다'(面足執之)는 것은 발쪽이 앞을 향하도록 한다
는 것이다. 밥솥(敦)[8]에 발이 있으니 대敦의 형태는 지금의 주대酒敦와 같다.
'啓會', 徹時不復蓋也. '面足執之', 令足間鄕前也. 敦有足, 則敦之形如今酒敦.

밖 즉 당 벽(序)의 서남쪽으로 내온 음식물들을 진설하는 방법은
실室 안에서 진설하던 것과 같이 한다.

其設于外, 如於室.

정 현 주

'밖'(外)은 당 벽(序)의 서남쪽이다. '外', 序西南.

1_ 매달 ~ 진설하는데 : 『예기』「玉藻」에 "매달 초하루에는 少牢로 식사를 하는데, 5組에 4簋를 차려 놓는다"(朔月少牢, 五組四簋)라고 하였다. 살아 있을 때에도 초하루에는 평상시보다 성대한 식사를 하였으니 초하루에 殷奠을 올리는 것은 살아 있을 때를 본뜬 것이다. 『의례정의』, 1800쪽 참조.

2_ 살아 있을 ~ 같다 : 살아 있을 때의 朝食과 夕食은 穀食을 위주로 한다. 이제 死者에게는 오직 초하루와 보름에만 黍稷을 올리는데, 이것이 평소의 조식·석식과 같은 것이다. 『의례정의』, 1801쪽 참조.

3_ 아침과 저녁마다 ~ 때 : 채덕진에 따르면 조석곡에 빈에게 배례를 하는 경우는 세 가지가 있다. 첫째는 묘문에 들어가려 할 때 묘문의 곁에서 세 번 배례를 하는 것, 둘째는 들어와 곡을 한 뒤 異爵에게 배례를 하는 것, 셋째는 떠나는 빈을 전송하면서 배례를 하는 것이 그것이다. 『의례정의』, 1801쪽 참조.

4_ 덮개로 음식물을 덮고 나서 : 희생의 고기가 있으므로 덮개를 덮는 것이다. 『의례정의』, 1803쪽 참조.

5_ 중주인, 부인들 : 奠을 올릴 때 장부가 踊을 하고, 내릴 때 부인이 踊을 하며, 전을 올린 사람이 重의 남쪽을 거쳐 동쪽으로 갈 때 장부가 踊을 하는데, 모두 朝夕哭과 朝夕奠을 할 때의 의식과 같이 한다. 장부와 부인을 언급하지 않은 것은 주인으로 그들을 통괄한 것이다. 『의례정의』, 1803쪽 참조.

6_ 정식의 전 : 殷은 성대하다 또는 정식으로 갖춘다는 의미이다. 殷奠은 성대하게 차린 奠, 즉 갖추어야 할 음식을 모두 갖춘 정식의 奠을 의미한다. 호배휘에 따르면, 殷奠이 되기 위해서는 희생을 담은 組가 있어야 한다. 『의례정의』, 1803쪽 참조.

7_ 초하루에 전을 ~ 한다 : 『예기』「檀弓」에 "새로 난 과일과 곡식을 올릴 때는 朔奠에서의 儀式처럼 한다"(有薦新, 如朔奠)라고 한 것에 대하여 정현은 "새로운 것을 중시하여 크게 올린다"(重新物, 爲之殷奠)라고 하였다.

8_ 밥솥 : 黍(찰기장 밥), 稷(메기장 밥), 稻(쌀밥), 粱(조밥) 등을 담아 두는 기물이다. 모두 뚜껑이 있어 밥을 따뜻하게 할 수 있다. 춘추전국 시기에 유행한 그릇으로 일반적으로 세 개의 짧은 다리가 있고, 배는 원형이고, 양쪽에 고리가 달려 있다. 뚜껑이 있고 뚜껑 위에는 들 수 있도록 자루가 달려 있다. 『예기』「明堂位」에 "유우씨는 2개의 敦를 사용하고, 하후씨는 4개의 連을 사용하였다"(有虞氏之兩敦, 夏后氏之四連)라고 하였는데, 정현의 주에 "모두 黍와 稷을 담는 그릇이다"(皆黍稷器)라고 하였고, 육덕명의 『경전석문』에 "敦는 음이 대(對)이다. 또한 都와 雷의 반절이다"(敦音對. 又都雷反)라고 하였다. 『삼례사전』, 811쪽 참조.

[士喪禮12 : 經-202]

묘자리를 점친다(筮宅).[1] 총인冢人이 묘자리를 조성한다.

筮宅. 冢人營之.

정현주 　　　　　'택宅'은 묘자리이다. '총인冢人'은 묘지의 묘자리를 담당
하는 유사이다. '영營'은 측량하다, 조성한다는 뜻과 같다. 『시경』에 "터를 잡
고 조성한다"라고 하였다. '宅', 葬居也. '冢人', 有司掌墓地兆域者. '營'猶度也.
『詩』云, "經之營之."

[士喪禮12 : 經-203]

예정한 자리의 네 모퉁이 부분을 파서 판 흙을 모퉁이 바깥쪽에
놓는다. 예정한 자리의 한가운데 부분을 파서 판 흙을 판 자리의
남쪽에 놓는다.

掘四隅, 外其壤. 掘中, 南其壤.

정현주 　　　　　매장을 할 때는 북쪽으로 머리를 둘 것[2]이기 때문이다.

爲葬將北首故也.

아침 곡哭을 마치고 주인과 중주인衆主人[3]이 모두 묘자리로 예정해 놓은 곳으로 가서, 묘자리 남쪽에서 북쪽을 향해 서서 수질과 요질을 벗는다.[4]

既朝哭, 主人皆往, 兆南, 北面, 免絰.

정현주 '조兆'는 역域(묘역)이니, 묘자리로 조성한 곳이다. '수질과 요질을 벗는다'(免絰)는 것은 길吉하기를 구할 때는 완전한 흉복凶服을 해서는 안 되기 때문이다.[5] '兆', 域也, 所營之處. '免絰'者, 求吉不敢純凶.

점치는 내용을 명령하는 사람(命筮者)[6]이 주인의 오른쪽에 선다.

命筮者在主人之右.

정현주 신분이 높은 사람을 대신하여 명령하는 사람은 오른쪽으로 나가는 것이 마땅하기 때문이다. 『예기』「소의」에 "군주를 도와 예물을 받을 때에는 군주의 왼쪽에서 하고, 군주를 도와 명을 고할 때에는 군주의 오른쪽에서 한다"라고 하였다. 命尊者宜由右出也. 「少儀」曰, "贊幣自左, 詔辭自右."

점을 치는 사람(筮者)이 동쪽을 향해 서서, 왼손으로 시초를 넣어 둔 아래통(下韇)을 잡고 오른손으로 위통을 뽑아 벗겨낸 다음, 위통을 왼손으로 넘겨서 아래통과 함께 잡고, 몸을 남쪽으로 향하여 점치는 내용에 대한 명령을 받는다.

筮者東面, 抽上韇, 兼執之, 南面受命.

정현주 '독韇'[7]은 점대를 보관하는 통이다. 점대를 보관하는 통의 덮개와 점대를 함께 잡는다. 금문본에는 '兼'이 없다. '韇', 藏筴之器也. 兼與筴執之. 今文無'兼'.

韇筮

서독筮韇

(清), 「흠정의례의소」

[士喪禮12 : 經-207]

명령하는 말은 다음과 같이 한다. "애자哀子 아무개가 그의 아버지 아무개보(某甫)를 위하여 묘자리를 점치고자 한다. 이곳을 묘자리(幽宅)로 정하려고 처음으로 자리를 잡았으니 후일에 잘못되는 사태는 없겠는가?"

命曰, "哀子某, 爲其父某甫筮宅. 度玆幽宅兆基, 無有後艱?"

정현주 '아무개보'(某甫)[8]는 아버지의 자字로, 산보山甫 또는 공보孔甫라고 하는 것과 같다. '택宅'은 거처의 뜻이다. '도度'는 도모한다는 말이다. '자玆'는 여기라는 뜻이다. '기基'는 처음이라는 뜻이다. '그의 아버지를 위하여 묘자리를 점치고자 하여 이제 이곳을 유택으로 정하려고 처음으로 자리를 잡았으니 후일에 잘못되는 사태가 없을 수 있겠는가?'라는 말이다. '잘못되는 사태'(艱難)는 비상적인 일과 붕괴 같은 것을 가리킨다. 『효경』에 "묘자리를 점쳐서 안장한다"라고 하였다. 고문본에는 '兆'가 없고 '基'가 '期'로 되어 있다. '某甫', 其⁹字也, 若言山甫·孔甫矣. '宅', 居也. '度', 謀也. '茲', 此也. '基', 始也. 言爲其父筮葬居, 今謀此以爲幽冥居兆域之始, 得無後將有艱難乎? '艱難', 謂有非常若崩壞也. 『孝經』曰, "卜其宅兆, 而安厝之." 古文無'兆', '基'作'期'.

[士喪禮12 : 經-208]

점을 치는 사람(筮人)은 허락을 한 후 명령을 반복하여 말하지 않고, 주인의 오른쪽으로 돌아 북쪽을 향해, 중앙 부분에 파놓은 곳을 가리켜 점을 친다. 괘를 기록하는 사람(卦者)는 점을 치는 사람의 왼쪽에 있는다.

筮人許諾, 不述命, 右還, 北面, 指中封而筮. 卦者在左.

정현주   '술述'은 따른다는 뜻이다. 명령을 받은 뒤에 반복하여 말하는 것을 술述이라 한다. '반복하여 말하지 않는다'(不述)는 것은 사士의 예는 간략하게 하기 때문이다. 무릇 시초점을 칠 때 점치는 내용을 복창하는 것이 술명이다. '중봉中封'은 가운데가 움푹 들어간 것이다. '괘자卦者'는 괘효를 땅에 그리는 사람이다.¹⁰ 고문본에는 '述'이 '術'로 되어 있다. '述', 循也. 旣受命而申言之曰述. '不述'者, 士禮略. 凡筮, 因會命筮爲述命. '中封', 中央壤也. '卦者', 識爻卦畫地者. 古文'述'皆作'術'.

[士喪禮12 : 經-209]

점치는 사람은 점치는 과정을 마치고, 얻은 괘卦를 들어 명령한 사람에게 보여 준다. 점칠 사항을 명령하였던 사람은 받아 보고 점치는 사람에게 돌려준다. 점치는 사람은 동쪽을 향해 여러 점치는 사람들과 함께 얻은 괘卦를 가지고 길흉을 판단한 다음, 나아가 점칠 사항을 명령하였던 사람과 주인에게 "점의 결과가 길하다"라고 보고한다.

卒筮, 執卦以示命筮者. 命筮者受視, 反之. 東面, 旅占卒, 進告于命筮者與主人, "占之曰從."

정현주 점치기를 마치고 괘를 기록하는 사람(卦者)이 괘를 그려 주인에게 보여 주면 주인이 받아서 든다. '여旅'는 여럿이라는 뜻이다. '돌려주면 여러 점치는 사람들과 함께 길흉을 점친다'(反與其屬共占之)는 것은 『연산』과 『귀장』 그리고 『주역』[11]을 담당하는 사람들이다. '종從'은 길하다는 말과 같다. 卒筮, 卦者寫卦示主人, 乃受而執之. '旅', 衆也. '反與其屬共占之', 謂掌『連山』·『歸藏』·『周易』者. '從猶吉也.'

[士喪禮12 : 經-210]

주인은 수질首絰과 요질腰絰을 다시 착용하고 곡哭을 하며,[12] 용용踊은 하지 않는다. 만일 점의 결과가 의도에 따르지 않으면, 다른 지역을 택하여 점을 치는데 그 절차는 앞서와 같이 한다.

主人絰, 哭, 不踊. 若不從, 筮擇如初儀.

정 현 주　　　　　다시 땅을 골라 점을 친다. 更擇地而筮之.

[士喪禮12 : 經-211]

집으로 돌아와서 빈궁殯宮 앞에서 북쪽을 향해 곡哭을 하고, 용踊
은 하지 않는다.

歸, 殯前北面哭, 不踊.

정 현 주　　　　　자리를 바꾸어 곡하는 것[13]은 비상한 일임을 밝힌 것이
다. 易位而哭, 明非常.

1_ 묘자리를 점친다 : 『예기』「雜記」에 "大夫가 葬地를 점치고(卜宅) 장례일을 점칠 때"
(大夫卜宅與葬日)라고 하였고, 또 "시초점을 치는(筮) 경우엔 筮史는 練冠을 쓰고 長
衣를 입고서 점을 친다"(如筮則史練冠, 長衣, 以筮)라고 하였다. 정현은 "'시초점을
친다'(筮)는 것은 장지를 시초로 점치는 것이다. 下大夫와 士의 경우를 가리킨다"(筮
者, 筮宅也, 謂下大夫若士也)라고 하였다. 공영달은 소에서 "대부는 신분이 높으므로
장지를 점치고 장례일을 점칠 수 있다. 하대부와 사는 복점을 써서는 안 되므로 서
점을 사용한다"라고 하였다. 이것에 따르면 거북점을 써서 장지를 점치는 것은 대
부의 예이고, 사의 경우에는 시초점을 사용한다. 『의례정의』, 1804쪽 참조.

2_ 북쪽으로 머리를 둘 것 : 『예기』「檀弓」에 "國都의 북쪽에 장사지내고 머리를 북쪽
방향으로 두는 것은 삼대가 통용한 예로서, 어두운 곳으로 가는 것이기 때문이다"
(葬於北方, 北首, 三代之達禮也, 之幽之故也)라고 하였다.

3_ 주인과 중주인 : 호배휘는 '주인이 모두 간다'고 하였으므로 중주인 또한 가는 것으
로 해석한다. 『의례정의』, 1805쪽 참조.

4_ 수질과 요질을 벗는다 : 오계공에 따르면 "絰은 상복의 가장 중요한 것인데, 이때
그것을 벗고 神明과 마주하니 사람과 마주하는 경우와는 다르다. 『예기』「服問」에
'무릇 다른 사람을 찾아가 만날 때에도 首絰을 벗지 않으며, 비록 군주를 알현하더
라도 수질을 벗지 않는다'(凡見人無免絰, 雖朝於君無免絰)"라고 하였다. 『의례정의』,
1806쪽 참조.

5_ 완전한 흉복을 ~ 때문이다 : 衰와 絰은 모두 凶服인데 여기에서 '수질과 요질을 벗
는다'고 하였으니, 衰服은 이전 그대로이면서 수질과 요질만을 벗은 것이다. 이것
이 '완전한 흉복이 아닌 것'(不純凶)이다. 『의례정의』, 1806쪽 참조.

6_ 점치는 ~ 사람 : 점칠 사항을 주인을 대신해서 명령하는 사람이다. 성세좌에 따르
면, 宰 즉 주인의 家臣 중에 우두머리가 이 일을 담당한다. 『의례정의』, 1806쪽 참
조.

7_ 독 : 筮은 점을 치는 점대, 즉 시초이다. 점대는 점대를 넣어 두는 통인 櫝에 들어 있
다. 원래 '櫝'은 활을 넣는 箭筒이다. 이 '전통'은 보통 가죽으로 만들며 아래통과 위
통 두 분으로 되어 있어 위통을 열고 닫는다. 점대를 넣어 두는 통도 역시 윗부분인
'上櫝'과 아래 부분인 '下櫝'의 두 부분으로 되어 있다. [사관례01 : 經-06] 참조.

8_ 아무개보 : 여기서 某(아무개)는 아버지의 이름이 아니라 字를 뜻하고 甫는 남자에
게 붙이는 美稱이다.

9_ 其 : 북경대본에는 '且'로 되어 있으나 교감기에 따라 바로잡는다.

10_ 괘효를 땅에 ~ 사람이다 : 卦者는 筮人이 점을 쳐서 얻은 효를 땅에 지팡이(杖)로
차례차례 그어서 괘를 기록하고, 筮人은 이렇게 얻은 괘를 목판에 기록해서 주인
에게 보여 주는 것이라고 한다. 이때에 筮人이 직접 괘를 목판에 기록하는 것은 그
것이 괘를 존중하고 蓍龜를 존중하는 도리이기 때문이다. 한편, 『의례』「특생궤사
례」에서는 卦者가 땅에 획을 그어서 괘를 기록한 뒤에, 이렇게 얻은 괘를 목판에

기록하면, 이것을 筮人이 주인에게 보이는데, 이것은 제사와 같은 吉禮는 완만하게 진행되기 때문이라고 한다. 『의례주소』, 10쪽, 가공언의 소 참조.

11_ 『연산』과 『귀장』 그리고 『주역』 : 三易이라고 한다. 『주례』「춘관·大卜」에 "점치는 사람은 세 가지 『易』을 관장하는데, 첫째는 『연산』, 둘째는 『귀장』, 셋째는 『주역』이라고 한다"(筮人掌三易, 一曰『連山』, 二曰『歸藏』, 三曰『周易』)고 하였다. 이에 대해서는 두 가지 설이 있다. 하나는 삼역의 명칭을 왕조의 이름과 연관시키는 설로, 공영달은 다음과 같이 말한다. 연산은 烈山의 가차음으로서, 열산은 신농이 일어난 지명이기 때문에 신농을 烈山氏라고 하고, 따라서 연산은 신농의 역이다. 주역은 岐山 남쪽의 땅, 즉 주나라가 일어난 주씨의 역이다. 귀장은 황제의 역이라고 한다. 또 다른 하나는 삼역을 그 내용에서 분류하는 방식으로, 후한의 杜子春은 『연산』을 복희씨, 『귀장』을 황제에 해당시키는 데 반하여, 정현은 『易讚』에서 "하나라의 역을 『연산』, 은나라의 역을 『귀장』, 주나라의 역을 『주역』이라 한다"고 하였다. 『연산』과 『귀장』은 한대에 이미 없어져서 어느 설이 옳은지 알 수 없다. 『의례정의』, 1811쪽 참조.

12_ 곡을 하며 : 부모가 장차 이곳으로 돌아가게 될 것을 슬퍼하기 때문이다. 『의례정의』, 1812쪽 참조.

13_ 자리를 바꾸어 곡하는 것 : 朝夕哭은 조계 아래에서 서쪽을 향하여 해야 하는데, 이제 묘자리를 점치고 돌아와 빈궁 앞에서 북쪽을 향하여 곡을 하는 것이 바로 자리를 바꾸어 곡하는 것이다. 『의례주소』, 828쪽 참조.

經-212에서 經-213까지는 곽과 광에 매장하는 기물(明器)을 살펴보는 의
식이다.

[士喪禮12 : 經-212]

바깥 널이 완성된 후 주인은 서쪽을 향해 널을 만든 목수에게 배
례를 하고, 왼쪽으로 곽槨을 한 바퀴 돌면서 살펴보고 자리로 돌
아와, 곡哭을 하고 용踊은 하지 않는다. 부인들은 당에서 곡哭을
한다.

旣井椁, 主人西面拜工, 左還椁, 反位, 哭, 不踊. 婦人哭于堂.

정현주   '기旣'는 마친다는 뜻이다. 목수가 곽을 만들 때 목재를
깎고 다듬어 빈궁殯宮의 문 밖에 '정井'자 모양으로 얽어 놓는다. '자리로 돌
아온다'(反位)는 것은 배례하는 자리이다. 곡을 끝내면 광중壙中으로 가서 벌
여 놓는다. 주인이 곽椁을 돌아보는 것 또한 조곡朝哭을 마치고 한다. '旣', 已
也. 匠人爲椁, 刊治其材, 以井構於殯門外也. '反位', 拜位也. 旣哭之, 則往施之壙中
矣. 主人還椁, 亦以旣朝哭矣.

[士喪禮12 : 經-213]

광에 매장하는 기물(明器)을 만들 재료를 빈궁殯宮 문 밖[1]에 진설하
는데, 서쪽을 향하고 북쪽을 윗자리로 삼으며, 북쪽에서부터 남쪽

으로 진설하다가 남쪽 끝에 이르면 다시 북쪽으로 꺾어 진설한다. 진설한 재료들을 주인이 두루 살펴보고 자리로 돌아와 곡哭을 하는데, 바깥 널을 살펴볼 때와 같이 한다. 광에 매장하는 기물(明器)을 완성한 후 칠을 하지 않은 것이거나 또는 칠을 한 것이거나 모두 주인에게 보일 때, 주인이 살펴보는 절차는 광에 매장하는 기물(明器) 재료를 살펴볼 때와 같이 한다.

獻材于殯門外, 西面北上, 綪. 主人徧視之, 如哭椁. 獻素·獻成亦如之.

정현주   '재材'는 광에 매장하는 기물(明器)을 만들 재료이다. '살펴본다'(視之)는 것 또한 목수에게 배례하고 왼쪽으로 도는 것이다. 모양만 정해진 것이 '소素'이고, 문식까지 끝난 것이 '성成'이다. '材', 明器之材. '視之', 亦拜工左還. 形法定爲'素', 飾治畢爲'成'.

1_ 빈궁 문 밖 : 적침의 문 밖을 가리킨다. 『의례정의』, 1814쪽 참조.

[士喪禮12 : 經-214]

장례 날짜를 점친다.(卜日)¹ 아침 곡哭하는 절차를 마치고 주인, 중주인衆主人, 외형제外兄弟, 여러 빈賓들은 모두 문 밖의 제자리로 돌아간다. 복인卜人²은 먼저 거북을 묘문 밖의 서당西堂(西墊) 위에 놓는데, 거북의 머리가 남쪽을 향하게 하고, 거북의 아래에 자리를 깔아 놓는다. 초돈楚焞을 홰(燋)와 함께 거북 동쪽에 놓는다.

卜日. 既朝哭, 皆復外位. 卜人先奠龜于西墊上, 南首, 有席. 楚焞置于燋, 在龜東.

정현주   '초楚'는 가시나무이다. '형돈荊焞'은 거북에 불을 붙이는 것이다. '초燋'는 횃불로, 불을 붙이는 것이다. 『주례』 「수씨」에 "초燋와 계契를 제공하여 점치는 일을 대비하는 일을 담당한다. 무릇 점을 칠 때는 명화明火로 불을 피워 거북껍질을 잘 그을린 뒤 복사卜師에게 주어 점치는 일을 돕는다"라고 하였다. '楚', 荊也. '荊焞', 所以鑽

구龜 · 초燋 · 초돈楚焞

섭숭의(宋), 『삼례도』

灼龜者. '燋', 炬也, 所以然火者也. 『周禮』「菙氏」, "掌共燋契, 以待卜事. 凡卜, 以明
火爇燋, 遂灼其挨契, 以授卜師, 遂以役之."

[士喪禮12 : 經－215]

족장族長은 장례 날짜를 점치는 의식에 와서 참가하는데, 다른 종
인宗人들과 함께 길복吉服인 현단복玄端服을 입고 묘문 서쪽에 서
서 동쪽을 향해 있는데, 남쪽을 윗자리로 삼는다. 점치는 사람 세
사람이 그 남쪽에 서는데, 북쪽을 윗자리로 삼는다. 복인卜人, 홰
를 든 사람, 자리를 든 사람이 묘문 밖의 서당西堂(西塾)의 서쪽에
선다.

族長涖卜, 及宗人, 吉服立于門西, 東面南上. 占者三人在其南, 北
上. 卜人及執燋席者在塾西.

정현주   '족장族長'은 족인들의 친소관계를 담당하는 사람이다.
'이涖'는 임한다는 뜻이다. '길복吉服'은 현단복을 입는 것이다. '점치는 사람
세 사람'(占者三人)이란 옥조玉兆와 와조瓦兆 그리고 원조原兆[3]를 담당하는
사람이다. '숙塾의 서쪽에 있는다'(在塾西)는 것은 남쪽을 향하여 동쪽을 윗
자리로 삼는다는 것이다. '族長', 有司掌族人親疏者也. '涖', 臨也. '吉服', 服玄端
也. '占者三人', 掌玉兆·瓦兆·原兆者也. '在塾西'者, 南面東上.

[士喪禮12 : 經－216]

묘문廟門 중에 서쪽 문짝은 닫고 동쪽은 열어 놓은 채로, 주부들이

문 안쪽에 선다.

闔東扉, 主婦立于其內.

정현주 　　　　　'비扉'는 문짝이다. '扉', 門扉也.

[士喪禮12 : 經－217]

문 말뚝(閩)⁴ 서쪽 문지방(閾)의 바깥에 자리(席)를 깔아 놓는다.

席于閩西·閾外.

정현주 　　　　　점칠 사람을 위해서이다. 고문본에는 '閩'이 '槷'로 '閾'이 '蹙'으로 되어 있다. 爲卜者也. 古文'閩'作'槷', '閾'作'蹙'.

[士喪禮12 : 經－218]

이때 종인이 주인에게 준비가 다 되었다고 보고한다. 주인은 북쪽을 향해 착용하고 있던 수질首絰과 요질腰絰을 벗어 왼쪽 팔뚝에 걸친다. 족장族長은 문 서쪽으로부터 문 동쪽의 자리로 와서 서쪽을 향해 선다.

宗人告事具. 主人北面, 免絰, 左擁之. 涖卜卽位于門東, 西面.

정현주 　　　　　'이복涖卜'은 족장이다. 다시 '서쪽을 향한다'(西面)는 것은 주인을 대신하여 점을 치도록 명령해야 하기 때문이다. '涖卜', 族長也. 更'西面', 當代主人命卜.

[士喪禮12 : 經 – 219]

복인은 거북과 홰(燋)를 안고 문 중앙으로 와 자리 위에 놓는다.
먼저 거북에게 전奠을 올리고 머리를 서쪽으로 두며 홰는 북쪽에
둔다.

卜人抱龜燋. 先奠龜, 西首, 燋在北.

정현주 　　　　홰에 전奠을 올린 뒤 또 거북을 들고 기다린다. 旣奠燋, 又
執龜以待之.

[士喪禮12 : 經 – 220]

종인은 복인으로부터 거북을 받아 거북 등의 볼록 솟은 부분을 족
장에게 보여 준다.

宗人受卜人龜, 示高.

정현주 　　　　거북의 등의 볼록 솟
아 있어 구을 만한 곳을 족장에게 보여
준다. 以龜腹甲高起所當灼處, 示涖卜也.

구고龜高

황이주(淸), 『예서통고』

[士喪禮12 : 經 – 221]

족장은 받아 보고 돌려준다. 종인은 몸을 돌려 조금 물러나서 점
칠 사항에 대한 명령을 받는다.

涖卜受視, 反之. 宗人還, 少退, 受命.

정현주　　　족장의 명령을 받는 것이다. 거북을 줄 때는 가까이에서
해야 하고, 명령을 받을 때는 물러나야 한다. 受涖卜命. 授龜宜近, 受命宜卻也.

[士喪禮12 : 經-222]
명령하는 말은 다음과 같다. "애자哀子 아무개(某)가 앞으로 아무
날에 그의 아버지 아부개보(甫)의 장례를 거행하고자 하여 점을 치
니, 상하의 귀신에게 허물과 후회가 없을 수 있겠는가?"
命曰, "哀子某, 來日某, 卜葬其父某甫, 考降無有近悔?"

정현주　　　'고考'는 오른다는 뜻이고, '강降'은 내린다는 뜻이다. '이
날 장례를 치르고자 점을 치니 상하의 귀신에게 허물과 후회가 없을 수 있
을 것인가?'라는 말이다. '考', 登也, '降', 下也. 言卜此日葬, 魂神上下得無近於咎
悔者乎?

[士喪禮12 : 經-223]
종인은 응답하고 명령을 반복하여 말하지 않고서, 몸을 돌려 자리
로 나아가, 서쪽을 향해 앉아, 거북을 향해 점을 칠 일을 알린다.
이어 일어나서 복인에게 거북을 주고, 묘문의 동쪽 문짝에 등지고
선다.
許諾, 不述命, 還卽席, 西面坐, 命龜. 興, 授卜人龜, 負東扉.

종인이 '명령을 반복하여 말하지 않는다'(不述命)는 것은 또한 사례士禮는 간략히 하기 때문이다. 점을 칠 때는 언제나 술명述命을 하는데, 거북에게 명을 할 때만 달리하는 것은 거북은 중重하고 위의威儀가 많기 때문이다. '동쪽 문짝에 등지고 선다'(負東扉)는 것은 거북의 점괘를 기다리는 것이다. 宗人'不述命', 亦士禮略. 凡卜, 述命, 命龜異, 龜重, 威儀多也. '負東扉', 俟龜之兆也.

[士喪禮12 : 經 - 224]

복인은 앉아서 거북을 태우고 일어난다.

卜人坐, 作龜, 興.

'작作'은 태운다(灼)는 뜻과 같다. 『주례』「복사」에 "무릇 점치는 일은 불쑥 솟은 곳을 보여 주고 불을 피워 거북을 태워 검게 만든다"라고 하였다. '흥興'은 일어난다는 뜻이다. '作'猶灼也. 『周禮』「卜師」, "凡卜事, 示高, 揚火以作龜, 致其墨." '興', 起也.

[士喪禮12 : 經 - 225]

종인은 거북을 받아 족장에게 보여 준다. 족장은 받아 보고 돌려준다. 종인은 물러나 묘문 서쪽에서 동쪽을 향해 있고, 세 명의 점치는 사람이 태운 거북에 의거하여 점을 쳐서, 점을 마친 후 거북을 종인에게 돌려준다. 종인은 거북을 다시 들고 족장과 주인에게 보고하여 "점에 '어느 날이 길하다'"고 말한다.

宗人受龜, 示泡卜. 泡卜受視, 反之. 宗人退, 東面, 乃旅占, 卒. 不釋龜, 告于泡卜與主人, "占曰某日從."

정현주 '거북을 놓지 않는다'(不釋龜)는 것은 다시 잡는다는 것이다. 고문본에는 '爲日'이라고 하였다. '不釋龜', 復執之也. 古文曰'爲日'.

[士喪禮12 : 經-226]
종인은 복인에게 거북을 주고, 점친 결과를 주부主婦들에게 보고한다. 주부들이 듣고 나서 곡哭을 한다.
授卜人龜, 告于主婦. 主婦哭.

정현주 거북을 들지 않는 것은 주인보다 낮추는 것이다. 不執龜者, 下主人也.

[士喪禮12 : 經-227]
종인은 경卿·대부大夫들에게 알리고, 사람을 보내 점칠 때 참가하지 못한 여러 빈賓들에게 알린다.
告于異爵者, 使人告于衆賓.

정현주 '중빈衆賓'은 오지 못한 동료와 친우이다. '衆賓', 僚友不來者也.

복인은 거북을 거둔다. 종인은 주인에게 장례일을 점치는 절차가
완료되었음을 보고한다. 주인은 수질首絰과 요질腰絰을 착용하고
묘묘廟로 들어가 빈궁 앞에서 곡哭을 하는데, 묘자리를 점칠 때 하던
것과 같이 한다. 빈이 물러 나가면 주인은 묘문 밖까지 나가서 배
례를 하면서 전송한다. 만일 점친 결과가 길하지 않을 때는 다른
날짜를 택해서 점치는데, 앞서 했던 절차와 같이 한다.

卜人徹龜. 宗人告事畢. 主人絰, 入, 哭如筮宅. 賓出, 拜送. 若不從,
卜宅如初儀.

1_ 장례 날짜를 점친다 : 「사관례」와 「특생궤사례」의 경우 제사는 모두 시초점을 치지만 여기에서만 거북점을 치는 것은 매장하는 일을 중시하고 또한 길례와는 달리하기 때문이다. 『의례정의』, 1814쪽 참조.

2_ 복인 : 호광충의 『의례석관』에 따르면, 大夫와 土는 筮人만 있고 卜人은 없다. 이 복인은 公의 신하 가운데 파견되어 喪事를 돕는 사람이다. 『의례정의』, 1815쪽 참조.

3_ 옥조와 와조 그리고 원조 : 兆는 거북점을 칠 때, 불로 거북을 태우면 균열이 생기는 문양을 말한다. 균열의 문양에 따라 그 길흉을 점친다. 삼조는 玉兆·瓦兆·原兆를 말한다. 『의례정의』, 1817쪽 참조.

4_ 문 말뚝 : 두 문짝이 맞닿는 곳에 세운 두 말뚝으로 문짝이 문지방 안으로 들어오는 것을 막아 준다. 말뚝과 말뚝 사이를 '中門'이라고 하며, 君과 賓이 드나든다. 말뚝 동쪽은 闑東, 서쪽은 闑西라고 하며, 大夫·土·擯·介가 드나든다.

旣夕禮
第十三

역주 장동우

旣夕禮 第十三

소 정현鄭玄의 『삼례목록三禮目錄』에서 말한다. "「사상례士喪禮」의 하편이다.[1] '기旣'는 끝마쳤다(已)는 뜻이다. 매장 이틀 전 석곡夕哭을 마칠 때로 매장일과 하루의 간격을 두고 있는 때를 말한다. 무릇 사당을 알현하는 날짜는 계빈啓殯할 시기를 알려 주는 날과 매장하는 날 사이에 반드시 있어야 한다. 여기서 제후의 하사下士가 일묘一廟이고 그 상사上士가 이묘二廟이니, 석곡夕哭을 마친 것은 매장 사흘 전이다.[2] 대대본의 『의례』에는 제15로 되어 있고, 소대본의 『의례』에는 제14로 되어 있으며, 유향劉向의 『별록別錄』에는 「사상례士喪禮」 하편 제13으로 되어 있다."

소 鄭『目錄』云, "「士喪禮」之下篇也. '旣', 已也. 謂先葬二日, 已夕哭時, 與葬間一日. 凡朝廟日, 請啓期, 必容焉. 此諸侯之下士一廟, 其上士二廟, 則旣夕哭先葬前三日. 『大戴』第十五, 『小戴』第十四, 『別錄』名「士喪禮」下篇第十三."

1_「사상례」의 하편이다 : 가공언에 따르면, 『별록』에 근거해서 말한 것으로, 下士의 始
死를 기록하고 이어서 매장할 시기를 기록하면서 총괄하여 기록하고 있으므로 「사
상례」의 하편이라고 한 것이라고 해석한다. 『의례주소』, 834쪽 참조.

2_여기서 ~ 전이다 : 가공언에 따르면 一廟의 경우는 하루에 朝廟를 하고, 二廟의 경
우는 이틀에 걸쳐 朝廟를 하므로, 啓殯할 시기를 알려 주는 날이 매장 3일 전이어야
祖廟를 하는 2일이 들어갈 수 있으므로 3일 전이다. 그렇다면 대부로서 三廟인 경우
에는 매장 4일 전, 제후로서 五廟인 경우에는 매장 6일 전, 천자로서 七廟인 경우에
는 매장 8일 전에 啓殯할 시기를 알려 주게 된다고 본다. 그러나 오불은 "「曾子問」에
'천자와 제후의 상에 祝이 여러 묘의 신주를 모셔다가 태조의 묘에 모아놓았다가,
卒哭祭를 마친 뒤에 신주를 각각 자기의 묘로 되돌린다'라고 하였으므로 6일 또는 8
일 동안 일일이 거치는 일이 대부 또한 태조묘가 있으니 예는 동일해야 한다. 사는
태조가 없으므로 2묘를 하루에 다 朝見한다"라고 하여 가공언의 주장에 반대한다.
『의례주소』, 834쪽 및 『의례정의』, 1826쪽 참조.

經-01에서 經-02까지는 계빈啓殯할 시간을 지시해 줄 것을 청하는 의절이다.

[旣夕禮13 : 經-01]

석곡夕哭을 마친 후,[1]

旣夕哭,

정현주 　　　　　'기旣'는 마친다(已)는 뜻이다. 주인이 침문寢門을 나와 곡哭을 그치고, 문 밖의 제자리로 돌아간 때를 말한다. '旣', 已也. 謂出門哭止, 復外位時.

[旣夕禮13 : 經-02]

유사有司는 주인에게 계빈啓殯할 시간을 지시해 줄 것을 청하고, 그 시간을 빈賓에게 알린다.

請啓期, 告于賓.

정현주 　　　　　장례를 치르려면 널(柩)[2]을 조묘祖廟에 옮겨야 하는데, 유사가 이때 주인에게 계빈할 시간을 지시해 줄 것을 청하고, 그 시간을 빈에게 알려 준다. 빈들이 그 시간을 알아야 하기 때문이다. 금문본에는 '啓'가 '開'로 되어 있다. 將葬, 當遷柩于祖, 有司於是乃請啓殯之期於主人以告賓. 賓宜知其時也. 今文'啓'爲'開'.

1_ 석곡을 마친 후 : 啓殯할 시기를 알려 주도록 요청하는 일을 朝哭 뒤에 하지 않는 것은 계빈이 다음날 일찍 있으므로 석곡 뒤에 요청하는 것이다. 『의례정의』, 1826쪽 참조.

2_ 널 : 『예기』 「곡례하」에 "사망한 뒤 침상에 놓였을 때는 '尸'라고 하고, 관에 들어가면 '柩'라고 한다"(在牀曰'尸', 在棺曰'柩')라고 하였다. 이는 大斂을 하여 입관하기 이전 시신이 평상에 놓여 있을 때는 '尸'라고 하고, 시신을 棺에 안치하면 '柩'라고 한다는 것이다.

經-03에서 經-05까지는 미리 조묘에 찬饌을 진설하는 의절이다.

[旣夕禮13 : 經 - 03]

이튿날 날이 밝기 전에 일어나, 세발솥(鼎)¹을 들 사람과 전奠을 진
설한 사람들을 위하여² 대야(盥)를 조묘祖廟의 문 밖 동쪽에 진설한
다.³

夙興, 設盥于祖廟門外.

정현주   '조祖'는 왕부王父(할아버지)⁴이다. 하사下士는 할아버지와
아버지가 묘廟를 함께한다.⁵ '祖', 王父也. 下士祖禰共廟.

[旣夕禮13 : 經 - 04]

세발솥(鼎) 세 개를 진설하는데 모두 빈殯⁶을 마친 후 전奠을 올릴
때처럼 하며, 당 동쪽에 전奠에 쓸 음식물을 진설하는 것⁷ 또한 그
때와 같이 한다.

陳鼎皆如殯, 東方之饌亦如之.

정현주   '개皆'는 모두 세 개의 세발솥이다. '빈을 할 때와 같다'(如
殯)는 것은 대렴大斂을 하고 빈殯을 마친 후에 올리는 전奠과 같게 한다⁸는

뜻이다. '皆', 皆三鼎也. '如殯', 如大斂旣殯之奠.

이상夷牀[9]은 조묘의 당 아래 조계와 서쪽 계단 사이에 진설한다.
夷牀饌于階間.

정현주   '이夷'는 시신을 말한다. 조묘를 알현할 때 시신의 머리를
북쪽으로 하여 널(柩)을 바르게 놓는데[10] 이때 이상을 사용한다. '夷'之言尸也.
朝正柩, 用此牀.

1_세발솥 : 세 개의 다리가 달린 희생 담는 기구이다. 鑊에서 희생을 삶는데, 그것이 익으면 鼎에 올려놓고 그 맛을 조리한다. 먹을 때에는 鼎에서 희생의 몸체를 꺼내어 俎에다 올려놓는다. 초기에 鼎은 희생을 삶은 그릇과 희생을 담는 그릇을 겸하였는데, 후에 오로지 희생을 담아 두는 그릇이 되었다. 爵位의 차이에 따라 鼎을 사용하는 수도 다르다. 『설문』「鼎部」에 "鼎은 다리가 셋이고 귀가 둘인데, 다섯 가지 맛을 조리하는 寶器이다"(鼎, 三足兩耳, 和五味之寶器)라고 하였다. 『삼례사전』, 977쪽 참조.

2_세발솥을 들 ~ 위하여 : 대야를 설치하는 것은 세발솥을 들 사람과 전을 진설한 사람을 위해서이다. 『의례정의』, 1827쪽 참조.

3_대야를 조묘의 ~ 진설한다 : 가공언은 소에서 "대야를 진설하는 것은 鼎을 들 사람이 손을 씻을 수 있게 하기 위해서이며, 대렴 때와 마찬가지로 문 밖 동쪽에 진설한다"라고 하였다. 『의례주소』, 835쪽 참조.

4_왕부 : 『예기』「곡례」에 "제사의 도리에서는 손자가 조부의 시동이 된다"(夫祭之道, 孫爲王父尸)라고 하였는데, 이는 조부가 왕부가 됨을 말하는 것이다. 여기서는 祖廟를 말한다. 『예기』「祭法」에 "고묘와 왕고묘이다"(曰考廟, 曰王考廟)라고 하였다. 즉 돌아가신 아버지의 묘와 할아버지의 사당을 가리킨다. 『의례정의』, 1827쪽 참조.

5_하사는 ~ 한다 : 『예기』「祭法」에 "適士는 二廟이고, 官師는 一廟다"라고 하였는데, 정현의 주에 "官師는 中士와 下士이다"라고 하였다. 여기서 하사만을 거론한 것은 하사를 들어서 중사를 포함시킨 것이다. 『의례정의』, 1827쪽 참조.

6_빈 : 棺을 구덩이(肂)에 넣고 거기에 시신을 모시는데 이것을 殯이라고 한다. 堂의 서쪽 계단 위에 있다. [사상례12 : 經─126]의 정현 주 및 『삼례사전』, 1199쪽 참조.

7_당 동쪽에 ~ 진설하는 것 : 가공언은 "廟門 밖 阼階 아래에 서쪽을 향하고 북쪽을 위쪽으로 한 것"(卽門外及陳於阼階下, 亦西面北上)을 말한다고 해석한다. 『의례주소』, 835쪽 참조.

8_대렴을 하고 ~ 같게 한다 : 殯을 한 뒤 대렴전을 올릴 때 때 어린 돼지 한 마리, 생선, 토끼 말린 고기 등을 세 개의 세발솥에 나누어 진설하는데 묘문 밖에 서쪽을 향하여 북쪽을 윗자리로 삼는다. 여기에서 세발솥을 진설할 때도 그와 같다. 『의례주소』, 835쪽 참조.

9_이상 : 시신을 堂으로 옮기는 것을 '夷尸'라고 하는 것처럼 시신을 놓는 牀을 '夷牀'이라고 한다. 『의례주소』, 836쪽 참조.

10_널을 바르게 놓는데 : 시신의 머리를 북쪽으로 향하게 하는 것이다. 『의례주소』, 836쪽 참조.

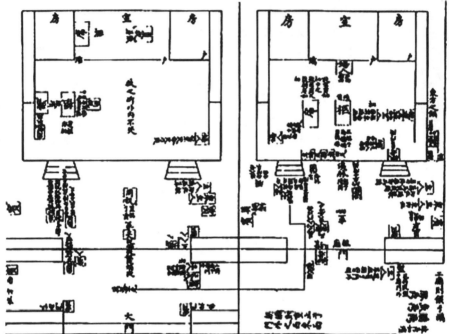

[旣夕禮13 : 經 - 06]

두 명의 집사가 각각 횃불(燭)¹을 하나씩 들고 빈궁殯宮의 문 밖에
서 대기한다.

二燭俟于殯門外.

정현주   이른 아침에는 어두우므로 밝히기 위해서이다. 횃불(燭)
은 증촉²을 사용한다. 早闇, 以爲明也. 燭用烝.

[旣夕禮13 : 經 - 07]

남자들은 문免을 하고 부인들은 북상투(髽)를 하며, 허리를 두르고
남은 부분은 늘어뜨리고,³ 조석곡朝夕哭 때처럼 빈궁 문 밖의 정해
진 자리로 나아간다.

丈夫髽, 散帶垂, 卽位如初.

정현주   장차 계빈啓殯을 하기 위해 예모禮貌를 바꾼 것이다. 이
는 호문互文으로 장부와 부인이 함을 보인 것이다.⁴ '북상투'(髽)는 부인이 예
모를 바꾼 것이다. 「상복소기」에 "남자는 문免을 하고 부인은 북상투를 하

며, 남자는 관冠을 쓰고 부인은 비녀를 꽂는다"라고 하였다. '여초如初'는 조석곡 때처럼 빈궁 문 밖의 자리로 나아간다는 뜻이다. 爲將啓變也. 此互文以相見耳. '髽', 婦人之變. 「喪服小記」曰, "男子免而婦人髽, 男子冠而婦人笄." '如初', 朝夕哭門外位.

[旣夕禮13 : 經−08]

남자들이 빈궁으로 들어올 때 당 위의 부인들은 곡哭을 하지 않는다. 주인이 빈을 향해 배례를 하고, 빈궁에 들어와, 자리에 나아가서 왼팔의 소매를 벗어낸다(袒).

婦人不哭. 主人拜賓, 入, 卽位, 袒.

정현주 여기서 처음처럼 한다고 하지 않는 것은 남자들이 빈궁의 문으로 들어올 때 곡을 하지 않기 때문이다. '곡을 하지 않는다'(不哭)는 것은 장차 계빈의 일이 있기 때문에 떠들썩하기를 그치는 것이다. 此不象5如初者, 以男子入門不哭也. '不哭'者, 將有事, 止讙囂.

[旣夕禮13 : 經−09]

상축商祝이 문免을 하고 왼팔의 소매를 벗어내고(袒) 재로 마전한 베(功布)를 들고 빈궁으로 들어가는데, 서쪽 계단으로 계단의 최상층까지만 올라가며 당堂에 오르지는 않는다. 신神을 경각시키는 소리를 세 차례 내고 이어서 빈궁을 연다고 세 차례 말하고 난 뒤, 주인 남녀 이하 모두에게 곡을 할 것을 명한다.

商祝免·袒, 執功布入, 升自西階, 盡階, 不升堂. 聲三, 啓三, 命哭.

'공포功布'는 회灰(재)로 마전한 베를 말하는데, 그것을 들고 신神을 접하는 것은 먼지를 닦아 내는 것처럼 흉사凶邪한 기운을 제거[6]하기 위해서이다. '성삼聲三'은 세 차례 소리를 내는 것으로, 신神을 경각시키는 것이다. '계삼啓三'은 세 차례 빈궁을 연다고 말하는 것으로, 신神에게 고하는 것이다. 구설舊說에는 '성聲'을 '희흥噫興'이라고 하였다.[7] 금문본에는 '免'이 '絻'으로 되어 있다. '功布', 灰治之布也, 執之以接神, 爲有所拂抗也. '聲三', 三有聲, 存神也. '啓三', 三言啓, 告神也. 舊說以爲'聲', '噫興'也. 今文'免'作'絻'.

[旣夕禮13 : 經 – 10]

두 명의 집사가 횃불(燭)을 들고 빈궁殯宮으로 들어간다.

燭入.

하나는 실室에서 전奠을 치울 때 비추고, 다른 하나는 당堂에서 구덩이(堲)[8]를 열 때 비추기 위함이다. 炤徹與啓堲者.

[旣夕禮13 : 經 – 11]

주축周祝이 전날에 올린 전(宿奠)을 치우고 당堂을 내려와, 하축夏祝과 계단 아래에서 서로의 오른쪽으로 지나친다. 하축이 명정銘旌[9]을 가져다가 중重[10]이 있는 곳에 놓는다.

祝降, 與夏祝交于階下. 取銘置于重.

'축강祝降'은 축祝이 전날에 올린 전(宿奠)을 치우고[11] 당

堂을 내려오는 것이다. '하축과 지나친다'(與夏祝交)는 것은 일이 서로 이어지는 것이다. 하축이 '명정을 가져다가 중重에 놓는 것'(夏祝取銘置於重)은 계빈을 하기 위해 그것을 옮겨 놓는 것이다. 길사吉事에는 지나치는 것을 서로 왼쪽으로 하며, 흉사凶事에는 지나치는 것을 서로 오른쪽으로 한다. 금문본에는 '銘'이 모두 '名'으로 되어 있다. '祝降'者, 祝徹宿奠降也. '與夏[12]祝交', 事相接也. 夏祝取銘置于重, 爲啓殯遷之. 吉事交相左, 凶事交相右. 今文'銘'皆作'名'.

[旣夕禮13 : 經 - 12]

주인主人이 용용踊[13]을 하는데 횟수에 정해진 한도가 없다.

踊無算.

정 현 주 주인이 하는 것이다. 主人也.

[旣夕禮13 : 經 - 13]

계빈啓殯을 마친 후 상축商祝이 마전한 베(公布)를 사용하여 널(柩)을 닦고, 이금夷衾[14]을 가지고 널을 덮는다.

商祝拂柩用功布, 幠用夷衾.

정 현 주 '불拂'은 먼지를 제거하는 것이다. '무幠'는 덮는 것인데, 그 형체가 노출되기 때문이다. '拂', 去塵也. '幠', 覆之, 爲其形露.

1_ 촉 : "불을 땅에 두면 燎(화톳불)라 하고, 손에 잡으면 燭(횃불)이라 한다"(火在地曰
   '燎', 執之曰'燭') [사상례12 : 經－122]의 정현 주 참조.

2_ 증 : 『주례』 「甸師」에 "땔감을 공급하여 음식을 익히고 조리하는 일을 담당한다"(以
   薪蒸, 役外內饔)라고 하였고, 이에 대해 정현의 주에는 "큰 것을 薪이라 하고, 작은
   것을 蒸이라 한다"(大曰薪, 小曰蒸)라고 하였다. 또 『예기』 「少儀」 주에 "다 자라지 않
   은 것을 樵라 한다"라고 하였는데 樵가 곧 蒸이다. 『의례주소』, 836쪽 참조.

3_ 허리를 두르고 ~ 늘어뜨리고 : 大功 이상의 사람들은 처음 腰帶를 늘어뜨리고 묶지
   않았다가 成服 때가 되면 묶는다. 여기에서 免, 북상투, 散帶는 모두 尸柩를 殯하기
   전에 했던 것이고, 이제 啓殯을 하여 널을 보게 될 것이므로 소렴 때와 같이 바꾼 것
   이다. 『의례정의』, 1829쪽 참조.

4_ 호문으로 ~ 것이다 : 가공언은 "북상투는 부인의 變制이므로 免은 남자의 변제이
   다. 따라서 남자의 경우는 그 사람만 언급하고 免을 한다는 사실은 표시하지 않았
   지만 남자들은 免을 해야 한다. 부인의 경우는 북상투를 한다는 사실은 언급하고
   그것을 하는 사람은 표시하지 않았지만 부인들은 북상투를 해야 한다. 그러므로 호
   문으로 서로를 보인 것이라고 한 것이다"라고 하였다. 『의례주소』, 836쪽 참조.

5_ 象 : 어떤 본에는 象으로 되어 있으나, 疏에도 蒙으로 되어 있다. 『의례주소』, 837쪽
   참조.

6_ 흉사한 기운을 제거 : 공포는 7승 이하의 베이다. '拂拭'은 먼지를 털어 낸다는 말과
   같다. 아래 경문에서 "商祝이 功布를 사용하여 柩를 닦는다"고 하였는데 이때는 먼
   지를 털어 내는 것이다. 본 경문에서 처음 신령에게 고하면서 공포로 닦는 것은 흉
   사한 기운을 제거하기 위해서이다. 그러나 심동은 "「단궁」에 '임금이 신하의 喪에
   임할 때 巫官은 복숭아나무를 잡고, 축관은 빗자루를 잡는다'(君臨臣喪, 以巫祝桃茢)
   라고 한 것에 대하여, 정현의 주에는 '흉하고 사악한 기운이 시신의 곁에 있기 때문
   이다'(爲有凶邪之氣在側)라고 하였다. 그렇다면 흉사한 기운을 털어 내는 것은 국군
   이 신하의 상에 친림했을 때의 예인데, 어찌 자식이 아버지의 빈궁을 열면서 이 예
   를 사용하겠는가?'라고 비판한다. 호배휘는 "상축이 이때 공포를 가지고 들어가는
   것은 널이 구덩이에서 나오기를 기다려 털어 내기 위해서이다"라고 해석한다. 『의
   례주소』, 839쪽 및 『의례정의』, 1832쪽 참조.

7_ 구설에는 ~ 하였다 : 『예기』 「曾子問」에 "대축이 소리를 세 번 낸다"(祝聲三)고 한 것
   에 대하여 정현의 주에서는 "聲은 噫歆이라는 소리를 내는 것으로 신령을 경각시키
   는 것이다"(聲, 噫歆, 警神也)라고 하였다.

8_ 구덩이 : 肂는 관을 안치한 구덩이이다. 西階 위에 판다. [사상례12 : 經－126]의 정
   현 주 참조.

9_ 명정 : [사상례12 : 經－25] 참조.

10_ 증 : [사상례12 : 經－80] 정현의 주 및 각주 참조.

11_ 전날에 올린 전을 치우고 : 정현과 가공언은 모두 奠을 치우고 내려오는 것으로 보

지만, 오계공은 "周祝이 명정을 가지고 내려오는 것이다. 주축이 올라간 것을 기록하지 않았으므로 내려오는 것을 가지고 보인 것이다"라고 하였다. 호배휘, 『의례정의』, 1833쪽 참조.

12_ 夏 : 북경대본에는 '下'로 되어 있으나 『의례정의』에는 '夏'로 되어 있다. 『의례정의』에 따른다.

13_ 용 : 상례에서 애통한 마음을 표시하는 의절이다. 哭을 하는 자가 가슴을 두드리고 발을 구르면서 극도의 슬픔을 표시한다. 한번 踊을 할 때마다 세 번 발을 구르는데, 세 번 용을 하여 9번 발을 구르는 것으로 한 의절을 삼는데, 이를 '成踊'(용을 이룸)이라고 한다(一踊三跳, 三踊九跳, 稱成踊). 『삼례사전』, 360쪽 '成踊'항목 참조.

14_ 이금 : 정현의 주와 가공언의 소에 따르면, 처음 죽었을 때 시신을 덮는 이불이 斂衾이며, 이 염금은 대렴을 할 때에도 사용한다. 그리고 小斂을 할 때 사용하는 이불을 夷衾이라고 하는데, 이 이금에 사용하는 천의 색깔과 길이는 冒의 양식과 동일하다. [사상례12 : 經-95] 정현의 주와 가공언의 소 참조.

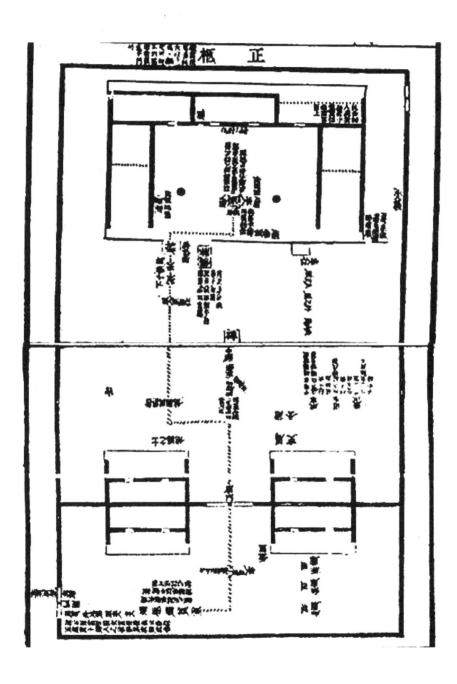

[旣夕禮13 : 經-14]
공축輁軸(관굄차)¹을 사용하여 널(柩)을 조묘祖廟로 옮긴다.
遷于祖, 用軸.

정현주   '천遷'은 옮긴다는 뜻으로, 조묘로 옮기는 것은 조묘를 알
현하는 것이다. 「단궁檀弓」에 "은나라의 예는 조묘에 알현시키고 나서 조묘
에 빈궁殯宮을 차린다. 주나라의 예는 조묘에 알현시키고 난 뒤 장사葬事를
지른다"라고 하였는데, 대개 평소 집을 나설 때 반드시 존자(尊)에게 고하는
것을 본뜬 것이다. '축軸'은 관굄차(輁軸)이다. 축軸의 형상은 굴림바퀴(轉轔)
와 같은데 양쪽 끝 부분을 깎아 지軹(굴대)를 만든다. 공輁의 형상은 긴 침상
과 같은데 정程(몸체의 양쪽 횡목)에 구멍을 뚫고 앞뒤에 쇠를 붙여 굴대(軹)를
연결한다. 대부와 제후 이상은 사면을 둘러치는데 그것을 춘輴이라고 한다.
천자는 거기에 용龍을 그려 넣는다. '遷', 徙也, 徙於祖, 朝祖廟也. 「檀弓」曰, "殷
朝而殯於祖. 周朝而遂葬", 蓋象平生將出必辭尊者. '軸', 輁軸也. 軸狀如轉轔, 刻兩
頭爲軹. 輁狀如長牀, 穿程, 前後著金而關軹焉. 大夫諸侯以上, 有四周, 謂之輴. 天
子畫之以龍.

[旣夕禮13 : 經−15]

중重이 먼저 들어가고,² 전奠이 따르고, 횃불이 따르고, 널(柩)이 따르고, 횃불이 따르고, 중주인과 부인³이 친소親疏와 소목昭穆을 기준으로 순서대로 따른다.

重先, 奠從, 燭從, 柩從, 燭從, 主人從.

정현주 빈궁에서 조묘까지 갈 때의 순서이다. '중주인과 부인이 따른다'(主人從)는 것은 장부丈夫들은 오른쪽으로 부인들은 왼쪽으로 따르는데, 상복의 친소를 기준으로 순서를 정하고 다시 각각 그 소목에 따라 순서를 정한다는 것⁴이다. 남빈男賓⁵은 앞에, 여빈女賓은 뒤에 위치한다. 行之序也. '主人從'者, 丈夫由右, 婦人由左, 以服之親疏爲先後, 各從其昭穆. 男賓在前, 女賓在後.

[旣夕禮13 : 經−16]

널(柩)이 서쪽 계단을 통해 조묘로 오른다.

升自西階.

정현주 널(柩)을 말한다. 여전히 자식의 도리에 따르는 것이니,⁶ 따라서 조계阼階를 통해 오르지 않는다. 柩也. 猶用子道, 不由阼也.

[旣夕禮13 : 經−17]

전奠은 우선 서쪽 계단 아래에서 널(柩)을 바르게 안치하는 것을 기다리는데, 동쪽을 향하되 북쪽을 윗자리로 삼는다.

奠俟于下, 東面北上.

정현주   널(柩)을 바르게 안치하는 것을 기다리는 것이다. 俟正柩也.

[旣夕禮13 : 經-18]

주인이 널(柩)을 따라 당堂에 올라와 동쪽의 자리에서 서쪽을 향하여 선다. 부인도 주인을 따라 당에 올라 서쪽의 자리에서 동쪽을 향하여 선다. 중인衆人[7]은 조계阼階 아래의 자리로 나아간다.

主人從升. 婦人升, 東面. 衆人[8]東卽位.

정현주   동쪽의 자리이다. 東方之位.

[旣夕禮13 : 經-19]

당 위 두 기둥(楹)[9] 사이에 널(柩)을 바르게 안치하는데, 이상夷牀을 이용한다.

正柩于兩楹間, 用夷牀.

정현주   '당 위 두 기둥 사이'(兩楹間)는 호戶(출입문)와 유牖(창문)를 향하는 것[10]을 본뜬 것이다. 이때 널(柩)은 머리를 북쪽으로 둔다. '兩楹間', 象鄕戶牖也. 是時柩北首.

[旣夕禮13 : 經 - 20]

주인은 널(柩)의 동편으로 가서 서쪽을 향하여 선다. 중重을 설치하는데 처음 빈궁殯宮에 있을 때와 동일한 절차로 한다.[11]

主人柩東, 西面. 置重如初.

정현주   빈궁에 있을 때와 같게 하는 것이다. 如殯宮時也.

[旣夕禮13 : 經 - 21]

자리(席)[12]를 든 사람이 당堂으로 올라가 널(柩)의 서편에 자리를 편다. 처음 빈궁에서 아침저녁으로 실室 안에 전을 진설할 때와 동일한 절차로 전奠을 진설한 뒤 수건으로 덮는다. 전奠을 진설하기 위해 당을 오르내릴 때는 서쪽 계단을 통해서 한다.

席升, 設于柩西. 奠設如初, 巾之. 升降自西階.

정현주   '널(柩)의 서편에 자리(席)를 편다'(席設于柩之西)는 것은 널(柩)의 바로 서쪽, 서쪽 계단에 해당하는 곳에 편다는 것이다. 널(柩)을 따라 들어와 처음처럼[13] 전奠을 진설하는데, 동쪽을 향하도록 한다. 널(柩)에 통섭되지 않도록[14] 하려는 것이고, 신혼神魂은 서쪽을 향하지 않기 때문이다. 널(柩)의 동쪽에 진설하지 않는 것은 동쪽이 신위神位가 아니기 때문이다.[15] '수건으로 덮는다'(巾之)는 것은 바람과 먼지를 막기 위해서이다. '席設于柩之西', 直柩之西, 當西階也. 從奠設如初, 東面也. 不統於柩, 神不西面也. 不設柩東, 東非神位也. '巾之'者, 爲禦當風塵.

주인이 용踊을 하는데 횟수에 정해진 한도가 없다. 주인이 당을 내
려와 빈賓에게[16] 배례를 하고, 조계 아래의 자리로 나아가 용踊을
하고, 왼팔의 소매를 벗어냈던(袒) 차림에서 다시 원래의 상태로
옷을 잘 여며 입는다(襲).[17] 주부主婦 및 친親한 자는 시신의 발의 남
쪽을 경유하여 널(柩)의 동편에서 서쪽을 향하여 선다.

主人踊無算. 降, 拜賓, 卽位, 踊, 襲. 主婦及親者由足, 西面.

정현주 　　　　전奠을 진설할 때, 부인들은 모두 실호室戶의 서편에서
남쪽을 향하다가, 전奠의 진설이 끝나면 동쪽을 향한다.[18] 친한 자는 서쪽을
향하는데, 당 위가 좁으므로 소원한 자는 방 안에서 서쪽을 향해도 괜찮다.

設奠時, 婦人皆室戶西南面, 奠畢, 乃得東也. 親者西面, 堂上迫, 疏者可以居房中.

축軸

황이주(淸), 『예서통고』

1_ 공축 : 관을 운반하는 수레로, 寑牀 모양의 臺에 바퀴를 달지 않고 대신 구르는 축(軸 : 散輪)을 달아 놓았다. 관굄차라고 한다. [사상례12 : 經─127] 및 『삼례사전』, 963쪽 참조.

2_ 중이 먼저 들어가고 : 重에는 명정이 있어 柩를 표시하므로 앞에 있는다. 『의례정의』, 1836쪽 참조.

3_ 중주인과 부인 : 호배휘는 '주인'을 중주인과 부인을 가리키는 것으로 해석한다. 『의례정의』, 1837쪽 참조.

4_ 상복의 친소를 ~ 정한다는 것 : 강조석은 "『예기』「喪服小記」의 喪服의 곱고 거친 정도를 가지고 순서를 삼는다는 말이다. '각각 그 소목을 따른다'는 것은 다시 존비에 따라 순서를 정하는 것이다. 예를 들어 자최복의 경우는 世叔父가 앞에 서고, 兄弟가 그 다음, 형제의 자식이 그 다음에 가는 것이다"라고 하였다. 즉 먼저 상복의 종류를 기준으로 순서를 정하고, 같은 상복을 하는 사람들의 경우는 다시 소목을 기준으로 순서를 정한다는 말이다. 『의례정의』, 1836쪽 참조.

5_ 남빈 : 남빈과 여빈에 대해 가공언은 상복이 없는 자라고 하였다. 그러나 방포는 "상례에서 여빈은 바로 고모와 자매 시집간 딸 그리고 宗婦로서, 일을 돕는 사람이다. 모두 중자부와 같은 항렬에 있어야 한다"라고 해석한다. 『의례주소』, 841쪽 및 『의례정의』, 1837쪽 참조.

6_ 여전히 ~ 것이니 : 호배휘는 "살아 있을 때는 자식의 도리에 따라 祖廟에 오르내릴 때 阼階를 경유하지 않는다. 이제 조묘에 알현할 때도 여전히 그렇게 한다"라고 하였다. 오계공은 "서쪽 계단으로 오르는 것은 신령으로 대우하는 것이다. 무릇 널이 밖에서 조묘로 들어갈 경우 소렴을 마쳤으면 조계로 오르는데, 차마 살아 있을 때와 달리하지 못하기 때문이다. 대렴을 마친 경우에는 서쪽 계단으로 오른다"라고 하였다. 『의례정의』, 1837쪽 참조.

7_ 중인 : 호배휘는 衆子와 자최 이하의 사람들을 모두 포함하는 것으로 해석한다. 『의례정의』, 1839쪽 참조.

8_ 人 : 『의례정의』에는 人 앞에 主자가 더 있다.

9_ 두 기둥 : 堂上에는 東楹과 西楹 두 기둥이 있다. 『의례』「사혼례」에 "主人이 賓과 더불어 堂에 올라가 서쪽을 향해 서는데, 빈은 西階로 올라간다. … 楹間에서 술잔을 건네주고, 남쪽을 향해 선다"(主人以賓升, 西面, 賓升西階, … 授于楹間, 南面)라고 하였다. '楹間'은 두 기둥의 사이로 당의 동서의 중앙을 가리킨다. '楹間'을 '楹內'라고도 칭한다. 『삼례사전』, 916쪽 참조.

10_ 호와 유를 향하는 것 : 호와 유의 사이는 빈의 자리로서 또한 국군이 신하들의 조회를 받는 곳이며 부모의 신령이 계시는 곳이므로, 두 기둥 사이에 북쪽을 향하도

주

록 안치하는 것이다. 호의 서쪽 유의 동쪽은 당 위의 정 중앙으로서 존자가 머무는 곳이다. 이 경문에서 두 기둥 사이에 구를 바르게 안치하는 것은 바로 당의 동서 방향으로 중앙에 놓는다는 것으로, 호와 유 사이에 있는 존자의 자리를 향하는 것을 본뜬 것이다. 『의례주소』, 841쪽 및 『의례정의』, 1839쪽 참조.

11_처음 빈궁에 ~ 한다 : 殯宮에 있을 때처럼, 뜰의 남쪽 1/3 지점에 중을 설치한다는 것이다. 『의례주소』, 842쪽 참조.

12_자리 : '席'에는 '莞席'(골풀로 짠 자리), '藻席'(마름 잎으로 판을 덮은 자리), '次席'(껍질이 붉은 대나무로 엮은 자리), '蒲席'(부들로 엮은 자리), '熊席'(곰의 가죽으로 만든 자리)의 다섯 가지가 있다. 정현은 펼쳐서 놓는 것을 '筵'이라 하고, 그 위에 겹쳐 까는 것을 '席'이라 한다고 하였으며, 가공언은 처음 땅에 한 겹을 놓는 것을 '筵'이라 하고, 그 위에 겹쳐 포개어 놓는 것을 '席'이라고 하였다. 『예서통고』, 2527쪽 참조.

13_처음처럼 : 빈궁에서 아침저녁으로 室 안에 전을 진설하는 것처럼 한다는 것이다. 『의례주소』, 842쪽 참조.

14_널에 통섭되지 않도록 : 가공언은 "柩 가까이에 奠을 진설하지 않는 것을 말한다. 柩 가까이에 진설하면 柩에 통섭된다"라고 하였다. 『의례주소』, 842쪽 참조.

15_동쪽이 신위가 아니기 때문이다 : 이는 신위가 奧에 있고 동쪽에 있지 않다는 것에 근거하여 말한 것이다. 그렇다면 소렴의 전을 시신의 동쪽에 진설하는 것은 막 임종을 하여 차마 살아 있을 때와 달리할 수 없기 때문이다. 대렴 이후에 전은 모두 室에 진설하니, 또한 柩에 통섭되지 않는다. 『의례주소』, 842쪽 참조.

16_빈에게 : 빈궁에 머물면서 주인이 啓殯을 하고 소묘에 알현하는 것을 보러 온 빈이다. 『의례주소』, 843쪽 참조.

17_원래의 상태로 ~ 입는다 : 주인은 계빈을 하기 전 빈궁에 들어가 자리에 나아갈 때 袒을 하였고, 이때에 이르러 습을 하는 것이다. 『의례정의』, 1840쪽 참조.

18_동쪽을 향한다 : 주인이 柩의 동쪽에 있으므로 奠이 진설되기를 기다려 주인이 내려가 賓에게 배례를 하면 부인이 이때 동쪽으로 갈 수 있다. 『의례주소』, 843쪽 참조.

[旣夕禮13 : 經-23]

혼거魂車[1]를 올리는데 동쪽 추녀(東榮)[2]에 바짝 두고, 끌채(輈)가 북
쪽을 향하도록 한다.[3]

薦車, 直東榮, 北輈.

정현주 　　　　　'천薦'은 올린다(進)는 뜻이다. 수레를 올린다는 것은 살아
있을 때 장차 출행出行을 하려고 멍에(駕)를 씌우는 것을 본뜬 것으로, 오늘
날은 그것을 혼거라고 한다. '주輈'는 원轅(끌채)이다. 수레는 동쪽 추녀(東榮)
에 해당하는 곳에 두는데, 뜰 중앙에 동쪽으로 진설하되, 서쪽을 윗자리로
삼는다.[4] '薦', 進也. 進車者, 象生時將行陳駕也, 今時謂之魂車. '輈', 轅也. 車當東
榮, 東陳西上於中庭.

[旣夕禮13 : 經-24]

동틀 무렵에 횃불(燭)을 끈다.

質明, 滅燭.

정현주 　　　'질質'은 바야흐로(正)의 뜻이다. '質', 正也.

[旣夕禮13 : 經 – 25]

전奠을 철거하는 자는 조계阼階를 통하여 당堂으로 올라가며, 전奠
을 가지고 내려올 때는 서쪽 계단을 경유한다.

徹者升自阼階, 降自西階.

정현주 전奠을 철거하는 것은 새로운 전奠을 피하기 위한 것이
다. 당 위 동쪽과 서쪽의 벽(序)의 서남쪽에 진설하지 않는 것은 이미 두 번
진설하였는데[5] 다시 진설하는 것이 설만褻慢하기 때문이다. 徹者, 辟新奠. 不
設序西南, 已再設爲褻.

[旣夕禮13 : 經 – 26]

이어서 전奠을 진설하는데, 처음 널(柩)을 따라 들어와 전奠을 진설
할 때처럼[6] 하며, 전을 진설하는 자가 당堂을 오르내릴 때는 서쪽
계단을 경유한다.

乃奠如初, 升降自西階.

정현주 조전祖奠[7]을 올리기 위해서이다. 전奠을 진설하는 자가
당을 오를 때 조계를 경유하지 않는 것은 널(柩)이 머리를 북쪽으로 향하고
있어 그 발쪽을 피하려는 것이다. 爲遷祖奠也. 奠升不由阼階, 柩北首, 辟其足.

[旣夕禮13 : 經 – 27]

주인과 주부는[8] 용踊을 해야 할 때마다 용踊을 한다.

主人要節而踊.

'절節'은 전奠이 당을 오르고 내려올 때[9]이다. '節', 升降.

[旣夕禮13 : 經 − 28]

수레를 끌 말을 올리는데, 가슴걸이 끈(纓)은 삼색三色으로 장식하여 세 가닥으로 만들며, 말을 끌고 묘문廟門을 들어가 말의 머리를 북쪽으로 향하게 진설한다. 두 말의 고삐를 교차시켜 쥐고 말을 기르는 사람(圉人)이 좌우에서 말을 끈다.[10]

薦馬, 纓三就, 入門, 北面. 交轡, 圉人夾牽之.

수레를 끌 말은 매 수레에 두 필이다. '영纓'은 지금의 마앙馬鞅(말의 가슴걸이 끈)이다. '취就'는 이룬다(成)는 뜻이다. 제후의 신하는 말의 가슴걸이 끈(纓)을 붉은색과 흰색 그리고 푸른색의 삼색으로 장식하여 세 가닥으로 만든다. 이 삼색은 대개 조사條絲(실을 꼬아서 만든 끈)이다. 그것을 그물처럼 붙이는 것이다. 천자의 신하는 그 명수命數대로 장식하고, 왕의 혁로革路[11]는 조條로 말의 가슴걸이 끈을 만든다. '어인圉人'은 말을 기르는 자이다. 좌우에 있는 것을 '협夾'이라고 한다. 전奠의 진설을 마치고 이어서 수레를 끌 말을 올리는 것은 조묘를 밟고 더럽히기 때문이다. 무릇 조묘의 문을 들어가서는 뜰의 1/3 남쪽에 선다. 駕車之馬, 每車二匹. '纓', 今馬鞅也. '就', 成也. 諸侯之臣, 飾纓以三色而三成. 此三色者, 蓋條絲也. 其著之如罔然. 天子之臣, 如其命數, 王之革路條纓. '圉人', 養馬者. 在左右曰'夾'. 旣奠乃薦馬者, 爲其踐汙庿中也. 凡入門, 參分庭一在南.

[旣夕禮13 : 經 - 29]

수레를 모는 사람(御者)은 채찍(策)을 들고 말 뒤에 선다. 이때 주인
이 곡哭을 하고 세 번 용踊을 하면, 어인이 말을 끌고 오른쪽으로
돌아서 묘문廟門을 나간다.

御者執策立于馬後. 哭, 成踊. 右還, 出.

정현주   주인이 이때 곡을 하고 용踊을 하는 것은 수레를 올리는
예가 말을 올리는 예에서 완성되기 때문이다. 主人於是乃哭踊者, 薦車之禮, 成
於薦馬.

[旣夕禮13 : 經 - 30]

빈賓이 나가면 주인은 묘문 밖에서 빈賓을 전송한다.

賓出, 主人送于門外.

1_혼거 : 평소에 타던 것으로 영혼이 그것에 의지하므로 혼거라고 한다. 『의례정의』, 1842쪽 참조.

2_동쪽 추녀 : 동쪽 처마를 말한다. '榮'은 지붕의 용마루 양 끝 부분인데 새의 날개 형상을 하기 때문에 지붕의 날개 즉 '屋翼'이라고 한다. 『예기』「喪大記」에 "군주의 측근 신하가 復을 하는데, 복을 할 때에는 朝服을 입는다. 군주를 위해서는 袞服을 입고, 군주의 부인을 위해서는 闕狄을 입으며 … 모두 東榮으로부터 올라가서 지붕 한 가운데의 높은 곳에서 북쪽을 바라보면서 세 번 부른다"(小臣復, 復者朝服. 君以卷, 夫人以屈狄, 大夫以玄赬, 世婦以襢衣, 士以爵弁, 士妻以稅衣, 皆升自東榮, 中屋履危, 北面三號)고 한 것에 대해, 공영달의 소에는 "'榮'은 지붕의 날개(屋翼)이다. 천자와 제후는 모두 사면으로 물이 흐르게 하여 지붕을 만든다. 하지만 대부 이하는 사면으로 물이 흐르게 하지 못하고 단지 남쪽과 북쪽 두 곳으로 물이 흐르게 하여, 곧은 머리를 하는데, 머리 부분이 곧 屋翼이다"(榮, 屋翼也. 天子·諸侯, 四注爲屋. 而大夫以下, 不得四注, 但南北二注, 而爲直頭, 頭卽屋翼也)고 해석하였고, 진호는 "천자와 제후의 지붕은 모두 사면으로 물이 흘러내리게 하지만 대부 이하는 단지 앞뒤로 처마가 있을 뿐이다. 翼은 지붕의 양 머리에 있는데 날개와 비슷하기 때문에 '屋翼'이라고 칭한다"(天子·諸侯屋皆四注, 大夫以下但前簷後簷而已. 翼在屋之兩頭, 似翼, 故名屋翼也)고 하였다. 『예기집설』 참조.

3_북쪽을 향하도록 한다 : 이여규는 안쪽을 향하는 것으로 보고, 오계공은 柩가 머리를 북쪽으로 하기 때문이라고 본다. 『의례정의』, 1841쪽 참조.

4_서쪽을 윗자리로 삼는다 : 이 수레는 널을 싣는 수레가 아니다. 바로 아래 [기석례 13 : 記─60]에서 '乘車', '道車', '槀車'를 언급하면서 차례로 언급하고 있다. 먼저 승거를 진설하고, 다음으로 도거를 진설하며, 그다음으로 고거를 진설하는 것이다. 이 세 가지 수레는 서쪽을 윗자리로 하여 진설한다. 『의례주소』, 843쪽 참조.

5_이미 두 번 진설하였는데 : 이전에 계빈하기 전에 그곳에 이미 奠을 진설하였고, 조묘에 알현할 때 다시 그곳에 전을 진설하여 이미 두 번 진설하였다. 여전히 서의 서남쪽에 진설한다면 욕되고 설만하기 때문에 진설하지 않는 것이다. 『의례정의』, 1842쪽 참조.

6_처음 널을 ~ 때처럼 : 무릇 奠은 모두 조계를 통해 올리고 서쪽 계단을 통해 내리는데, 이 전과 앞에서 진설한 구를 따라 들어와 올린 전은 경에서 모두 서쪽 계단을 통해 오르고 내린다고 하였으므로 주석을 한 것이다. 『의례정의』, 1843쪽 참조.

7_조전 : 祖는 始의 뜻으로, 장차 길을 나서려고 할 때 술을 마시는 것을 '祖'라고 하며, 祖奠은 柩車가 묘지로 향해 출발할 때 올리는 奠이다.

8_주인과 주부는 : 여기에서 부인이 용을 한다고 말하지 않는 것은, 앞에서 '장부가 용을 한다'고 말한 경우가 많았고 그때 장부는 부인에 대해서 호칭하는 것이기 때문이다. 여기에서는 주인이라고 말하였으니 주부를 포함할 수 있다. 『의례정의』, 1843쪽 참조.

9_ 전이 당을 ~ 내려올 때 : 奠이 오를 때는 주인이 용을 하고 내려올 때는 부인이 용을 한다. 『의례주소』, 844쪽 참조.

10_ 두 말의 ~ 끈다 : 오계공은 "말마다 고삐가 두 개이니 고삐를 교차시켜 좌우에서 끄는 것으로, 왼쪽에 있는 사람이 오른쪽 말의 고삐를 끌고, 오른쪽 사람은 왼쪽 말의 고삐를 끄는 것을 말한다"라고 해석한다. 학경은 "두 개의 안쪽 고삐를 교차시켜 묶은 뒤 두 圉人이 각각 바깥쪽 고비를 잡고 좌우에서 끄는 것이다"라고 하였다. 『의례정의』, 1843쪽 참조.

11_ 혁로 : 五路 가운데 하나로 옛날 제왕이 타던 兵車의 일종이다. 가죽으로 덮을 뿐 다른 장식을 하지 않는데, 作戰이나 제후국 또는 변경을 순시할 때 사용한다. 『주례』 「춘관·巾車」에 "혁로는 재갈을 흑색과 백색으로 하고 끈은 다섯 번 꼰 것으로 하고 태백기를 세우는데, 전쟁에 나아가고 사방 국경을 지키는 제후를 봉할 때 사용한다"(革路, 龍勒, 條纓五就, 建大白, 以卽戎, 以封四衛)라 되어 있고, 이에 대해 정현은 "革路는 가죽으로 수레를 끄는 밧줄을 만들고 옻칠을 하되 다른 장식은 하지 않는다"(鞔之以革而漆之, 無他飾)라고 하였다. 『삼례사전』, 604쪽 참조.

「재구진기도載柩陳器圖」

(淸),『흠정의례의소』

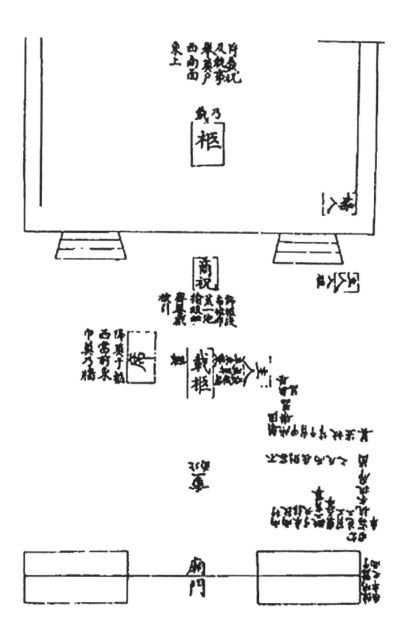

經-31에서 經-37까지는 출발하려고 할 때 먼저 널(柩)을 싣고 널을 실을
수레(柩車)를 장식하는 의절이다.

[旣夕禮13 : 經-31]

유사有司는 주인이 빈을 전송하기 위해 문 밖으로 나와 있을 때, 구
거柩車가 묘지로 향해 출발할 때 올리는 전(祖奠)¹을 진설할 시간을
지시해 주기를 청한다.

有司請祖期.

정현주 　　　　　 또한 주인이 문 밖의 자리에 있을 때 조전祖奠 시간을 청
한 것이니, 빈賓에게 고해야 하기 때문이다. 빈賓은 매번 일이 끝나면 곧 돌
아간다.² 장차 길을 나서려고 할 때 술을 마시는 것을 '조祖'라고 하는데, '조
祖'는 처음 길을 나선다는 뜻이다. 亦因在外位請之, 當以告賓. 每事畢輒出. 將行
而飮酒曰'祖'. '祖', 始也.

[旣夕禮13 : 經-32]

주인은 "해가 서쪽으로 기울 때이다"라고 한다.

曰, "日側."

정현주 　　　　 '측側'은 기운다(昃)는 뜻으로, 해가 중천을 지나 서쪽으로

기울려고 할 때[3]를 말한다. '側', 昳也, 謂將過中之時.

[旣夕禮13 : 經−33]

주인은 묘廟로 들어와 왼팔의 소매를 벗어낸다(袒). 이어서 당 위에 있는 널(柩)을 뜰의 구거柩車에 실으면, 주인은 용踊을 하는데 횟수에 정해진 한도가 없다. 널(柩)을 구거 위에 묶는 것을 마치면, 주인은 왼팔의 소매를 벗어냈던(袒) 차림에서 다시 원래의 상태로 옷을 잘 여며 입는다(襲).

主人入, 袒. 乃載, 踊無算. 卒束, 襲.

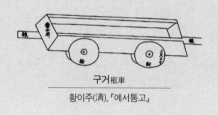

구거柩車
황이주(淸), 『예서통고』

정현주　　　　'단袒'은 널(柩)을 구거에 싣기 위하여 예모禮貌를 바꾼 것이다. 이어서 널(柩)을 들고 당 아래로 내려가[4] 구거에 싣는다. '속束'은 관棺을 구거에 묶는 것이다.[5] 아래 기記에서 "빈賓이 나가면, 이때 수인遂人과 장인匠人이 일꾼을 지휘하여 구거柩車를 당 아래 양쪽 계단 사이에 두게 한다"[6]고 하였는데, 이 수레를 말한다. '袒', 爲載變也. 乃擧柩卻下而載之. '束', 束棺於柩車. "賓出, 遂匠納車于階間", 謂此車.

빈궁殯宮에서 널(柩)을 옮겨 조묘祖廟에 알현할 때 올린 전(遷祖奠)
을 당 위에서 당 아래로 가지고 내려와 진설하는데, 널(柩)의 앞부
분을 묶은 곳(前束)의 서쪽 즉 시신의 어깻죽지에 해당하는 곳에 진
설한다.

降奠, 當前束.

빈궁에서 널(柩)을 옮겨 조묘에 알현할 때 올린 전(遷祖奠)
을 가지고 내려오는 것이다. '널(柩)의 앞부분을 묶은 곳에 해당한다'(當前束)
는 것은 시신의 우우隅(어깻죽지)에 해당하는 곳이라고 하는 것과 같다. 또한 당
위에서 널(柩)의 서쪽에 진설했던 것처럼 구거柩車의 서쪽에 놓는다. 널(柩)
을 구거에 묶을 때는 앞부분과 뒷부분을 묶는다. 下遷祖之奠也. '當前束', 猶當
尸隅也. 亦在柩車西. 束有前後也.

상축商祝이 널(柩)을 장식하는데,[7] 구거柩車의 윗덮개(柳) 앞에 하나
의 빗물받이 장식(池)을 설치하며, 앞은 붉고 뒤는 검은 두 색깔의
비단(繒)으로 만든 띠를 사용하여 구거 위의 황荒과 유帷[8]를 묶고,
윗덮개의 끝부분에 삼색으로 인끈(齊)을 하는데, 제齊 위에 패貝는
사용하지 않는다.

商祝飾柩, 一池, 紐前纁後緇, 齊三采, 無貝.

정현주

　　'널(柩)을 장식한다'(飾柩)는 것은 구거의 옆덮개(牆)와 구거의 윗덮개(柳)를 설치하기 위한 것이다. 아래 [기記—95]에서 "덮개로 전물奠物을 덮은 후에 옆덮개(牆)를 설치한다"(巾奠, 乃牆)고 한 것은 이것을 말한다. 옆덮개에는 베로 된 유帷를 씌우고, 윗덮개에는 베로 된 황荒을 씌운다. '빗물받이 장식'(池)은 궁실宮室의 빗물받이(承霤)를 본뜬 것[9]으로 대나무로 만드는데, 형상이 작은 수레 다래끼(車筈)와 같으며 푸른 베로 씌운다. 하나의 빗물받이 장식(池)을 구거의 윗덮개(柳) 앞에 매단다.[10] 사士는 청황색의 비단에 꿩을 그려 넣지 않는다.[11] '뉴紐'는 유帷와 황荒을 연결하는 것으로 앞은 붉고 뒤는 검은데, 그것으로 장식을 삼는다. 좌우 면에 각각 앞뒤로 있다. 제齊는 류柳의 중앙에 자리하는데 지금 작은 수레 덮개 위의 인끈(蕤)과 같다. 세 가지 채색의 비단(繒)으로 만드는데, 윗부분은 붉고, 가운데는 희며, 아랫부분은 파랗다. 솜으로 붙인다. 원사元士 이상에게는 패貝 장식이 있다.

'飾柩', 爲設牆柳也. "巾奠乃牆", 謂此也. 牆有布帷, 柳有布荒. '池'者, 象宮室之承霤, 以竹爲之, 狀如小車筈, 衣以靑布. 一池縣於柳前. 士不揄絞. '紐', 所以聯帷荒, 前赤後黑, 因以爲飾. 左右面各有前後. 齊居柳之中央, 若今小車蓋上蕤矣. 以三采繒爲之, 上朱, 中白, 下蒼. 著以絮. 元士以上有貝.

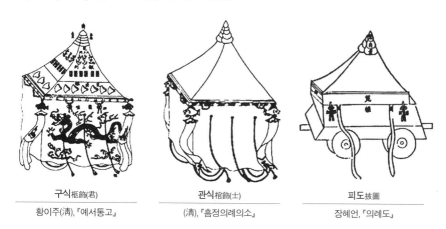

구식柩飾(君)	관식棺飾(士)	피도披圖
황이주(淸), 『예서통고』	(淸), 『흠정의례의소』	장혜언, 『의례도』

[旣夕禮13 : 經 – 36]

끈(披)을 설치한다.

設披.

정현주   구거의 윗덮개와 관棺을 묶은 가죽 끈(棺束)을 끈(披)으로 연결하여 대戴에 꿰어 묶고[12] 사람들이 곁에서 그것을 당겨 기울거나 쓰러지는 것에 대비한다. 「상대기喪大記」에 "사士의 상喪에서 대戴는 앞부분은 분홍색으로 하고 뒷부분은 검은색으로 한다. 끈(披) 2개는 분홍색으로 한다"라고 하였다. 금문본에는 '披'가 모두 '藩'으로 되어 있다. 披絡柳棺上, 貫結於戴, 人居旁牽之, 以備傾虧. 「喪大記」曰, "士戴前纁後緇. 二披, 用纁." 今文'披'皆爲'藩'.

[旣夕禮13 : 經 – 37]

구거柩車를 끄는 줄(引)을 부착한다.

屬引.

정현주   '촉屬'은 부착한다(著)는 뜻과 같다. '인引'은 구거를 끄는 것으로, 축순軸輴(구거의 굴대축)에 있는 것을 불綍이라고 한다.[13] 옛날에는 사람이 널(柩)을 끌었다.[14] 『춘추전』에 "구거를 끄는 사람(引者)을 앉혀 음식을 먹이고 군사들과 함께 곡을 한 뒤 몸소 세 번 널을 밀었다"고 하였다.[15] '屬'猶著也. '引', 所以引柩車, 在軸輴曰綍. 古者人引柩. 『春秋傳』曰, "坐引者而哭之, 三."

1_ 구거가 묘지로 ~ 올리는 전 : 祖는 처음(始)의 뜻이다. 살아 있을 때도 길을 떠날 일이 있으면 술을 마시고 전별하는 예가 있는데 이를 '祖'라고 한다. 그 때문에 死者가 길을 떠나려고 할 때 奠을 진설하는 것 또한 조라고 한다. 즉 祖奠은 柩車가 묘지로 향해 출발할 때 올리는 奠이다. 『의례정의』, 1845쪽 참조.

2_ 빈은 ~ 돌아간다 : 가공언은 "有司가 시간을 청하는 예는 매번 일이 끝나기를 기다려 주인이 外位에 있을 때 요청한다"고 본다. 구체적으로 호배휘는 "빈은 매번 일이 끝나면 돌아가므로, 주인이 빈을 전송하기 위해 밖에 있을 때 요청하는 것"으로 본다. 『의례주소』, 846쪽 및 『의례정의』, 1845쪽 참조.

3_ 해가 중천을 ~ 할 때 : 호배휘는 여러 본에 '將'자가 있는 것은 잘못이라고 본 오계공의 입장에 동의하고 "해가 이미 중천을 지난 때"로 해석한다. 왕사양의 경우도 "祖奠으로 夕奠을 대신하는데 평상시 석전에 비하면 조금 이르기는 하지만 또한 반드시 해가 중천을 지나는 때를 기다려야 한다"라고 하였다. 『의례정의』, 1846쪽 참조.

4_ 널을 들고 ~ 내려가 : 柩가 당에 있을 때는 머리를 북쪽으로 향하고 있는데, 지금 그것을 되돌려 당을 내려와 柩車에 싣는다는 것이다. 『의례주소』, 847쪽 참조.

5_ 관을 구거에 ~ 것이다 : 『예기』 「檀弓」에 "棺을 묶는데 縮으로 2가닥, 橫으로 3가닥이다"라고 하였다.

6_ 빈이 ~ 한다 : [記-109] 참조.

7_ 널을 장식하는데 : 관의 장식은 상하 두 부분으로 나뉘는데, 윗부분을 '柳'(구거의 윗덮개)라 하고 아랫부분을 '牆'(구거의 옆덮개)이라고 한다. '柳'는 관의 위를 덮는 木框으로서 그 형상이 자라의 등껍데기와 같다. '유'위에 베로 덮은 것을 '荒'이라고 하고, '荒'위에 黼·黻·火 등의 문양을 그려 넣으며, 그 꼭대기를 '齊'라고 하는데 五采와 五貝를 장식한다. '柳'의 아랫부분은 앞·좌·우 3면에 '池'가 있다. '지'는 대나무로 만드는데, 지붕의 처마와 같은 것이다. '池'의 아래에, 관의 앞 및 양 곁에 있는 것을 '牆'이라고 하는데, '장'은 베로 만든 '帷'로 덮는다. 뒷부분에는 '振容'이 있는데, 비단으로 만들며, '幡'과 같다. '柳'는 '蔞'로 쓰는 경우도 있다. '柳'는 또한 관 장식의 총칭으로도 사용된다. 『삼례사전』, 826쪽 참조.

8_ 유 : 『주례』 「천관·幕人」에는 "幕人은 帷·幕·幄·帟·綬의 일을 관장한다"(幕人, 掌帷·幕·幄·帟·綬之事)고 하였다. 정현에 따르면 '帷'와 '幕'은 모두 布로 만들며, 주위에 둘러쳐 펼치는 것을 '帷'라고 하고, '帷'의 위에 펼치는 것을 '幕'이라고 하는데 '幕'은 때로 땅에 깔아서 그 위에 물건을 진설하기도 한다.

9_ 궁실의 빗물받이를 본뜬 것 : 살아 있는 사람의 집에는 나무로 빗물받이를 만들어 받쳐서 빗물을 받는다. 死者는 받을 물이 없으므로 대나무로 만들어 덮고 다만 평소에 있었던 것을 본 뜰뿐이다. 『의례주소』, 쪽 848참조.

10_ 하나의 ~ 매단다 : 가공언에 따르면 『예기』 「喪大記」에 '국군은 세 개의 池, 대부는 두 개의 지, 사는 하나의 지를 하는 것'으로 되어 있다. 국군의 지는 삼면에 있고,

대부의 지는 나란히 걸고, 사의 지는 柳의 전면에 건다"라고 하였다. 『의례주소』, 848쪽 참조.

11_ 사는 ~ 않는다 : 『예기』 「雜記上」에 "대부는 상여 장식에서 絞(청황색 끈)에 꿩을 그려 넣어 池에 매다는 것을 하지 않는다"(大夫不揄絞屬於池下)라고 하였다.

12_ 구거의 ~ 묶고 : 『예기』 「喪大記」 정현의 주에 "戴는 겹친다는 뜻이다. 棺束과 柳의 骨材를 겹치게 하여 앞뒤의 끈을 묶는 것이다"라고 하였다. 가공언에 따르면, 戴의 두 개의 머리 부분은 모두 柳의 골재에 묶고, 다시 관 위에 있는 끈으로 연결시킨 뒤 棺束과 연결된 戴에 꿰어 묶고, 나머지 끈은 밖으로 내어 사람들에게 잡게 하는 것이다. 『의례주소』, 849쪽 참조.

13_ '인끈'은 ~ 한다 : 정현은 『주례』의 주에서 "수레에 있는 것을 緋이라고 하고, 도로에 出行하고 있을 때는 引이라고 한다"라고 하였다. 緋이라고 하면 인끈 자체에 중점이 있고 引이라 하면 힘을 쓰는 사실에 초점이 있다. 『의례주소』, 850쪽 참조.

14_ 옛날에는 ~ 끌었다 : 「雜記」에 "乘人"이라고 하였는데, 정현은 다른 사람을 시켜서 引을 잡고 구거를 끌게 하는 것이라고 하였다. 『의례주소』, 850쪽 참조.

15_ 『춘추전』에 ~ 하였다 : 『좌씨전』 定公 9년 조에 "坐引者, 以師哭之, 親推之三"이라고 하였는데, 축약하여 인용한 것이다.

[旣夕禮13 : 經 - 38]

승거乘車의 서편에 광에 매장하는 기물(明器)을 둔다.

陳明器於乘車之西.

정현주 '명기明器'는 장기藏器(壙에 埋葬하는 器物)[1]이다. 「단궁」에 "그것을 명기라고 하는데, 사자死者를 신명神明으로 대하는 것이다"라고 하였다. 신명이라 한 것은 살아 있는 사람이 사용하는 기물과는 다르다는 뜻이다. "대나무 그릇은 쓸 수가 없고, 질그릇은 광택을 내지 않고, 나무그릇은 깎지 않고, 금슬琴瑟은 벌려 놓되 조율하지 않고, 생황은 갖추어 놓되 고르지 않고, 종과 경쇠가 있지만 걸대는 없다."승거乘車의 서쪽 편에 명기를 두었으니, 중重의 북쪽에 있다.[2] '明器', 藏器也. 「檀弓」曰, "其曰明器, 神明之也."言神明者, 異於生器. "竹不成用, 瓦不成味, 木不成斲, 琴瑟張而不平, 竽笙備而不和, 有鍾磬而無筍虡."陳器於乘車之西, 則重北也.

[旣夕禮13 : 經 - 39]

절折[3]을 만들어 횡橫 즉 긴 쪽을 동서방향으로 가게 하여 좋은 면이 위로 향하게 덮는다.

折, 橫覆之.

'절折'은 시렁(庪)과 같은 것[4]이다. 모나게 깎은 나무를 이어 만든다. 대개 상牀과 같은데 세로 쪽이 셋이고 가로 쪽이 다섯이며 대자리(簀)는 없다. 매장하는 일이 끝나면 광壙(墓穴) 위에 설치하여 항석抗席을 받는다. '횡橫으로 설치한다'(覆之)는 것은 포苞·소筲 이하를 그 북쪽에 구부러지게 진설하는 데 편리하기 때문이다. '덮는다'(覆之)는 것은 좋은 면이 나오도록 하는 것이다. '折'猶庪也. 方鑿連木爲之. 蓋如牀, 而縮者三, 橫者五, 無簀. 窆事畢, 加之壙上, 以承抗席. 橫陳之者, 爲苞筲以下紲於其北, 便也. '覆之', 見善面也.

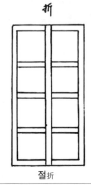

절折

황이주(淸), 『예서통고』

[旣夕禮13 : 經 – 40]

항목抗木[5]은 가로로 세 개 세로로 두 개[6]를 설치한다.

抗木, 橫三縮二.

'항抗'은 막는다(禦)는 뜻이다. 흙이 들어오지 않도록 막는 것이다.[7] 그 가로(橫)와 세로(縮)는 각각 광壙을 가리기에 넉넉하도록 한다.

'抗', 禦也. 所以禦止土者. 其橫與縮, 各足掩壙.

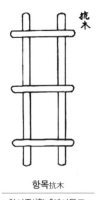

항목抗木

황이주(淸), 『예서통고』

[旣夕禮13 : 經 – 41]

항목抗木 위에 항석抗席을 포개는데 세 겹으로 한다.

加抗席, 三.

정현주

'석席'은 먼지를 막는 것이다.

'席', 所以禦塵.

항석抗席

황이주(淸), 『예서통고』

[旣夕禮13 : 經 – 42]

항석抗席 위에 다시 인茵을 포개는데, 옅은 검정색의 거친 베(疏布)[8]를 사용하여 만들며, 가선이 있고, 항목과 마찬가지로 세로로 두 줄 가로로 세 줄이다.

加茵, 用疏布, 緇翦, 有幅, 亦縮二橫三.

정현주

'인茵'은 관을 받치기 위한 것[9]이다. '전翦'은 얕다는 뜻이다. '폭幅'은 가선을 두른다는 것이다. '역亦'은 역시 항목과 같다는 것이다. 그 것을 사용함에 있어 나무 셋을 위에 두고 인茵 두 개를 아래에 두는데, 하늘의 삼三이 땅의 이二와 합치하고 사람이 그 가운데 안장되어 있는 것을 본뜬 것이다.[10] 금문본에는 '翦'이 '淺'으로 되어 있다. '茵', 所

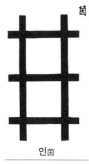

인茵

황이주(淸), 『예서통고』

以藉棺者. '翦', 淺也. '幅', 緣之. '亦'者, 亦抗木也. 及其用之, 木三在上, 茵二在下,
象天三合地二, 人藏其中焉. 今文'翦'作'淺'.

[旣夕禮13 : 經 - 43]

광에 매장하는 기물(明器)은 서쪽 줄의 남쪽 끝을 윗자리로 삼고,
놓을 곳이 없으면 북쪽에서 남쪽으로 구부려 진설한다.[11]

器, 西南上, 綪.

'기器'는 제목으로 말한 것[12]이다. 광에 매장하는 기물(明
器)을 진설할 때는 서쪽 줄의 남쪽 끝을 윗자리로 삼는다. '천綪'은 구부린다
는 뜻으로, 놓을 곳이 없으면 구부려 반대쪽으로 진설한다는 것이다. '器', 目
言之也. 陳明器, 以西行南端爲上. '綪', 屈也, 不容, 則屈而反之.

[旣夕禮13 : 經 - 44]

인茵을 진설한다.

茵.

인茵을 항목 위에 두고,[13] 광에 매장하는 기물(明器)을 차
례로 북쪽에 진설한다. 茵在抗木上, 陳器次而北也.

[旣夕禮13 : 經 – 45]

포苞 두 개를 진설한다.

苞二.

정현주 견전遣奠[14]에 올릴 양고기와 돼
지고기를 싸기 위함이다. 所以裹奠羊豕之肉.

포苞
황이주(淸), 「예서통고」

[旣夕禮13 : 經 – 46]

소筲는 세 개인데, 찰기장(黍)·메기장(稷)·보리(麥)를 담은 것이다.

筲三, 黍·稷·麥.

정현주 '소筲'는 종자種子를 넣는 삼태기
종류이다. 그 용량은 대개 궤簋와 같은 일 곡穀이
다. '筲', 畚種類也. 其容蓋與簋同一觳也.

소筲
황이주(淸), 「예서통고」

[旣夕禮13 : 經 – 47]

옹甕은 세 개인데 식초(醯)·고기젓갈(醢)·생강과 계피 가루(屑)를
채운 것이며 덮개(冪)는 거친 베를 사용한다.

甕三, 醯·醢·屑, 冪用疏布.

정현주 '옹甕'은 와기瓦器(질그릇)인데 그 용량 또한 대개 일 곡穀
이다. '설屑'은 생강과 계피의 가루이다. 「내칙」에 "계수나무와 생강을 가루

로 만든다"고 하였다. '멱羃'은 덮는다는 뜻이다. 금문본에는 '羃'은 모두 '密'
로 되어 있다. '甒', 瓦器, 其容亦蓋一䰖. '屑', 薑桂之屑也. 「內則」曰, "屑桂與薑."
'羃', 覆也. 今文'羃'皆作'密'.

[旣夕禮13 : 經－48]

질그릇 술동이(甒)가 두 개인데, 예주(醴)와 청주(酒)를 채우며, 덮개
(羃)는 소공복을 만드는 포(功布)[15]를 사용한다.

甒二, 醴·酒, 羃用功布.

정현주   '무甒'는 또한 와기瓦器이다. 고문본에는 '甒'가 모두 '廡'로
되어 있다. '甒', 亦瓦器也. 古文'甒'皆作'廡'.

[旣夕禮13 : 經－49]

모두 나무로 된 항桁을 사용하여 올려놓고, 입구를 막는다.

皆木桁, 久之.

정현주   '항桁'은 포苞·소筲·옹甕·무甒를 올려놓는 시렁이다. '구
久'는 마땅히 구灸가 되어야 한다. 구灸는 개안蓋案으로 그 입구를 막는 것을

섭숭의(宋), 「신정삼례도」

황이주(淸), 「예서통고」

말한다. 광에 매장하는 기물(明器)마다 별도의 항桁을 사용한다. '桁', 所以庋

苞·筲[16]·甕·甒也. '久', 當爲炙. 炙謂以蓋案塞其口. 每器異桁.

[旣夕禮13 : 經 − 50]

사자死者가 생전에 늘 쓰던 기물을 진설하는데, 활과 화살(弓矢)·
쟁기와 보습(耒耜)·밥그릇(敦) 2개·국그릇(杅) 2개·물받이 그릇
(槃)·물 주전자(匜) 등이다. 물 주전자는 물받이 그릇 속에 담는데
주둥이(流)가 남쪽을 향하도록 한다.

用器, 弓矢·耒耜·兩敦·兩杅·槃·匜. 匜實于槃中, 南流.

정현주 이것은 모두 사자가 평소 사용하던 기물이다. '우杅'는 탕
장湯漿을 채우는 것이다. '반槃'과 '이匜'는 세수 도구이다. '류流'는 물주전자
의 입구 즉 주둥이이다. 금문본에는 '杅'가 '桙'로 되어 있다. 此皆常用之器也.
'杅', 盛湯漿. '槃'·'匜', 盥器也. '流', 匜口也. 今文'杅'爲'桙'.

[旣夕禮13 : 經 − 51]

광에 매장하는 기물(明器) 가운데 제기祭器는 없다.

無祭器.

정현주 사례士禮는 간략하게 하기 때문이다. 대부 이상은 귀기鬼
器와 인기人器를 겸하여 사용한다.[17] 士禮略也. 大夫以上兼用鬼器·人器也.

연회 때 사용하던 악기를 넣어도 된다.

有燕樂器可也.

정 현 주 　　　　　　　　빈객賓客과 연음燕飮할 때 음악을 연주하던 악기이다. 與

賓客燕飮用樂之器也.

[旣夕禮13 : 經−53]

생전에 복역服役할 때 쓰던 기물을 넣는데, 갑옷(甲)·투구(胄)·방

패(干)·화살통(箙) 등이다.

役器, 甲·胄·干·箙.

정 현 주 　　　　　　이것은 모두 군역軍役에 쓰던 기물이다. '갑甲'은 개鎧(갑

옷)이다. '주胄'는 두무兜鍪(투구)이다. '간干'은 순楯(방패)이다. '착箙'은 시복矢

箙(화살통)이다. 此皆師役之器. '甲', 鎧. '胄', 兜鍪. '干', 楯. '箙', 矢箙.

[旣夕禮13 : 經−54]

생전에 연거燕居할 때 사용하던 기물을 넣는데, 지팡이(杖)·비옷

(笠)·부채(翣) 등이다.

燕器, 杖·笠·翣.

정 현 주 　　　　　　한가로이 거처할 때 몸을 편안하게 하던 기물이다. '립笠'

은 대나무 껍질로 만든 비옷이다. '삽翣'은 부채(扇)이다. 燕居安體之器也. 笠,

簝蓋也. 翣, 扇.

1_ 장기 : 아래 경문의 苞·筲 이하를 藏器라고 하는데 모두 壙에 넣기 때문이다. 『의례주소』, 851쪽 참조.

2_ 중의 북쪽에 있다 : 이여규는 "鷹車는 남북방향으로 가운데 뜰에 진설하고, 重은 뜰을 삼등분하여 남쪽에 있다. 明器는 乘車의 서쪽에 진설하므로 중의 북쪽에 있음을 알 수 있다"라고 하였다. 『의례정의』, 1853쪽 참조.

3_ 절 : 하관한 다음 관을 가리는 시렁 모양의 나무판자를 말한다.

4_ 시렁과 같은 것 : 하관을 마치고 광 위에 덮어 抗席을 받치는 것이다. 마치 시렁에 물건을 넣는 것과 같으므로 '시렁과 같은 것'이라고 한 것이다. 『의례주소』, 851쪽 참조.

5_ 항목 : 抗은 막는다 또는 떠받친다는 뜻이다. 관 위에 흙을 덮으면 관이 움직일 수 있기 때문에 관을 고정시키고 흙이 닿는 것을 막기 위해 설치하는 일련의 도구들이 있는데 抗木은 그 중 하나이다. 棺을 壙에 안치한 뒤에 관 위로 折(관을 가리는 나무판자)을 놓고, 折 위로 抗席(먼지와 흙이 닿는 것을 막기 위해 부들로 만든 자리)을 놓는다. 이 抗席 위에 抗木을 놓고 흙을 덮어 봉분을 만든다. 『삼례사전』, 401쪽 '抗木'항목 참조.

6_ 가로로 세 개 ~ 두 개 : 『예기』「喪大記」의 정현 주에 "抗木의 두께는 대체로 덧널과 균일하다. 천자는 다섯 겹이고, 제후는 세 겹이고, 대부는 두 겹이고, 사는 한 겹이다"(抗木之厚, 蓋與椁方齊. 天子五重, 上公四重, 諸侯三重, 大夫再重, 士一重)라고 하였다. 다시 말하면 천자의 경우는 가로 세로의 항목을 다섯 겹으로, 제후는 세 겹으로, 대부는 두 겹으로, 사의 경우는 한 겹으로 깐다는 것이다.

7_ 흙이 ~ 것이다 : 항목의 위에는 바로 흙을 덮어 봉분을 만들므로 흙을 막아 광으로 들어오지 못하도록 하는 것이라고 한 것이다. 『의례정의』, 1854쪽 참조.

8_ 거친 베 : 가공언은 大功의 성기고 거친 베를 사용하는 것으로 본다. 『의례주소』, 853쪽 참조.

9_ 관을 받치기 위한 것 : 가공언은 "茵은 관 아래에서 깔개가 되어 관에 흙이 닿지 않도록 한다"는 것으로 해석한다. 『의례주소』, 851쪽 참조.

10_ 그것을 ~ 것이다 : 장이기는 말한다. "茵은 壙中에 진설하는데 먼저 가로 방향의 3개를 펴고 이어서 세로 방향의 2개를 편다. 하관한 뒤에 抗木을 壙 위에 펼 때는 먼저 세로 방향의 2개를 사용하고 이어서 가로 방향의 3개를 사용한다. 정현의 주에서 '항목 3개가 위에 있고 茵 2개가 아래에 있다'고 한 것은 설치를 마친 뒤 사람들이 보는 것에 근거하여 말한 것이다. 실제로는 항목과 인은 모두 3개가 밖에 있고, 2개는 안에 있어 渾天家들이 땅의 아래 위 둘레를 휘감아 모두 하늘이라고 하는 것과 같으므로 가공언의 소에서 '항목과 인은 모두 하늘의 三이 땅의 二와 합치하는 것이 있다'고 한 것이다."『의례정의』, 1856쪽 참조.

11_ 북쪽에서 남쪽으로 ~ 진설한다 : 남쪽에서 북쪽으로 하나의 줄에 진설할 수 없으면 구부려 북쪽에서 남쪽으로 진설하여 다시 한 줄을 만든다는 것이다. 『의례정

의』, 1857쪽 참조.

12_제목으로 말한 것 : 위에서 葬器를 언급하고 이 아래에서는 이어서 광에 매장하는 기물을 언급하므로 '器'라고 특칭하여 제목을 삼은 것이다. 『의례정의』, 1856쪽 참조.

13_인을 ~ 두고 : 茵은 광에 매장하는 기물이 아닌데도 여기서 언급한 것은 明器를 진설하는데 이 茵으로부터 북쪽으로 차례로 진설하기 때문이다.

14_견전 : '奠'은 遺奠을 가리킨다. [기석례 : 經―121]에서 "苞를 사용하여 羊과 돼지(豕) 두 희생을 싸는데, 하체下體만 취한다"(苞牲, 取下體)라고 하고, 또 [기석례 : 經―122]에서 "생선(魚)과 말린 고기(腊)는 취하지 않는다"(不以魚腊)라고 하였다. 이에 따르면 포는 두 개인데, 하나는 양고기를 싸고, 다른 하나는 돼지고기를 싸는 것임을 알 수 있다. 『의례정의』, 1857쪽 참조.

15_소공복을 만드는 포 : 채덕진에 따르면, 疏布는 대공복을 만들 때 사용하는 베이고, 功布는 소공복을 만들 때 사용하는 포이다. 『의례정의』, 1858쪽 참조.

16_箐 : 『의례주소』에는 屑로 되어 있으나, 문맥상 箐가 되어야 한다.

17_대부 ~ 사용한다 : 가공언에 따르면, 鬼器는 광에 매장하는 기물(明器)이고, 人器는 祭器인데, 士禮는 간략하여 祭器가 없다. 대부 이상만 明器와 祭器를 갖추는데, 祭器는 내용물을 채우고 明器는 채우지 않는다고 한다. 『의례주소』, 854쪽 참조.

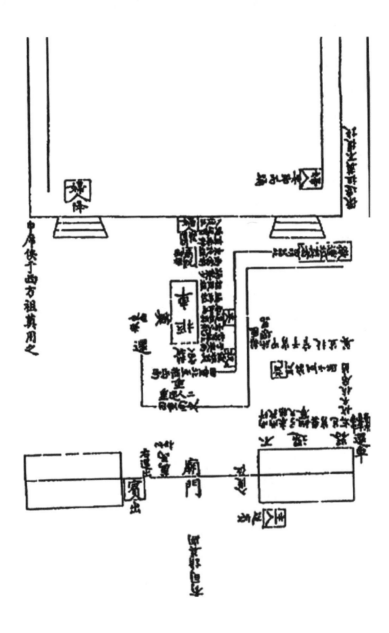

[旣夕禮13 : 經-55]

빈궁에서 널(柩)을 옮겨 조묘祖廟에 알현할 때 올린 전(遷祖奠)을 치운 뒤, 집사가 덮개(巾)와 자리(席)를 가지고 서쪽 계단 아래에서 대기한다. 주인은 용踊을 해야 할 때마다 용踊을 한다.

徹奠, 巾席俟于西方. 主人要節而踊.

정현주 '덮개(巾)와 자리(席)를 가지고 서쪽 계단 아래에서 대기한다'(巾席俟於西方)는 것은 조전祖奠에 사용하기 위해서이다. '용踊을 해야 할 때마다'(要節)라는 것은 전奠을 치우기 위해 오는 것이 당을 올라가는 것을 상징하므로 장부가 용踊을 하며, 치우고 가는 것이 당을 내려오는 것을 상징하므로 부인이 용踊을 한다는 것이다.[1] 전을 치우는 자(徹者)는 광에 매장하는 기물(明器)의 북쪽을 경유하여 서쪽을 향한다. 치우기를 마친 뒤에는 중重의 남쪽을 경유하여 동쪽을 향한다. 당 위의 벽(序)의 서남쪽에 진설하지 않는 것은 밤을 넘기도록 놓아둘 전(宿奠)이 아니기 때문이다. 숙전宿奠을 반드시 설치하는 것은 신혼神魂이 오랫동안 의지할 수 있도록 하기 위해서이다. '巾席俟於西方', 祖奠將用焉. '要節'者, 來象升, 丈夫踊, 去象降, 婦人踊. 徹者, 由明器北, 西面. 旣徹, 由重南東. 不設於序西南者, 非宿奠也. 宿奠必設者, 爲神馮依之久也.

[旣夕禮13 : 經-56]

왼팔의 소매를 벗어낸다.

袒.

정현주 　　　장차 길을 떠나므로 단袒을 하여 예모禮貌를 바꾼 것이
다. 爲將祖變.

[旣夕禮13 : 經-57]

상축商祝이 공포功布를 잡고 구거柩車를 지휘하고,

商祝御柩,

정현주 　　　또한 공포를 잡고 구거 앞에 머물면서, 절도에 맞게 구거
를 돌려 밖을 향하도록 하려는 것이다. 亦執功布居前, 爲還柩車爲節.

[旣夕禮13 : 經-58]

이어서 구거柩車를 돌려 바깥쪽을 향하도록 하여 출행出行을 시작
한다.

乃祖.

정현주 　　　구거를 돌려 바깥쪽을 향하도록 하는 것²이 출행의 시작
이다. 還柩鄕外, 爲行始.

[旣夕禮13 : 經-59]

주인主人은 용용踊을 하고 원래의 상태로 옷을 잘 여며 입은 다음,[3] 조금 남쪽으로 이동하는데, 널(柩)의 앞쪽 묶은 부분에 해당한다.

踊, 襲, 少南, 當前束.

^{정현주} 주인이 하는 것이다. 구거를 밖을 향하도록 돌리면 널(柩) 의 앞쪽 묶은 부분의 남쪽에 해당하게 된다. 主人也. 柩還則當前束南.

[旣夕禮13 : 經-60]

이때 부인들은 당을 내려와 조계와 서쪽 계단 사이의 자리로 나아 간다.

婦人降, 卽位于階間.

^{정현주} 구거가 떠나려면 시간이 남아 있기 때문이다.[4] 부인들의 자리는 동쪽이 윗자리가 된다.[5] 爲柩將去有時也. 位東上.

[旣夕禮13 : 經-61]

구거柩車를 돌려 밖을 향하도록 하는 조祖를 하면, 승거乘車와 도거 道車와 고거槀車의 세 수레도 밖을 향하도록 돌리지만, 기물器物들 은 방향을 돌리지 않는다.

祖, 還車不還器.

구거를 돌려 밖을 향하도록 하는 조祖는 출행의 시작이

므로 승거와 도거와 고거의 세 수레 또한 밖을 향해야 한다.[6] 기물들은 처음

부터 이미 남쪽을 윗자리로 삼아 진설되었기 때문이다. 祖有行漸, 車亦宜鄕外

也. 器之陳, 自已南上.

[旣夕禮13 : 經 – 62]

축祝은 중重이 설치되어 있는 곳에 있던 명정銘旌을 가져다가 인茵

위에다 놓는다.

祝取銘, 置于茵.

중重은 광壙에 넣지 않으므로 이때 명정을 옮겨 인茵 위

에 놓는다. 重不藏, 故於此移銘加於茵上.

[旣夕禮13 : 經 – 63]

두 사람이 북쪽을 향해 있던 중重을 돌리는데, 왼쪽으로 돌려서 남

쪽을 향하게 한다.

二人還重, 左還.

중重과 거마車馬를 돌릴 때 서로 반대 방향으로 하는 것

은 편리함을 따르는 것[7]이다. 重與車馬還相反, 由便也.

[旣夕禮13 : 經 – 64]

자리(席)를 펴고 이어서 구거柩車가 묘지로 향해 출발할 때 올리는
전(祖奠)을 올리는데, 처음처럼 동쪽을 향하도록 한다. 주인은 용용踊
을 해야 할 때마다 용용踊을 한다.

布席, 乃奠如初. 主人要節而踊.

정 현 주　　　　이미 구거柩의 방향을 바꾸어 밖을 향하도록 하였으므로
전奠을 올릴 수 있는데, 이것을 조전祖奠이라고 한다. 車已祖, 可以爲之奠也,
是之謂祖奠.

[旣夕禮13 : 經 – 65]

이차二次로 말을 올리는데, 일차로 말을 올릴 때처럼 한다.

薦馬如初.

정 현 주　　　　널(柩)이 움직이고 수레가 방향을 돌려 밖을 향하였으니,
의당 새롭게 하는 것이다. 柩動車還, 宜新之也.

[旣夕禮13 : 經 – 66]

조전祖奠이 끝난 뒤 빈賓이 떠나면 주인이 문 밖에서 전송한다. 이
때 유사가 주인에게 매장할 시기를 지시해 줄 것을 청한다.

賓出, 主人送. 有司請葬期.

또한 문 밖의 자리에 있을 때를 기회로 청하는 것이다. 亦
因在外位時.

[既夕禮13 : 經 - 67]

주인은 문을 들어와 제자리로 돌아간다.

入, 復位.

주인이 그렇게 하는 것이다. 막 돌아가셨을 때부터 빈殯
을 할 때까지, 그리고 계빈啓殯으로부터 매장을 할 때까지, 주인과 형제는
항상 빈궁殯宮이나 조묘祖廟 안의 자리[8]에 머문다. 主人也. 自死至於殯,
自啓至於葬, 主人及兄弟恒在內位.

1_ 전을 치우기 ~ 것이다 : 가공언에 따르면, "小斂奠과 大斂奠을 철거할 때, 모두 동쪽 계단을 통해 올라가는데 그때 장부가 踊을 하며, 서쪽 계단을 통해 내려오는데 그때 부인이 踊을 한다. 지금은 뜰에서 奠을 올리기 때문에 당을 오르고 내릴 일은 없고 오고 가는 일만 있으나, 오고 가는 것을 당을 오르고 내리는 것에 견주어 踊을 하는 것이다."『의례주소』, 856쪽 참조.

2_ 구거를 ~ 하는 것 : 柩를 柩車에 실을 때 柩는 여전히 머리를 북쪽으로 하여 안을 향하고 있었다. 이제 구거를 돌려 밖을 향하도록 하는 것이다. 『의례정의』, 1863쪽 참조.

3_ 습을 한 다음 : 앞에서 구거를 돌려 밖을 향하도록 하는 祖를 시작할 것이므로 祖을 하였는데, 이미 祖를 마쳤으므로 襲을 하는 것이다. 『의례정의』, 1863쪽 참조.

4_ 구거가 ~ 때문이다 : 구거는 다음날 아침에 출발을 하지만 구거를 돌려 밖을 향하도록 하는 祖는 이때이기 때문이다. 『의례주소』, 857쪽 참조.

5_ 부인들의 ~ 된다 : 당 위에 있을 때 부인들은 조계에서 서쪽을 향하여 있었고, 당 아래에 있는 남자들에 의해 통솔되었다. 이제 구거가 남쪽으로 옮겨지고 남자들 또한 구거의 동쪽에 있으므로, 부인들이 당 아래로 내려와 동쪽이 윗자리가 되도록 하여 남자들에게 통솔되는 것이다. 부인들이 구거의 서쪽으로 향해가지 않는 것은 구거의 서쪽에는 祖奠이 있기 때문에 그것을 피하여 구거의 뒤쪽에 있는 것이다. 『의례주소』, 857쪽 참조.

6_ 승거와 ~ 한다 : 여기에서의 수레는 바로 앞에서 올린 乘車와 道車와 槁車이다. 수레를 올릴 때는 끌채를 북쪽으로 하지만, 돌릴 때는 끌채를 남쪽으로 하여 밖을 향하도록 한다. 반드시 수레를 돌리는 것은 밖을 향하도록 柩車를 돌려 출행하기 시작하였으므로, 이 薦車 또한 밖을 향하도록 돌려야 하는데, 구거와 함께 가기 때문이다. 『의례정의』, 1864쪽 참조.

7_ 편리함을 따르는 것 : 車馬는 가운데뜰의 동쪽에 있어 오른쪽으로 돌아 문을 향하도록 하는 것이 편리하다. 重은 문 안에 북쪽을 향해 있고 사람이 그 남쪽에 있으니, 왼쪽으로 돌아 문을 향하도록 하는 것이 편리하다. 『의례주소』, 857쪽 참조.

8_ 빈궁이나 조묘 안의 자리 : 막 돌아가셨을 때부터 殯을 할 때까지 內位에 있다고 하는 것은 빈궁 안에 있다는 것이고, 啓殯으로부터 매장을 할 때까지 內位에 있다고 하는 것은 조묘 안에 있다는 것으로, 거처가 다르기는 하지만 안에 있는 것은 차이가 없으므로 총괄하여 말한 것이다. 『의례주소』, 858쪽 참조.

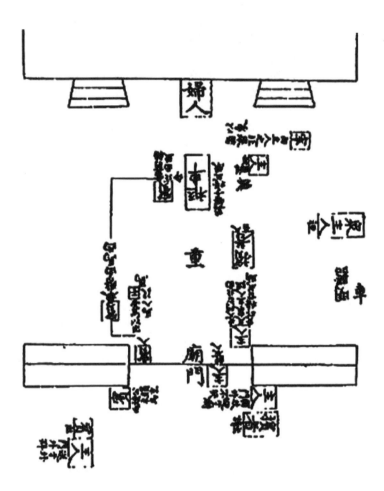

經-68에서 經-75까지는 국군이 사자를 시켜 봉봉賵을 하는 의절이다.

[旣夕禮13 : 經-68]

국군國君이 사자使者에게 명하여 수레나 말을 부의賻儀로 보내는데
(賵), 검은색과 옅은 진홍색의 비단은 열 단[1]이고 말은 두 필이다.

公賵, 玄纁束, 馬兩.

정현주

'공公'은 국군이다.[2] '봉賵'은 주인이 장례를 치르는 것을
돕는 물품이다. '말 두 필'(兩馬)은 사士의 제도[3]이다. 『춘추전』에 이르기를,
"송나라 경조景曹[4]가 죽자 노나라 계강자季康子가 염구冉求를 시켜 말을 봉
賵하게 하면서, '말의 멍에 장식에 쓸 수 있을지 모르겠습니다!'"라고 하였
다.[5] '公', 國君也. '賵', 所以助主人送葬也. '兩馬', 士制也. 『春秋傳』曰, "宋景曹卒,
魯季康子使冉求賵之以馬, 曰, '其可以稱旌繁乎!'

[旣夕禮13 : 經-69]

빈자擯者[6]가 묘문廟門을 나가 국군의 사자에게 무슨 일로 왔느냐고
물은 뒤에 안으로 들어가 주인主人에게 보고한다. 주인은 지팡이
를 놓고 묘문 밖에 이르러 국군의 사자를 맞이하는데, 곡哭을 하지
않고, 먼저 묘문으로 들어가 오른쪽으로 나아가 북쪽을 향해 서고,

조계 아래에서 서쪽을 향해 있는 중주인衆主人[7]과 함께 왼팔의 소
매를 벗어낸다(袒).

擯者出請, 入告. 主人釋杖, 迎于廟門外, 不哭, 先入門右, 北面, 及
衆主人袒.

정현주   국군의 명命을 존중하는 것이다. 중주인衆主人은 모두 여
전히 서쪽을 향한다. 尊君命也. 衆主人自若西面.

[旣夕禮13 : 經−70]

두 필의 말을 먼저 끌고 들어와 중重의 남쪽에 진설한다.

馬入設.

정현주   말을 뜰에 진설하는데, 중重의 남쪽[8]에 둔다. 設於庭, 在
重南.

[旣夕禮13 : 經−71]

빈賓 즉 사자는 현훈玄纁의 폐백幣帛을 받들고, 말의 서쪽을 경유하
여 앞쪽의 끌채 앞에 가로 댄 나무(前輅)에 해당하는 곳으로 가, 북
쪽을 향하여 국군의 명을 전한다.

賓奉幣, 由馬西當前輅, 北面致命.

정현주   '빈賓'은 사자이다. '폐幣'는 현훈이다. '로輅'는 원박轅縛(끌
채 앞에 가로 댄 나무)으로 그 위에 인끈(引)을 연결하여 끄는 것이다. '말의 서쪽

을 경유한다면'또한 전로前輅의 서쪽에 해당하는데,**9** 여기서 '북쪽을 향하여 국군의 명을 전하니', 널(柩)과 전奠을 향할 수 있다. 구거柩車는 양쪽 계단 사이의 조금 앞쪽에 있는데, 뜰을 삼등분하였을 때 북쪽의 1/3 지점이며, 로輅는 앞과 뒤에 있다. '賓', 使者. '幣', 玄纁也. '輅', 轅縛, 所以屬引. '由馬西', 則亦當前輅之西, 於是北面致命, 得鄕柩與奠. 柩車在階間少前, 參分庭之北, 輅有前後.

[旣夕禮13 : 經-72]

주인은 묘문의 오른쪽에서 북쪽을 향하여**10** 곡哭을 한 다음, 이마가 바닥에 닿도록 하여 배례를 하고, 세 번 용踊을 한다(成踊).**11** 빈賓 즉 사자는 폐백을 구거柩車의 왼쪽 타는 곳(車箱)에 놓은 다음 나간다.

主人哭, 拜稽顙, 成踊. 賓奠幣于棧左服, 出.

정현주 '잔棧'**12**은 구거를 말한다. 무릇 사士의 수레 제도는 칠을 하여 장식하는 법이 없다. '왼쪽 타는 곳에 놓는다'(左服)는 것은 다른 사람에게 줄 때 그 사람의 오른쪽에 주는 것을 본뜬 것**13**이다. '복服'은 거상車箱(수레에서 사람이 타거나 물건을 싣는 부분)이다. 금문본에는 '棧'이 '輚'으로 되어 있다. '棧', 謂柩車也. 凡士車制無漆飾. '左服', 象授人授其右也. '服', 車箱. 今文'棧'作'輚'.

[旣夕禮13 : 經-73]

재宰가 주인의 북쪽을 경유하여 폐백을 들고 동쪽으로 가서 보관한다.

宰由主人之北, 舉幣以東.

정현주 널(柩)의 동쪽이 주인의 자리이다.[14] '동쪽으로 간다'(以東)는 것은 그것을 보관하는 것이다. 柩東, 主人位. '以東', 藏之.

[旣夕禮13 : 經－74]

주인의 사士가 말을 건네받아 끌고 묘문 밖으로 나간다.

士受馬以出.

정현주 이 사士는 서도胥徒의 장長을 가리킨다. 용기와 힘이 있는 자가 말을 건네받는다. 「빙례」에 "짐승가죽과 말은 서로 대체해도 괜찮다"라고 하였다. 此士謂胥徒之長也. 有勇力者受馬. 「聘禮」曰, "皮‧馬相間可也."

[旣夕禮13 : 經－75]

주인이 빈賓 즉 사자를 대문 밖까지 전송하고 배례를 한 다음, 왼팔의 소매를 벗어냈던(袒) 차림에서 다시 원래의 상태로 옷을 잘 여며 입고(襲),[15] 묘묘廟로 들어가, 구거柩車 동쪽의 제자리로 돌아가 지팡이를 짚는다.

主人送于外門外, 拜, 襲, 入復位, 杖.

주

1_ 검은색과 옅은 ～ 열 단 : '玄纁束'은 玄纁束帛'을 줄인 말이다. [빙례08 : 經―24]의 정
현 주에 의하면 '玄纁束帛'은 검은색 3, 옅은 진홍색 2의 비율로 이루어진 비단 10단
을 가리킨다.

2_ 국군이다 : 가공언은 "公과 大夫는 모두 신하가 있으며, 신하는 모두 그의 군주를 높
여 公이라고 부른다. 여기에서 공이라고 한 것은 국군이지 대부로서의 군이 아니
다"라고 하였다. 호배휘는 "『의례석관』에 '이 경에서 公을 해석한 것에는 두 가지가
있는데, 하나는 5등 제후국으로서 그 군주를 모두 공이라 부르고, 다른 하나는 大國
의 孤를 공이라고 부른다. 그러므로 주에서 국군이라고 하여 구별한 것이다'"라고
하였다. 『의례주소』, 859쪽 및 『의례정의』, 1867쪽 참조.

3_ 사의 제도 : 士는 본래 두 마리 말이 끄는 수레를 탄다. 사신을 나가거나 軍事와 관
련된 경우에는 네 마리 말이 모든 수레(駟馬)를 탄다. 『의례정의』, 1867쪽 참조.

4_ 경조 : 송나라 景公의 모친이며, 季桓子의 외조모이다. 『의례주소』, 859쪽 참조.

5_ 『춘추전』에 ～ 하였다 : 『좌씨전』 哀公 23년 조에 보인다.

6_ 빈자 : 擯者는 有司 가운데 예의 진행을 돕는 자이다. 주인 쪽의 사람을 '擯'이라고
하고, 빈 쪽의 사람을 '介'라고 한다.

7_ 중주인 : 주인의 '여러 형제들'(庶昆弟)을 가리킨다. 즉 死者의 적장자를 제외한 다른
자식들(衆子)을 가리킨다.

8_ 중의 남쪽 : 저인량이 말하였다. "庭實은 서쪽에 진설하는데 뜰을 삼분하여 남쪽에
두는 것이 常例이다. 喪禮는 吉禮와는 달리하므로 뜰의 동서방향으로 가운데로 옮
기는데, 이곳에 이미 重이 있어 조금 물려서 중의 남쪽에 두는 것이다."『의례정의』,
1868쪽 참조.

9_ '말의 ～ 해당하는데 : 말은 重의 남쪽에 묘문을 마주하여 있고, 柩車는 계단 사이 조
금 남쪽에 또한 묘문을 마주하고 있다. 賓이 말의 서쪽을 경유하여 북쪽으로 가 前
輅에 해당하는 곳에서 국군의 命을 전하니 분명히 輅의 서쪽에 있음을 알 수 있다.
『의례주소』, 860쪽 참조.

10_ 주인은 ～ 향하여 : 가공언에 따르면, 주인은 묘문의 오른쪽에서 북쪽을 향하여 있
다가 빈이 국군의 명을 전하기를 마치면 이어서 곡을 하고 배례를 한다. 『의례주
소』, 861쪽 참조.

11_ 세 번 용을 한다 : 踊은 상례에서 애통한 마음을 표시하는 의절이다. 곡을 하는 자
가 가슴을 두드리고 발을 구르면서 극도의 슬픔을 표시한다. 한 번 踊을 할 때마다
세 번 발을 구르는데 세 번 용을 하여 9번 발을 구르는 것으로, 한 의절을 삼고 이
를 '成踊'(용을 이룸)이라고 말한다.(一踊三跳, 三踊九跳, 稱成踊)『예기』「檀弓上」"辟
踊, 哀之至也"에 대한 공영달의 소 및 『삼례사전』, 360쪽 '成踊'항목 참조.

12_ 잔 : 棧車를 말한다. 大夫는 墨車를 타고 士는 棧車를 탄다. 墨車에 비해 가죽장식
(革鞔)이 없다.

13_ 다른 사람에게 ～ 본뜬 것 : 柩車는 남쪽을 향하고 있어 동쪽이 왼쪽이 된다. 시신

은 구거 위에 있는데 동쪽이 오른쪽이 된다. 그러므로 '柩車의 왼쪽 타는 곳(車箱) 에 놓는 것'은 받는 사람의 오른쪽으로 물건을 주는 것을 본뜬 것이다.

14_ 주인의 자리이다 : 폐백은 구거의 동쪽에 있고, 주인은 구거의 동쪽에 있으므로 宰 는 주인의 자리의 북쪽을 경유하여 左服을 향해 가서 폐백을 가지고 동쪽으로 가 안에 보관한다. 다만 이때 주인은 여전히 묘문의 동쪽에 북쪽을 향하여 있어 이 자 리에 주인이 없지만, 이미 정해진 자리가 있으므로 宰는 자리의 북쪽을 경유하여 폐백을 가지고 간다. 주인의 자리를 밟을 수 없으므로 주인의 북쪽을 경유하는 것 이다. 『의례주소』, 861쪽 참조.

15_ 옷을 잘 여며 입고 : 오정화는 습은 밖에서 해서는 안 되므로 씨門을 들어와 바로 습을 하는 것으로 본다. 『의례정의』, 1871쪽 참조.

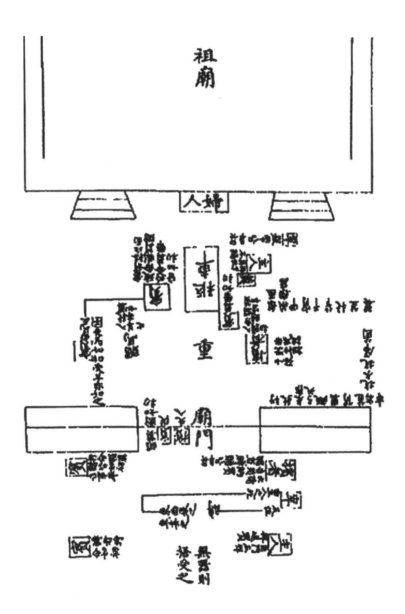

經-76에서 經-98까지는 빈봉賓賵, 전奠, 부증賻贈, 대곡代哭, 위료爲燎 등의 의절이다.

[旣夕禮13 : 經 - 76]

만약 빈賓 즉 경卿·대부大夫·사士가 사자使者를 시켜 수레나 말을 부의賻儀로 보낼(賵) 경우 빈자擯者를 통해 주인主人에게 명명命을 전달한다.

賓賵者將命.

정현주   '빈賓'은 경·대부·사이다.[1] '賓', 卿·大夫·士也.

[旣夕禮13 : 經 - 77]

빈자는 먼저 문 밖으로 나가 빈賓에게 무슨 일로 왔는지 묻고서 안으로 들어가 주인에게 보고한 다음, 다시 문을 나와 '고자孤子 아무개가 기다립니다'라고 빈賓에게 고한다.

擯者出請, 入告, 出告'須'.

정현주   주인이 직접 맞이하지 않고,[2] 빈자가 대신 고하기를 "고자 아무개가 기다립니다[3]"라고 한다. 不迎, 告曰, "孤某須."

[旣夕禮13 : 經-78]

두 필의 말을 먼저 끌고 들어와 中重의 남쪽에 진설한다. 빈賓이 검은색과 옅은 진홍색의 비단 한 속束을 받들고, 빈자가 먼저 들어와 빈을 인도하면, 빈이 따라 들어와서 명을 전하기를 처음에 국군의 사자가 했던 것처럼⁴ 한다.

馬入設. 賓奉幣, 擯者先入, 賓從, 致命如初.

_{정현주}　　　　'처음'(初)은 공公(국군)의 사자가 한 것을 말한다. '初', 公使者.

[旣夕禮13 : 經-79]

주인은 자신의 자리인 구거柩車의 동쪽에서, 빈賓을 향하여 배례를 하지만, 용踊은 하지 않는다.

主人拜于位, 不踊.

_{정현주}　　　　구거의 동쪽 자리이다. 계빈啓殯을 마친 뒤에도 실室에 있을 때와 같게 한다. 柩車東位也. 旣啓之後, 與在室同.

[旣夕禮13 : 經-80]

빈賓은 폐백을 구거柩車의 왼쪽 타는 곳(左箱)에 올리는데, 처음 국군의 사자가 했던 것처럼 한다. 재宰가 폐백을 들고 가서 보관하는 것과 사士가 말을 건네받는 것도 처음 국군의 사자에게 받던 것처

럼 한다. 빈자가 묘문廟門을 나가서 빈賓에게 다른 일이 남아 있는
가를 묻는다.

賓奠幣如初. 擧幣·受馬如初. 擯者出請.

정현주 빈이 나가 밖에 있으므로 그에게 다시 일이 남아 있는가
를 묻는 것이다. 賓出在外, 請之, 爲其復有事.

[旣夕禮13 : 經-81]

만약 빈賓이 전奠을 올릴 것이 있다고 하면,

若奠,

정현주 빈이 드린 물건으로 전奠을 올릴 수 있다. 賓致可以奠也.

[旣夕禮13 : 經-82]

빈자는 다시 안으로 들어와 주인에게 보고한 다음, 나가서 빈賓을
이끌고 안으로 들어온다. 빈은 명을 전달하기를 처음처럼 한다.
주인의 사士가 양羊을 건네받기를 처음 말을 건네받는 것과 같이
한다. 빈자가 다시 묘문을 나가서 빈에게 일이 남아 있느냐고 다
시 묻는다.

入告, 出, 以賓入. 將命如初. 士受羊如受馬. 又請.

정현주 '사士'는 또한 서도胥徒의 장長을 일컫는다. '우又'는 다시
(復)라는 뜻이다. '士'亦謂胥徒之長. '又', 復也.

[旣夕禮13 : 經 - 83]

만약 빈賓이 재화財貨를 부의賻儀로 보낸 것이 있다고 하면,

若賻,

정 현 주 '부賻'라는 말은 보충하다(補), 돕다(助)라는 뜻이니, 재화

를 '부賻'라고 한다.[5] '賻'之言, 補也, 助也, 貨財曰'賻'.

[旣夕禮13 : 經 - 84]

빈자가 다시 안으로 들어가 주인에게 보고한다. 주인은 대문 밖으

로 나가서 왼쪽으로 나아가 서쪽을 향해 선다. 빈賓은 동쪽을 향하

고서 주인에게 명을 전달한다.

入告. 主人出門左, 西面. 賓東面將命.

정 현 주 주인이 나온 것은 부賻는 주로 주인에게 전달하여 장사葬

事를 돕는 데 쓰는 것이기 때문이다. 主人出者, 賻主施於主人.

[旣夕禮13 : 經 - 85]

주인이 배례를 한다. 빈賓은 바닥에 앉아 드릴 재물을 바닥에 놓는

다. 재宰가 주인의 북쪽을 경유하여 문의 서쪽에 이르러 동쪽을 향

하고서, 빈이 보낸 재물을 들고 가서 보관하고, 제자리인 주인의

뒷자리로 되돌아간다.

主人拜. 賓坐委之. 宰由主人之北, 東面擧之, 反位.

'바닥에 앉아 드릴 재물을 바닥에 놓는다'(坐委之)는 것은 주인은 슬프고 비통하여 남의 재물을 받는 것에 뜻이 있지 않음을 밝힌 것[6]이다. '제자리로 되돌아간다'(反位)는 것은 주인의 뒷자리로 되돌아간다는 것이다. '坐委之', 明主人哀戚, 志不在受人物. '反位', 反主人之後位.

[旣夕禮13 : 經 – 86]

만약 재물을 담을 기물器物이 없으면 마주하여 주고받는다.

若無器, 則捂受之.

서로 마주하여 주고받고, 바닥에 놓지 않는다는 말이다.

謂對相授, 不委地.

[旣夕禮13 : 經 – 87]

빈자가 다시 일이 남아 있느냐고 묻는다. 빈賓이 일이 모두 끝났다고 고하면, 주인이 묘문廟門 밖으로 나와 빈에게 배례를 하면서 전송한 다음 들어간다. 만약 사자死者를 위해 물건을 보내는 경우(贈)에는 빈자를 통해 명을 전달한다.

又請. 賓告事畢, 拜送, 入. 贈者將命.

'증贈'은 보낸다는 뜻이다. '贈', 送.

[旣夕禮13 : 經 - 88]

빈자가 나가서 빈賓에게 무슨 일로 왔는가를 묻고서 빈을 묘廟로 맞아들이는데, 처음 빈이 수레나 말을 부의賻儀로 보낸(賵) 때와 동일한 절차로 한다.

擯者出請, 納賓如初.

정현주 　　　그가 들어가서 주인에게 보고하고, 나와서 빈賓에게 '고자孤子 아무개가 기다립니다'라고 고한 것처럼 한다는 것이다. 如其入告, 出告'須'.

[旣夕禮13 : 經 - 89]

빈賓이 폐백을 올리기를 처음 국군의 사자가 폐백을 올릴 때와 동일하게 구거棧車의 왼쪽 타는 곳에 놓는다.

賓奠幣如初.

정현주 　　　또한 구거의 왼쪽 타는 곳에 놓는 것이다. 亦於棧左服.

[旣夕禮13 : 經 - 90]

만약 진기한 노리갯감이라면, 승거乘車의 서쪽 광에 매장하는 기물(明器)을 진설한 곳에 나아가, 앉아서 올린다.

若就器, 則坐奠于陳.

정현주 '취就'는 좋다는 뜻과 같다. 증贈은 정해진 것이 없고 진기한 노리갯감 가운데 가지고 있는 것을 사용한다. '진陳'은 광에 매장하는 기물(明器)을 진설한 곳이다. '就'猶善也. 贈無常, 唯玩好所有. '陳', 明器之陳.

[旣夕禮13 : 經 – 91]

무릇 예禮를 행할 때는, 반드시 남아 있는 일이 없는지 빈賓에게 물어본 뒤에, 주인이 배례를 하면서 빈賓을 전송한다.

凡將禮, 必請而后拜送.

정현주 비록 일이 끝난 것을 알더라도 오히려 묻는 것은 군자는 남의 뜻을 기필하지 않기 때문이다. 雖知事畢猶請, 君子不必人意.

[旣夕禮13 : 經 – 92]

만약 복服이 있는 형제라면, 수레나 말을 부의賻儀로 보내고(賵), 전奠을 올려도 된다.

兄弟, 賵・奠可也.

정현주 '형제兄弟'는 복服이 있는 친속[7]으로, 봉賵을 하고 전奠을 올릴 수 있으니, 그 두터움을 허여한 것이다. 봉賵과 전奠은 산 자와 사자死者에게 모두 베풀 수 있다. '兄弟', 有服親者, 可且賵且奠, 許其厚也. 賵・奠於死生兩施.

[旣夕禮13 : 經-93]

만약 아는 사이라면, 수레나 말을 부의賻儀로 보내지만(賵), 전奠을
올리지는 않는다.

所知, 則賵而不奠.

^{정현주} '소지所知'는 안부를 묻거나 선물을 주고받으면서 서로
알고지내는 사이로서, 복服이 있는 친속보다 강등降等한다. 전奠은 사자死者
에게 베푸는 경우가 많으므로 '전奠을 올리지는 않는다'(不奠). '所知', 通問相
知也, 降於兄弟. 奠, 施於死者爲多, 故'不奠'.

[旣夕禮13 : 經-94]

사자死者를 알면 수레나 말을 부의賻儀로 보내고(賵), 주인을 알면
재화財貨를 부의賻儀로 보낸다(賻).⁸

知死者賵, 知生者賻.

^{정현주} 각각 알고 있는 사람을 위주로 하는 것이다.⁹ 各主於所知.

[旣夕禮13 : 經-95]

판板에 사람의 이름과 물건을 기록하는데, 매 판에 9행, 또는 7행,
또는 5행을 기록한다.

書賵於方, 若九, 若七, 若五.

정현주 　　　　　'방方'은 판板이다. 판에 봉賵·전奠·부賻·증贈을 한 사람의 이름과 물건을 기록한다. 매 판에 9행, 또는 7행, 또는 5행을 기록한다.[10]

'方', 板也. 書賵·奠·賻·贈之人名與其物於板. 每板若九行, 若七行, 若五行.

[旣夕禮13 : 經 − 96]

간책簡策[11]에 빈들이 보내온 광에 매장하는 기물(明器)을 모두 기록한다.

書遣於策.

정현주 　　　　　'책策'은 간簡이다. '견遣'은 보낸다는 뜻과 같다. 마땅히 광壙에 넣어야 하는 물건으로 인茵 이하의 것이다. '策', 簡也. '遣'猶送也. 謂所當藏物茵以下.

[旣夕禮13 : 經 − 97]

이어서 소렴小斂을 마쳤을 때처럼 번갈아 곡을 한다.

乃代哭如初.

정현주 　　　　　관구棺柩가 얼마 있다가 떠날 것이므로 차마 곡성哭聲을 끊을 수 없는 것이다. '초初'는 소렴을 마쳤을 때[12]이다. 棺柩有時將去, 不忍絶聲也. '初', 謂旣小斂時.

밤이 되면, 묘문廟門 안의 오른쪽에 화톳불(燎)¹³을 밝힌다.

宵, 爲燎于門內之右.

정현주   곡哭을 하는 사람들을 위해 밝혀 주는 것이다. 爲哭者爲明.

1_ 경·대부·사이다 : 위에서는 國君의 경우를 말하였고, 아래에서는 兄弟가 있으므로, 이 賓은 國中의 三卿, 五大夫, 二十七士임을 알 수 있다. 『의례주소』, 861쪽 참조.

2_ 주인이 ~ 않고 : 국군의 사자에 대해서 직접 맞이하는 것과는 달리하는 것이다. 『의례정의』, 1872쪽 참조.

3_ 고자 ~ 기다립니다 : 『예기』「雜記」에 나오는 말이다. 해당 구절에 대해 陳澔는 "須는 기다린다는 뜻이다. 凶禮에서는 손님을 나가서 맞이하지 않으므로 '기다립니다'라고 한 것이다"(須, 待也. 凶禮不出迎, 故云'須矣')라고 하였다.

4_ 국군의 사자가 했던 것처럼 : '말의 서쪽을 경유하여 前輅에 해당하는 곳으로 가, 북쪽을 향하여 國君의 명을 전한 것'처럼 한다는 것이다. 『의례정의』, 1872쪽 참조.

5_ 재화를 '부'라고 한다 : 『예기』「文王世子」에 "친족 간에 서로 도움에 있어 의당 조문해야 하는데 조문하지 않고 袒免해야 하는데 하지 않으면, 담당자가 처벌한다. 부의로 보내는 賵, 賻, 贈, 含에 있어 모두 올바른 禮가 있다"(族之相爲也, 宜弔不弔, 宜免不免, 有司罰之. 至于賵·賻·承·含, 皆有正焉)라고 한 것에 대하여 진호는 "賵은 수레나 말을 주는 것이요, 賻는 재화를 주는 것이요, 含은 구슬과 옥을 주는 것이요, 襚는 의복을 주는 것으로 네 가지를 총칭해서 贈(부의를 보내는 것)이라고 한다"(賵以車馬, 賻以貨財, 含以珠玉, 襚以衣服, 四者總謂之贈)고 하였다. 『삼례사전』, 1137쪽, '賵'참조.

6_ 주인은 슬프고 ~ 밝힌 것 : 『예기』「少儀」에 "賻儀를 하기 위해 온 사람은 주인의 명을 전한 뒤 무릎을 꿇고 물건들을 놓는다. 擯者가 그것을 들어 옮기고 주인은 몸소 받지 않는다"(賻者旣致命, 坐委之. 擯者擧之, 主人無親受也)라고 하였다. 賓은 주인이 슬픔과 비통함 속에 있어 몸소 다른 사람에게 재물을 받지 않으므로 앉아서 바닥에 놓음으로써 감히 주지 않는다는 뜻을 분명히 한 것이다. 『의례정의』, 1875쪽 참조.

7_ 복이 있는 친속 : 형제는 아는 사람(所知)과 대비하여 말한 것이므로 大功 이상과 小功 이하 그리고 外戚으로 복이 있는 경우를 모두 포괄한다. 『의례정의』, 1877쪽 참조.

8_ 사자를 ~ 보낸다 : 『예기』「曲禮」에 "상주를 알면 조문(弔)을 하고, 죽은 사람을 알면 상(傷)을 한다. 상주를 알고 죽은 사람을 모르면 조문을 하고 傷은 하지 않는다. 죽은 사람을 알고 상주를 모르면 傷을 하고 조문은 하지 않는다"(知生者弔, 知死者傷. 知生而不知死, 弔而不傷. 知死而不知生, 傷而不弔)라고 한 것과 같은 뜻이다.

9_ 각각 ~ 것이다 : 贈은 死者에게 진기한 노리갯감을 베푸는 것이므로 死者를 아는 사람이 행하고, 賻는 주인에게 부족한 것을 보충해 주는 것으로 生者에게 베푸는 것이므로 주인을 아는 사람이 행하는 것이다. 『의례주소』, 846쪽 참조.

10_ 매 판에 ~ 기록한다 : 보내온 것에 많고 적은 차이가 있으므로 행수가 같지 않은 것이다. 『의례주소』, 864쪽 참조.

11_ 간책 : 가공언에 따르면 "이어서 엮은 것을 策이라고 하고, 엮지 않은 것을 簡이라고 한다."『의례주소』, 864쪽 참조.

12_소렴을 마쳤을 때 : 『예기』「喪大記」에 따르면 小斂을 한 뒤에야 번갈을 곡을 한다. 『의례주소』, 865쪽 참조.

13_화톳불 : 불을 땅에 두면 燎라 하고, 손에 잡으면 燭이라 한다. [사상례12 : 經―122] 의 정현 주 참조.

「견전급출궁遣奠及出宮」

(清),「흠정의례의소」

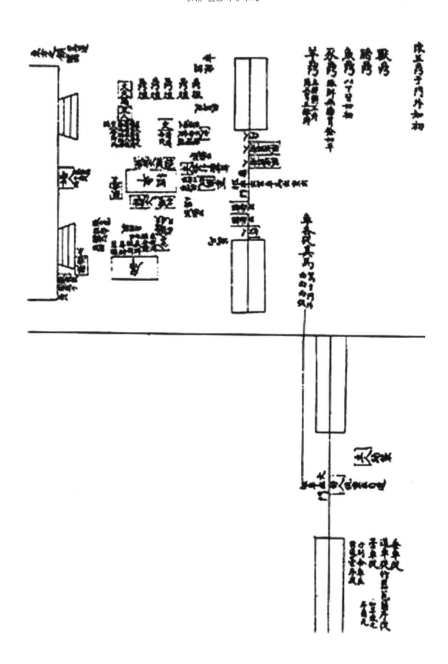

經-99에서 經-118까지는 장일葬日에 성대한 견전遣奠을 진설하는 의절이
다.

[旣夕禮13 : 經 - 99]

이튿날 묘문廟門 밖에 세발솥(鼎)¹ 다섯 개를 진설하는데, 처음 대
렴전大斂奠을 올릴 때와 동일한 절차로 한다.

厥明, 陳鼎五于門外, 如初.

정현주 　　　　　‘세발솥 다섯 개’(鼎五)는 양고기(羊)·돼지고기(豕)·생선
(魚)·말린 고기(腊)·막 잡은 토끼고기(鮮獸) 각 한 정鼎씩이다. 사례士禮는
특생特牲²으로 세 개의 정鼎인데, 성대한 견전(大葬奠)³의 경우에는 한 등급
을 더하여 소뢰少牢⁴를 사용한다.⁵ ‘처음처럼 한다’(如初)는 것은 대렴전 때와
같이 한다는 것이다. ‘鼎五’, 羊·豕·魚·腊·鮮獸各一鼎也. 士禮, 特牲三鼎, 盛葬
奠加一等, 用少牢也. ‘如初’, 如大斂奠時.

[旣夕禮13 : 經 - 100]

세발솥(鼎)에 채우는 것으로는, 양羊의 왼쪽 몸체(左胖)를 올리되,

其實, 羊左胖,

정현주 　　　　길제吉祭와 반대이다.⁶ ‘왼쪽 몸체’(左胖)라고 말한 것은 희
생의 몸체에서 뼈를 발라내지 않은 것이다. 反吉祭也. 言‘左胖’者, 體不殊骨也.

넓적다리뼈(髀)는 올리지 않고,

髀不升,

정현주 주나라는 앞다리 뼈의 위쪽 부위(肩)를 귀하게 여기고 넓적다리뼈(髀)를 천하게 여겼다.[7] 고문본에는 '髀'가 '脾'로 되어 있다. 周貴肩賤髀. 古文'髀'作'脾'.

창자(腸) 다섯과 위胃 다섯과,

腸五, 胃五,

정현주 또한 세발솥에 채우는 것이다. 亦盛之也.

중앙 부위를 조금 남기고 자른 허파(離肺)[8]를 채운다.

離肺.

정현주 '이離'는 가르다(挫)는 뜻이다. '離', 挫.

돼지(豕)도 또한 양의 경우와 마찬가지로 하는데, 새끼돼지(豚)를
해체하는 것과 같이 하며, 창자와 위胃는 사용하지 않는다.

豕亦如之, 豚解, 無腸·胃.

정현주   '그렇게 한다'(如之)는 것은 양의 경우에서처럼 왼쪽 몸체
를 채우고 넓적다리뼈(髀)는 올리지 않으며 중앙 부위를 조금 남기고 자른
허파(離肺)를 쓰는 것 등을 동일하게 한다는 것이다. '돈해豚解'는 돼지(豕)를
해체하는 것을 새끼돼지(豚)를 해체하는 것과 같이 한다는 것으로, 또한 앞
다리 뼈의 위쪽 부위(前肩)·뒷다리 뼈의 위쪽 부위(後肫)·등뼈(脊)·갈비뼈
(脅)로 해체하는 것이다. '창자와 위를 사용하지 않는다'(無腸胃)는 것은 군자
는 개와 돼지의 창자를 먹지 않기 때문이다.[9] '如之', 如羊左胖, 髀不升, 離肺也.
'豚解', 解之如解豚, 亦前肩·後肫·脊·脅而已. '無腸·胃'者, 君子不食溷腴.

생선(魚), 말린 고기(腊), 막 잡은 토끼고기(鮮獸)는 모두 처음처럼
한다.

魚·腊, 鮮獸, 皆如初.

정현주   '선鮮'은 새로 잡은 것이며, 사士의 말린 고기(腊)로는 토
끼(兔)를 사용한다. 선수鮮獸(막 잡은 토끼고기)를 포함시키고 돼지고기의 껍질
부위(膚)를 없앤 것은 돼지(豕)를 이미 새끼돼지의 경우처럼 해체하였기 때
문에 줄인 것이다. '鮮', 新殺者, 士腊用兔. 加鮮獸而無膚者, 豕旣豚解, 略之.

[旣夕禮13 : 經 - 106]

구거柩車의 동편에 놓는 찬饌은 나무제기(豆)[10]가 넷인데, 양의 천엽[11](脾析)·조개 젓갈(蜱醢)·아욱절임(葵菹)·달팽이 젓갈(蠃醢)이며,

東方之饌, 四豆, 脾析·蜱醢·葵菹·蠃醢,

정현주 　　　　　'비脾'는 계비雞脾(닭의 밥통)의 비脾로 읽는다. '비석脾析'은 백엽百葉(천엽)이다. '비蜱'는 봉蜯(맛조개)이다. 금문본에는 '蠃'가 '蝸'로 되어 있다. '脾', 讀爲雞脾肶之脾. '脾析', 百葉也. '蜱', 蜯也. 今文'蠃'爲'蝸'.

[旣夕禮13 : 經 - 107]

대나무제기(籩)[12]가 넷인데, 대추(棗)·떡(糗)[13]·밤(栗)·말린 고기(脯)이며,

四籩, 棗·糗·栗·脯,

정현주 　　　　　'구糗'는 콩가루와 쌀가루로 만든 떡이다. '糗', 以豆糗粉餌.

[旣夕禮13 : 經 - 108]

또 예주(醴)[14]와 청주(酒)이다.

醴·酒.

정현주 　　　　　이 동쪽의 찬饌은 구거柩車가 묘지로 향해 출발할 때 올리는 전(祖奠)과 동일한데, 주인의 남쪽에 있어 앞쪽에 있는 끌채 앞에 가로

댄 나무(輅)에 해당되는 곳이며, 북쪽을 윗자리로 하여 수건으로 덮어놓는
다. 此東方之饌, 與祖奠同, 在主人之南, 當前輅, 北上, 巾之.

[旣夕禮13 : 經 - 109]

광에 매장하는 기물(明器)을 다시 진설한다.[15]

陳器.

정 현 주   명기明器(광에 매장하는 기물)이다. 밤에는 거두어 보관하였
기 때문이다. 明器也. 夜斂藏之.

[旣夕禮13 : 經 - 110]

이때 화톳불(燎)을 끈다. 횃불(燭)을 든 두 사람의 집사는 구거枢車
의 끌채 앞에 가로 댄 나무(輅)를 끼고 북쪽을 향하여 선다.

滅燎. 執燭, 俠輅, 北面.

정 현 주   구거가 묘지로 향해 출발할 때 올리는 전(祖奠)을 치우고
장전葬奠(遣奠)을 올릴 때[16] 비추는 것이다. 炤徹與葬奠也.

[旣夕禮13 : 經 - 111]

빈賓이 묘廟에 들어오면 주인은 자기 자리에서 그에게 배례를 한다.

賓入者, 拜之.

계빈啓殯에서부터 이때에 이르기까지 주인에게 묘문을
나가서 예를 행하는 법이 없음을 밝힌 것이다. 明自啓至此, 主人無出禮.

[旣夕禮13 : 經 - 112]
빈궁에서 널(柩)을 옮겨 조묘祖廟에 알현할 때 올린 전(祖奠)을 치우
는 자가 손을 씻고 묘문을 들어오면 주인과 중주인衆主人이 용용踊을
한다. 조전祖奠을 구거柩車의 서북쪽에 진설하면, 부인들이 용용踊을
한다.
徹者入, 丈夫踊. 設于西北, 婦人踊.

당실堂室에 전奠을 진설하는 자가 동쪽 계단으로 오를 때
와 같이 하는데, 또한 손을 씻은 뒤 들어온다. 들어올 때 중重의 동쪽을 경유
하므로 주인이 용용踊을 하는데, 소렴전을 치우는 자가 당에 오를 때와 같이
한다. 중重의 북쪽으로부터 서쪽을 향하여 철거하였다가, 구거의 서북쪽에
진설하는 것이니, 또한 당 위의 벽(序)의 서남쪽을 경유한다. 猶阼階升時也,
亦旣盥乃入. 入由重東, 而主人踊, 猶其升也. 自重北西面而徹, 設於柩車西北, 亦由
序西南.

[旣夕禮13 : 經 - 113]
조전祖奠을 치우는 자(徹者)가 구거柩車의 동쪽으로 가서 새로 전奠
을 진설한다.
徹者東.

정현주   구거의 북쪽을 경유하여 구거의 동쪽 장전葬奠을 차릴 곳
으로 간다. 由柩車北, 東適葬奠之饌.

[旣夕禮13 : 經 – 114]
이때 세발솥(鼎)을 묘廟로 들고 들어와 진설한다.
鼎入.

정현주   세발솥을 들고 들어와 진설하는 것이다. 정을 진설할 때
는 대개 처음 대렴전大斂奠을 진설할 때처럼 중重의 동북쪽에 서쪽을 향하
고 북쪽을 윗자리로 삼는다. 擧入陳之也. 陳之蓋於重東北, 西面北上如初.

[旣夕禮13 : 經 – 115]
이어서 견전遣奠을 진설하는데,[17] 나무제기(豆)는 서쪽을 윗자리로
삼아 네 개의 나무제기(豆)를 구부려 진설한다. 대나무제기(籩)는
달팽이 젓갈(蠃醢)의 남쪽에 진설하되 북쪽을 윗자리로 삼아 구부
려 진설한다.
乃奠, 豆西[18]上, 綪. 籩, 蠃醢南, 北上, 綪.

정현주   '변籩을 달팽이 젓갈(蠃醢)의 남쪽에 진설한다'(籩蠃醢南)
는 것은 예주(醴)와 청주(酒)를 피하기 위한 것이다. '籩蠃醢南', 辟醴酒也.

[旣夕禮13 : 經 – 116]

희생제기(俎)는 두 개로 짝을 만들어 진설하는데, 남쪽을 윗자리로 삼고 구부려 진설하지 않으며, 막 잡은 토끼고기(鮮獸)를 담은 희생제기(俎)는 다른 네 개의 희생제기(俎)의 북쪽에 단독으로 가로 방향으로 진설한다.

俎二以成, 南上, 不綪, 特鮮獸.

정현주   '성成'은 아우르다(倂)는 뜻과 같다. '구부려 진설하지 않는다'(不綪)[19]는 것은 생선이 양羊의 동쪽에 있고 말린고기(腊)가 돼지고기(豕)의 동쪽에 있다는 것이다. 고문본에는 '特'이 '俎'로 되어 있다. '成'猶倂也. '不綪'者, 魚在羊東, 腊在豕東. 古文'特'爲'俎'.

[旣夕禮13 : 經 – 117]

예주(醴)와 청주(酒)는 대나무제기(籩)의 서쪽에 진설하는데, 북쪽을 윗자리로 삼는다.

醴·酒在籩西, 北上.

정현주   두豆에 의해 통괄된다.[20] 統於豆也.

[旣夕禮13 : 經 – 118]

견전遣奠을 진설한 자가 나간다. 주인은 용踊을 해야 할 때마다 용踊을 한다.

奠者出. 主人要節而踊.

또한 오고 가는 것으로 의절을 삼는 것[21]이다. 전奠을 진

설할 때는 중重의 북쪽을 경유하여 서쪽으로 오고, 전奠의 진설을 마치면

중重의 남쪽을 경유하여 동쪽으로 간다. 亦以往來爲節. 奠由重北西, 旣奠, 由

重南東.

1_세발솥 : 세 개의 다리가 달린 희생 담는 기구이다. 鑊에서 희생을 삶는데, 그것이 익으면 鼎에 올려놓고 그 맛을 조리한다. 먹을 때에는 鼎에서 희생의 몸체를 꺼내어 俎에다 올려놓는다. 초기에 鼎은 희생을 삶은 그릇과 희생을 담는 그릇을 겸하였는데, 후에 오로지 희생을 담아 두는 그릇이 되었다. 爵位의 차이에 따라 鼎을 사용하는 수도 다르다. 『설문』 「鼎部」에 "鼎은 다리가 셋이고 귀가 둘인데, 다섯 가지 맛을 조리하는 寶器이다"(鼎, 三足兩耳, 和五味之寶器)라고 하였다. 『삼례사전』, 976쪽 참조.

2_특생 : 제사에서 한 가지의 희생을 갖춘 것을 '特' 또는 '特牲'이라 하고, 두 가지의 희생을 갖춘 것을 '少牢'라고 칭하고, 세 가지의 희생을 갖춘 것을 '太牢'라고 한다. 特牲의 경우는 소 또는 돼지를 사용하는 것이 일반적이다. 『삼례사전』, 660쪽 참조.

3_성대한 견전 : 遣奠은 葬日에 진설되므로 葬奠이라고도 한다. 대렴전에서 三鼎을 사용한 뒤로 祖奠에 이르기까지 모두 三鼎을 사용하는데, 여기서만 五鼎을 사용하므로 '성대한 견전'(盛葬奠)이라고 한 것이다. 『의례정의』, 1881쪽 참조.

4_소뢰 : 『주례』 「천관·宰夫」의 정현 주에서 "소·양·돼지 세 희생이 갖추어진 것이 一牢이다"(三牲牛羊豚具爲一牢)라고 하였고, 『춘추공양전』 「桓公 8년」의 何休 注에서는 "소·양·돼지 세 희생이 갖추어진 것을 太牢라고 하고, 양과 돼지가 갖추어진 것을 少牢라고 한다"(牛羊豕凡三牲曰太牢, 羊豕曰少牢)고 하였다. 『삼례사전』, 218쪽 참조.

5_성대한 견전의 ~ 사용한다 : 士의 정기 제사에는 特牲을 사용하지만 지금 大遣奠은 대부의 정기 제사처럼 小牢를 사용하여 葬奠을 성대하게 치르므로 한 등급을 높여 소뢰를 사용한다. 오계공은 "小牢 五鼎은 대부의 예인데 士의 奠에 사용하는 것은 상은 큰일이고 葬事는 더욱 중요하기 때문이다. 그 때문에 이 奠의 경우에만 특별히 사용하는 것을 허가하는 것은 常禮가 아님을 분명히 한 것이다"라고 하였다. 『의례주소』, 865쪽 및 『의례정의』, 1881쪽 참조.

6_길제와 반대이다 : 특생궤사례와 소뢰궤사례 등 吉祭의 경우에는 모두 오른쪽 몸체(右胖)를 올리지만 여기에서는 왼쪽 몸체라고 하였으므로 길제와 반대라고 한 것이다. 『의례주소』, 866쪽 참조.

7_주나라는 ~ 여겼다 : 『예기』 「祭統」에 "은나라 사람들은 넓적다리뼈(髀)를 귀하게 여겼고, 주나라 사람들은 앞다리 뼈의 위쪽 부위(肩)를 귀하게 여겼다"(殷人貴髀, 周人貴肩)라고 하였다.

8_중앙 부위를 ~ 허파 : '離'는 가르다는 뜻이다. 허파 한 부분을 몸체와 완전히 분리되지 않도록 부분적으로 가르는 것을 말한다. 『예기』 「少義」에 "소와 양의 허파는 가를 때 허파 중심에 이르지 않게 한다"(牛羊之肺, 離而不提心)고 한 것이 이것을 의미한다. 허파는 두 가지가 있다. 하나는 '擧肺'로서 먹기 위해 진설하는데, 가를 때 중앙 부위가 끊어지지 않고 조금 남아 있게 한다. 離肺 혹은 嚌肺라고도 한다. 다른 하나는 '祭肺'로서 제사를 지내기 위해 진설하는데, 자를 때 완전히 끊어지게 자른다. 刌肺 혹은 切肺라고도 한다.

9_ 군자는 개와 ~ 때문이다 : 『예기』 「少儀」의 글이다. "군자는 개와 돼지의 창자를 먹지 않는다"(君子不食圂腴)라고 되어 있다.

10_ 나무제기 : '豆'는 채소절임이나 젓갈 등 젖은 음식을 담는 그릇으로, 나무나 흙 혹은 청동으로 만든다. 높이와 직경이 1척이다. 용량은 4升이다. '豆'는 豆, 籩, 豋의 총명이기도 하다. 豆의 중앙부분을 '校'라고 하고 그 바닥부분을 '鐙'이라고 한다. 학의행의 『이아의소』에 따르면 籩과 豆는 같은 종류의 그릇으로 단독으로 사용되지 않기 때문에 '豆'라고만 말했을 경우 '籩'을 포함한다고 한다. 『三禮辭典』, 1289쪽의 '籩'항목과 427쪽의 '豆'항목 참조.

11_ 양의 천엽 : 『주례』 「醢人」의 정현 주에 "脾析은 소의 천엽이다"라고 하였는데, 이 경문에서 소라고 말하지 않은 것은 『주례』는 천자의 예서 소를 사용할 수 있지만, 여기서는 小牢를 사용하여 소가 없고, 양의 천엽이어야 하므로 소라고 하지 않는 것이다. 『의례주소』, 868쪽 참조.

12_ 대나무제기 : '籩'은 마른 음식을 담는 그릇으로 대나무로 만든다. 그 용량은 4升이다.

13_ 떡 : 『주례』 「천관·籩人」에 대해서 정중은 '糗'는 콩과 쌀을 볶은 것이고, '粉'은 콩가루이며, '餈'는 완자를 말려서 떡으로 만든 것('糗', 熬大豆與米也, '粉', 豆屑也, '茨'字或作'餈', 謂乾餌餅之也)이라고 하였고, 정현은 이 두 가지는 모두 쌀이나 기장을 빻아서 만든 음식인데, 합쳐서 찐 것을 '餌'라고 하고, 그것을 떡으로 만든 것을 '餈'라고 한다(此二物皆粉稻米黍米所爲也, 合蒸曰'餌', 餅之曰'餈')고 하였다. 또 『예기』 「內則」에 "籩과 豆에 담는 음식은 糗餌와 粉酏이다"(羞, 糗餌·粉酏)라고 한 것에 대해서 정현은 "'糗'는 곡물을 찧고 볶은 것으로 그것으로 분말가루와 인절미를 만든다"(糗, 搗熬穀也, 以爲粉餌與餈)고 하였다. 『의례주소』, 868쪽 참조.

14_ 예주 : '醴'는 '五齊' 즉 다섯 가지 탁한 술 가운데 하나인 '醴齊'를 가리킨다. 『주례』 「천관·酒正」에서 泛齊·醴齊·盎齊·醍齊·沈齊를 '五齊'라고 하였는데, 정현은 "醴은 體와 같다. 빚고 나서도 즙과 앙금이 서로 뒤엉켜 있다. 오늘날의 恬酒와 같은 것이다"(醴猶體也. 成而汁滓相將, 如今恬酒矣)라고 하였다. '醴齊'는 아직 찌꺼기를 거르지 않은 탁한 술 즉 濁酒로서, 하루 밤에 익히고 그 맛이 약간 달다. 예를 행할 때에는 모두 이 술을 사용했는데, 입으로 맛을 보기만 하고 마시지는 않았다. '醴'는 하루 동안 숙성시켜 만들기 때문에 鷄鳴酒 혹은 一宿酒라고도 한다.

15_ 다시 진설한다 : 장사지내기 하루 전에 이미 명기를 진설하였으나 밤사이에 거두어 보관하였으므로 다음날 다시 진설하는 것이다. 『의례정의』, 1885쪽 참조.

16_ 구거가 ~ 올릴 때 : 화톳불을 끄고 난 뒤 두 사람이 횃불을 들고 柩車의 끌채 앞에 가로 댄 나무(軏)를 끼고 북쪽을 향한다. 한 사람은 軏의 동쪽에 다른 한 사람은 로의 서쪽에 있는데, 서쪽에 있는 사람은 祖奠을 치울 때 비추고, 동쪽에 있는 사람은 葬奠을 차릴 때 비춘다. 『의례주소』, 869쪽 참조.

17_ 견전을 진설하는데 : 견전을 진설하면서 자리(席)를 편다고 말하지 않은 것은 祖奠

을 진설했던 곳과 같은 곳에 진설하기 때문이다. 『의례주소』, 1887쪽 참조.

18_ 西 : 『의례정의』에는 '南'으로 되어 있다.

19_ 구부려 ~ 않는다 : 구부려 진설한다면 먼저 서남쪽에 양을 진설하고, 다음으로 북쪽에 돼지를 진설하며, 다음으로 동쪽에 생선을 진설하고, 다음으로 남쪽에 육포를 진설해야 한다. 지금은 서남쪽에 양을, 다음으로 북쪽에 돼지를 진설하고, 생선은 양의 동쪽에 진설하고, 육포는 생선의 동쪽에 진설하여, 다시 남쪽으로부터 시작을 하므로 이것은 구부려 진설하지 않는 것이다. 『의례주소』, 870쪽 참조.

20_ 두에 ~ 통괄된다 : 오계공은 "醴酒는 대추의 서쪽에 있고, 淸酒는 떡의 서쪽에 있다. 예주와 청주는 豆의 남쪽에 진설하고 북쪽을 윗자리로 삼으니, 이것이 豆에 의해 통괄되는 것이다"라고 하였다. 『의례정의』, 1888쪽 참조.

21_ 오고 가는 ~ 삼는 것 : 이 奠은 뜰에 있어 오르고 내리는 것이 없으므로, 오고 가는 것으로 의절을 삼는다고 한 것이다. 『의례정의』, 1888쪽 참조.

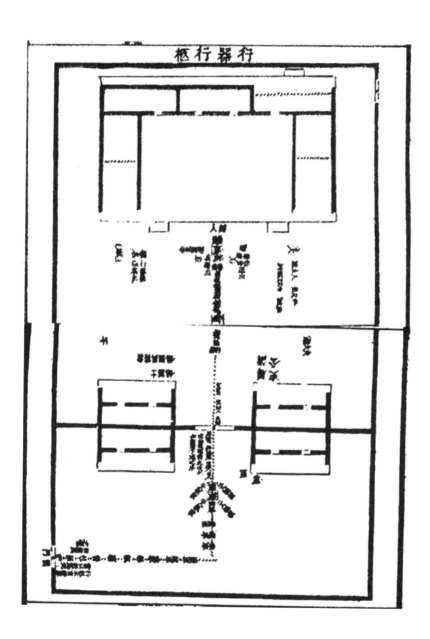

經−119에서 經−126까지는 장사葬事를 치르러 중重이 나가고 거마車馬와 포기苞器가 차례로 묘지로 향하여 가는 의절이다.

[旣夕禮13 : 經−119]

전인甸人[1]이 중重을 들고 문門 중앙으로 나와 중重을 문 동쪽에 기대어 놓는다.

甸人抗重, 出自道, 道左倚之.

정현주 　　　중重의 방향을 돌릴 때는 전인을 언급하지 않고 중重을 들 때서야 전인을 언급한 것은 중重은 우제虞祭[2]를 마치면 매장할 것이므로 그 담당자를 언급하여 관심을 가지고 중重을 지켜보도록 하려는 것이다. '항抗'은 들다(擧)의 뜻이다. '출자도出自道'는 문의 중앙을 따라 나오는 것이다. 얼闑(문말뚝)[3]의 동쪽이나 서쪽을 경유하지 않는 것은 중重은 되돌리지 않기 때문에 평소 출입하는 것[4]과는 변화를 준 것이다. '길의 왼쪽'(道左)[5]은 주인의 자리이다.[6] 오늘날 사자死者가 있으면 나무에 구멍을 뚫고 깎아 그 가운데에 음식을 넣어 길가에다 세워놓는데, 이것에서 말미암은 것이다. 還重不言甸人, 抗重言之者, 重旣虞將埋之, 言其官, 使守視之. '抗', 擧也. '出自道', 出從門中央也. 不由闑東西者, 重不反, 變於恒出入. '道左', 主人位. 今時有死者, 鑿木置食其中, 樹於道側, 由此.

[旣夕禮13 : 經 – 120]

수레를 끌 말을 올렸다가,[7] 문의 중앙을 통해 끌고 나온다. 수레는 각각 사람이 끌고 말을 뒤따라 나와 문 밖에서 멍에를 씌운 다음, 문 동쪽에서 서쪽을 향하여 서서 기다리는데, 남쪽을 윗자리로 삼는다.

薦馬, 馬出自道. 車各從其馬, 駕于門外, 西面而俟, 南上.

정현주 '남쪽을 윗자리로 삼는다'(南上)는 것은 출행出行을 편하게 하기 위해서이다. 출행할 때는 승거乘車가 앞서고 도거道車와 고거稾車가 차례로 따른다.[8] 南上, 便其行也. 行者乘車在前, 道·稾序從.

[旣夕禮13 : 經 – 121]

전奠을 치우는 자(徹者)가 묘로 들어오면 주인과 중주인 그리고 부인은 용踊을 하는데, 처음 조전祖奠을 치울 때와 같을 절차로 한다. 철자徹者가 덮개(巾)를 걷고 포苞를 사용하여 양羊과 돼지(豕) 두 희생을 싸는데, 하체만 취한다.[9]

徹者入, 踊如初. 徹巾, 苞牲, 取下體.

정현주 '포苞'는 흠향이 끝나고 빈賓에게 희생제기(俎)를 돌려보내는 것을 상징한다. '하체만 취한다'(取下體)는 것은 경골脛骨(희생의 앞뒤 네 다리)이 출행하는 것을 상징하고, 또 희생제기(俎)를 채우는 처음과 끝[10]이기 때문이다. 사士의 포苞는 세 개인데 앞다리(前脛)에서 앞다리 뼈의 중앙 부위(臂)와 앞다리 뼈의 아래쪽 부위(臑)를 떼어내 취하고,[11] 뒷다리(後脛)에서 뒷다리 뼈의 중앙 부위(骼)를 떼어내 취하니, 또한 조俎마다 3조각씩 남겨놓을 수 있다. 「잡기」에 "부모이지만 빈으로 접대하는 것은 슬퍼하는 것이다"라고 하였다. '苞'者, 象旣饗而歸賓俎者也. '取下體'者, 脛骨象行, 又俎實之終始也. 土苞三个, 前脛折取臂·臑, 後脛折取骼, 亦得俎釋三个. 「雜記」曰, "父母而賓客之, 所以爲哀."

[旣夕禮13 : 經 – 122]

생선(魚)과 말린 고기(腊)는 취하지 않는다.

不以魚·腊.

정현주 정식의 희생犧牲이 아니기 때문이다. 非正牲也.

[旣夕禮13 : 經 – 123]

진설하였던 광에 매장하는 기물(明器)을 묘지로 가지고 가는데,

行器,

정현주 장지葬地로 가져갈 광에 매장하는 기물(明器)이 떠나는 차례를 열거한 것이다. 目葬行明器在道之次.

[旣夕禮13 : 經 – 124]

먼저 인茵이, 다음은 포苞가, 다음은 기물器物이 차례로 따르는데,

茵·苞·器序從,

진설된 선후와 같다. 如其陳之先後.

[旣夕禮13 : 經 - 125]

거마車馬가 맨 끝에서 따른다.

車從.

광에 매장하는 기물(明器)의 다음이다. 次器.

[旣夕禮13 : 經 - 126]

전을 치우는 자(徹者)가 묘廟를 나가면, 주인과 중주인 그리고 부인

은 용踊을 하는데 처음처럼 한다.

徹者出, 踊如初.

이때 묘 안에서 떠나야 할 것은 오직 구거柩車뿐이다. 於

是廟中當行者唯柩車.

1_전인 : 호광충의 『의례석관』의 설명에 따르면, 國君의 신하로서 士의 상례에 와서 喪事를 돕는 사람이다. 胡氏는 다음과 같이 말한다. "고대에는 신하가 상을 당하면, 公家에서 사람을 보내 喪事를 처리하게 하였다. 그것은 喪事에는 사람 손길을 필요로하는 일이 많은데 家臣이 관리를 다 갖추어 둘 수 없기 때문이다."(古者臣有喪事, 公家使人治之. 以喪事需人孔多, 家臣不能具官故也)

2_우제 : 喪祭의 명칭으로, 아침에 下棺을 하고, 낮에 虞祭를 행한다. 士의 경우 3개월만에 장례를 치르고, 장례를 치른 후 4일 안에 殯宮에서 세 차례 虞祭를 지내는데, 이를 '三虞'라고 칭한다. 첫 번째 우제를 '祫事', 두 번째 우제를 '虞事', 세 번째 우제를 '成事'라고 한다. 『의례』「기석례」의 '三虞'에 대해 정현은 "虞는 喪祭의 명칭이다. '虞'는 편안하다(安)는 뜻이다. 骨肉은 땅으로 돌아갔지만, 精氣는 가지 않는 바가 없다. 효자는 그 정기가 방황을 하기 때문에 세 차례 제사를 지내서 안정시켜 주는 것이다. 아침에 장례를 거행하고, 낮에 우제를 지내는 것은 차마 하루라도 (혼령이)돌아갈 곳이 없게 할 수 없기 때문이다"(虞, 喪祭名. 虞, 安也. 骨肉歸於土, 精氣無所不之. 孝子爲其彷徨, 三祭以安之. 朝葬, 日中而虞, 不忍一日離)라고 하였다. 虞祭를 지낸후에 卒哭의 제사를 행한다. 한편 오계공과 만사동은 우제 후에 지내는 제사가 아니라 三虞를 마친 후에는 수시로 하는 곡을 끝마치는데, 이것이 卒哭이라고 하였다. 그러나 『의례』「사우례」의 記, 『예기』「단궁」을 통해서 본다면 卒哭은 虞祭에 이어지는 제사이다. 『삼례사전』, 951쪽 참조.

3_얼 : 두 문짝이 맞닿는 곳에 세운 두 말뚝으로 문짝이 문지방 안으로 들어오는 것을막아 준다. 말뚝과 말뚝 사이를 '中門'이라고 하며, 君과 賓이 드나든다. 말뚝 동쪽은闑東, 서쪽은 闑西라고 하며, 大夫·士·擯·介가 드나든다.

4_평소 출입하는 것 : 평소 출입할 때는 문말뚝의 동쪽과 서쪽을 통해서 한다. 『의례주소』, 871쪽 참조.

5_길의 왼쪽 : 문의 동쪽 북쪽 벽에 기대 놓아야 한다. 『의례주소』, 871쪽 참조.

6_주인의 자리이다 : 『예기』「檀弓」에 "重에는 신주의 道가 있다"고 한 부분의 정현 주에는 "막 돌아가서서 아직 신주를 만들기 이전에는 重으로 그 神을 주관하게 한다"라고 하였다. 그렇다면 重은 사자를 주관하는 것이므로 주인의 자리에 매장한다. 『의례주소』, 871쪽 참조.

7_수레를 ~ 올렸다가 : 『예기』「雜記」의 공영달의 소에서는 '세 번째 말을 진설하는절차'(第三次薦馬)라고 한다. 진호에 따르면 "관이 처음에 나와 사당에 이르면 사당에 인사하는 朝奠을 진설하고, 奠이 끝나면 말을 바쳐 진설한다. 저녁에 祖奠할 때에도 말을 바쳐 진설한다. 다음날 遣奠을 진설할 때에도 말을 바쳐 진설한다"고 하였다.

8_승거가 앞서고 ~ 따른다 : 乘車에는 旐을 싣고, 道車에는 朝服을 실으며, 藁車에서蓑笠을 싣는데, 이것이 차례로 따르는 것이다. 『의례주소』, 871쪽 참조.

9_하체만 취한다 : 오계공은 "껍질과 뼈가 많아 조금 더 오래갈 수 있기 때문"으로 보

았지만, 학경은 "작아서 광에 넣기가 편리하기 때문"으로 보았다. 『의례정의』, 1890 쪽 참조.

10_ 채우는 처음과 끝 : 성대하게 차리는 遣奠은 小牢를 사용하니 실어 보내는 牲體 또한 소뢰와 동일해야 한다. 「소뢰궤사례」에 "앞다리 뼈의 위쪽 부위(肩)·앞다리 뼈의 중앙 부위(臂)·앞다리 뼈의 아래쪽 부위(臑)·뒷다리 뼈의 위쪽 부위(膊)·뒷다리 뼈의 중앙 부위(胳)가 兩端 즉 왼쪽 끝부분(上端)과 오른쪽 끝부분(下端)에 있다"고 하였고, 또 "앞다리 뼈의 위쪽 부위(肩)가 위쪽에 있다"고 하였다. 이에 따르면 앞다리 뼈의 위쪽 부위(肩)·앞다리 뼈의 중앙 부위(臂)·앞다리 뼈의 아래쪽 부위(臑)는 俎의 상단에 있어 俎에 담는 내용물의 시작이 되고, 뒷다리 뼈의 위쪽 부위(膊)·뒷다리 뼈의 중앙 부위(胳)는 조의 하단에 있어 俎에 담는 내용물의 끝이 된다. 『의례주소』, 872쪽 참조.

11_ 앞다리에서 앞다리 ~ 취하고 : 대개 희생은 앞의 다리뼈(脛骨)가 세 부위로 되어 있는데, 肩·臂·臑가 그것이다. 뒤의 다리뼈는 두 부위로 되어 있는데, 膊·胳이 그것이다. 지위가 높은 사람의 俎에는 존귀한 부위의 뼈를 담고, 지위가 낮은 사람의 조에는 비천한 부위의 뼈를 담는다.

經-127에서 經-130까지는 봉서를 읽고 견책을 읽는 의절이다.

[旣夕禮13 : 經 - 127]

주인主人의 사史[1]는 북쪽을 향하여 주인에게 봉서贈書[2]를 읽을 것을 청하고, 부사副史는 주판(筭)을 들고 史를 따른다. 널(柩)의 동쪽 곧 널의 앞부분을 묶은 곳(前束)에 해당하는 곳에서 서쪽을 향하여 선다. 일이 가벼워 곡哭을 멈추도록 명하지는 않지만 곡하는 자들이 서로 곡哭을 멈추라고 권계勸戒한다. 오직 주인과 주부主婦만 곡을 한다. 횃불(燭)을 든 집사는 史의 오른쪽에서 남쪽을 향하여 선다.

主人之史請讀賵, 執筭從. 柩東, 當前束, 西面. 不命毋哭, 哭者相止也. 唯主人 · 主婦哭. 燭在右, 南面.

정 현 주　　　　사史가 북쪽을 향하여 주인에게 청하고, 청하는 것을 마치고는 주판(筭)을 든 부사와 함께 서쪽을 향하여, 주인 앞에서 봉서를 읽고 주판을 놓아 셈한다. '횃불(燭)을 든 집사가 史의 오른쪽에서 남쪽을 향하여 선다'(燭在右, 南面)는 것은 봉서를 비추기 편하기 때문이다. 고문본에는 '筭'이 모두 '筴'으로 되어 있다. 史北面請, 旣而與執筭西面於主人之前讀書釋筭. '燭在右, 南面', 炤書便也. 古文'筭'皆爲'筴'.

[旣夕禮13 : 經 – 128]

사史는 서서 봉서贈書를 읽는데,³ 부사가 주판을 놓아 셈할 때는 바
닥에 앉는다.

讀書, 釋筭則坐.

정현주 반드시 주판을 놓아 셈하는 것은 그 많음을 영예로 여기
기 때문이다. 必釋筭者, 榮其多.

[旣夕禮13 : 經 – 129]

봉서贈書 읽기가 끝나면, 곡哭을 하도록 명하고, 햇불(燭)을 끄며,
사史는 봉서를 들고 부사는 주판을 들고 반대 순서로 나간다.

卒, 命哭, 滅燭, 書與筭執之以逆出.

정현주 '졸卒'은 끝났다는 뜻이다. '卒', 已.

[旣夕禮13 : 經 – 130]

국군의 사史는 널의 서편에서 동쪽을 향하여 선다. 곡을 중지하도
록 명한다.⁴ 주인과 주부는 모두 곡을 멈춘다. 국군의 사史가 견책
遣策⁵을 읽고, 읽기를 마치면 곡을 하도록 명한다. 이때 햇불(燭)을
끄고, 국군의 사史는 나간다.

公史自西方東面. 命毋哭. 主人 · 主婦皆不哭. 讀遣, 卒, 命哭. 滅燭,
出.

정현주   '공사公史'는 국군의 예서禮書를 담당한 자이다. '견遣'은 광壙 속에 넣을 물건이다. 국군이 사史를 보내 그것을 읽게 함으로써 예의 바름을 얻어 생을 마치는 일을 완성토록 하려는 것이다. 햇불은 로輅(끌채 앞에 가로 댄 나무)를 끼고 있다. '公史', 君之典禮書者. '遣'者, 入壙之物. 君使史來讀之, 成其得禮之正以終也. 燭俠輅.

1_주인의 사 : 土의 私臣으로 문서를 관장하는 자이다. 『의례정의』, 1893쪽 참조.

2_봉서 : 국군이 보내온 贈의 물품을 적은 문서이다.

3_사가 ~ 읽는데 : 봉서를 읽을 때는 서서 읽는데 공경을 표시하기 위해서이다. 『의
례주소』, 874쪽 참조.

4_곡을 ~ 명한다 : 방포는 "국군이 보내온 물건을 관에 부장할 때는 誠信을 다해야 하
는데, 주인과 주부 또한 반드시 주의를 기울여 들어야만 마음이 비로소 편해지므
로, 읽기를 마치기를 기다린 뒤에 곡하도록 명한다"라고 하였다. 『의례정의』, 1894
쪽 참조.

5_견책 : 국군이 보내온 壙 속에 넣을 물건의 목록을 적은 문서이다. 『의례정의』, 1894
쪽 참조.

經-131에서 經-136까지는 구거柩車가 발행하고 국군의 사자가 贈贈을 하는 의절이다.

[旣夕禮13 : 經-131]

상축商祝은 공포功布를 잡고 구거柩車를 끄는 사
람과 피披를 잡은 사람을 지휘한다.

商祝執功布以御柩 · 執披.

공포功布
(淸),「흠정의례의소」

정현주 구거의 앞에 서서 길이 아래위로 비탈이 지거나 좌우의
높낮이가 다를 때, 공포로 낮추거나 높이거나 왼쪽을 지지하거나 오른쪽을
지지하게 하는 절도로 삼아,[1] 인끈(引)을 끄는 자와 피披를 잡은 자에게 알린
다.[2] 사士의 경우 피披를 잡는 사람은 8인이다. 금문본에는 '以'가 없다. 居柩
車之前, 若道有低仰傾虧, 則以布爲抑揚左右之節, 使引者執披者知之. 士執披八人.
今文無'以'.

[旣夕禮13 : 經-132]

주인主人이 왼팔의 소매를 벗어내면(袒), 이어서 구거柩車가 출발한
다. 주인은 용踊을 하는데 횟수에 정해진 한도가 없다.

主人袒, 乃行. 踊無算.

'단組'을 하는 것은 구거가 출발하기 때문에 예모禮貌를 바꾼 것이다. '이어서 간다'(乃行)는 것은 구거가 출발하는 것을 가리킨다. 무릇 구거를 따르는 자는 선후좌우의 순서를 조묘로 옮길 때[3]와 같이 한다.

'組', 爲行變也. '乃行', 謂柩車行也. 凡從柩者, 先後左右如遷于祖之序.

[旣夕禮13 : 經 – 133]
구거柩車가 빈궁殯宮을 나가면, 주인은 용踊을 하고, 왼팔의 소매를 벗어냈던 차림에서 다시 원래의 상태로 옷을 잘 여며 입는다(襲).

出宮, 踊, 襲.

애차哀次[4]가 있기 때문이다.[5] 哀次.

[旣夕禮13 : 經 – 134]
구거柩車가 국도國都의 북쪽 성문에 도달하면, 국군은 재부宰夫를 시켜 검은색과 옅은 진홍색의 비단 열 단(玄纁束)을 보낸다.

至于邦門, 公使宰夫贈玄纁束.

'방문邦門'은 성문이다.[6] '증贈'은 보낸다는 뜻이다. '邦門', 城門也. '贈', 送也.

[旣夕禮13 : 經 - 135]

주인은 지팡이(杖)를 놓아두고, 곡哭을 하지 않으며, 구거柩車의 끌채 앞에 가로 댄 나무(前輅) 부분의 좌측에서 재부宰夫로부터 국군의 명을 전달받는다. 빈賓 즉 사자使者는 구거柩車의 전로前輅 부분의 오른쪽에서 명령을 전달한다.

主人去杖, 不哭, 由左聽命. 賓由右致命.

정현주 　　구거 전로前輅에 해당하는 부분의 왼쪽과 오른쪽이다. 이때 구거는 멈춘다. 柩車前輅之左右也. 當時止柩車.

[旣夕禮13 : 經 - 136]

재부宰夫가 명의 전달을 마치면, 주인은 곡哭을 하고, 이마가 바닥에 닿도록 하여 배례를 한다. 빈賓이 구거柩車에 올라 널(柩)을 덮은 상여의 윗덮개(柳) 속에 폐백을 놓고 내려온다. 주인은 빈을 배례를 하면서 전송한 다음, 구거 뒤의 제자리로 돌아가 지팡이(杖)를 짚고, 곧이어 구거가 출발한다.

主人哭, 拜稽顙. 賓升, 實幣于蓋. 降. 主人拜送, 復位, 杖, 乃行.

정현주 　　구거에 앞쪽에 올라 널(柩)을 덮은 유柳(상여의 윗덮개) 속에 폐백을 놓아 마치 친히 주듯이 한다. '제자리로 돌아간다'(復位)는 것은 구거의 뒤로 돌아가는 것이다. 升柩車之前, 實其幣於棺蓋之柳中, 若親授[7]之然. '復位', 反柩車後.

주

1_ 공포로 낮추거나 ~ 삼아 : 길이 아래로 비탈이 지었을 경우 공포를 아래로 늘어뜨려 비탈이 지었음을 알리고, 길이 위로 비탈이 지었을 경우 공포를 위로 들어 위로 비탈이 지었음을 알린다. … 동쪽 바퀴 밑이 낮으면 공포를 동쪽으로 늘어뜨려 서쪽에서 피를 잡고 있는 사람들에게 지탱하게 하고, 서쪽 바퀴 밑이 낮으면 공포를 서쪽으로 늘어뜨려 동쪽에서 피를 잡고 있는 사람들에게 지탱하게 한다. 『의례주소』, 874쪽 참조.

2_ 인끈을 끄는 ~ 알린다 : 호배휘는 '商祝執功布以御柩'를 句로 보고 '執披'를 다시 하나의 句가 되는 것으로 본다. 그럴 경우 본문의 해석은 "商祝이 대공의 거친 베(功布)를 잡고 柩車를 지휘하며, 引과 披를 잡는다"가 된다. 『의례정의』, 1895쪽 참조.

3_ 조묘로 옮길 때 : 주인을 따르는데, 남자들은 오른쪽에서 여자들은 왼쪽에서 따른다. 상복의 親疏로써 선후를 정하며 각각 그 昭穆을 따른다. 男賓은 앞에 女賓은 뒤에 선다. 『의례주소』, 875쪽 참조.

4_ 애차 : 『예기』「檀弓」에 "군주는 대부에 대하여 葬事를 치르려 할 때 殯宮에서 조문한다. 상여가 나서면 (상주가 붙잡고 울부짖는데) 군주가 상여를 끌도록 명하고, 상여꾼은 세 걸음을 걷고서 멈춘다. 이렇게 하기를 세 차례 하고, (상여가 출발하면) 군주는 떠난다. 상여가 祖廟를 알현할 때 (군주가 조문하는 경우에도) 또한 그렇게 한다. 사자가 평소 빈을 맞이하던 처소에서 상주가 슬픔을 표할 때 (군주가 조문하는 경우에도) 또한 그렇게 한다"(君於大夫, 將葬, 弔於宮. 及出, 命引之, 三步則止. 如是者三, 君退. 朝亦如之. 哀次亦如之)라고 하였다. 이에 대해 정현은 "'朝'는 상여가 祖廟를 알현하는 것이다. '次'는 지난날 빈을 맞이하던 대문 밖의 처소이다. 상주가 이곳에 이르면 슬픔을 표한다"('朝', 喪朝廟也. '次', 他日賓客所受大門外舍也. 孝子至此而哀)라고 하였다.

5_ 애차가 ~ 때문이다 : 문 밖에 賓客의 次舍가 있는데, 부모가 생전에 빈을 맞이하던 장소이다. 그러므로 주인은 이곳에 이르면 느낌이 있어 슬퍼하는 것이다. 오계공은 "빈궁을 떠나면서 용을 하는 것은 부모님이 드디어 그 집을 떠나게 됨을 슬퍼하는 것이다"라고 해석한다. 『의례주소』, 875쪽 및 『의례정의』, 1897쪽 참조.

6_ 성문이다 : 가공언은 『예기』「檀弓」의 "국도(國都)의 북쪽에 장사지내고 머리를 북쪽 방향으로 두는 것은 삼대가 통용한 예이다"(葬於北方, 北首, 三代之達禮也)라고 한 기록을 근거로 '國都의 북쪽 성문'이라고 한정한다. 『의례주소』, 875쪽 참조.

7_ 授 : 북경대본에는 '受'로 되어 있으나 교감의 내용에 따라 '授'로 고친다.

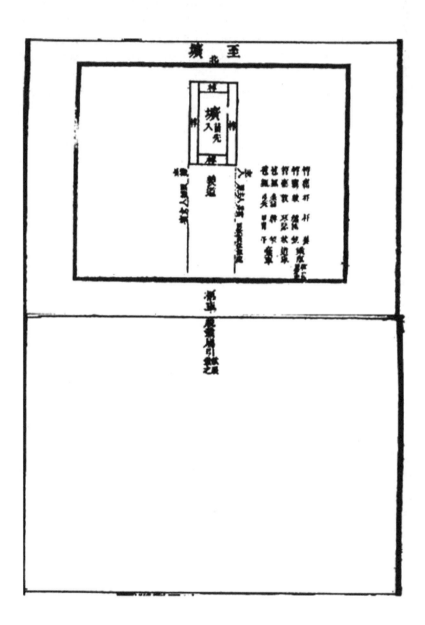

經-137에서 經-149까지는 널(柩)을 매장하고 기물器物을 수장收藏하여 장
사葬事를 마치는 의절이다.

[旣夕禮13 : 經 – 137]

광광(墓穴)에 이르러 광에 매장하는 기물(明器)을 묘도墓道의 동쪽과
서쪽에 진설하는데¹ 북쪽을 윗자리로 삼는다.

至于壙, 陳器于道東西, 北上.

정 현 주   광광(墓穴)에 통괄된다.² 統於壙.

[旣夕禮13 : 經 – 138]

인茵을 먼저 광광에 들여 놓는다.

茵先入.

정 현 주   널(柩)을 받쳐야 하기 때문이다. 원사元士는 매장을 할 때
공축軘軸(관굄차)을 사용하는데³ 인茵을 위에 놓는다. 當藉柩也. 元士則葬用軘
軸, 加茵焉.

[旣夕禮13 : 經 – 139]

인끈(引)을 널(柩)을 묶은 줄(緘耳)에 연결시킨다.

屬引.

정현주   이때 구거에 실었던 것을 내려놓고 장식을 제거하며, 다시 인끈(引)을 널(柩)을 묶은 줄(緘耳)에 연결시킨다.[4] 고문본에는 '屬'이 '燭'으로 되어 있다. 於是說載除飾, 更屬引於緘耳. 古文'屬'爲'燭'.

[旣夕禮13 : 經 – 140]

주인이 왼팔의 소매를 벗어내고(袒), 중주인衆主人은 묘도墓道의 동편에서 서쪽을 향하여 서는데, 북쪽을 윗자리로 삼는다. 부인들은 묘도墓道의 서편에서 동쪽을 향하여 선다. 모두 곡哭을 하지 않는다.

主人袒, 衆主人西面, 北上. 婦人東面. 皆不哭.

정현주   선도羨道[5]를 사이에 두고 자리(位)를 마련한다. 俠羨道爲位.

[旣夕禮13 : 經 – 141]

이어서 광壙에 하관下棺을 한다. 주인과 중주인 그리고 부인[6]은 곡哭을 하고 용踊을 하는데, 횟수에 정해진 한도가 없다.

乃窆. 主人哭, 踊無算.

       '폄窆'은 하관下棺이다. 금문본에는 '窆'이 '封'으로 되어 있다. '窆', 下棺也. 今文'窆'爲'封'.

[既夕禮13 : 經－142]

용용踊을 마치고 주인은 왼팔의 소매를 벗어냈던(袒) 차림에서 다시 원래의 상태로 옷을 잘 여며 입고(襲), 길이 1장 8척 되는 검은색과 옅은 진홍색의 비단 열 단(玄纁束)[7]을 광壙 안에 폐백으로 드린다(贈). 이마가 바닥에 닿도록 하여 배례를 하고 용踊을 하는데, 처음처럼 횟수에 정해진 한도 없이 한다.

襲, 贈用制幣玄纁束. 拜稽顙, 踊如初.

       1장 8척을 '제制'라고 한다. 1장 8척짜리 두 단을 합한 것이다. '속束'은 1장 8척짜리 10단으로서, 양 끝을 합해서 만 다섯 필이다. 丈八尺曰'制'. 二制合之. '束', 十制五合.

[既夕禮13 : 經－143]

폐백 드리기를 마치고, 주인은 왼팔의 소매를 벗어내고(袒) 빈賓에게 배례를 행하며, 주부도 또한 빈에게 배례를 행한다. 주인과 주부 모두 선도羨道의 동쪽과 서쪽의 자리로 나아가서, 주인과 부인 그리고 빈이 선후로 교대하여[8] 각각 세 차례 용踊을 하고, 주인은 왼팔의 소매를 벗어냈던 차림에서 다시 원래의 상태로 옷을 잘 여며 입는다(襲).

卒, 袒, 拜賓, 主婦亦拜賓. 卽位, 拾踊三, 襲.

'주부가 빈에게 배례를 행한다'(主婦拜賓)는 것은 여빈女賓에게 배례를 행하는 것이다. '자리로 나아간다'(卽位)는 것은 제자리로 돌아가는 것[9]이다. '主婦拜賓', 拜女賓也. '卽位', 反位.

[旣夕禮13 : 經 – 144]
빈賓이 나가면, 주인은 배례를 하면서 전송한다.
賓出, 則拜送.

서로 음식을 보내 주는 사이(相問)의 빈이다. 무릇 조문을 온 빈에 다섯 부류[10]가 있는데, 그들이 떠날 때는 모두 배례를 한다. 여기서는 그 중간에 해당하는 서로 음식을 보내 주는 사이(相問)의 빈을 거론한 것이다. 相問之賓也. 凡弔賓有五, 去皆拜之. 此擧中焉.

[旣夕禮13 : 經 – 145]
광壙에 매장하는 기물(明器) 중의 용기用器와 군기軍器를 광 안에 넣어 널(柩)의 옆에 두고, 널 위에는 관장식(見)을 더한다.
藏器於旁, 加見.

'기물'(器)은 용기用器와 역기役器[11]이다. '현見'은 관棺의 장식[12]이다. 현見이라고 바꾸어 말한 것은 이것을 더하면 관棺이 다시 보이지 않기 때문이다. 먼저 '기물을 넣는다'(藏器)라고 하고 이어서 '현見을 더한다'(加見)고 말한 것은 기물이 현見 안에 있기 때문이다. 기물을 안에 두는 것은 군자가 일에 있어서 끝까지 자신을 안일하게 하지 않음을 밝힌 것이다. 「단궁」에 "유우씨 때는 옹관甕棺을 사용하였고, 하후씨 때는 옹관 주위를 벽돌로 쌓았고, 은나라 때는 나무로 만든 관곽棺槨을 사용하였고, 주나라 사람들은 상여에 유의柳衣를 두르고 삽翣으로 장식하였다"라고 하였다. '器', 用器·役器也. '見', 棺飾也. 更謂之見者, 加此則棺柩不復見矣. 先言'藏器', 乃云'加見'者, 器在見內也. 內之者, 明君子之於事, 終不自逸也. 「檀弓」曰, "有虞氏之瓦棺, 夏後氏堲周, 殷人棺槨, 周人牆置翣."

[旣夕禮13 : 經−146]

포苞와 소筲 등의 기물器物을 관의 장식(見)의 바깥쪽 곁에 놓는다.
藏苞·筲於旁.

정현주
'곁에'(於旁)라고 한 것은 관장식(見)의 바깥에 둔다는 것이다. 옹甕(질그릇)[13]과 질그릇 술동이(甒)를 말하지 않는 것은 진설하는 순서를 알 수 있기 때문이다.[14] 네 가지는 두 개 두 개씩 놓는다.[15] 「상대기」에 "관棺(속관)과 곽椁(덧널) 사이의 틈이, 군주의 경우는 축柷[16]이 들어갈 정도이고, 대부의 경우는 호壺가 들어갈 정도이며, 사의 경우는 무甒가 들어갈 정도이다"라고 하였다. '於旁'者, 在見外也. 不言甕·甒, 饌相次可知. 四者兩兩而居. 「喪大記」曰, "棺·椁之間, 君容柷,[17] 大夫容壺, 士容甒."

[旣夕禮13 : 經 - 147]

광광壙의 위쪽에 절折을 놓는데, 거친 면이 위를 향하도록 한다. 절
위에 항석抗席을 놓는데, 거친 면이 아래를 향하도록 덮는다. 항석
위에 다시 항목抗木을 놓는다.

加折, 卻之. 加抗席, 覆之. 加抗木.

정 현 주   마땅함과 차례가 있다.[18] 宜次也.

[旣夕禮13 : 經 - 148]

주인이 흙을 떠서 세 차례 광광壙에 넣은 다음, 주인은 향인鄕人의 노
고에 대해 감사의 배례를 한다.

實土三, 主人拜鄕人.

정 현 주   그들의 노고에 감사하는 것이다.[19] 謝其勤勞.

[旣夕禮13 : 經 - 149]

주인이 선도羨道의 동쪽 자리로 돌아간다. 주인과 부인 그리고 빈
賓이 교대로 용용踊을 하고 주인은 왼팔의 소매를 벗어냈던 차림에
서 다시 원래의 상태로 옷을 잘 여며 입는데(襲), 처음 하관을 마쳤
을 때처럼 한다.

卽位. 踊, 襲, 如初.

정 현 주   부모님이 흙에 묻혀 계심을 슬퍼하는 것이다. 哀親之在斯.

1_묘도의 동쪽과 ~ 진설하는데 : 오계공은 "서쪽 열의 북쪽 끝을 윗자리로 삼는 것으로 笣와 筲 이하의 것을 가리킨다"고 하여 '西北上'을 구로 보지만, 학경은 "명기를 墓道의 좌우에 진설하는 것"으로 해석한다. 이에 대해 방포는 "敖氏가 '西北上'을 句로 본 것은 잘못이다. 명기는 柩의 양쪽에 부장하는데 반드시 동서로 나누어 진설하고 羨道를 끼도록 하는 것은 묘혈에 들이기가 편리하기 때문이다"라고 하였다. 『의례정의』, 1898쪽 참조. 장혜언의 『의례도』는 오계공의 입장에 따라 그려져 있다.

2_광에 통괄된다 : 廟에서는 남쪽을 윗자리로 삼는 데 비하여 이 경우에는 북쪽을 윗자리로 삼으므로 그렇게 말한 것이다. 호배휘는 "壙은 북쪽에 있고, 명기를 진설할 때 북쪽을 윗자리로 삼으니, 이것이 壙에 통괄된다는 것이다"라고 하였다. 『의례주소』, 877쪽 및 『의례정의』, 1899쪽 참조.

3_원사는 ~ 사용하는데 : 원사는 천자의 士를 가리킨다. 매장을 할 때 먼저 輁軸을 이용하여 羨道를 따라 들어간 뒤 茵을 깔고 그 위에 下棺을 한다. 『의례주소』, 877쪽 참조.

4_다시 인끈을 ~ 연결시킨다 : 『예기』 「喪大記」에 "군주의 경우 가로막대로 하관을 하고, 대부와 사의 경우에는 줄을 이용한다"(君封以衡, 大夫·士以咸)라고 되어 있고, 정현의 주에 "'衡'은 평평하다(平)는 뜻이다. 군주의 상에는 또 나무를 사용하여 옆으로 상여줄을 꿰뚫고, 옆에서 잡고서 평평하게 한다"(衡, 平也. 人君之喪, 又以木橫貫綍耳, 居旁持而平之)라고 하였다.

5_선도 : 가공언은 "壙으로 들어가는 길을 가리킨다. 길 위에 負土(흙을 받치는 橫板)가 없는 것이 羨道이다. 천자의 경우는 隧라고 하는데, 길 위에 負土가 있는 것이 隧이다"라고 해석한다. 이에 대하여 방포는 "壙의 남쪽에 무덤으로 통하는 埏門이 있는데 연문의 아래쪽이 羨道이다. 빗물이 그곳으로 새어 광 속으로 스며들지 못하게 하는 것이다"라고 하였다. 『의례주소』, 878쪽 참조 및 『의례정의』, 1900쪽 참조.

6_중주인 그리고 부인 : 성세좌는 "이때 중주인과 부인 또한 모두 곡을 하고 용을 하는데도 주인만을 말한 것은 글을 생략한 것이다"라고 본다. 『의례정의』, 1900쪽 참조.

7_비단 열 단 : 布帛 5匹, 즉 비단 열 단을 '束'이라고 하며, '束帛'이라고도 한다. 『주례』 「춘관·大宗伯」에서 "孤는 皮帛을 잡는다"(孤執皮帛)고 한 것에 대해 정현은 "皮帛이란 束帛을 만들고 겉을 가죽으로 한 것이다"(皮帛者, 束帛而表以皮爲之)라고 하였고, 가공언은 "束이라는 것은 10端이다. 매 단마다 길이가 1장 8척인데, 모두 양 끝을 합해서 말면 총 5필이 된다. 그러므로 '속백'이라고 한다"(束者十端, 每端丈八尺, 皆兩端合卷, 總爲五匹. 故云'束帛'也)고 하였다. 『예기』 「雜記下」에서 "납징에 보내는 비단은 1束이다. 1속은 5兩이고, 1兩은 5尋이다"(納幣一束, 束五兩, 兩五尋)라고 한 것에 대해 정현은 "納幣는 혼례의 納徵을 가리킨다. 10묶음이 1束으로, 數를 완전하게 이루는 것을 귀중하게 여기는 것이다. 둘씩 짝을 이루는 형태로 그 두루마리를 합하니, 이것이 '五兩'이라고 한다. 8尺이 1尋이고, 5兩은 5尋씩이므로 매 두루마리 당

2丈이 되고, 합하면 40척이 된다. 오늘날 '匹'이라고 부르는 것은 짝이라고 말하는 것과 같은 뜻일 것이다"(納幣謂昏禮納徵也. 十箇爲束, 貴成數. 兩兩者合其卷, 是謂'五兩'. 八尺曰尋, 五兩五尋, 則每卷二丈也. 合之則四十尺. 今謂之匹, 猶匹偶之云與)라고 하였다. 즉 매 端의 길이는 2丈이 된다. 2端이 1兩이므로 10端은 5兩인데 그것을 1束이라 한다. 옛날 베나 비단을 접을 때에는 양 끝을 서로 향하게 하여 말았는데, 합해서 1兩이 된다. 그래서 2端이 1兩이 되고, 1端이 2丈이 되고, 1兩이 4丈이 된다. 1兩은 곧 1匹이다. 매 端의 길이를 가공언은 1丈 8尺이라고 하였는데, 정현이 2丈이라고 한 것에 대해 호배휘는 成數를 취했기 때문으로 해석한다. 『삼례사전』, 407쪽 및 『의례정의』, 957쪽 참조.

8_ 주인과 ~ 교대하여 : 성세좌는 "'拾踊'은 주인과 부인과 빈이 번갈아 용을 하는 것이다"라고 하였다. 『의례정의』, 1902쪽 참조.

9_ 제자리로 돌아가는 것 : 각각 羨道의 동쪽과 서쪽의 자리로 돌아가는 것이다. 男賓은 중주인의 남쪽에 있고, 女賓은 衆婦의 남쪽에 있다. 『의례주소』, 878쪽 참조.

10_ 빈에 다섯 부류 : 『예기』 「雜記」에 "이름을 알고 지내는 사이(相趨)는 관이 사당 빈궁(殯宮)의 문을 나오면 물러 나온다. 서로 인사를 나눈 사이(相揖)는 관이 哀次에 이른 뒤에 물러 나온다. 서로 음식을 보내 주는 사이(相問)라면 하관한 뒤에 물러 나온다. 예물을 갖추어 방문해서 인사를 나눈 사이(相見)라면 상주가 反哭을 마친 뒤에 물러 나온다. 朋友 사이라면 상주가 虞祭와 祔祭를 마친 뒤에 물러 나온다"(相趨也, 出宮而退. 相揖也, 哀次而退. 相問也, 旣封而退. 相見也, 反哭而退. 朋友, 虞附而退)라고 하였고, 정현의 주에는 "이 경문은 조문하는 이가 상주와의 사이에 恩義의 정도에 따라 물러나는 시점의 차이를 두는 절도에 대하여 말한 것이다. '相趨'는 상주와 서로 이름을 알고 지내지만 인사를 나눈 적이 없는 사이로 喪事에 와서 참여한 경우를 말한다. '相揖'은 다른 곳에서 상주와 서로 만나 인사를 나눈 적이 있는 사이를 말한다. '相問'은 상주와 서로 음식 등을 보내 준 적이 있는 사이를 말한다. '相見'은 예물을 갖추어 방문해서 서로 인사한 적이 있는 사이를 말한다"(此弔者恩薄厚去遲速之節也. '相趨'謂相聞姓名, 來會喪事也. '相揖'嘗會於他也. '相問', 嘗相惠遺也. '相見', 嘗執摯相見也)라고 하였다. 일찍이 서로 은혜를 남겼던 사이를 말한다.

11_ 용기와 역기 : 容器는 활과 화살, 보습과 쟁기 등이고, 役器는 갑옷과 투구, 방패와 화살 통 등이다. 이 기물 가운데는 악기도 있지만 언급하지 않은 것은 문장을 생략한 것이다. 『의례주소』, 879쪽 참조.

12_ 관의 장식 : 『예기』 「喪大記」에 "관의 장식(飾棺)으로, 군주는 용을 그려 넣은 관의 옆을 씌우는 덮개(帷)와 흑백의 도끼 문양을 그려 넣은 柳車의 장식(荒)이 있다. … 대부는 구름의 기운을 그려 넣은 柳와 구름의 기운을 그려 넣은 荒이 있다. … 사는 흰 베로 만든 柳와 흰 베로 만든 荒이 있다"(飾棺, 君龍帷, 黼荒. … 大夫畫帷, 畫荒. … 士布帷, 布荒)라고 하였다. 정현은 주에서 "관을 장식하는 것은 도로 및 무덤에서 관을 화려하게 하여 사람들이 그 부모를 혐오하지 않게 하기 위한 것이다"(飾

棺者, 以華道路及壙中, 不欲衆惡其親也)라고 하였다.

13_ 옹 : 정현은 「기석례」의 주에서 '甕'은 질그릇으로 그 용량은 1斛(10말)이라고 하였다.

14_ 진설하는 순서를 ~ 때문이다 : 기물을 진설하는 방법은 뒤에 진설한 것을 먼저 사용하는데, 甕과 甒는 苞와 筲보다 뒤에 사용한다. 포와 소를 넣는다면 옹과 무를 먼저 넣었음을 알 수 있다. 『의례주소』, 879쪽 참조.

15_ 두 개 ~ 놓는다 : 포와 소를 한 쪽에 놓고, 옹과 무를 다른 쪽에 놓는다. 『의례주소』, 880쪽 참조.

16_ 축 : 柷은 모양이 漆桶과 같다. 가로와 세로 각 2척 4촌이고, 깊이는 1척 8촌이다. 가운데에 몽치 자루가 있어 밑바닥까지 연결되어 있는데, 그것을 쳐서 좌우로 부딪치게 하는 것이다.

17_ 柷 : 북경대본에 '祝'으로 되어 있으나 교감의 내용에 따라 '柷'으로 고친다.

18_ 마땅함과 ~ 있다 : 가공언은 "折을 진설할 때는 깨끗한 면이 위를 향하도록 하였는데, 지금 사용할 때는 깨끗한 면이 아래를 향하도록 하고, 抗席을 다시 그 위에 덮는다. 또 折은 자리를 받쳐야 하고 자리는 抗木을 받쳐야 하니 모두가 그 마땅함(宜)이다. 抗木은 먼저 진설하고 뒤에 사용하며, 자리는 뒤에 진설하고 먼저 사용한다. 이것이 그 차례(次)이다"라고 해석한다. 그러나 호배휘는 "먼저 折을 놓고 다음으로 抗席을 놓으며 다음을 抗木을 놓는다. 자리 밑에 折이 없이 광을 덮으면, 자리는 깔 곳이 없게 되며, 자리 위에 抗木이 없으면 흙을 막을 수 없으므로 그 차례를 따라야 한다"고 해석한다. 『의례주소』, 880쪽 및 『의례정의』, 1904쪽 참조.

19_ 그들의 ~ 것이다 : 『예기』 「雜記」에 "鄕人으로 50세가 된 이는 상주가 반곡하는 행렬을 뒤에서 따른다. 40세까지는 무덤을 흙으로 덮는 것을 마친 다음에 물러 나온다"(鄕人五十者從反哭. 四十者待盈坎)라고 하였고, 정현은 "향인이 아니면 노소를 막론하고 모두 돌아간다"(非鄕人, 則長少皆反)라고 하였다. 이를 근거로 말하면 당시에 주인은 반곡을 하지 않았고 향인들은 주인과 함께 있으므로 이제 흙을 세 차례 넣고 난 뒤에 주인이 감사의 배례를 하여 그들의 노고에 감사한다. '노고'란 도로에서는 柩車를 끄는 것을 돕고 묘소에서는 하관과 실토를 도운 것을 말한다. 『의례주소』, 880쪽 참조.

「반곡우조묘수적빈궁도反哭于祖廟遂適殯宮圖」

(淸),『흠정의례의소』

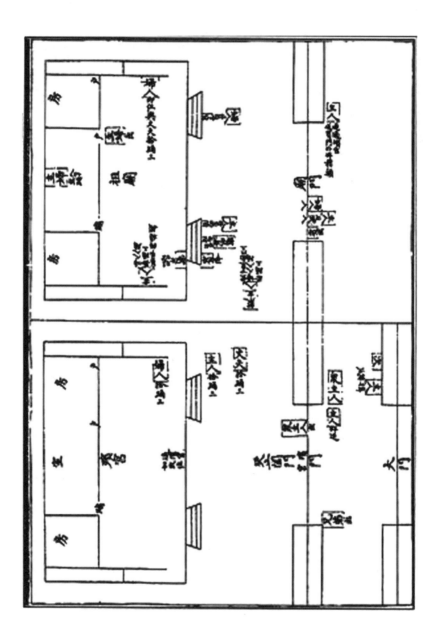

[旣夕禮13 : 經-150]

이어서 묘지墓地로부터 조묘祖廟로 되돌아와 곡哭을 한다. 주인主人은 묘묘로 들어가, 서쪽 계단을 통해 당으로 올라가 동쪽을 향하여 선다. 중주인衆主人은 당 아래 서쪽 계단의 앞에서 동쪽을 향하여 서되 북쪽을 윗자리로 삼는다.

乃反哭. 入, 升自西階, 東面. 衆主人堂下, 東面, 北上.

정현주 '서쪽 계단에서 동쪽을 향한다'(西階東面)는 것은 부모가 예를 행하던 곳으로 되돌아간다[1]는 의미이다. '반곡反哭'은 조묘에서 하는 것[2]이지 조계에서 서쪽을 향해 하는 것이 아니다. 서쪽은 신神의 자리이다. '西階東面', 反諸其所作也. '反哭'者, 於其祖廟, 不於阼階西面. 西方, 神位.

[旣夕禮13 : 經-151]

부인婦人이 묘묘로 들어오고, 이때 주인과 중주인은 용踊을 하며, 부인은 조계를 통하여 당에 오른다.

婦人入, 丈[3]夫踊, 升自阼階.

주인을 피하는 것이다.[4] 辟主人也.

[旣夕禮13 : 經 – 152]

주부主婦는 실室 가운데로 들어가 용踊을 하고, 바같으로 나와 조
계 위의 자리로 나아가서, 주인과 함께 번갈아 세 번 용踊을 한다.

主婦入于室, 踊, 出卽位, 及丈夫拾踊三.

'실室 가운데로 들어간다'(入于室)는 것은 어버이가 봉양
을 하던 곳으로 되돌아간다[5]는 의미이다. '바같으로 나와 조계 위의 자리로
나아간다'(出卽位)는 것은 당 위에서 서쪽을 향하는 것이다. '습拾'은 번갈아
한다(更)는 뜻이다. '入于室', 反諸其所養也. '出卽位', 堂上西面也. '拾', 更也.

[旣夕禮13 : 經 – 153]

조문하러 온 빈賓 가운데 우두머리가 서쪽 계단을 통하여 당에 올
라 "어찌 합니까!"라고 한다. 주인은 이마가 바닥에 닿도록 하여
배례를 한다.

賓弔者升自西階, 曰, "如之何!" 主人拜稽顙.

'빈조자賓弔者'는 여러 빈賓 가운데 우두머리이다. 돌아와
보니 안 계시고 잃은 것이어서, 이에 애통함이 심하므로[6] 조문을 하는 것이
다. 조문을 하는 자는 북쪽을 향하고, 주인은 자리에서 배례를 한다. 빈의 동
쪽에서 북쪽을 향하여 배례를 하지 않는 것은 그곳이 또한 주인의 자리이기

때문이다. 금문본에는 '曰'이 없다. '賓弔者', 衆賓之長也. 反而亡焉, 失之矣, 於是
爲甚, 故弔之. 弔者北面, 主人拜於位. 不北面拜賓東者, 以其亦主人位也. 今文無'曰'.

[旣夕禮13 : 經 – 154]

빈賓이 조문을 마치고 당을 내려가 나가면, 주인은 묘문 밖에서 전
송하는데, 이마가 바닥에 닿도록 하여 배례를 한다.

賓降, 出, 主人送于門外, 拜稽顙.

[旣夕禮13 : 經 – 155]

이어서 모두 빈궁殯宮으로[7] 가, 각자 계빈啓殯할 때의 자리와 같이
하여 주인과 주부가 번갈아 세 번 용踊을 한다.

遂適殯宮, 皆如啓位, 拾踊三.

정현주   '계빈啓殯할 때의 자리'(啓位)는 부인은 묘묘廟에 들어와 당
에 오르고, 주인은 뜰 중앙의 자리로 나아가는 것이다.[8] '啓位', 婦人入升堂, 丈
夫卽中庭之位.

[旣夕禮13 : 經 – 156]

소공小功 이하의 형제들이 나가면, 주인은 배례를 하면서 전송한다.

兄弟出, 主人拜送.

정현주 　　　　　'형제兄弟'는 소공 이하를 말한다. 다른 집에 사는 대공大

功의 친속[9] 또한 돌아갈 수 있다. '兄弟', 小功以下也. 異門大功, 亦可以歸.

[旣夕禮13 : 經 – 157]

중주인이 묘문廟門을 나서면 곡哭을 그친다. 이때 묘문을 닫는다.
주인이 읍揖을 하면서 중주인에게 의려倚廬[10]로 갈 것을 청하고, 중
주인과 더불어 각기 의려로 간다.

衆主人出門, 哭止. 闔門. 主人揖衆主人, 乃就次.

정현주 　　　　　'차次'는 의려이다. '次', 倚廬也.

1_부모가 예를 ~ 되돌아간다 : 『예기』「檀弓」에 "反哭을 할 때 堂에 오르는 것은 (돌아 가신 부모가) 예를 행하던 곳으로 되돌아가는 것이다"(反哭升堂, 反諸其所作也)라고 하였고, 정현의 주에는 "어버이가 예를 행하던 곳이다"(親所行禮之處)라고 하였다.

2_조묘에서 하는 것 : 방포는 "死者의 정감을 헤아려 보면 또한 반드시 먼저 祖妣에게 나아간 뒤에 私室로 돌아갈 수 있다. 그러므로 廟에서 反哭을 한 뒤에 침에서 우제 를 지낸다"라고 하였다. 『의례정의』, 1906쪽 참조.

3_丈 : 『의례주소』에는 大로 되어 있으나, 교감기 및 『의례정의』에 의거하면 丈이 옳은 듯하다.

4_주인을 ~ 것이다 : 주인이 西階 위에 있으므로 西階를 경유하지 않고 조계를 경유 하는 것이다. 『의례정의』, 1906쪽 참조.

5_봉양을 하던 ~ 되돌아간다 : 『예기』「檀弓」에 "주부가 室에 들어가는 것은 (돌아가 신 어버이가) 음식을 드시던 곳으로 되돌아가는 것이다"(主婦入于室, 反諸其所養也) 라고 하였고, 정현은 주에서 "어버이가 음식을 대접하던 곳이다"(親所饋食之處)라고 하였다.

6_돌아와 보니 ~ 심하므로 : 『예기』「檀弓」의 글이다.

7_빈궁으로 : 오정화는 "이미 啓殯을 하였는데도 殯宮이라고 한 것은 어버이가 여전히 빈궁에 계신 듯이 하는 것이다"라고 하였다. 『의례정의』, 1908쪽 참조.

8_부인은 묘에 ~ 것이다 : 계빈할 때의 자리와 조석곡을 하는 자리를 같다. [사상례 : 經-182]에 "부인들은 堂 위의 자리로 나아가 남쪽이 윗자리가 되도록 선다"(婦人卽 位于堂, 南上)고 하여 소렴 뒤에 부인들은 조계 위에 서쪽을 향한다고 한 것과 자리 가 같다. 이것이 바로 부인이 당 위에 올랐을 때의 자리이다. 『의례정의』, 1908쪽 참 조.

9_다른 ~ 친속 : 大功 이상의 친족은 재산을 공동으로 소유하는 의리가 있으나, 문호 를 달리하여 살면 은혜가 가벼워지므로 돌아간다. 『의례주소』, 882쪽 참조.

10_의려 : 상주가 상중에 거처하는 곳이다. 中門 밖의 동쪽 벽에 나무를 걸쳐서(倚木) 만든다. 그러므로 倚廬라고 한다. 堊室은 중문 밖의 지붕 아래에 날벽돌을 쌓아 만 들고 벽을 맥질하지는 않는다. 『삼례사전』, 1228쪽, '廬舍'참조.

[旣夕禮13 : 經-158]

매장한 날에는 여전히 조석곡朝夕哭은 하지만¹ 전奠은 올리지 않는다.²

猶朝夕哭, 不奠.

정현주
이날에는 우제虞祭로 전奠을 대신한다. 是日也, 以虞易奠.

[旣夕禮13 : 經-159]

세 번 우제虞祭를 지낸다.

三虞.

정현주
'우虞'는 상제喪祭의 이름³이다. '우虞'는 안정시킨다는 뜻이다. 뼈와 살은 흙으로 돌아갔으나 정기精氣는 가지 않는 곳이 없으므로, 효자는 그 혼령이 방황하지 않도록 세 번 제사를 지내 안정시키는 것이다. 아침에 매장하고 해가 중천에 있을 때 우제를 지내는 것은 차마 하루라도 (혼령이) 돌아갈 곳이 없게 할 수 없기 때문이다. '虞', 喪祭名. '虞', 安也. 骨肉歸於土, 精氣無所不之, 孝子爲其彷徨, 三祭以安之. 朝葬, 日中而虞, 不忍一日離.

[旣夕禮13 : 經 – 160]

우제를 지낸 다음 졸곡제卒哭祭를 지낸다.

卒哭.

정현주 　　　　'졸곡卒哭'은 삼우제三虞祭 뒤에 지내는 제사 명칭이다.
처음에는 조석곡朝夕哭을 한 사이에라도 슬픔이 이르면 곡哭을 하지만, 이
제사를 지내고 난 뒤에는 그치고, 조석곡만 한다.[4] '卒哭', 三虞之後祭名. 始朝
夕之間, 哀至則哭, 至此祭, 止也, 朝夕哭而已.

[旣夕禮13 : 經 – 161]

졸곡제를 지낸 다음날 조묘祖廟에서 소목昭穆의 차례에 따라 부제
祔祭를 지낸다.

明日, 以其班祔.

정현주 　　　　'반班'은 소목의 차례(次)이다. '부祔'는 졸곡제 다음날 지
내는 제사의 이름이다. '부祔'는 속屬과 같다. 소목의 차례에 따라 제사를 지
내고 연속시키는 것이다. 금문본에는 '班'이 '胖'으로 되어 있다. '班', 次也.
'祔', 卒哭之明日祭名. '祔'猶屬也. 祭昭穆之次而屬之. 今文'班'爲'胖'.

1_매장한 ~ 하지만 : 대렴 이후 葬事를 치를 때까지 매일 朝夕哭을 하고 朝夕奠을 올린다. 이제 매장을 한 뒤에도 여전히 이전처럼 殯宮에서 조석곡을 하지만 奠을 올리지는 않는다.『의례정의』, 1909쪽 참조.

2_전을 올리지 않는다 : 오계공은 "매장을 마치고도 여전히 빈궁에서 조석곡을 하는데 神靈이 여기에 계시기 때문이다. 전을 올리지 않는 것은 尸柩가 없기 때문이다"라고 설명하였다.『의례정의』, 1909쪽 참조.

3_상제의 이름 :『예기』「檀弓」에 "이날 吉祭로 喪祭를 바꾼다"(是日也, 以吉祭易喪祭)라고 하였고, 정현은 "卒哭은 吉祭이다"(卒哭, 吉祭)라고 하였다. 이에 따르면 喪祭는 三虞祭만을 가리킨다.『의례주소』, 883쪽 참조.

4_처음에는 ~ 한다 : 막 돌아가시면 주인은 곡을 하여 소리가 끊이지 않게 한다. 殯을 한 뒤에는 아침에 한 번 저녁에 한 번 殯宮의 조계 밑에서 곡을 하고, 아침에서 저녁까지 저녁에서 아침까지 그 사이에라도 슬픔이 밀려오면 곡을 하니, 반드시 아침과 저녁에만 하는 것은 아니다.「상복」의 傳에서 말한 '곡을 하는데 아침저녁으로 때 없이 한다'(哭晝夜無時)고 한 것이 그것이다. 卒哭祭에 이르면 아침저녁으로 때 없이 하던 곡을 멈추고 조석곡만을 하는데, 매장을 한 뒤에는 슬픔이 조금 줄어들기 때문이다.『의례정의』, 1910쪽 참조.

記―01에서 記―12까지는 경經에 사는 적실適室에서 임종을 맞는다고 한 것에 의거하여 자식이 부모를 모시고 병간호하는 것과 군자가 바르게 임종 하는 일을 기록한 것이다.

[旣夕禮13 : 記―01]

기記.**1**

사士가 병환이 나면 곧 적침適寢**2**으로 옮겨 거처하며, 북쪽 벽 아래 에 머리를 동쪽으로 하고**3** 눕는다.

記.

士處適寢, 寢東首于北墉下.

정현주   장차 병환이 나면 적실適室에 거처하는 것이다. 금문본 에는 '處'가 '居'로 되어 있고, '于'가 '於'로 되어 있다. 將有疾, 乃寢於適室. 今文 '處'爲'居', '于'爲'於'.

[旣夕禮13 : 記―02]

병환이 들면 병자病者는 재계齋戒를 한다.

有疾, 疾者齊.

정현주   정성情性을 바르게 하는 것이다. 적침適寢은 재계하기 위 한 경우가 아니면 그 실適에 거처하지 않는다. 正情性也. 適寢者, 不齊不居其室.

[旣夕禮13 : 記 - 03]

간병하는 자(養者)도 모두 재계한다.⁴

養者皆齊.

정 현 주　　　걱정하는 것이다.⁵ 憂也.

[旣夕禮13 : 記 - 04]

금琴과 슬瑟 등의 악기를 치운다.

徹琴瑟.

정 현 주　　　악기를 제거하는 것이다.⁶ 去樂.

[旣夕禮13 : 記 - 05]

병환이 위독해지면, 적실適室의 안팎을 모두 청소한다.

疾病, 外內皆埽.

정 현 주　　　빈객賓客⁷이 문병하러 오기 때문이다. 병환이 위독해지
는 것을 '병病'이라고 한다. 爲有賓客來問也. 疾甚曰'病'.

[旣夕禮13 : 記 - 06]

입고 있던 더러운 옷을 벗기고 새 옷으로 갈아입힌다.

徹褻衣, 加新衣.

정 현 주   옛 옷은 때 묻고 더러우므로, 오는 사람이 싫어하기 때문
이다. 故衣垢汙, 爲來人穢惡之.

[旣夕禮13 : 記 - 07]
시종하는 사람(御者)이 네 사람인데, 모두 침상 곁에 앉아서 병자病
者가 돌아누울 때 신체를 부지해 준다.
御者四人, 皆坐持體.

정 현 주   스스로 돌아눕지 못하기 때문이다. '어자御者'는 요즈음
의 시종하는 사람이다. 爲不能自轉側. '御者', 今時侍從之人.

[旣夕禮13 : 記 - 08]
솜을 병자의 코끝에 대어(屬纊) 숨이 끊어졌는지를 살핀다. [8]
屬纊, 以俟絶氣.

정 현 주   병자의 숨이 미약하여 변별하기 어렵기 때문이다. '광纊'
은 새 솜이다. 有其氣微難節也. '纊', 新絮.

[旣夕禮13 : 記 - 09]
남자는 부인의 손에서 숨을 거두지 않으며, 부인은 남자의 손에서
숨을 거두지 않는다.
男子不絶於婦人之手, 婦人不絶於男子之手.

외설됨을 막기 위한 것이다.⁹ 備褻.

[既夕禮13 : 記 – 10]

이때 병자를 위하여 오사五祀의 신神에게 병자가 죽지 않도록 도와

줄 것을 기도한다.

乃行禱于五祀.

효자의 정情을 다하는 것이다.¹⁰ '오사五祀'¹¹는 넓게 말한

것이다. 사士는 이사二祀이니,¹² 문門(대문의 신)과 행行(길신)이다. 盡孝子之情.

'五祀', 博言之. 士二祀, 曰門, 曰行.

[既夕禮13 : 記 – 11]

병자가 마침내 운명하였다.

乃卒.

'졸卒'은 마쳤다는 뜻이다. '卒', 終也.

[既夕禮13 : 記 – 12]

주인은 피를 토하듯 울고, 형제들은 곡을 한다.

主人啼, 兄弟哭.

정 현 주

슬픔은 심한 경우가 있고 그렇지 않은 경우가 있다. 이때 비로소 관冠을 벗어 계사笄纚(비녀와 머리싸개)**13**를 드러내며 심의深衣**14**를 입는다. 「단궁」에 "막 돌아가시면 고구羔裘(염소 가죽으로 만든 갖옷)와 현관玄冠(검은 관)을 한 사람은 심의로 갈아입는다"라고 하였다. 哀有甚有否. 於是始去**15**笄纚, 服深衣. 「檀弓」曰, "始死, 羔裘玄冠者易之."

1_ 기 : 가공언은 "무릇 '記'라고 한 것은 모두 경문의 미비함을 기록하고, 아울러 경문에 쓰이지 않는 원고 시대의 말을 기록한 것이다"(凡言"記"者, 皆是記經不備, 兼記經外遠古之言)라고 하였고, 또 子夏 이전 孔子 시대에 작성되었으며, 작자는 알 수 없다고 하였다. 성세좌는 '記'에는 세 가지가 있는데, ① 경문의 미비함을 보충하여 기록한 것, ② 禮의 變異를 기록한 것, ③ 들은 바가 경문의 의리와 자못 다른 것을 기록한 것으로서, ①은 주공의 제자들이 작성하여 經과 함께 유통되었으며, ②는 춘추시대에 작성되었으며, ③은 공자 70제자의 後學들이 기록한 것이라고 하였다. 『의례주소』, 61쪽 참조.

2_ 적침 : 호배휘의 설명에 따르면 고대에 천자부터 士에 이르기까지 모두 正寢과 燕寢이 있었다. 정침은 齊戒할 때나 질병에 걸렸을 때 거처하는 곳이고, 연침은 평상시에 거처하는 곳이다. 천자와 제후의 정침을 路寢이라고 부르고, 대부의 정침을 適寢이라고 부른다. 정침과 연침의 형태는 동일한데, 오정화는 정침이 연침의 뒤쪽에 있다고 설명한다. 『의례정의』, 1914쪽 참조.

3_ 북쪽 벽 ~ 하고 : '머리를 동쪽으로 하는 것'은 기운이 생성되는 곳으로 향하는 것이다. '북쪽 벽 아래 눕는 것'은 11월에 하나의 陽이 북쪽에서 생기는 것을 취한 것으로, 기운이 생성되는 시작이기 때문이다. 『의례주소』, 884쪽 참조.

4_ 간병하는 ~ 재계한다 : 『예기』 「曲禮」에 "부모가 병환을 앓고 있으면, 관례를 한 이가 관을 쓸 때 머리를 빗지 않고, 다닐 때 팔을 벌리고 다니지 않고, 말할 때 관계없는 일까지 언급하지 않고, 琴瑟을 연주하지 않고, 고기를 먹어도 입맛이 변할 정도로 먹지 않고, 술을 마셔도 취해서 안색이 변할 정도로 마시지 않고, 웃어도 잇몸이 드러날 정도로 웃지 않고, 성내도 심한 말로 질책하는 정도로 하지 않는다. 부모의 병환이 나으면, 예전대로 돌아간다"(父母有疾, 冠者不櫛, 行不翔, 言不惰, 琴瑟不御, 食肉不至變味, 飮酒不至變貌, 笑不至矧, 怒不至詈. 疾止, 復故)라고 하였다. 그러므로 남녀가 간병할 때는 모두 재계하고 情性을 바르게 한다. 『의례주소』, 884쪽 참조.

5_ 걱정하는 것이다 : 오계공은 "간병을 하는 자가 재계를 하는 것은 병자에게 專心하기 위해서이다"라고 해석한다. 『의례정의』, 1915쪽 참조.

6_ 악기를 ~ 것이다 : 가공언은 "군자는 큰 일이 아니면 琴瑟을 손에 놓지 않는다. 이제 부모에게 병환이 있고 근심 때문에 음악에 마음이 없으므로 제거한다"고 해석한다. 이에 반해 黃榦은 "악기를 제거하는 것은 病者가 齊戒를 하므로 제거하는 것이지 자식의 마음이 근심스러운 것 때문에 제거하는 것이 아니다"라고 본다. 아울러 호배휘도 병자를 위해 치우는 것으로 본다. 『의례주소』, 884쪽 및 『의례정의』, 1915쪽 참조.

7_ 빈객 : 國君이 문병하러 보낸 使者 및 국내에서 문병을 하기 위해 온 大夫와 士로서 일상적으로 왕래하는 것이 아니다. 병환이 위독해지면 반드시 이와 같이 문병하기 위한 빈이 올 것이므로 안과 밖을 모두 청소하여 정결하게 한다. 『의례정의』, 1915쪽 참조.

8_ 살핀다 : 『예기』「喪大記」에 "병환이 위독해지면 방의 밖과 안을 모두 청소한다"(疾病, 外內皆埽)에 대한 정현의 주에는 "纊은 오늘날의 新綿이다. 쉽게 흔들리기 때문에 입과 코 위에 올려놓고 그것으로 살피는 것이다"(纊, 今之新綿. 易動搖, 置口鼻之上以爲候)라고 하였다. 이를 근거로 호배휘는 "'侯'자는 정현의 주에 따르면 '候'자의 誤記이다. 두 글자는 형태가 유사하기 때문이다"라고 하였다. 또한 호배휘는 "이것은 孝子의 신중함이다. 病者의 숨이 끊어졌지만 효자는 차마 죽은 것으로 여기지 못하므로 솜을 대어 살피면서 숨이 남아 있어 다시 살아나기를 바라는 것이다"라고 해석한다. 『의례정의』, 1918쪽 참조.

9_ 외설됨을 ~ 것이다 : 『예기』「喪大記」 동일한 구절에 대한 정현의 주에는 "군자는 끝맺음을 중시하는데, 서로 외설되기 때문이다"(君子重終, 爲其相褻)라고 하였다.

10_ 효자의 ~ 것이다 : 임종할 때가 이미 이르러 생명을 구할 수는 없지만 효자의 정을 다하여 五祀의 신에게 기도를 올려 병자를 보우하고 도와주어 죽지 않도록 해줄 것을 바라는 것이다. 『의례주소』, 886쪽 참조.

11_ 오사 : 『예기』「曲禮」 "천자는 천지에 제사하고, 사방에 제사하고, 산천에 제사하고, 五祀에 제사하는데 해마다 두루 제사한다"(天子祭天地, 祭四方, 祭山川, 祭五祀, 歲徧)라고 한 것에 대해 정현의 주에는 "五祀는 戶・竈・中霤・門・行이다. 이는 은나라 때의 제도인 듯하다"(五祀, 戶・竈・中霤・門・行也. 此蓋殷時制也)라고 하였다. 진호는 "五祀는 봄에 戶(문의 신)에 제사하고, 여름에 竈(부엌의 신)에 제사하고, 늦여름에 中霤(방 중앙의 后土신)에 제사하고, 가을에 門(대문의 신)에 제사하고, 겨울에 行(길신)에 제사하는 것이다"(五祀, 則春祭戶, 夏祭竈, 季夏祭中霤, 秋祭門, 冬祭行)라고 하였다.

12_ 사는 이사이니 : 『예기』「祭法」에 "천자는 七祀를 세우고, 제후는 五祀를 세우고, 대부는 三祀를 세우고, 士는 二祀를 세운다"라고 하였다.

13_ 계사 : 『예기』「問喪」에서 정현은 "부모가 막 돌아가시면 관을 벗고, 이틀 만에 비녀와 머리싸개를 풀고 머리를 묶는다"(親始死去冠, 二日乃去笄纚, 括髮也)라고 하였다. 이에 대해 진호는 "'笄'는 뼈로 만든 비녀이다. '纚'는 머리카락을 감추는 비단 끈이다. 부모가 막 돌아가시면 상주는 먼저 관을 벗고 오직 비녀와 머리싸개만을 남겨둔다"('笄', 骨笄也. '纚', 韜髮之繒也. 親始死, 孝子先去冠, 惟留笄纚也)라고 해석하였다.

14_ 심의 : 長衣, 麻衣, 中衣, 深衣의 네 가지 옷은 형태가 모두 같다. 웃옷과 치마를 분리해서 재단하여 허리부분에서 이어준 형태로, 웃옷과 치마가 완전히 분리된 예복(朝服・祭服・喪服)의 正服과는 다른 것이다. 그런데 이 네 가지 옷은 옷의 재료, 가선 장식의 색과 재료, 입는 위치, 소매 길이 등의 차이에 따라 그 명칭을 달리한다. '深衣'는 옷을 휘감아서 몸을 깊숙이(深) 감싸기 때문에 '深衣'라고 명칭이 생긴 것이다. 이 '심의'는 15升의 베로 만들고, 채색 비단으로 가선을 두른다.

15_ 去 : 『의례정의』에는 '去'다음에 '冠而'가 더 있다.

[旣夕禮13 : 記 – 13]

실의 창(牖) 아래에 침상(牀)을 설치하고, 침상 위에 깔개(第)¹를 깔며, 그 위에 잠자리에 까는 자리(衽)를 펴는데, 왕골로 짠 자리를 먼저 밑에 깔고(下莞), 대자리를 그 위에 깔아 놓는다(上簟). 그 위에 베개를 진설한다.

設牀第, 當牖. 衽, 下莞上簟. 設枕.

^{정현주}　　　　병환이 들었을 때부터 운명할 때까지는 침상을 치웠다가 이때에 이르러 진설하는 것은 생사의 일이 변했기 때문이다. '임衽'은 누울 때 까는 자리(臥席)이다. 고문본에는 '第'가 '茨'로 되어 있다. 病卒之間廢牀, 至是設之, 事相變. '衽', 臥席, 古文'第'爲'茨'.

[旣夕禮13 : 記 – 14]

시신을 북쪽 벽 아래로부터 동쪽 창 아래의 침상으로 옮긴다.

遷尸.

　　　　　창문 아래로 옮기는 것이다. 이때 대렴 때 쓸 이불(斂衾)로 덮는다. 徙於牖下也. 於是幠用斂衾.

[旣夕禮13 : 記 – 15]

복復을 할 사람이 조복朝服[2]을 입고, 왼손으로는 사자死者의 작변복爵弁服[3]의 옷깃을 잡고 오른손으로는 의복의 허리 부분을 잡는데, 왼손으로 옷깃을 잡은 채 혼령을 부른다.[4]

復者朝服, 左執領, 右執要, 招而左.

정현주　　　　　조복을 입는 것은 복服을 아직 흉복凶服으로 바꿀 수 없기 때문이다.[5] 衣朝服, 服未可以變.

[旣夕禮13 : 記 – 16]

사자死者의 입에 끼워 놓는 뿔 수저(楔)는 모양이 멍에(軶)와 같으며 두 끝을 위로 향하게 한다.

楔, 貌如軶, 上兩末.

정현주　　　　　일하기 편리하기 때문이다. 금문본에는 '軶'이 '厄'으로 되어 있다. 事便也. 今文'軶'作'厄'.

다리를 일정하게 고정시킬 때는 연궤燕几[6]를 사용하는데, 연궤의
다리가 남쪽으로 향하게 하고, 시종하는 사람(御者)이 앉아서 붙잡
는다.

綴足用燕几, 校在南, 御者坐持之.

정현주   '교校'는 연궤의 다리(脛)이다. 시신은 머리를 남쪽으로 하
고 있으므로,[7] 무릇 연궤의 다리를 남쪽으로 향하게 끼워서 발을 묶으면 뒤
틀리지 않게 된다. 고문본에는 '校'가 '枝'로 되어 있다. '校', 脛也. 尸南首, 几脛
在南以拘足, 則不得辟戾矣. 古文'校'爲'枝'.

시상尸牀으로 나아가 전奠을 진설하는데, 사자死者의 왼쪽 어깨(腢)
에 해당하는 곳에 진설하며, 길기吉器를 사용한다. 예주(醴)를 사용
하기도 하고 새로 만든 청주(酒)를 사용하기도 하지만, 덮개(巾)와
뿔 숟가락(角柶)[8]은 진설하지 않는다.

卽牀而奠, 當腢, 用吉器. 若醴, 若酒, 無巾・柶.

정현주   '우腢'는 어깻죽지이다. '길기를 사용한다'(用吉器)는 것은
기물은 아직 바꾸지 않는 것이다.[9] 예주(醴)가 없을 때만 새로 만든 술을 사
용하기도 한다. '腢', 肩頭也. '用吉器', 器未變也. 或卒無醴, 用新酒.

1_ 침상 위에 깔개 : 침상에 까는 깔개로 대나무 또는 나무로 만든다. 簀이라고도 한
 다. 깔개 위에 까는 자리를 莞, 簟이라고 한다. 『삼례사전』, 669쪽 참조.

2_ 조복 : '朝服'에 대해서는 [사관례01 : 經—02]의 주석 6) 참조.

3_ 작변복 : '爵弁服'에 관해서는 [사관례01 : 經—2]의 주석 12) 참조.

4_ 왼손으로는 옷깃을 ~ 부른다 : 가공언은 "왼손으로 옷깃을 잡고, 다시 왼손으로 옷
 깃을 이용하여 혼을 부른다. 반드시 왼쪽을 사용하는 것은 招魂은 살아나기를 구
 하는 것으로, 왼쪽은 陽이고 陽은 생명을 주관하므로 왼쪽을 사용하는 것이다"라고
 하였다. 오계공은 "초혼을 할 때 양손을 오른쪽에서 왼쪽으로 흔드는 것이다. 왼쪽
 이 존귀하기 때문이다"라고 하였다. 장혜언은 "혼을 부를 때 왼쪽을 향하는 것으로
 조금 왼쪽으로 몸을 돌리는 것을 말한다"라고 하였다. 호배휘는 "처음에는 북쪽을
 향하였다가 초혼을 마치고는 몸을 돌려 남쪽을 향해야 앞으로 옷을 던질 수 있다.
 장혜언의 '왼쪽으로 몸을 돌린다'는 설이 옳다. 가공언의 설대로라면 '왼손을 가지
 고 초혼을 한다'(招以左)는 것이지 '초혼을 하고 왼쪽으로 몸을 돌린다'(招而左)는 것
 이 아니다"라고 하였다. 『의례주소』, 887쪽 및 『의례정의』, 1921쪽 참조.

5_ 흉복으로 바꿀 ~ 때문이다 : 가공언은 "막 임종했을 때 흉복으로 바꾸어 입지 못
 하는 것은 復을 하여 살아나기를 구하기 때문"이라고 본다. 이에 대하여 호배휘는
 『예기』「喪大記」에 "군주의 측근 신하가 復을 하는데, 복을 할 때에는 朝服을 입는
 다"(小臣復, 復者朝服)라고 한 것에 대하여 정현은 "朝服을 입고 復을 하는 것은 그
 것이 군주를 섬길 때 입는 옷이기 때문이다. 조복을 사용하여 (혼백이) 돌아오도
 록 하는 것은 공경히 하는 것이다"(朝服而復, 所以事君之衣也. 用朝服而復之者, 敬也)
 라는 언급을 인용하여 공경의 뜻으로 해석한다. 『의례주소』, 887쪽 및 『의례정의』,
 1922쪽 참조.

6_ 연궤 : 평상시 앉아서 사용하는 책상을 말하는데 이는 주나라의 예제이다. 은나라
 에서는 아궁이를 헐어낸 벽돌을 사용한다. 『의례정의』, 1648쪽 참조.

7_ 시신은 ~ 있으므로 : 시신은 머리를 남쪽으로 하고 있으므로, 따라서 발은 북쪽을
 향하고 있다. 그래서 燕几를 남쪽으로 발 사이에 끼워 넣어 신을 착용하는 데 편하
 게 하려 함이다.

8_ 뿔 순가락 : 뿔로 만든 순가락인데, 본래 醴酒를 뜨는 용도로 만든 것이다. 술 뜨는
 것 이외에 喪事에도 각사를 사용하는데, 含玉·飯含할 때에 치아를 떠받치는 용도로
 도 사용된다.

9_ 기물은 아직 ~ 것이다 : 막 돌아가셨을 때는 차마 살아 계실 때와 달리하지 못하고,
 소렴이 되면 바꾸어 素器를 사용한다. 『의례정의』, 1923쪽 참조.

[旣夕禮13 : 記−19]

부고자赴告者는 국군國君에게 "군주의 신하 아무개가 죽었습니다"
라고 하고, 만약 사士의 모母·처妻·장자長子가 죽어 부고하는 경
우[1]에는 국군에게 "군주의 신하 아무개의 아무개가 죽었습니다"라
고 한다.

赴曰, "君之臣某死", 赴母·妻·長子則曰, "君之臣某之某死."

정현주 '부赴'는 달려가 알린다(走告)는 것이다. 금문본에는 '赴'가
'訃'로 되어 있다. '赴', 走告也. 今文'赴'作'訃'.

주

1_모·처·장자가 ~ 경우 : 가공언은 "위의 '아무개'는 士의 이름이고 아래의 '아무개' 는 어머니, 아내, 장자이다. 예를 들어 長子인 경우에는 '장자인 아무개'라고 하고, 어머니와 아내인 경우에는 이름을 쓰지 않고 '어머니'또는 '아내'라고만 한다"라고 하였다. 이에 반해 호배휘는 "위의 아무개는 士의 이름이고, 아래의 '아무개'는 士의 親屬인 死者의 이름이다. 부인은 姓으로 통지해야 하는데, 姬, 姜과 같은 것이다"라 고 하였다. 『의례주소』, 888쪽 및 『의례정의』, 1923쪽 참조.

記—20은 실室 안에서 곡하는 자리의 차이를 기록한 것이다.

[旣夕禮13 : 記—20]

실室 안에는 오직 주인主人과 주부主婦만 앉는다.[1] 형제 중에 명부命夫[2]와 명부命婦가 있으면 또한 앉는다.

室中, 唯主人·主婦坐. 兄弟有命夫·命婦在焉, 亦坐.

정현주 존비尊卑를 구별하는 것이다. 別尊卑也.

주

1_ 실 안에는 ~ 앉는다 : 『예기』 「喪大記」에 "大夫의 喪에 주인은 동쪽에 앉아서 곡을
하고 주부는 서쪽에 앉아서 곡을 하며, 命夫와 命婦가 있는 경우에는 앉아서 곡을
하고, 없는 경우에는 모두 서서 곡을 한다. 士의 喪에 주인·부·형·자손들은 모두
동쪽에 앉아서 곡을 하고, 주부·고·자매·자손들은 모두 서쪽에 앉아서 곡을 한
다"(大夫之喪, 主人坐于東方, 主婦坐于西方, 其有命夫·命婦則坐, 無則皆立. 士之喪, 主
人·父·兄·子姓皆坐于東方, 主婦·姑·姊妹·子姓皆坐于西方)라고 하였고, 정현은 "士
는 신분이 낮으므로 同宗의 尊屬과 卑屬이 모두 앉는다"(士賤, 同宗尊卑皆坐)라고 하
였다.

2_ 명부 : 策命을 받은 경·대부·사를 말한다. 命男이라고도 한다. 조정에 있는 자는 內
命夫가 되고, 鄕遂에 있는 자는 外命夫가 된다. 『삼례사전』, 455쪽 참조.

記—21에서 記—23까지는 시신이 실室에 있을 때 중주인이 실 밖으로 나가지 않는 것과 수의襚衣를 보내는 자의 의절과 자리를 기록한 것이다.

[旣夕禮13 : 記 - 21]

시신이 실室에 있을 때, 만약 국군國君의 명을 받은 사자使者가 오면, 중주인衆主人은 실 밖으로 나가 사자를 영접하지 않는다.

尸在室, 有君命, 衆主人不出.

정현주 상주喪主를 둘로 하지 않는 것이다.[1] 不二主.

[旣夕禮13 : 記 - 22]

사자死者에게 수의襚衣를 보내는 자(襚者)[2]는 수의를 시상尸牀 위에 놓을 때 앉지 않는다.

襚者委衣于牀, 不坐.

정현주 시상이 높기 때문에 편리함을 따른 것이다. 牀高由便.

사자死者에게 실室에서 수의를 올리는 경우에는, 먼저 문(戶)의 서쪽에서 북쪽을 향하여 조문하는 말을 전달한다.

其襚于室, 戶西北面致命.

정현주 막 운명하였을 때이다.[3] 始死時也.

1_상주를 ~ 것이다 : 『예기』「曾子問」에 "증자가 물었다. '喪에 두 상주가 있고 사당에 두 신주가 있는 것은 예입니까?'공자가 대답했다. '하늘에는 두 해가 없고, 땅에는 두 왕이 없으며, 嘗·禘·郊·社 등의 제사에서 높이 받드는 대상이 둘인 경우는 없다. 그것이 예에 맞는지는 모르겠다'"라고 하였다. 이에 대해 진호는 "두 상주·두 신주를 둔 경우가 당시에 있어 증자가 예에 맞지 않는 것이라고 의심하여 물은 것이다. 공자는 다음과 같이 말했다. '하늘에는 두개의 태양이 있을 수 없고, 땅에는 두 왕이 있을 수 없다. 嘗·禘·郊·社는 제사 가운데 중요한 것으로 각각 높이는 대상이 있어 뒤섞어 함께 제사를 드려서는 안 된다. 그렇다면 상례에 두 상주를 두고, 사당에 두 신주를 두어서야 되겠는가? 예가 아님이 분명하다'"(二孤·二主當時有之, 曾子疑其非禮, 故問. 夫子言'天猶不得有二日, 土猶不得有二王. 嘗·禘·郊·社, 祭之重者, 各有所尊, 不可混并而祭之. 喪可得有二孤, 廟可得有二主乎? 非禮明矣')라고 하였다.

2_수의를 보내는 자 : 死者에게 옷과 이불 등을 부의하는 것을 가리킨다. 襲과 殮에 시신에 입히는 옷과 시신을 덮는 이불, 그리고 장례 때 관 동쪽에 넣는 의복 등을 모두 襚, 또는 襚衣라고 한다. 『의례』「사상례」에 "國君이 사람을 시켜 衣服을 부의로 보낸다"(君使人襚)의 정현 주에 "'襚'는 보낸다는 말이다. 의복을 賻儀로 보내는 것을 襚라 한다"(襚之言遺也, 衣被曰襚)라고 하였다. 『예기』「少儀」에는 "신하가 군주에게 의복을 부의하는 경우엔 '廢衣를 賈人에게 전합니다'라고 하고, 대등한 사이에 부의할 경우엔 襚라고 한다"(臣致襚於君則曰'致廢衣於賈人', 敵者曰襚)라고 하였다. 따라서 대등한 사이에 또는 신분이 높은 쪽에서 낮은 이에게 의복을 부의하는 것을 襚라고 불렀음을 알 수 있다.

3_막 ~ 때이다 : 小殮을 행하기 전, 시신이 室中의 문 서쪽에 있으므로 북쪽을 향하여 명을 전달한 것이다. 만약 소렴 후에는 시신을 당으로 받들므로 뜰 가운데서 북쪽을 향하여 명을 전달한다. 『의례주소』, 889쪽 참조.

記—24에서 記—40까지는 목욕, 반함, 습襲을 할 때 참여하는 사람들과 필요한 복식과 기물을 기록한 것이다.

[旣夕禮13 : 記—24]

하축夏祝은 반함飯含에 사용할 쌀을 씻고, 낟알이 튼실한 것을 골라 밥솥(敦)¹에 담는다.

夏祝淅米, 差盛之.

정현주   '차差'는 쌀을 고르는 것(擇)²이다. '差', 擇之.

[旣夕禮13 : 記—25]

어자御者 4인이 이불을 들어 시신을 가린 다음 시신을 목욕시키는데, 시상尸牀 위의 대자리(第)를 거두어 물을 닦기 편하게 한다.

御者四人, 抗衾而浴, 襢笫.

정현주   '이불을 든다'(抗衾)는 것은 시신의 알몸을 가리기 위해서이다. '단襢'은 드러낸다(袒)는 뜻이다. '평상살을 드러낸다'(袒笫)는 것은 자리를 제거하는 것으로, 물기를 닦기에 편하기 때문이다. 抗衾, 爲其褻裎蔽之也. 襢, 袒也. '袒笫', 去席, 盜水便.

[旣夕禮13 : 記 − 26]

士의 어머니 상喪에는 여자 시종(內御者)이 목욕을 시키는데, 사
자死者를 위해 한 북상투에 비녀를 꽂지 않는다.

其母之喪, 則內御者浴, 鬠無笄.

정현주 '내어內御'는 여자 시종(女御)이다. '비녀를 꽂지 않는다'
(無笄)는 것은 남자가 관冠을 쓰지 않는 것과 같다. '內御', 女御也. '無笄', 猶丈
夫之不冠也.

[旣夕禮13 : 記 − 27]

사자死者를 위해 명의明衣를 진설하는데, 만약 부인婦人이면 중대
中帶를 진설한다.

設明衣, 婦人則設中帶.

정현주 '중대中帶'는 지금의 곤삼褌襂과 같다. '中帶', 若今之褌襂.

[旣夕禮13 : 記 − 28]

조개껍질(貝)은 씻은 뒤에 폐백 바구니(笄)에 다시 넣어 두었다가,
반함을 할 때 조개껍질을 채우는데, 오른쪽 송곳니와 왼쪽 송곳니
에 받쳐 놓는다.[3]

卒洗, 貝反于笄, 實貝, 柱右齗 · 左齗.

정 현 주   살아 있을 때 치아가 견고하였음을 상징한다. 象齒堅.

[旣夕禮13 : 記-29]

하축夏祝이 반함飯含을 하고 남은 쌀을 치운다.

夏祝徹餘飯.

정 현 주   쌀을 치운 뒤 끓여 죽鬻으로 만들어 중력重鬲(重에 매달 솥)
에 채운다. 徹去, 鬻.

[旣夕禮13 : 記-30]

귀마개(瑱)로 사자死者의 귀를 막는다.

瑱塞耳.

정 현 주   '색塞'은 채워서 막는 것이다. '塞', 充窒.

[旣夕禮13 : 記-31]

당 아래 양쪽 계단 사이에 구덩이(坎)를 파는데, 북쪽에서 남쪽으
로 파서 너비가 1척이고 길이가 2척이고 깊이가 3척이 되게 하며,
파낸 흙은 구덩이 남쪽에 둔다.

掘坎, 南順, 廣尺, 輪二尺, 深三尺, 南其壤.

정현주 '북쪽에서 남쪽으로 판다'(南順)는 것은 당에 통괄되는 것이다. '륜輪'은 종從(길이)이다. 금문본에는 '掘'이 '坅'으로 되어 있다. '南順', 統於堂. '輪', 從也. 今文'掘'爲'坅'也.

[旣夕禮13 : 記－32]
아궁이(垼)[4]는 흙덩이를 사용한다.
垼用塊.

정현주 '괴塊'는 흙덩이(塩)이다. 고문본에는 '垼'이 '役'으로 되어 있다. '塊', 塩也. 古文'垼'爲'役'.

[旣夕禮13 : 記－33]
명의明衣는 천막을 만드는 베(幕布)를 사용하여 만드는데, 폭幅을 연결하여 소매와 몸통이 일체가 되도록 하고, 길이는 무릎까지 내려오도록 한다.
明衣裳用幕布, 袂屬幅, 長下膝.

정현주 '막포幕布'는 천막을 만드는 베로서 승수升數는 듣지 못했다. '속폭屬幅'은 폭을 자르지 않는 것이다. '길이가 무릎까지 내려오고'또 치마가 있으니, 하체를 가리는 데 있어서 깊이 가리게 된다. '幕布', 帷幕之布, 升數未聞也. '屬幅', 不削幅也. '長下膝', 又有裳, 於蔽下體深也.

[旣夕禮13 : 記－34]

3폭인 전상前裳과 4폭인 후상後裳을 두는데, 주름을 접지 않고, 길이는 발등에까지 이른다.

有前後裳, 不辟, 長及轂.

정현주 '주름을 접지 않는다'(不辟)는 것은 질質을 중히 여긴 것이다. '곡轂'은 발등(足跗)이다. 무릇 다른 복복服[5]은 "짧게 하더라도 피부를 드러내지 않게 하고, 길게 하더라도 땅에 끌리지 않게 한다."[6] '不辟', 質也. '轂', 足跗也. 凡他服, "短無見膚, 長無被土."

[旣夕禮13 : 記－35]

치마(裳)의 치마폭(幅邊)과 아랫단의 가선은 모두 옅은 홍색으로 장식한다.

緆綼緆.

정현주 한 번 염색한 것을 '전纁'이라고 하는데 지금의 홍색이다. 치마의 장식으로 치마폭(幅)에 한 것을 '벽綼'이라 하며, 아랫단에 한 것을 '석緆'이라고 한다. 一染謂之'纁', 今紅也. 飾裳在幅曰'綼', 在下曰'緆'.

[旣夕禮13 : 記－36]

명의明衣의 옷깃과 소매는 검은색으로 장식한다.

緇純.

일곱 번 물들인 것을 '치緇'라 하는데 '치緇'는 검은색이다.

웃옷(上衣)을 장식하는 것을 '순純'이라고 하는데, 옷깃과 소매를 말한다. 웃옷

을 검은색으로 장식하고 치마를 홍색으로 장식하는 것은 하늘과 땅을 본뜬

것이다. 七入爲'緇', '緇', 黑也. 飾衣曰'純', 謂領與袂. 衣以緇, 裳以纁, 象天地也.

[旣夕禮13 : 記 - 37]

사자死者의 왼손에 손싸개(握手)를 묶을 때, 검은색 면을 손바닥에
붙이고, 묶는 고리를 왼손 가운데 손가락에 만들어 두고 손목(掔)
에서 묶는다.

設握, 裏親膚, 繫鉤中指, 結於掔.

'완掔'은 손의 뒷마디 가운데 즉 손목이다. 손에 결決(깍

지)[7]을 하지 않는 것은 손아귀로 한 끝을 쥐고 손목을 감은 뒤, 다시 위로부

터 꿰어서 되돌려 그 한 끝과 묶기 때문이다. '掔', 掌後節中也. 手無決者, 以握

繫一端繞掔, 還從上自貫, 反與其一端結之.

[旣夕禮13 : 記 - 38]

전인甸人이 파낸 구덩이에 다시 단단히 흙을 쌓는다.

甸人築坅坎.

'축築'은 그 가운데에 흙을 채워 넣어 견고하게 하는 것이

다. 파낸 구덩이의 이름을 '금坅'이라고도 한다. '築', 實土其中, 堅之. 穿坎之名,

一曰'玲'.

[旣夕禮13 : 記-39]

죄인(隷人)들이 사자死者가 사용하던 측간을 메운다.

隷人涅廁.

정현주   '예인隷人'은 죄인이다. 오늘날 도역徒役을 하는 자들이
다. '열涅'은 메우는 것으로, 사람들이 오가면서 더럽게 여기고 또 귀신도 사
용하지 않기 때문이다. '隷人', 罪人也. 今之徒役作者也. '涅', 塞也, 爲人復往褻
之, 又亦鬼神不用.

[旣夕禮13 : 記-40]

습襲을 마치고 날이 어두워지면, 뜰의 중앙에 화톳불(燎)을 밝힌
다.

旣襲, 宵爲燎于中庭.

정현주   '소宵'는 밤이다. '宵', 夜.

1_ 밥솥 : 黍(찰기장 밥), 稷(메기장 밥), 稻(쌀밥), 粱(조밥) 등을 담아 두는 기물이다. 모두 뚜껑이 있어 밥을 따뜻하게 할 수 있다. 춘추전국 시기에 유행한 그릇으로 일반적으로 세 개의 짧은 다리가 있고, 배는 원형이고, 양쪽에 고리가 달려 있다. 뚜껑이 있고 뚜껑 위에는 들 수 있도록 자루가 달려 있다. 『예기』「明堂位」에 "유우씨는 2개의 敦을 사용하고, 하후씨는 4개의 連을 사용하였다"(有虞氏之兩敦, 夏后氏之四連)라고 하였는데, 정현의 주에 "모두 黍와 稷을 담는 그릇이다"(皆黍稷器)라고 하였고, 육덕명의 『경전석문』에 "敦은 음이 대(對)이다. 또한 都와 雷의 반절이다"(敦音對, 又都雷反)라고 하였다. 『삼례사전』, 811쪽 참조.

2_ 쌀을 고르는 것 : 성세좌는 "낟알이 굳고 좋은 것을 선택하여 시신에 반함을 하고 그 나머지는 죽을 끓여 重에 걸어 놓는다"라고 하였다. 『의례정의』, 1925쪽 참조.

3_ 오른쪽 송곳니와 ~ 받쳐 놓는다 : 처음 楔齒를 할 때 角栖를 사용하였다가 貝를 채우면서 각사를 제거하는데, 입이 쉽게 닫힐까 염려되므로 먼저 패로 두 어금니에 받쳐 놓음으로써 입이 열려져 반함을 쉽게 하도록 하는 것이다. 『의례정의』, 1927쪽 참조.

4_ 역 : 屍身을 목욕시킬 때 필요한 물을 데우기 위하여 임시로 만든 아궁이다.

5_ 다른 복 : 深衣를 말한다.

6_ 짧게 ~ 한다 : 『예기』「深衣」의 글이다. "옛날에 深衣는 대개 제도가 있어서 그림쇠·곱자·먹줄·저울의 기준에 상응해서 만들었다. 짧게 하더라도 피부를 드러내지 않게 하고, 길게 하더라도 땅에 끌리지 않게 하였으며, 치마의 옆폭을 이어서 가장자리를 뾰족하게 하고, 허리는 아래쪽의 절반이 되게 꿰맸다."(古者, 深衣, 蓋有制度, 以應規矩繩權衡. 短毋見膚, 長毋被土, 續衽鉤邊, 要縫半下)

7_ 결 : 決은 활을 쏠 때 시위에 다치지 않도록 오른쪽 엄지손가락에 끼우는 깍지이다. 상아나 뼈로 만든다.

記―41에서 記―52까지는 소렴과 대렴 두 절목 가운데 의물衣物과 전奠을 진설할 때 모이는 장소와 의절을 기록하였다.

[旣夕禮13 : 記―41]

이튿날 날이 밝으면 화톳불(燎)을 끄고 소렴小斂을 하기 위해 의복을 진설한다.

厥明, 滅燎, 陳衣.

정현주   절목을 기록한 것이다. 記節.

[旣夕禮13 : 記―42]

무릇 소렴小斂과 대렴大斂에 사용하는 교교絞[1]와 홑이불(給)[2]은 베로 만드는데, 조복朝服에 사용하는 베와 같다.

凡絞給用布, 倫如朝服.

정현주   '범凡'은 소렴과 대렴 모두라는 뜻이다. '륜倫'은 나란하다 (比)는 뜻이다. 금문본에는 '給'이 없고, 고문본에는 '倫'이 '輪'으로 되어 있다. '凡', 凡小斂大斂也. '倫', 比也. 今文無'給', 古文'倫'爲'輪'.

대렴과 소렴의 전奠을 올리기 위하여 먼저 음식받침대(梖)³를 동당
東堂 아래에 진설하는데, 어梖의 머리를 북쪽으로 하고 꼬리는 남
쪽으로 향하게 하여, 어梖의 남쪽 끝을 당 위 동쪽 모서리에 있는
흙 받침대(西坫)와 나란히 맞추고, 어梖 위에 전물奠物을 펼쳐 놓는
다. 먼저 질그릇 술동이(甒)⁴ 2개를 놓는데, 하나에는 예주(醴)를 담
고 하나에는 청주(酒)를 담아 청주를 예주의 남쪽에 놓는다. 대광
주리(篚)⁵는 질그릇 술동이의 동쪽에 두는데, 대광주리의 머리를
북쪽으로 꼬리를 남쪽으로 향하게 하여, 질그릇 술동이에 술잔(角
觶)⁶ 네 개, 나무로 만든 숟가락(木柶) 두 개, 소작素勺⁷ 두 개를 담는
다. 나무제기(豆)는 질그릇 술동이의 북쪽에 두는데, 대렴전大斂奠
의 나무제기(豆)라면 두 개를 함께 두며, 대렴전大斂奠의 대나무제
기(籩) 또한 마찬가지로 놓는다.

設梖于東堂下, 南順, 齊于坫, 饌于其上. 兩甒醴・酒, 酒在南. 篚在
東, 南順, 實角觶四, 木柶二, 素勺二. 豆在甒北, 二以並. 籩亦如之.

정현주   '어梖'는 지금의 여轝(가마)이다. '술잔(角觶) 네 개, 나무로
만든 숟가락(木柶) 두 개, 소작素勺 두 개'는 저녁에 예주(醴)와 청주(酒)를 올
릴 때 아울러 찬饌을 올리기 때문이다. '소작 두 개'(勺二)는 예주(醴)와 청주
(酒)가 각각 하나이다. 두豆와 변籩을 두 개씩 함께 두었다면, 이것은 대렴의
찬饌이다.⁸ 이곳에 기록한 것은 그 밖의 것은 소렴과 똑같이 진설하는 것임
을 밝힌 것이다. 고문본에는 '角觶'가 '角柶'로 되어 있다. '梖', 今之轝也. '角觶
四, 木柶二, 素勺二', 爲夕⁹進醴酒, 兼饌之也. '勺二', 醴・酒各一也. 豆籩二以倂, 則
是大斂饌也. 記於此者, 明其他與小斂同陳. 古文'角觶'爲'角柶'.

무릇 소렴전小斂奠과 대렴전大斂奠의 대나무제기(籩)와 나무제기
(豆)는, 대렴전의 경우는 전물奠物을 차릴 때나 진설할 때[10] 모두 덮
개(巾)로 덮어 둔다.

凡籩豆, 實具設, 皆巾之.

정현주   변籩과 두豆는 짝으로 갖추는데, 갖추어지면 차린 것에
덮개를 덮는다. '덮개로 덮는다'(巾之)는 것은 장식을 더하는 것이니, 소렴 때
올리는 한 개의 두豆와 한 개의 변籩은 덮지 않음을 밝힌 것이다. 籩豆偶而爲
具, 具則於饌巾之. '巾之', 加飾也, 明小斂一豆一籩不巾.

술잔(觶)에는 아침저녁으로 전奠을 진설할 때를 기다려 예주(醴)와
청주(酒)를 따라 놓는다. 따르는 것이 끝나면 숟가락(柶)을 뽑아서
술잔 위에 놓는데, 숟가락의 손잡이가 앞을 향하도록 하고, 예주
(醴)와 청주(酒)가 잘 진설된 후에 다시 술잔 속에 꽂아 놓는다.

觶俟時而酌. 柶覆加之, 面枋, 及錯, 建之.

정현주   '시時'는 아침과 저녁이다. 「단궁」에 "아침에 올리는 전奠
은 해가 뜨면 올리고, 저녁에 올리는 전奠은 해가 떨어지기 직전에 올린다"
라고 하였다. '時', 朝夕也. 「檀弓」曰, "朝奠日出, 夕奠逮日."

[旣夕禮13 : 記 - 46]

소렴을 하기 위해 시상尸牀을 설치하면서 습전襲奠(襲을 한 뒤에 올린
奠)을 물리는데, 실室 바깥으로 옮기지 않는다.

小斂, 辟奠不出室.

정현주 　　　　　　차마 신神으로 대하여 멀리 하지 못하는 것이다.[11] 습전襲
奠을 물리는 것은 소렴을 하기 위해 물리는 것으로, 소렴이 끝나도 실 밖으
로 옮겨 당 위의 벽(東序)의 서남쪽에 진설하지 않고, 소렴을 마치고 시신을
당으로 옮기면 치운다. 未忍神遠之也. 辟襲奠以辟斂, 旣斂則不出於室, 設于序西
南, 畢事而去之.

[旣夕禮13 : 記 - 47]

습전襲奠을 옮길 때, 주인과 중주인 그리고 부인은 용踊을 하는 절
차가 없다.

無踊節.

정현주 　　　　　　그 슬픔을 아직 조절할 수 없기 때문이다. 其哀未可節也.

[旣夕禮13 : 記 - 48]

소렴이 끝나 주인이 시신 껴안기(馮尸)를 마치면, 왼팔의 겉옷을 벗
어서 속옷(中衣)을 드러내며(袒), 삼끈으로 상투를 묶고(髺髮), 마를
꼬아서 만든 허리띠(絞帶)[12]를 한다. 중주인은 베로 만든 허리띠(布

帶)를 한다.

旣馮尸, 主人袒, 髺髮, 絞帶. 衆主人布帶.

'중주인衆主人'은 자최齊衰 이하를 말한다. '衆主人', 齊衰 以下.

[旣夕禮13 : 記-49]

대렴은 조계 위에서 한다.

大斂于阼.

주인의 자리에서 곧바로 떠나는 것을 아직 견디지 못하는 것이다. 주인이 시신을 받들어 관棺에 안치할 때는 서쪽 계단 위에서 빈賓으로 대우한다. 未忍便離主人位也. 主人奉尸斂于棺, 則西階上賓之.

[旣夕禮13 : 記-50]

대부가 대렴하는 것을 볼 때는, 서쪽 계단을 통해 당으로 올라, 서쪽 계단 동쪽에서 북쪽을 향하여 서며, 동쪽을 윗자리로 삼는다.

大夫升自西階, 階東, 北面東上.

대렴을 보는 것이다. 視斂.

[旣夕禮13 : 記-51]

대렴이 끝나면, 대부大夫는 빙시馮尸하고 용踊을 한 후에, 당에 오를 때와 반대 순서로 당을 내려가 제자리인 뜰 중앙의 서쪽으로 돌아간다.

旣馮尸, 大夫逆降, 復位.

정현주 　　뜰 중앙의 서쪽을 향한 자리이다. 中庭西面位.

[旣夕禮13 : 記-52]

대렴의 전물奠物을 덮개로 덮은 뒤에, 햇불을 든 집사는 햇불을 끄고 실室을 나가 동쪽 계단으로 당을 내려가는데, 주인 자리의 북쪽을 경유하여 동쪽으로 가 찬饌 동쪽의 자리로 돌아간다.

巾奠, 執燭者滅燭出, 降自阼階, 由主人之北, 東.

정현주 　　　전물奠物을 덮개로 덮으면서 실에서의 일事이 끝났기 때문이다. 巾奠而室事已.

1_ 교 : 수의를 묶는 끈으로 보통 포(布)로 만든다. 『예기』「喪大記」의 정현 주에 "소렴에 사용하는 교는 너비가 종폭인데, 그 끝을 쪼개어 견고함이 강하도록 한다. 대렴에 사용하는 교는 한 폭을 세 가닥으로 쪼개어 사용함으로써 견고함이 급박하도록한다"(小斂之絞也, 廣終幅, 析其末, 以爲堅之强也. 大斂之絞, 一幅三析用之, 以爲堅之急也)라고 하였다.

2_ 금 : 『예기』「喪大記」에 "상례에 사용되는 홑이불(紟)은 5폭 정도의 크기이며 술(紞)을 달지 않는다"(紟, 五幅, 無紞)이라고 하였다.

3_ 음식받침대 : 술 단지나 술잔을 받치는 기구로 '禁'・'梌禁'・'斯禁'이라고도 하는데, '禁'에는 다리가 있고, '梌禁'과 '斯禁'에는 다리가 없으며, 대부는 '梌'를 사용하고, 士는 '禁'을 사용한다. 정현은 「禮器」의 같은 경문에 대해 "梌는 斯禁이다. 그것을 '梌'라고 말하는 것은 다리가 없어서 梌와 비슷하기 때문에 아마도 그렇게 명칭을 붙여 부른 듯하다. 대부는 斯禁을 사용하고, 사는 禁을 사용하는데, 오늘날의 方案(앉은뱅이책상)과 같이 생겼다"(梌, 斯禁也. 謂之梌者, 無足, 有似於梌, 或因名云耳. 大夫用斯禁, 士用禁, 如今方案)고 하였다.

4_ 질그릇 술동이 : 탁주를 담그는 질그릇의 술 단지로 '瓦大', '瓦甒'라고도 한다. 송나라 섭숭의의 『삼례도』에 인용된 『舊圖』에 따르면 醴甒는 질그릇으로 만드는데 용량이 5斗이며, 입구의 직경이 1척, 목 부분의 높이는 2촌이며, 아랫부분이 좁고 밑바닥은 평평하다고 한다.

5_ 대광주리 : '筐'는 대나무로 만든 네모진 광주리인데 덮개가 있다. 송나라 섭숭의의 『삼례도』에 인용된 『舊圖』에 따르면 '筐'는 대나무로 만드는데, 길이가 3척, 너비가 1척, 깊이가 6촌, 다리의 높이는 3촌이라고 한다.

6_ 술잔 : 뿔로 장식한 觶. 술 3升이 들어가는 술잔으로, 나무로 만드는데, 청동제도 있다. 입의 직경이 5촌, 가운데의 깊이는 4촌, 바닥의 직경은 3촌이다. 공영달에 의하면, '觶'는 '適'의 뜻으로 술은 적당히 마셔야 한다는 의미이다. 섭숭의, 『삼례도』 참조.

7_ 소작 : 勺은 술을 뜨는 조그만 구기로 한 되가 들어간다. 나무로 만든 것과 청동으로 만든 것이 있다.

8_ 대렴의 찬이다 : 小斂奠에는 豆 하나 籩 하나이고, 大斂奠에서야 豆 두 개 籩 두 개이기 때문이다. 『의례주소』, 894쪽 참조.

9_ 夕 : 북경대본에는 '少'로 되어 있으나 교감의 내용에 따라 '夕'으로 고친다.

10_ 전물을 차릴 때나 진설할 때 : 장이기는 "'모두'라는 것은 東堂과 奠所를 가리킨다. 豆 두 개 籩 두 개인 대렴전은 東堂에서 차려 奠所에 진설하는데 모두 덮개로 덮는다. 소렴전의 豆 한 개 籩 한 개의 경우는 尸牀의 동쪽에 진설할 때만 덮개로 가리고 東堂에서 차릴 때는 덮지 않는다"라고 하였다. 『의례정의』, 1933쪽 참조.

11_ 차마 ~ 것이다 : 奠을 진설하는 것은 신령을 의지하게 하기 위한 것이다. 이때 시신은 방에 있는데 室 밖으로 襲奠을 옮기면 신령과 멀어지게 되므로 실 밖으로 옮

기지 않는 것이다. 『의례정의』, 1934쪽 참조.

12_마를 꼬아서 만든 허리띠 : 이여규는 "마를 줄 모양으로 꼬아서 띠를 만든다. 오복
의 질은 두 가닥의 마를 꼬아서 교차시키는데, 승대는 두 가닥으로 한정하지 않는
다"고 하였다. '絞帶'와 '腰絰'의 관계에 대해서 왕숙은 효대는 요질과 같은 것이라
고 하였고, 뇌차종은 絞帶는 腰絰의 아래에 있으며 요질보다 5분의 1 작다고 하였
다. 가공언의 소에서는 왕숙의 설에 손을 들어주었다. 주희는 뇌차종의 설을 취하
여 "효대는 요질보다 작다. 요질은 大帶를 본떠서 양 끝을 길게 늘어뜨리지만, 효
대는 혁대를 본떠 한 쪽 끝에 고리가 붙어 있어서 다른 한쪽 끝을 그 안에 넣어서
묶는다"고 하였다. 또 虞祭 이후의 絞帶에 대해서 가공언은 마를 베로 바꾸어 입는
다고 하였다. 『의례정의』, 1344쪽 참조.

記─53에서 記─76까지는 빈殯을 마친 후 거상자居喪者의 관복, 음식, 거처, 거마의 제도를 기록하였다.

[旣夕禮13 : 記─53]

빈殯을 마친 뒤에 주인은 모髦(다팔머리장식)를 제거한다.

旣殯, 主人說髦.

정현주

'빈을 마친 뒤'(旣殯)라는 것은 주축周祝이 명정銘旌을 관을 안치한 구덩이 앞에 놓은 뒤 주인이 자리로 돌아온 때이다. 금문본에는 '說'이 모두 '稅'로 되어 있다. 아이가 태어나 3개월이 되면 머리카락을 깎아 추鬌(황새머리)를 만드는데, 남자는 뿔(角) 모양으로 만들고 여자는 굴레(羈) 모양으로 만든다. 이렇게 하지 않을 경우에는 남자는 왼쪽으로 묶고, 여자는 오른쪽으로 묶는다.[1] 커서도 여전히 장식으로 삼아 남겨 두는데 그것을 모髦(다팔머리장식)라고 한다. 부모를 따르는 어린 마음인 것이다. 이때에 이르러 널도 보이지 않고, 상중喪中에는 장식을 해서는 안 되므로 그것을 제거할 수 있는 것이다. 모髦의 형상은 듣지 못했다. '旣殯', 置銘于肂, 復位時也. 今文'說'皆作'稅'. 兒生三月, 鬌髮爲鬌, 男角女羈. 否則男左女右. 長大猶爲飾存之, 謂之髦. 所以順父母幼小之心. 至此尸柩不見, 喪無飾, 可以去之. 髦之形象未聞.

[旣夕禮13 : 記－54]

삼일 째 되는 성복을 하는 날² 요질要絰의 풀어 늘어뜨렸던 부분을
허리 사이에 묶는다.

三日, 絞垂.

정현주   성복을 하는 날이다. 요질의 풀어 늘어뜨린 부분을 묶는

것이다. 成服日. 絞要絰之散垂者.

[旣夕禮13 : 記－55]

참최斬衰의 관冠은 6승포升布로 만드는데, 상관喪冠의 솔기(紕)는
관 테두리(武)의 바깥쪽으로 꿰매고, 관끈(纓)을 관 테두리에 연결
한다. 이렇게 하면 관이 관 테두리(武)에 의해 눌리게 된다.

冠六升, 外紕, 纓條屬. 厭.

정현주   '필紕'은 관의 테두리(武)에 꿰매어 붙이는 것이다. '바깥

쪽으로 한다'(外之)는 것은 그 나머지를 바깥쪽으로 한다³는 것이다. '영조속

纓條屬'은 통째로 한 가닥을 접어 관의 테두리(武)로 삼고, 아래로 늘어뜨려

관끈(纓)을 삼아 관冠에 연결하는 것이다. '압厭'은 눌린다(伏)는 뜻이다.⁴ '紕',

謂縫著於武也. '外之'者, 外其餘也. '纓條屬'者, 通屈一條繩爲武, 垂下爲纓, 屬之冠.

'厭', 伏也.

[旣夕禮13 : 記 – 56]

참최斬衰의 웃옷(上衣)과 치마(下裳 : 衰服)는 3승포로 만든다.

衰三升.

정현주   웃옷과 치마이다. 衣與裳也.

[旣夕禮13 : 記 – 57]

신발(屨)은, 엮고 남은 부분을 수습하여 밖으로 묶는다.

屨外納.

정현주   '납納'은 남은 부분을 수습하는 것이다. '納', 收餘也.

[旣夕禮13 : 記 – 58]

지팡이(杖)는 뿌리 부분을 아래로 하는데, 대나무로 만든 지팡이(竹杖)와 오동나무로 만든 지팡이(桐杖)가 마찬가지이다.

杖下本, 竹·桐一也.

정현주   그 본성을 따르는 것이다. 順其性也.

[旣夕禮13 : 記 – 59]

주인은 의려倚廬에 거처하며,

居倚廬,

나무를 기대어 여막廬幕을 만드는데, 중문中門 밖 동쪽에

있으며, 북쪽으로 문을 낸다. 倚木爲廬, 在中門外東方, 北戶.

[旣夕禮13 : 記 - 60]

짚단 위에 누워, 흙덩이를 베며,[5]

寢苫, 枕塊,

'점苫'은 짚으로 짠 것이다. '괴塊'는 흙덩이(堛)이다. '苫',

編藁. '塊', 堛也.

[旣夕禮13 : 記 - 61]

누울 때 수질首絰·요질腰絰과 교대絞帶를 벗지 않는다.

不說絰帶.

깊이 슬퍼하여 편안한 것에 마음을 두지 않는 것이다. 哀

戚不在於安.

[旣夕禮13 : 記 - 62]

곡哭을 하는데 밤낮으로 때 없이 한다.[6]

哭晝夜無時.

정현주 슬픔이 밀려오면 곡哭을 하는 것이지, 반드시 아침과 저녁에만 하는 것은 아니다. 哀至則哭, 非必朝夕.

[旣夕禮13 : 記−63]

상사喪事에 관한 것이 아니면 말하지 않는다.[7]

非喪事不言.

정현주 어버이를 위하는 것[8]을 잊지 않는 것이다. 不忘所以爲親.

[旣夕禮13 : 記−64]

죽을 마시되 아침에 한 일(溢)의 쌀로 하고 저녁에 한 일의 쌀로 하며, 채소와 과일을 먹지 않는다.

歠粥, 朝一溢米, 夕一溢米, 不食菜果.

정현주 배부르고 맛난 것에 마음이 있지 않은 것이다. '죽粥'은 미음(糜)이다. 20양兩을 '일溢'이라 하는데, 쌀로는 1과 24분의 1승이다. 열매가 나무에 맺히는 것을 '과果'라고 하고 땅에 맺히는 것을 '라蓏'라고 한다. 不在於飽與滋味. '粥', 糜也. 二十兩曰'溢', 爲米一升二十四分升之一. 實在木曰'果', 在地曰'蓏'.

[旣夕禮13 : 記 – 65]

주인主人은 출행出行할 일이 있으면 상거喪車를 타는데,

主人乘惡車,

정현주 국군國君의 명에 배례를 하고, 중빈衆賓에게 배례를 하
며, 일이 있어[9] 출행할 때 타는 것이다. 「잡기」에 "단최[10]와 상거는 신분에 따
른 차이가 없다"라고 하였다. 그러므로 이 상거는 왕이 상중喪中에 타는 목
거木車[11]이다. 고문본에는 '惡'이 '堊'으로 되어 있다. 拜君命, 拜衆賓, 及有故行
所乘也. 「雜記」曰, "端衰, 喪車, 皆無等." 然則此惡車, 王喪之木車也. 古文'惡'作'堊'.

[旣夕禮13 : 記 – 66]

흰 강아지가죽(白狗皮)으로 만든 수레 덮개에,

白狗幭

정현주 아직 다 크지 않은 것이 '구狗'(강아지)이다. '멱幭'은 덮개
(覆笭)이다. 흰 강아지가죽(白狗皮)으로 만드는 것은 그 유연함을 취한 것[12]이
다. 흰색은 상喪의 장식으로 적당하다. 고문본에는 '幭'이 '幦'으로 되어 있다.
未成豪, '狗'. '幭', 覆笭也. 以狗皮爲之, 取其臑也. 白於喪飾宜. 古文'幭'爲'幦'.

[旣夕禮13 : 記 – 67]

부들(蒲)로 수레 양옆의 가림막(蔽)을 만들며,

蒲蔽,

'폐蔽'는 번藩(수레의 양 옆에 바람과 먼지를 막기 위해 치는 장

막)[13]이다. '蔽', 藩.

[旣夕禮13 : 記−68]
껍질을 벗긴 숫부들의 줄기로 채찍을 만들어 말을 몰며,
御以蒲蔽,

빨리 달리는 데 뜻이 있지 않은 것이다. '포추蒲蔽'는 숫

부들의 줄기이다. 고문본에는 '蔽'가 '驕'로 되어 있다. 不在於驅馳. '蒲蔽', 牡蒲

莖. 古文'蔽'作'驕'.

[旣夕禮13 : 記−69]
흰 개가죽(白犬皮)으로 병기를 싸는 포갑(服)을 만들며,
犬服,

수레 위의 먼지막이 대발(笭) 사이에 있는 병기兵器의

포갑은 개가죽(犬皮)으로 만드는데, 견고함을 취한 것이며, 또 흰색이다.

금문본에는 '犬'이 '大'로 되어 있다. 笭間兵服, 以犬皮爲之, 取堅也, 亦白. 今文

'犬'爲'大'.

나무로 된 비녀장(錧)[14]을 사용하며,

木錧,

정현주   소리가 작게 나는 것을 취한 것이다. 금문본에는 '錧'이
'錔'로 되어 있다. 取少聲. 今文'錧'爲'錔'.

[旣夕禮13 : 記 - 71]
노끈으로 만든 수레 손잡이 줄(綏)을 사용하고, 노끈으로 만든 고
삐를 사용하며,

約綏, 約轡,

정현주   '약約'은 승繩(노끈)이다. '수綏'는 잡고 수레에 오르는 것이
다. '約', 繩. '綏', 所以引升車.

[旣夕禮13 : 記 - 72]
나무로 만든 재갈을 사용하며,

木鑣,

정현주   또한 소리가 작게 나는 것을 취한 것이다. 고문본에는
'鑣'가 '苞'로 되어 있다. 亦取少聲. 古文'鑣'爲'苞'.

[旣夕禮13 : 記 – 73]

말의 갈기를 깎지 않는다.[15]

馬不齊髦.

정현주   '제齊'는 자르다(翦)의 뜻이다. 금문본에는 '髦'가 '毛'로 되어 있다. 주인의 상거가 왕의 목거와 같다면, 자최齊衰 이하는 소거素車・소거縓車・방거駹車・칠거漆車를 타는 듯하다.[16] '齊', 翦也. 今文'髦'爲'毛'. 主人之惡車, 如王之木車, 則齊衰以下, 其乘素車・縓車・駹車・漆車與.

[旣夕禮13 : 記 – 74]

주부主婦의 수레 또한 주인의 수레 제도와 같지만, 성긴 베로 만든 상여휘장(裧)을 사용하는 점에서 차이가 있다.

主婦之車亦如之, 疏布裧.

정현주   '첨裧'이란 수레의 휘장(裳幃)으로,[17] 개궁蓋弓(수레의 좌석에 세우는 陽傘의 살대)에 늘어뜨린 것이다. '裧'者, 車裳幃, 於蓋弓垂之.

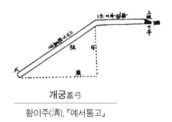

개궁蓋弓
황이주(淸), 『예서통고』

[旣夕禮13 : 記 – 75]

주인과 주부를 호종扈從하는 수레(貳車)는 흰 개가죽으로 가선을 장식한 포갑(服)을 사용한다.

貳車, 白狗攝服.

'이貳'는 부副의 뜻이다. '섭攝'은 가선(緣)의 뜻과 같다. 흰

개가죽으로 가선을 댄 포갑을 하는 것은 장식에 차이를 둔 것이다. '貳', 副

也. '攝'猶緣也. 狗皮緣服, 差飾.

[旣夕禮13 : 記 – 76]

나머지는 모두 주인의 상거喪車와 동일하게 한다.

其他皆如乘車.

주인이 타는 상거와 같다는 뜻이다. 如所乘惡車.

1_아이가 태어나 ~ 묶는다 : 『예기』「內則」의 글이다. 본문은 3개월 만에 날을 택해서 머리카락을 잘라 황새머리(鬐)를 만드는데, 남자는 뿔 모양으로 하고 여자는 굴레 모양으로 한다. 이렇게 하지 않을 경우에는 남자는 왼쪽으로 묶고, 여자는 오른쪽으로 묶는다"(三月之末, 擇日翦髮爲鬐, 男角女羈. 否則男左女右)라고 되어 있다.

2_삼일 째 ~ 하는 날 : 돌아가신 다음날부터 계산하여 삼일 째 되는 날로 실제로는 돌아가신 지 사흘째이다. 『의례정의』, 1937쪽 참조.

3_그 나머지를 ~ 한다 : 吉冠의 경우에는, 관의 테두리(武) 위에서 안쪽을 향해 꿰매 솔기가 안쪽에 있게 되므로 內縪이라고 한다. 凶冠의 경우에는, 관의 테두리(武) 아래에서 바깥쪽을 향해 꿰매므로 外縪이라고 한다. 『의례주소』, 898쪽 참조.

4_'압'은 ~ 뜻이다 : 冠이 武의 아랫부분을 지나 위로 향한 뒤 다시 관에 꿰매므로, 관이 무의 아래에 있게 된다. 그 때문에 눌린다고 한 것이다. 『의례주소』, 898쪽 참조.

5_짚단 ~ 베며 : 반드시 짚단 위에서 자는 것은 어버이가 풀숲에 계신 것을 슬퍼하는 것이고, 반드시 흙덩이를 베는 것은 어버이가 흙 속에 계신 것을 슬퍼하기 때문이다. 『의례주소』, 899쪽 참조.

6_밤낮으로 ~ 한다 : 殯을 하고 倚廬에 거처할 때를 가리킨다. 아침저녁으로 곡을 하는 것을 제외하고 생각이 떠오르면 곡을 하여 정해진 때가 없는 것이다. 『의례주소』, 899쪽 참조.

7_상사에 ~ 않는다 : 『예기』「喪服四制」에 "백관이 갖추어져 있고 백물이 구비되어서 명령을 하지 않아도 喪事가 행해질 수 있는 천자와 제후의 경우는 남의 부축을 받으면서 일어난다. 명령을 내려야 상사가 행해지는 대부와 사의 경우는 지팡이를 짚고서 일어난다. 자신이 직접 일을 집행해야 이루어지는 서인의 경우는 얼굴에 때가 끼게 할 뿐이다"(百官備, 百物具, 不言而事行者, 扶而起. 言而后事行者, 杖而起. 身自執事而行者, 面垢而已)라고 하였다. 이 경문은 士禮여서 또한 명령을 내려야 喪事가 행해지므로 상중에 상사에 관한 일이 아니면 말하지 않는 것이다. 『의례주소』, 899쪽 참조.

8_어버이를 위하는 것 : 『예기』「曲禮」에 "상중에 아직 장례를 치르지 않았을 때에는 상례에 관한 책을 읽는다. 장례를 치르고 나서는 제례에 관한 책을 읽는다. 상복을 벗고 일상으로 돌아오면 樂章을 읽는다"(居喪未葬, 讀喪禮. 旣葬, 讀祭禮. 喪復常, 讀樂章)라고 하였다.

9_일이 있어 : 예를 들어 묘자리를 점칠 때 주인들이 모두 간다. 이와 함께 『예기』「檀弓」에 "殯所를 지키고 있을 때, 멀리 사는 형제의 상을 들으면 緦麻服을 하는 정도의 사이라도 반드시 간다"(有殯, 聞遠兄弟之喪, 雖緦, 必往)라고 한 것이 그것이다. 『의례정의』, 1939쪽 참조.

10_단최 : 『예기』「雜記」 해당 부분에서 진호는 "端은 정식이라는 뜻이다. 端衰는 喪服의 웃옷이다. 길한 때 현단복을 입는데, 몸체 부분과 소매가 같이 2척2촌을 정식으로 삼는다. 상복으로 입는 웃옷 역시 같이 만드는데, 가슴 앞에 6촌의 衰를 꿰매어

단다. 그러므로 端衰라고 말한 것이다"(端, 正也. 端衰, 喪服上衣也. 吉時玄端服, 身與 袂同以二尺二寸爲正. 喪衣亦如之, 而綴六寸之衰於胸前. 故曰端衰也)라고 하였다.

11_목거 : 왕이 타는 喪車 다섯 가지 중 하나이다. 木車는 漆을 하지 않는다. 蒲草를 가 지고 수레의 양옆을 가리고, 개가죽으로 먼지막이 대발(笭) 위에 덮으며, 개의 꼬 리가죽으로 창과 도검 모양을 만드는데, 모두 거친 베로 가선을 두른다. 목거는 처 음 상을 당했을 때 타는 것으로 惡車라고도 한다. 『삼례사전』, 231쪽 참조.

12_유연함을 취한 것 : 단옥재는 "騰는 濡를 말한다. 濡는 부드럽다는 뜻이다"라고 하 였다. 유연하다는 뜻을 취한 것이다. 『의례정의』, 1940쪽 참조.

13_번 : 바람막이인데, 장식이 없다. 『의례주소』, 901쪽 참조.

14_비녀장 : 수레의 바퀴가 굴대에서 벗어나지 않도록 굴대의 머리 구멍에 끼우는 큰 못으로 보통은 쇠로 만든다. 『의례주소』, 901쪽 참조.

15_말의 ~ 않는다 : 『예기』 「曲禮」에 "대부와 사가 고국을 떠나 국경을 넘게 되면 … 갈기를 다듬지 않은 말을 탄다"(大夫·士去國, 踰竟 … 乘髦馬)라고 하였고, 정현은 "髦馬는 갈기를 깎지 않는다는 뜻이다"(髦馬, 不鬢落也)라고 하였다. 공영달은 "吉 事의 경우에는 말의 갈기를 깎아 장식으로 삼고, 凶事의 경우에는 장식을 하지 않 으므로 자르지 않고 탄다"(吉則剪剔馬毛爲飾, 凶則無飾, 不剪也乘之也)라고 하였다.

16_자최 이하는 ~ 듯하다 : 『주례』 「춘관·巾車」 "왕의 喪車는 다섯 가지이다"(王之喪 車五乘)라고 한 것에 대하여 정현은 "木車는 처음 상을 당했을 때 타는 것이다. 素 車는 卒哭 때 타는 것이다. 藻車는 練祭를 마치고 타는 것이다. 駹車는 大祥 때 타는 것이다. 漆車는 禪祭 때 타는 것이다"라고 하였다. 가공언은 "士의 喪車 또한 다섯 종류이다. 주인은 惡車를 타고, 齊衰服을 하는 사람은 素車를 타는데 졸곡 때 타는 수레와 같다. 大功服을 하는 사람은 藻車를 타는데 練祭를 마치고 타는 수레와 같 다. 小功服을 하는 사람은 駹車를 타는데 大祥 때 타는 수레와 같다. 緦麻服을 하는 사람은 漆車를 타는데 禪祭를 마치고 타는 수레와 같다"라고 하였다. 『의례정의』, 1943쪽 참조.

17_'첨'이란 ~ 휘장으로 : 『예기』 「雜記」에 "상여의 덮개휘장(輤)에는 가장자리 장식 (裧)을 한다. 검은 베로 상여 휘장을 치고, 흰 명주로 지붕을 만들어 놓은 뒤에 출 발한다"(其輤有裧. 緇布裳帷, 素錦以爲屋而行)라고 하였고, 진호는 "'검은 베로 상여 의 휘장을 친다'(緇布裳帷)는 것은 輤 아래 관 사방 주위로 검은 색의 베를 사용하 여 휘장을 쳐서 관을 에워싸는 것"('緇布裳帷'者, 輤下棺外, 用緇色之布爲裳帷, 以圍繞 棺也)으로 해석한다.

[旣夕禮13 : 記 – 77]

삭월전朔月奠[1]을 거행할 때가 되면 동자童子는 빗자루를 드는데, 빗자루의 꼬리를 위쪽으로 향하게 하여 왼손으로 받들고,

朔月, 童子執帚, 卻之, 左手奉之,

정현주 '동자童子'는 예자제隷子弟[2]로 내수內豎[3]와 시인寺人[4] 같은 무리이다. 왼손으로 빗자루를 잡고 그 꼬리를 위로 향하게 한 것은 아직 사용하지 않았음을 보이는 것이다. '童子', 隷子弟, 若內豎寺人之屬. 執用左手, 卻之, 示未用.

[旣夕禮13 : 記 – 78]

전奠을 치우는 자(徹者)를 따라 묘廟로 들어온다.

從徹者而入.

정현주 동자는 예에 관련된 일은 전담하지 않는다.[5] 童子不專禮事.

전날에 올린 전(宿奠)을 치우고 삭월전朔月奠을 진설하기 전에, 전석奠席을 들어 옮기고 실내를 청소하여 쓰레기를 실室의 동남쪽 모서리에 모은다.⁶ 다시 전석을 처음처럼 동쪽을 향하도록 편다. 삭월전이 끝나면, 청소를 한 동자는 빗자루를 들어, 빗자루의 끝이 아래로 향하게 하는 동시에 쓰는 부분(鬐)이 안쪽 즉 자신을 향하도록 한 다음, 횃불(燭)을 든 집사를 따라⁷ 실을 나와 동쪽을 향하여 동쪽계단을 통해 당을 내려온다.

比奠, 擧席, 埽室, 聚諸窔. 布席如初. 卒奠, 埽者執帚, 垂末內鬐, 從執燭者而東.

정현주 '비比'는 앞서서(先)라는 뜻과 같다. 실의 동남쪽 모서리를 '요窔'라고 한다. '比'猶先也. 室東南隅謂之'窔'.

아침과 저녁으로 곡哭을 하고 전奠을 올리는 기간에는, 사자死者가 생전에 한가로이 거처할 때 봉양 받던 것, 즉 아침저녁의 식사, 네 계절에 나는 맛있거나 색다른 음식(珍異), 목욕할 때 쓰던 뜨거운 물 등을 평소와 같이 연침燕寢 안에 진설한다.

燕養·饋·羞·湯沐之饌, 如他日.

정현주 '연양燕養'은 평소에 공양하던 것이다. '궤饋'는 아침과 저녁 식사⁸이다. '수羞'는 네 계절에 나는 맛있거나 색다른 음식(珍異)이다. '탕

목湯沐'은 더러운 것을 씻어 닦아 내는 것이다. 「내칙」에 3일에는 머리감을 물을 준비하고 5일에 목욕할 물을 준비한다"라고 하였다.[9] 효자는 차마 하루라도 어버이를 섬기는 예를 폐하지 않는다. 연침燕寢(下室)[10]에 날마다 진설하기를 살아 계실 때처럼 한다. 전奠을 올렸다가 치우는 시간은 한 끼의 음식을 먹을 정도로 한다. '燕養', 平常所用供養也. '饋', 朝夕食也. '羞', 四時之珍異. '湯沐', 所以洗去汙垢. 「內則」曰, "三日具沐, 五日具浴." 孝子不忍一日廢其事親之禮. 於下室日設之, 如生存也. 進徹之時如其頃.

[旣夕禮13 : 記 – 81]

초하루에 전奠을 올릴 때(朔月奠)와 철에 따라 새로운 음식을 올릴 때(薦新)는 연침(下室)에 진설하지 않는다.

朔月, 若薦新, 則不饋于下室.

정현주
정식 전(殷奠)[11]으로 찰기장 밥(黍)과 메기장 밥(稷)을 차리기 때문이다. '하실下室'은 지금의 내당과 같다. 정침正寢에서는 정사와 조회의 일을 처리한다.

以其殷奠有黍稷也. '下室', 如今之內堂. 正寢聽朝事.

1_ 삭월전 : 『예기』 「檀弓」에 "새로 난 과일과 곡식을 올릴 때는 朔奠에서의 儀式처럼 한다"(有薦新, 如朔奠)라고 하였고, 진호는 "朔奠이란 매달 초하루에 올리는 奠이다. 장사를 지내기 전에 大夫 이상은 초하루와 그믐에 모두 전을 올리지만 土는 초하루에만 할 뿐이다"(朔奠者, 月朔之奠也. 未葬之時, 大夫以上, 朔望皆有奠, 土則朔而已)라고 하였다.

2_ 예자제 : 가공언은 『좌씨전』의 "土有隷子弟"에 대해서 土는 지위가 낮아 자신의 신하가 없으므로, 자기의 子弟를 부리는 僕隷으로 삼아서 자기 자제의 처첩들을 아우르게 한 것이라고 설명한다. 『의례주소』, 903쪽 참조.

3_ 내수 : 周代에 天官에 속하여 궁중에서 명령을 전달하는 등 잡역에 종사하던 관직이다. 竪는 童竪(아이의 더벅머리모양)의 뜻으로 미성년의 아이가 이 일을 담당하였다. 『주례』 「천관·內竪」에 자세한 설명이 보인다.

4_ 시인 : 궁안의 女御와 女奴와 관련된 여러 가지 일을 관장한다. 내시가 담당하는데 天官의 冢宰에 소속되어 있다. 巷伯 또는 侍人이라고도 불린다. 『삼례사전』, 353쪽 참조.

5_ 동자는 ~ 않는다 : 『예기』 「玉藻」에 "선생을 뵐 때에는 다른 사람을 따라 들어간다"(見先生, 從人而入)라고 하였다. 평시에도 그러한데 喪事는 급박하므로 나아가고 물러날 때 모두 집사를 따라 움직인다. 『의례정의』, 1945쪽 참조.

6_ 실의 동남쪽 ~ 모은다 : 먼지가 날릴까 염려하여 잠시 구석진 곳에 모아 두었다가 뒤에 버리는 것이다. 『의례정의』, 1945쪽 참조.

7_ 횃불을 든 집사를 따라 : 들어올 때는 횃불을 든 사람이 앞에 있고 전을 치우는 사람이 뒤에 있으며, 나갈 때는 전을 치우는 사람이 앞에 있고 횃불을 든 사람이 뒤에 있기 때문이다. 童子는 항상 成人의 뒤에 있으므로 출입할 때 뒤따르는 사람이 다른 것이다. 『의례주소』, 904쪽 참조.

8_ 아침과 저녁 식사 : 아침과 저녁 식사만을 말하고 점심을 언급하지 않는 것은 생략해서 말한 것으로 또한 점심도 포함되어 있다. 『의례주소』, 904쪽 참조.

9_ 「내칙」에 ~ 하였다 : 『예기』 「內則」에는 5일에 뜨거운 물을 끓여 목욕할 것을 청하고, 3일에는 머리감을 물을 준비한다"(五日則燂湯請浴, 三日具沐)라고 되어 있다.

10_ 연침 : 『예기』 「喪大記」에 "경의 처로서 아직 군주에게 명을 하사받지 않았다면 하실에서 죽고 시신을 침으로 옮긴다"(內子未命, 則死於下室, 遷尸于寢)라고 한 것에 대해, 정현은 "下室은 평소 거처하는 곳이다"(下室, 其燕處也)라고 하였고, 진호는 "'下室'은 평소에 거처하는 곳인데, '燕寢'도 '하실'이라고 한다"(下室, 燕處之所, 又燕寢亦曰下室也)라고 하였다.

11_ 정식 전 : 殷은 성대하다 또는 정식으로 갖춘다는 의미이다. 殷奠은 성대하게 차린 奠, 즉 갖추어야 할 음식을 모두 갖춘 정식의 奠을 의미한다. 호배휘에 따르면, 殷奠이 되기 위해서는 희생을 담은 俎가 있어야 한다. 『의례정의』, 1803쪽 참조.

[旣夕禮13 : 記－82]

서점筮占을 쳐서 묘지墓地를 정하는데, 먼저 총인冢人[1]이 땅을 물색한다.

筮宅, 冢人物土.

정현주 　'물物'은 살펴본다(相)는 뜻과 같다. 그 땅이 매장할 만한가를 살펴서 조성한다.[2] '物'猶相也. 相其地可葬者, 乃營之.

[旣夕禮13 : 記－83]

복점卜占을 쳐서 장례일을 정하는데, 길조吉兆를 얻으면 그대로 주부主婦에게 보고한다. 주부는 보고를 받고는 곡哭을 하는데, 부인婦人들도 모두 곡을 한다. 주부가 당에 오르면, 곡을 하던 사람들이 모두 곡을 멈춘다.

卜日吉, 告從于主婦. 主婦哭, 婦人皆哭. 主婦升堂, 哭者皆止.

정현주 　일이 끝난 것이다. 事畢.

1_총인 : [사상례12 : 經—202]의 정현 주에 "묘지의 묘자리를 담당하는 유사이다"(有司
掌墓地兆域者)라고 하였다.

2_그 땅이 ~ 조성한다 : 무릇 매장을 할 때는 모두 먼저 살펴보고 서점을 친 뒤 길하
면 구덩이를 판다. 『의례주소』, 905쪽 참조.

記—84에서 記—85까지는 계빈과 조묘를 알현하는 의절을 기록하였다.

[旣夕禮13 : 記-84]

계빈啓殯하는 날 여명에, 빈궁殯宮 내외의 모든 사람은 곡哭을 하지 않는다.

啓之昕, 外內不哭.

정현주 　　　　장차 일이 있으므로 시끄러울까 염려해서이다. 계빈을 마치면 곡을 하도록 명한다. 고문본에는 '啓'가 '開'로 되어 있다. 將有事, 爲其 讙囂. 旣啓, 命哭. 古文'啓'爲'開'.

[旣夕禮13 : 記-85]

이상夷牀[1]과 공축輁軸(관굄차)[2]은 당 아래 서쪽 계단의 동쪽에 진설한다.

夷牀·輁軸饌于西階東.

정현주 　　　　경經에서 '계단 사이'(階間)라고 한 것[3]이 서쪽에 가까운 자리임을 밝힌 것이다. 이상은 조묘祖廟에 진설하고, 공축은 빈궁殯宮에 진설하는데,[4] 묘가 둘인 경우에는 네묘禰廟에도 공축을 진설한다.[5] 고문본에는 '輁'이 혹 '拱'으로도 되어 있다. 明'階間'者, 位近西也. 夷牀饌於祖廟, 輁軸饌於殯 宮, 其二廟者, 於禰亦饌輁軸焉. 古文'輁'或作'拱'.

주

1_ 이상 : 시신을 堂으로 옮기는 것을 '夷尸'라고 하는 것처럼 시신을 놓는 牀을 '夷牀'이라고 한다. 『의례주소』, 836쪽 참조.

2_ 공축 : 관을 운반하는 수레로 寢牀 모양의 臺에 바퀴를 달지 않고 대신 구르는 軸(散輪이라고도 한다)을 달아 놓았다. 관굄차라고 한다. 『삼례사전』, 963쪽 참조.

3_ '계단 사이'라고 한 것 : [기석례13 : 經─05]에서 "夷牀은 조묘의 당 아래 조계와 서쪽 계단 사이에 진설한다"라고 한 것을 가리킨다.

4_ 이상은 ～ 진설하는데 : 夷牀은 祖朝할 때 널을 바르게 하기 위해 사용하므로 조묘에 진설한다. 軼軸은 계빈을 할 때 널을 옮기기 위해 사용하므로 빈궁에 진설한다. 『의례정의』, 1948쪽 참조.

5_ 묘가 둘인 ～ 진설한다 : 廟가 둘인 경우 먼저 禰廟를 알현하고 다음으로 祖廟를 알현하므로 네묘에서 조묘로 갈 때 널을 옮기기 위해서는 軼軸을 사용해야 한다. 그 때문에 네묘에도 진설함을 알 수 있다. 『의례정의』, 1949쪽 참조.

해
제

記—86에서 記—89까지는 이묘자二廟者가 계빈 때 먼저 녜묘를 알현하는
의절을 기록하였다.

[旣夕禮13 : 記－86]

사士 가운데 이묘二廟인 경우 즉 상사上士의 경우에는, 먼저 녜묘
禰廟에 전물奠物을 소렴전小斂奠 때처럼 진설한 뒤에 계빈啓殯을
한다.

其二廟, 則饌于禰廟, 如小斂奠, 乃啓.

정현주 　　　조祖는 높고 녜禰는 낮기 때문이다.[1] 사士는 조祖와 녜禰
를 섬기는데, 상사는 묘廟를 달리하고 하사는 묘廟를 공동으로 한다.[2] 祖尊禰
卑也. 士事祖禰, 上士異廟, 下士共廟.

[旣夕禮13 : 記－87]

널(柩)이 녜묘禰廟를 알현할 때, 중重은 묘문 밖의 서쪽에 동쪽을 향
하도록 둔다. 널이 녜묘로 들어갈 때는, 서쪽 계단을 경유해 당 위
로 올라가 동쪽 기둥(東楹)과 서쪽 기둥(西楹) 사이에 널(柩)을 바르
게 놓는다. 빈궁殯宮으로부터 널을 따라 옮겨온 숙전宿奠은 서쪽
계단 아래에 놓고 동쪽을 향하게 하되 북쪽을 윗자리로 삼는다.
주인은 당에 올라 널의 동편에서 서쪽을 향하여 선다. 중주인은

동편의 조계 아래로 가서 자리로 나아간다.³ 부인은 널을 따라 당에 올라 널의 서편에서 동쪽을 향하여 선다. 전奠을 가지고 따르는 자가 당에 올라와 널(柩)의 서쪽에 전을 진설하는데, 오르내릴 때는 서쪽 계단을 통해서 한다. 주인은 용踊을 해야 할 때마다 용踊을 한다.⁴

朝于禰廟, 重止于門外之西, 東面. 柩入, 升自西階, 正柩于兩楹間. 奠止于西階之下, 東面北上. 主人升, 柩東, 西面. 衆主人東卽位. 婦人從升, 東面. 奠升, 設于柩西, 升降自西階. 主人要節而踊.

정현주

'중重이 묘廟에 들어오지 않는다'(重不入)⁵는 것은 조묘를 알현하고 가는 것에 중점이 있으므로 지나치는 듯이 하는 것이다. '묘문의 서쪽에서 동쪽을 향한다'(門西東面)는 것은 기다리기에 편하기 때문이다.⁶

'重不入'者, 主於朝祖而行, 若過之矣. '門西東面', 待之便也.

[旣夕禮13 : 記 – 88]

횃불(燭)⁷을 들고 널(柩)의 앞에서 네묘禰廟에 들어간 자는 당에 오른 후 동쪽 기둥(東楹)의 남쪽에서 서쪽을 향하여 선다. 횃불을 들고 널의 뒤에서 네묘에 들어간 자는 당 아래 서쪽 계단 동편에서 북쪽을 향하여 선다.

燭先入者, 升堂, 東楹之南, 西面. 後入者, 西階東, 北面, 在下.

정현주

널(柩)을 바로 할 때 비추기 위해서이다. '선先'은 널의 앞에 있는 것이다. '후後'는 널을 뒤따르는 것이다. 조묘로 갈 때의 횃불(燭)도 또한 그러하다. 여기서는 호문으로 기록한 것이다. 炤正[8]柩者. '先', 先柩者. '後', 後柩者. 適祖時, 燭亦然. 互記於此.

[旣夕禮13 : 記 – 89]

주인이 당을 내려와 자리로 돌아갈 때, 종전從奠을 철거하고 이어서 소렴전小斂奠처럼 차린 녜전禰奠을 진설하는데, 서쪽 계단을 통해 오르내리며, 주인은 처음처럼 용踊을 해야 할 때마다 용踊을 한다.

主人降, 卽位, 徹, 乃奠, 升降自西階, 主人踊如初.

<u>정현주</u>　　　　당을 내려와 빈賓에게 배례를 하고 용踊을 해야 할 때마다 용踊을 한 것과 같이 하는 것이다. 수레를 올리지 않는 것은 이번 행차行次에는 따르지 않기 때문이다.[9] 如其降拜賓, 至於要節而踊. 不薦車, 不從此行.

1_ 조는 ~ 때문이다 : 祖廟에 알현할 때는 大斂奠처럼 하고 禰廟에 알현할 때는 小斂奠처럼 하여 奠物에 차이가 있음을 보이기 위한 것이다. 『의례주소』, 906쪽 참조.

2_ 상사는 묘를 ~ 한다 : 『예기』 「祭法」에 "適士는 두 묘와 하나의 단을 세운다. … 관사는 하나의 묘를 세운다"(適士二廟一壇. … 官師一廟)라고 한 것에 대하여 정현은 "適士는 上士이다. 官師는 중사와 하사이다"(適士, 上士也. 官師, 中士·下士)라고 하였다.

3_ 중주인은 ~ 나아간다 : 柩가 당 위로 올라오기 전에는 서계 아래에 동쪽을 향하여 북쪽을 윗자리로 하여 있다가, 구가 올라가 뒤에는 주인이 구를 따라 올라가고 중주인 이하는 바로 조계 아래 서쪽을 향하는 자리로 나아간다. 『의례주소』, 906쪽 참조.

4_ 주인은 ~ 한다 : 奠이 올라갈 때는 주인이 용을 하고, 내려올 때는 부인이 용을 한다. 『의례주소』, 906쪽 참조.

5_ 중이 ~ 않는다 : 오계공은 "奠을 마치면 柩가 출행하고 여기에 오래 머물지 않기 때문이다"라고 해석한다. 『의례정의』, 1950쪽 참조.

6_ 기다리기에 편하기 때문이다 : 祖廟는 동쪽에 있고 柩가 禰廟에 들어갔다가 다음날 아침 묘문을 나와 동쪽을 향하여 조묘에 알현할 때 重이 柩車의 앞에 있게 되므로 동쪽을 향하여 조묘를 알현하기에 편리하다. 만일 먼저 묘문의 동쪽에 서쪽을 향해 있다가 구가 들어올 때 돌려서 동쪽을 향하게 한다면 불편하다. 『의례주소』, 906쪽 참조.

7_ 횃불 : 이 횃불은 본래 殯宮에서 啓殯을 할 때 비추던 것으로, 길에 있을 때는 하나는 柩의 앞에 있고 다른 하나는 구의 뒤에 있다. 『의례주소』, 907쪽 참조.

8_ 正 : 북경대본에는 '在'로 되어 있으나 교감의 내용에 따라 '正'으로 고친다.

9_ 이번 행차에는 ~ 때문이다 : 祖廟와 禰廟를 함께 하는 경우에는 朝廟하는 날에 바로 수레를 올린다. 이 경우는 祖廟와 禰廟를 달리하여 다음날 祖廟에서 수레와 말을 올리게 되어 祖廟에 가는 행차에 따라가므로 수레와 말을 올린다. 『의례주소』, 907쪽 참조.

記—90은 이묘자二廟者가 녜묘에서 조묘로 가는 의절을 기록하였다.

[旣夕禮13 : 記—90]

축祝과 집사執事는 녜전禰奠의 전물奠物을 들고, 덮개(巾)와 자리(席)를 든 사람은 그들을 따라 당을 내려오며, 널(柩)이 전물奠物을 든 사람을 따른다. 주인 이하의 남녀가 널을 따라 나오는 순서는 처음 빈궁殯宮을 나올 때처럼 하며, 이런 순서로 조묘祖廟로 간다.

祝及執事擧奠, 巾·席從而降, 柩從. 序從如初, 適祖.

정현주 이것은 녜묘禰廟를 알현한 다음날 전奠을 들고 조묘祖廟로 가는 순서를 말한다. 여기서는 축祝이 예주(醴)를 들고 먼저 가고, 청주(酒)·말린 고기(脯)·고기젓갈(醢)·희생제기(俎)가 따르며, 덮개와 자리는 마지막이다. 널(柩)을 바르게 놓은 뒤에 자리(席)를 당으로 가지고 올라가 진설하는데, 전奠을 진설하는 것은 처음과 같다. 축祝이 덮개를 받아 덮는다. 무릇 상喪에 운명했을 때부터 빈殯을 할 때까지, 계빈啓殯할 때부터 매장할 때까지, 주인의 예에 변화가 동일하면 이때의 날수 또한 동일하다.[1] '서종주인이하序從主人以下'에서 금문본에는 '從'이 없다. 此謂朝禰明日, 擧奠適祖之序也. 此祝執醴先, 酒脯醢俎從之, 巾席爲後. 旣正柩, 席升設, 設奠如初. 祝受巾, 巾之. 凡喪, 自卒至殯, 自啓至葬, 主人之禮其變同, 則此日數亦同矣. '序從主人以下', 今文無'從'.

1_주인의 예에 ~ 동일하다 : 啓殯하는 날에 禰廟를 알현하고, 다음날 祖廟에 알현하며, 또 다음날 매장을 하는 것이 임종한 날 襲을 하고 다음날 小斂를 하며, 그 다음날 대렴을 하고 殯을 하는 것과 날수의 간격이 같다. 主人과 主婦가 복장을 바꾸는 것 또한 동일한데, 소렴에 주인은 散帶를 하고 주부는 북상투를 하며, 계빈으로부터 매장 일까지 주인과 주부는 또한 殯을 하기 전과 마찬가지의 복장을 한다. 『의례주소』, 908쪽 참조.

[旣夕禮13 : 記-91]

조묘祖廟를 알현할 때 승거乘車를 올리는데, 짧은 털의 사슴 가죽
으로 만든 덮개(鞸), 방패(干), 화살통(笮), 가죽으로 만든 안장(鞊)을
놓으며, 전기旜旗를 싣고 피변복皮弁服을 실으며, 가슴걸이(纓)와
고삐(轡) 그리고 조개 장식을 한 굴레(勒)를 멍에(衡)에 매단다.

薦乘車, 鹿淺鞸, 干·笮·革鞊, 載旜, 載皮弁服, 纓·轡·貝勒縣于
衡.

정현주   사士는 잔거棧車[1]를 탄다. '녹천鹿淺'은 여름에 난 사슴의
짧은 털이다. '폐鞸'는 덮개(覆笭)이다. 「옥조」에 "사士의 제거齊車[2]에는 사슴
가죽으로 만든 수레덮개와 표범 가죽으로 만든 가선을 장식한다"라고 하였
다. '간干'은 방패이다. '착笮'은 화살통이다. '예鞊'는 안장(鞊)이다. '전旜'은
정기旜旗의 일종이다. 비단을 통째로 하여 전旜을 만드는데, 고경孤卿이 세
우는 것으로 사士도 또한 통섭된다. '피변복皮弁服'은 매월 초하루에 정사를
들을 때(視朔)하는 복服이다. '패륵貝勒'은 조개 장식을 한 재갈(勒)이다. 방패
는 있는데 병기는 없고, 화살통은 있는데 활과 화살은 없는 것은 병기를 사
용하지 않음을 분명히 한 것이다. 고문본에는 '鞊'가 '殺'로 되어 있고, '旜'이
'膳'으로 되어 있다. 士乘棧車. '鹿淺', 鹿夏毛也. '鞸', 覆笭. 「玉藻」曰, "士齊車, 鹿

幏豹植.'" 干', 盾也. '笮', 矢箙也. '鞃', 韠也. '旜', 旌旗之屬. 通帛爲旜, 孤卿之所建, 亦攝焉. '皮弁服'者, 視朔之服. '貝勒', 貝飾勒. 有干無兵, 有箙無弓矢, 明不用. 古文 '鞃'爲'殺', '旜'爲'膳'.

[旣夕禮13 : 記−92]

진설된 도거道車에는 조복朝服을 싣는다.

道車, 載朝服.

정현주   '도거道車'는 아침저녁으로 사적인 조정(私朝)[3]에 나갈 때 및 유람을 하거나 잔치를 하기 위해 출입할 때 타는 수레이다. '조복朝服'은 날마다 조회를 볼 때 입는 옷으로 검은 색 웃옷(上衣)에 흰색 치마(下裳)이다. '道車', 朝夕及燕出入之車. '朝服', 日視朝之服也. 玄衣素裳.

[旣夕禮13 : 記−93]

고거稾車에는 비옷(蓑笠)을 싣는다.

稾車, 載蓑笠.

정현주   '고稾'는 흩어진다(散)는 뜻이다. 산거散車는 수렵이나 교외로 나갈 때 타는 수레이다. '사립蓑笠'은 비를 대비한 옷이다. 금문본에는 '稾'가 '潦'로 되어 있다. 무릇 도거道車와 고거稾車의 가슴걸이(纓)와 고삐(轡) 그리고 굴레(勒)는 또한 멍에(衡)에 매단다. '稾'猶散也. 散車以田以鄙之車. '蓑笠', 備雨服. 今文'稾'爲'潦'. 凡道車·稾車之纓轡及勒, 亦縣于衡也.

[旣夕禮13 : 記 – 94]

장차 널(柩)을 구거柩車에 실으려 할 때, 하축夏祝과 집사들은 당상堂上의 널 서편에 진설된 전물奠物을 들고 와 실호室戶의 서편에서 남쪽을 향하여 서는데, 동쪽을 윗자리로 삼는다. 널을 구거에 싣고 널의 앞부분을 묶는 것을 마치면, 하축과 집사는 당을 내려와 전물奠物을 구거의 서편에 진설한다.

將載, 祝及執事擧奠, 戶西, 南面, 東上. 卒束前而降, 奠席于柩西.

정현주　　　　　구거의 서편, 즉 널(柩)의 앞부분을 묶은 곳에 해당하는 곳에 진설한다. 將於柩西當前束設之.

[旣夕禮13 : 記 – 95]

덮개로 전물奠物을 덮은 후에 옆덮개(牆)를 한다.

巾奠, 乃牆.

정현주　　　　'장牆'은 구거를 장식하는 옆덮개이다. '牆', 飾柩也.

[旣夕禮13 : 記 – 96]

항목抗木은 껍질을 벗기고 깎는다.

抗木刊.

정현주　　　　껍질을 벗기고 깎는다는 것이다. 고문본에는 '刊'이 '竿'으로 되어 있다. 剡削之. 古文'刊'爲'竿'.

[旣夕禮13 : 記－97]

인茵의 안과 밖을 붙일 때는 도茶를 사용하고, 수緌와 택澤 등을 채운다.

茵著, 用茶, 實緌澤焉.

정현주   '도茶'는 모수茅秀이다. '수緌'는 염강廉薑이다. '택澤'은 택란澤蘭이다. 모두 그 향香을 취하고 또 습기를 막는 것이다. '茶', 茅秀也. '緌', 廉薑也. '澤', 澤蘭也. 皆取其香, 且御濕.

[旣夕禮13 : 記－98]

갈대(葦)를 사용하여 포苞를 짜는데, 길이 3척인 갈대 한 개로 짠다.

葦苞, 長三尺, 一編.

정현주   사용하기에 편하고 쉽기 때문이다. 用便易也.

[旣夕禮13 : 記－99]

왕골(菅)로 만든 삼태기(筲) 세 개에 채우는 쌀과 보리는 모두 뜨거운 물에 데치기만 한다.

菅筲三, 其實皆瀹.

　쌀과 보리는 모두 익히지 않고 끓는 물에 데치기만 하는데, 신神이 흠향하실지 모르기 때문이다. 음식을 드리는 도(食道)로써 하지 않는 것이 공경함이 된다. 米麥皆湛之湯, 未知神之所享. 不用食道, 所以爲敬.

[旣夕禮13 : 記 – 100]

구거柩車를 돌려 밖을 향하도록 하는 조祖를 하면, 수레는 밖을 향하도록 돌리지만, 원래의 자리를 바꾸지는 않는다.

祖, 還車不易位.

　바깥을 향하도록 할 뿐 아직 출행하지는 않는 것이다. 爲鄕外耳, 未行.

[旣夕禮13 : 記 – 101]

구거柩車가 길을 떠날 때 피披를 잡는 사람은 한 편에 4인씩이다.

執披者, 旁四人.

　전후좌우에 각 2인이다.[4] 前後左右各二人.

[旣夕禮13 : 記 – 102]

무릇 빈賓이 보내는 폐백에는 정해진 것이 없다.

凡贈幣, 無常.

정현주 　　　　빈이 사자死者에게 보낸 것이다. 진기한 노리갯감을 보
내는 것을 '증贈'이라고 하는데, 가지고 있는 것에 따라 다르다. 賓之贈也. 玩
好曰'贈', 在所有.

[旣夕禮13 : 記 – 103]
무릇 볶은 콩과 쌀가루(糗)⁵는 기름으로 부치지 않는다.
凡糗, 不煎.

정현주 　　　　기름으로 부치면 사람들이 좋아하는 맛을 내게 되니, 신
령을 공경하는 도리가 아니다. 以膏煎之則藝, 非敬.

1_ 잔거 : 『주례』「춘관·巾車」에 "왕의 일에 종사하는 사람이 타는 수레는 다섯 가지가 있다. 孤는 夏篆을 타고, 卿은 夏縵을 타며, 大夫는 墨車를, 士는 棧車를 庶人은 役車를 탄다"(服車五乘. 孤乘夏篆, 卿乘夏縵, 大夫乘墨車, 士乘棧車, 庶人乘役車)라고 한 것에 대하여, 정현은 "棧車는 가죽으로 수레의 양 옆을 씌우지 않고 칠을 한 것이다"(不革鞔而漆之)라고 하였다.

2_ 제거 : 목욕재계할 때 사용하는 수레이다. 『주례』「하관·齊右」에 "제사와 회동과 빈객을 맞이하기 전에 제거를 정비하는 일을 관장한다"(掌祭祀會同賓客前齊車)고 한 것에 대해 정현은 "제거는 금로이다. 왕 자신이 가지런히 재계할 때 타는 수레이다"(齊車, 金路. 王自整齊之車也)라고 하였다. 『예기』「曾子問」에 "증자가 물었다. '옛날 군사를 움직일 때는 반드시 새로 遷遷한 신주를 모시고 출동했습니까?'공자가 대답했다. '천자가 순수를 할 때는 새로 체천한 신주를 모시고 행차하였는데 신주는 金路에 실었다. 이는 높이 받드는 대상이 반드시 있음을 의미한다'"(曾子問曰, '古者師行, 必以遷廟主行乎?'孔子曰, '天子巡守, 以遷廟主行, 載於齊車. 言必有尊也')라고 하였다.

3_ 사적인 조정 : 『예기』「玉藻」의 "아침에는 현단복을 입고, 저녁에는 심의를 입는다"(朝玄端, 夕深衣)라고 한 것에 대하여 진호는 "대부와 사가 私朝 및 집에서 아침저녁으로 입는 것을 말한 것이다"(大夫·士在私朝及家, 朝夕所服也)라고 하였다. 이에 따르면 대부나 사 자신이 정사를 처리하는 조정을 말한다.

4_ 전후좌우에 각 2인이다 : 前의 좌우, 後의 좌우에 2명씩이면 한쪽이 4인이므로 양쪽이면 총 8인이 된다. 『의례주소』, 912쪽 참조.

5_ 볶은 콩과 쌀가루 : 『주례』「천관·籩人」에 대해서 정중은 '糗'는 콩과 쌀을 볶은 것이고, '粉'은 콩가루이며, '餈'는 완자를 말려서 떡으로 만든 것('糗', 熬大豆與米也, '粉', 豆屑也. '餈'字或作餈, 謂乾餌餅之也)이라고 하였고, 정현은 이 두 가지는 모두 쌀이나 기장을 빻아서 만든 음식인데, 합쳐서 찐 것을 '餌'라고 하고, 그것을 떡으로 만든 것을 '餈'라고 한다(此二物皆粉稻米黍米所爲也. 合蒸曰'餌', 餅之曰'餈')고 하였다. 또 『예기』「內則」에 "籩과 豆에 담는 음식은 糗餌와 粉酏이다"(羞, 糗餌·粉酏)라고 한 것에 대해서 정현은 "糗는 곡물을 찧고 볶은 것으로 그것으로 분말가루와 인절미를 만든다"(糗, 擣熬穀也, 以爲粉餌與餈)고 하였다. 『의례주소』, 868쪽 참조.

記—104에서 記—107까지는 널(柩)이 도로에 있을 때, 광광壙에 도착했을 때, 그리고 매장을 마치고 돌아오는 일을 기록하였다.

[旣夕禮13 : 記－104]

구거柩車가 길을 나서면, 오직 국군國君이 사자使者에게 명하여 속백束帛을 보내 올 때만 도로에서 구거를 멈추고, 그 나머지는 멈추지 않는다.

唯君命, 止柩于堩, 其餘則否.

정현주 　　감히 신혼神魂을 머무르게 하지 못하는 것이다. '긍堩'은 도로이다. 「증자문」에 "발인을 하고 장지로 향하는 길"이라고 하였다.[1] 不敢留神也. '堩', 道也. 「曾子問」曰, "葬旣引, 至於堩."

[旣夕禮13 : 記－105]

승거乘車, 도거道車, 고거橐車가 묘도墓道의 동편에 도착한 후 북쪽의 광광壙을 향하여 서는데, 동쪽을 윗자리로 삼는다.

車至道左, 北面立, 東上.

정현주 　　'도좌道左'는 묘도墓道의 동편[2]으로, 먼저 도착한 승거乘車가 동편에 선다. '道左', 墓道東, 先至者在東.

[旣夕禮13 : 記 − 106]

널(柩)이 구거柩車에서 내려져 광壙 앞에 도달했을 때, 축祝은 승거乘車, 도거道車, 고거槀車에 실었던 피변복皮弁服, 조복朝服 그리고 비옷(蓑笠) 등을 수합하여 구거에 싣는다.

柩至于壙, 斂服載之.

정현주   구거가 광에 도착하면, 축祝은 구거에 실었던 관棺을 땅에 내려놓고 장식을 제거하며, 이어서 승거, 도거, 고거에 실었던 의복을[3] 수거하여 구거에 실어 빈 채로 돌아가지 않게 한다. 형신形身을 보내고 정령精靈을 맞아 돌아오는 것이 또한 예의 마땅함이다. 柩車至壙, 祝說載除飾, 乃斂乘車・道車・槀車之服載之, 不空之以歸. 送形而往, 迎精而反, 亦禮之宜.

[旣夕禮13 : 記 − 107]

매장을 마친 후 구거柩車가 되돌아오는데, 빨리 달리지 않는다.

卒窆而歸, 不驅.

정현주   효자는 갈 때는 사모하듯이 하고 돌아올 때는 주저하듯이 하니,[4] 부모가 저기에 있다고 여기기 때문이다.[5] 孝子往如慕, 反如疑, 爲親之在彼.

1_「증자문」에 ~ 하였다 : 『예기』 「曾子問」에는 "葬引至于壙"로 되어 있다.

2_묘도의 동편 : 학경은 "수레는 乘車, 道車, 槁車로 葬地에 도착하면 墓道의 왼쪽에 북쪽을 향하여 서는데 서쪽이 왼쪽이다"라고 하여 정현의 설을 비판한다. 호배휘는 학경의 설을 지지하면서 두 가지 이유를 들어 설명한다. "북쪽을 향한다면 왼쪽은 묘도의 서쪽이어야 한다는 것이 첫 번째이다. 또 이 수레들이 매장을 마치면 방향을 돌려 묘도의 서쪽에 동쪽을 윗자리로 하여 있게 된다면 동쪽에 있는 것은 묘도에 가까워 먼저 출행하기 편리하다는 것이 두 번째이다."『의례정의』, 1961쪽 참조.

3_의복을 : 승거에 실었던 皮弁服, 도거에 실었던 朝服, 고거에 실었던 비옷 등 세 가지 옷을 구거에 싣는다. 『의례주소』, 913쪽 참조.

4_돌아올 때는 ~ 하니 : 『예기』 「檀弓」의 글이다. 본문은 "그가 갈 때는 사모하는 듯이 하고 돌아올 때는 주저하는 듯하였다"(其往也如慕, 其反也如疑)라고 되어 있다. 정현은 "'慕'는 어린 아이가 부모를 따라다니며 울고 부르짖는 것을 말한다. '疑'는 부모가 다른 곳에 계심을 슬퍼하여 마치 돌아오고 싶지 않은 듯 하는 것이다"('慕'謂小兒隨父母啼呼. '疑'者哀親之在彼, 如不欲還然)라고 해석한다.

5_부모가 저기에 ~ 때문이다 : 가공언은 "부모의 神魂이 돌아오지 않을까 염려하는 것이다"(疑父母之神不歸)라고 해석하였다. 『의례주소』, 913쪽 참조.

記—108은 국군이 사의 대렴大斂을 친히 임하여 보았는데 예를 마치지 못한 경우와 대렴을 친히 임하여 보지 못하고 예를 마친 경우의 의절을 기록하였다.

[旣夕禮13 : 記 - 108]

국군國君이 사士의 대렴大斂을 친림하여 볼 때, 만약 대렴전大斂奠을 진설하기를 기다리지 못할 경우에는, 관 뚜껑을 덮은 후에 나간다. 만약 국군이 사士의 대렴을 친림하여 보지 못한 경우에는, 관 뚜껑을 덮은 후에 도착하여 대렴전이 끝나기를[1] 기다려 나간다.

君視斂, 若不待奠, 加蓋而出. 不視斂, 則加蓋而至, 卒事.

정현주 다른 일이 있거나 꺼리는 바를 피하기 위해서이다. 爲有他故及辟忌也.

1_대렴전이 끝나기를 : 장이기는 "大斂奠이 끝나면 나간다"고 해석한다. 『의례정의』,
　　1962쪽 참조.

記—109에서 記—110까지는 구거柩車를 들이는 의절儀節과 조전祖奠을 진
설하는 장소를 기록하였다.

[旣夕禮13 : 記—109]

널(柩)을 조묘祖廟의 당 위 두 기둥(兩楹) 사이에 바르게 놓은 뒤에
빈賓이 나가면, 이때 수인遂人과 장인匠人이 일꾼을 지휘하여 구거
柩車를 당 아래 양쪽 계단 사이에 두게 한다.

旣正柩, 賓出, 遂匠納車于階間.

정현주 　　　　　　'수장遂匠'은 수인과 장인이다. 수인은 도역徒役들을 인솔
하는 것을 주관하며, 장인은 널(柩)을 싣고 매장하는 것을 주관하는데 직무가
서로 짝을 이룬다. '거車'는 널을 싣는 수레이다. 『주례』에는 '신거蜃車'[1]라고
하였고, 「잡기」에는 '단團'이라고 하였는데, '전輇'으로 되어 있거나 '단摶'으로
되어 있기도 하다.[2] 발음과 뜻이 모두 서로 부합되나 어느 것이 옳은지는 듣
지 못했다. 그 수레의 여舉[3]는 형상이 상牀과 같고 중앙에 끌채(轅)가 있는데,
앞뒤로 나와 있고, 앞뒤에 로輅(끌채 앞에 가로 댄 나무)를 설치하였다. 여舉의
위에는 사주四周(네 벽)가 있고, 아래에는 앞뒤로 축軸(굴대)이 있는데, 이 굴
대를 바퀴로 삼는다. 허숙중許叔重의 설設에 "바퀴살(輻)이 있는 것을 륜輪이
라고 하고, 없는 것을 전輇이라고 한다"라고 하였다. '遂匠', 遂人·匠人也. 遂
人主引徒役, 匠人主載柩窆, 職相左右也. '車', 載柩車. 『周禮』謂之'蜃車', 「雜記」謂之
'團', 或作'輇', 或作'摶'. 聲讀皆相附耳, 未聞孰正. 其車之舉, 狀如牀, 中央有轅, 前後

出, 設前後輅. 舉上有四周, 下則前後有軸, 以輇爲輪. 許叔重說, "有輻曰輪, 無輻曰輇."

[旣夕禮13 : 記－110]

널(柩)을 구거柩車에 실은 후에 축祝과 집사는 조전祖奠을 주인의 남쪽에 진설하는데, 서쪽으로 구거의 전로前輅에 해당하는 곳이다. 북쪽을 윗자리로 삼으며, 덮개(巾)로 덮는다.

祝饌祖奠于主人之南, 當前輅. 北上, 巾之.

'주인의 남쪽에 진설하는데 서쪽으로 구거의 전로에 해당하는 곳'이라고 말하였으니 구거를 돌려 밖을 향하도록 하는 조祖를 마치고 축祝이 진설하는 것[4]이다. 言'饌於主人之南', 當前輅, 則旣祖, 祝乃饌.

1_ 신거 : 『주례』「지관·邃師」에 "大喪에 속관들을 인솔하여 … 봉분과 신거의 노역을 제공한다"(使帥其屬 … 共丘籠及蜃車之役)라고 하였고, 정현은 "蜃車는 柩를 싣는 수레(柩路)이다. 柩路에는 柳(상여의 윗덮개)를 싣는데, 네 바퀴가 땅에 붙어서 움직이는 것이 무명조개와 유사하여 이름을 취한 것이다"(蜃車, 柩路也. 柩路載柳, 四輪迫地而行, 有似於蜃, 因取名焉)라고 하였다.

2_ 「잡기」에는 '단'이라고 ~ 하다 : 『예기』「雜記」에 "대부는 흰 베로 상여의 덮개휘장(輤)을 치고 출발하고, 집에 이르면 덮개휘장을 벗기며 輇車로 시신을 싣는다"(大夫以布爲輤而行, 至於家而說輤, 載以輇車)라고 한 곳에서 정현은 "輇車로 시신을 싣는다'는 것은 상여가 바뀌지 않음을 밝힌 것이다. 輇은 輲의 뜻으로 읽는다. 더러 槫으로 되어 있다. 허신의 『설문해자』에 '바퀴살이 있는 바퀴를 輪, 바퀴살이 없는 바퀴를 輇이라 한다'라고 하였다"(言'載以輇車', 明車不易也. '輇讀爲'輲'. 或作'槫'. 許氏『說文解字』曰, '有輻曰輪, 無輻曰輇')라고 하였다.

3_ 여 : 수레에 사람이 타거나 짐을 싣는 부분으로 車箱이라고도 한다.

4_ 조를 마치고 ~ 진설하는 것 : 祖奠을 올리기 전에는 柩車가 북쪽을 향해 있어 輅가 주인의 북쪽에 놓이는데 이제 '주인의 남쪽에 진설한다'고 하였으므로 祖를 마치고 수레의 방향을 돌린 뒤 축이 차린 것임을 알 수 있다. 『의례주소』, 915쪽 참조.

[旣夕禮13 : 記 – 111]

함께 매장할 활과 화살은 새로 만든 것을 사용하는데, 사용하지 못하도록 거칠게 가공을 한다.

弓矢之新, 沽功.

정현주　　　사자死者를 위해 진설하는 것은 새 것으로 해야 한다. '거칠게 한다'(沽)는 것은 사용하지 않음을 보이는 것이다. 금문본에는 '沽'가 '古'로 되어 있다. 設之宜新. '沽'示不用. 今文沽作古.

[旣夕禮13 : 記 – 112]

활고자(弭)는 골각骨角으로 장식하고,

有弭飾焉,

정현주　　　활에 가선 장식이 없는 것을 '미弭'라고 한다. 미弭는 골각骨角으로 장식한다. 弓無緣者謂之'弭'. 弭以骨角爲飾.

[旣夕禮13 : 記 – 113]
또한 당길 수 있도록 한다.
亦張可也.

정현주   또한 당길 수 있도록 하는 것이다. 亦使可張.

[旣夕禮13 : 記 – 114]
활도지개(柲)를 두며,
有柲,

정현주   '비柲'는 궁경弓檠(활도지개)이다. 시위를 풀었을 때는 활
안쪽에 묶어 손상損傷에 대비하는 것으로 대나무로 만든다. 『시경』에 이르
기를 "대나무로 비柲를 만들어 끈으로 묶네"라고 하였다. 고문본에는 '柲'가
'枈'로 되어 있다. '柲', 弓檠. 弛則縛之於弓裏, 備損傷, 以竹爲之. 『詩』云, "竹柲緄
縢."古文'柲'作'枈'.

[旣夕禮13 : 記 – 115]
활시위를 매는 곳(依)과 화살이 나가는 길(撻)을 진설한다.
設依·撻焉.

정현주   '의依'는 현絃(활시위)을 매는 곳이다. '달撻'은 줌통(弣) 곁
의 화살이 나가는 길이다. 모두 가죽으로 만든다. 금문본에는 '撻'이 '銛'으로

되어 있다. '依', 纏絃也. '撻', 弣側矢道也. 皆以韋爲之. 今文'撻'爲'銛'.

활집(韣)을 둔다.

有韣.

정현주 '독韣'은 궁의弓衣(활집)인데, 검은 베로 만든다. '韣', 弓衣
也, 以緇布爲之.

함께 매장하는 화살은 후시猴矢 1승인데, 화살촉을 뼈로 만들고 화
살의 말단 깃털을 짧게 한다.

猴矢一乘, 骨鏃, 短衛.

정현주 '후猴'는 살피다(候)의 뜻과 같은데, 물物을 살펴서 쏘는
화살이다. 화살 네 개를 '승乘'이라고 하며, '화살촉을 뼈로 만들고 화살의 말
단 깃털을 짧게 한다'(骨鏃短衛)는 것은 역시 사용하지 않을 것임을 보이는
것이다. 살아 있을 때는 후시猴矢의 화살촉을 쇠로 만든다. 무릇 화살을 만
들 때는, 화살대 길이를 5등분하여 깃털 부분이 그 1/5의 길이에 해당하도록
한다. '猴'猶候也, 候物而射之矢也. 四矢曰'乘', '骨鏃短衛', 亦示不用也. 生時猴矢金
鏃. 凡爲矢, 五分笴長而羽其一.

또 연습용 화살(志矢) 1승乘을 두는데, 화살의 앞뒤 무게가 균등하
게 하고 역시 화살의 말단 깃털을 짧게 한다.

志矢一乘, 軒輖中, 亦短衛.

정현주 　　　'지志'는 견주다(擬)는 뜻과 같으니, 활쏘기를 연습하는 화
살이다. 『서경』에 "발사하기를 마치 목표물이 있는 것처럼 한다"라고 하였
다. '주輖'(앞이 무거운 것)는 지摯(도탑다)의 뜻으로, 화살촉이 없고 화살의 말단
깃털을 짧게 하는 것은 역시 사용하지 않을 것임을 보여 주는 것이다. 살아
있을 때는 지시志矢의 화살촉을 뼈로 만든다. 무릇 화살을 만들 때는 앞을
무겁게 하고 뒤를 가볍게 한다. '志'猶擬也, 習射之矢. 『書』云, "若射之有志." '輖',
摯也, 無鏃短衛, 亦示不用. 生時志矢骨鏃. 凡爲矢, 前重後輕也.

士虞禮
第十四

역주 장동우

士虞禮 第十四

소 정현鄭玄의 『삼례목록三禮目錄』에서 말한다. "우虞는 편안하다는 뜻이다. 사士가 이미 부모를 장례지내고 정기精氣를 맞이하고 돌아와 한낮에 빈궁殯宮에서 제사를 드려 안정시킨다. 우제虞祭는 오례五禮에서 흉례凶禮에 속한다. 대대본의 『의례』에는 제6으로 되어 있고, 소대본의 『의례』에는 제8로 되어 있고, 유향劉向의 『별록別錄』에는 제14로 되어 있다.

疏 鄭『目錄』云, "虞, 安也. 士旣葬父母, 迎精而反, 日中祭之於殯宮以安之. 虞於五禮屬凶. 『大戴』第六, 『小戴』第八, 『別錄』第十四."

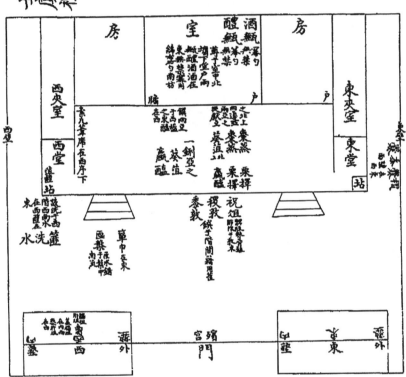

經-01에서 經-15까지는 우제虞祭의 희생과 주기酒器 그리고 제구祭具를 진설하는 절차를 기술하고 있다.

[士虞禮14 : 經 − 01]

사우례士虞禮.

한 마리 돼지로 궤사饋食[1]한다.

士虞禮. 特豕饋食.

정현주

'궤饋'는 '귀歸'와 같다. '饋'猶歸也.

[士虞禮14 : 經 − 02]

희생의 왼쪽 반을 묘문 밖의 오른쪽에서 삶는데, 아궁이(爨)는 동쪽을 향한다.

側亨于廟門外之右, 東面.

정현주

'희생의 왼쪽 반을 삶는다'(側亨)는 것은 희생의 반쪽[2]을 삶는다는 것이다. 아궁이(爨)에서 삶을 때는 가마(鑊)를 사용한다. 묘문廟門의 동쪽에서 하지 않는 것은 아직 길례吉禮를 쓸 수 없기 때문이다.[3] 이 날에는 전奠을 우제虞祭[4]로 바꾸고, 부제祔祭[5] 때에는 상제喪祭를 길제吉祭로 바꾼다.[6] 귀신이 있는 곳을 묘廟라고 하니, 높여서 말하는 것이다.[7] '側亨', 亨一

胖也. 亨於爨, 用鑊. 不於門東, 未可以吉也. 是日也, 以虞易奠, 祔而以吉祭易喪祭.
鬼神所在則曰厞, 尊言之.

생선(魚)과 말린 고기(腊)를 삶는 아궁이는 그 다음에 놓는데, 북쪽
을 윗자리로 삼는다.[8]
魚·腊爨亞之, 北上.

정현주 '찬爨'은 아궁이이다. '爨', 竈.

찰기장(黍)과 메기장(稷)을 삶는 아궁이는 동쪽 벽에 있는데 서쪽을
향한다.
饎爨在東壁, 西面.

정현주 찰기장(黍)과 메기장(稷)을 삶는 아궁이를 '희饎'라고 한
다. 희饎는 북쪽을 윗자리로 하여 위로 처마와 가지런하게 한다. 우제 때 찰
기장과 메기장을을 찌는 아궁이를 두는 것은 더욱 길례吉禮에 가까워지기
때문이다.[9] 炊黍稷曰'饎'. 饎北上, 上齊於屋宇. 於虞有亨饎之爨, 彌吉.

[士虞禮14 : 經-05]

물받이 항아리(洗)[10]를 서쪽 계단의 서남쪽에 진설하는데, 물은 물받이 항아리의 서쪽에 두고, 대광주리(篚)는 동쪽에 둔다.

設洗于西階西南, 水在洗西, 篚在東.

정현주 길례와는 반대로 하는 것이다. 또한 서쪽 처마(西榮)와 마주하도록 놓으며 남북 거리는 당 위 남쪽 끝 모서리에서 북쪽으로 방·실의 벽에 이르는 길이(堂深)만큼 떨어진 곳에 놓는다. 反吉也. 亦當西榮, 南北以堂深.

[士虞禮14 : 經-06]

실내의 북쪽 벽 밑에 술동이를 진설하는데 문(戶)과 마주하도록 놓는다. 예주(醴)·청주(酒)를 넣은 두 통[11]의 질그릇 술동이(甒)[12]인데, 청주는 동쪽에 있다. 술동이 받침대(禁)[13]가 없고, 덮개보(冪)는 거친 갈포로 만든 것을 사용하며, 그 위에 술 국자(勺)를 엎어두는데, 손잡이를 남쪽으로 한다.

尊于室中北墉下, 當戶. 兩甒醴·酒, 酒在東. 無禁, 冪用絺布, 加勺, 南枋.

정현주 '청주는 동쪽에 있다'(酒在東)는 것은 예주(醴)를 높이는 것이다. '치포絺布'는 칡의 종류이다. '酒在東', 上醴也. '絺布', 葛屬.

[士虞禮14 : 經 - 07]

흰색의 안석(素几)과 갈대자리(葦席)는 당 위 서쪽 벽(西序) 아래에
둔다.

素几·葦席, 在西序下.

정현주   안석案席을 마련하는 것은 비로소 귀신鬼神의 예로 섬기
는 것**14**이다. 有几, 始鬼神也.

[士虞禮14 : 經 - 08]

깔개(苴)는 띠풀을 잘라 만드는데, 길이는 5촌으로, 그것을 묶어 대
광주리(篚)에 채운다. 당 위 서쪽 모서리에 있는 흙 받침대(西坫)**15**
위에 놓는다.

苴刌茅, 長五寸, 束之, 實于篚. 饌于西坫上.

정현주   '저苴'는 깔개와 같다. '苴',猶藉也.

[士虞禮14 : 經 - 09]

2개의 나무제기(豆) 즉 채소절임(菹)과 고기젓갈(醢)을 서쪽 기둥의
동쪽에 차리는데, 고기젓갈은 서쪽에 두고 다른 국그릇(鉶)**16**은 그
다음에 둔다.

饌兩豆菹·醢于西楹之東, 醢在西, 一鉶亞之.

'고기젓갈을 서쪽에 두는 것'(醢在西)은 남쪽을 향하여 취할 때 왼쪽에서 채소절임을 취하고 오른쪽에서 고기젓갈을 취할 수 있어서 진설하기 편리하도록 한 것[17]이다. '醢在西', 南面取之, 得左取菹, 右取醢, 便其設之.

[士虞禮14 : 經-10]

따라서 올리는 2개의 나무제기(豆)[18]는 그 다음에 두고, 4개의 대나무제기(籩)는 그 다음에 두는데, 북쪽을 윗자리로 삼는다.

從獻豆兩亞之, 四籩亞之, 北上.

나무제기(豆)는 주인主人을 따라서 축祝에게 올리고, 대나무제기(籩)는 주부主婦를 따라서 시尸·축祝에게 올린다. '북쪽을 윗자리로 삼는다'(北上)는 것은 채소절임(菹)과 대추(棗)이다.[19] 동쪽으로 진설하지 않는 것은 정두正豆와 구별하기 위해서[20]이다. 豆從主人獻祝, 籩從主婦獻尸祝. '北上', 菹與棗. 不東陳, 別於正.

[士虞禮14 : 經-11]

찰기장 밥(黍)과 메기장 밥(稷)을 담은 2개의 밥솥(敦)을 계단 사이에 차리는데, 서쪽을 윗자리로, 즉 찰기장 밥을 서쪽에 메기장 밥을 동쪽에 차리고, 깔개는 띠풀자리를 사용한다.

饌黍稷二敦于階間, 西上, 藉用葦席.

'깔개'(藉)는 거적과 같다. 고문본에는 '藉'가 '席'으로 되어

있다. '藉', 猶薦也. 古文'藉'爲'席'.

[士虞禮14 : 經−12]

물주전자(匜)에 담은 물은 물받이 그릇(槃) 가운데 놓는데 주둥이

(流)는 남쪽으로 하고, 서쪽 계단의 남쪽에 두며, 대광주리(箪)와 수

건은 그 동쪽에 둔다.

匜水錯于槃中, 南流, 在西階之南, 箪巾在其東.

'유流'는 물주전자에서 물이 나오는 주둥이이다. '流', 匜吐

水口也.

반槃

(淸), 『흠정의례의소』

이匜

섭숭의(宋), 『신정삼례도』

[士虞禮14 : 經−13]

3개의 세발솥(鼎)을 문 밖의 오른쪽에 진설하는데, 북쪽을 향하

고 북쪽을 윗자리로 삼으며, 세발솥의 귀를 가로지르는 가로막대

(扃)[21]와 솥덮개보(鼏)를 설치한다.

陳三鼎于門外之右, 北面, 北上, 設扃鼏.

정현주 　　　　'문 밖의 오른쪽'(門外之右)은 문의 서쪽이다. 금문본에는 '扃'이 '鉉'으로 되어 있다. '門外之右', 門西也. 今文'扃'爲'鉉'.

[士虞禮14：經−14]
순가락(匕)²²과 희생제기(俎)²³는 묘문의 서쪽 당(西塾)의 서쪽에 둔다.
匕俎在西塾之西.

정현주 　　　　묘문의 당(塾) 안에 차리지 않는 것은 세발솥에 통섭되기 때문이다. 숙塾 가운데 서쪽에 있는 것은 그 실室이 남쪽을 향한다.²⁴ 不饌於塾上, 統於鼎也. 塾有西者, 是室南鄉.

[士虞禮14：經−15]
구운 고기를 담은 희생제기(俎)는 묘문 안의 서쪽 당(西塾) 위에 놓는데, 남쪽으로 향하여 세로 방향으로 놓는다.
羞燔俎在內西塾上, 南順.

정현주 　　　　'남순南順'은 남쪽으로 향하여 세로 방향으로 놓는 것으로, 잡기에 편리하기 때문이다. 구운 간을 담은 희생제기(肝俎)는 구운 고기(燔)의 동쪽에 둔다. '南順', 於南面取縮, 執之便也. 肝俎在燔東.

주

1_ 궤사 : 『주례』「춘관·大宗伯」에 "肆·獻·祼으로 선왕을 제사지내고, 饋食로 선왕을 제사지낸다"(以肆獻祼享先王, 以饋食享先王)고 하였는데, 이에 대한 정현 주에 따르면, '肆'는 희생의 익힌 고기를 올리는 것이고(薦孰), '獻'은 희생의 피와 날고기를 올리는 것이고(薦血腥), '祼'은 울창주를 땅에 뿌리고 시동에게 술을 올려 귀신이 내려오기를 청하는 것이고, '饋食'는 黍·稷의 밥을 올리는 것을 뜻한다(薦黍稷). 즉 천자와 제후의 종묘제사는 강신의 의식을 행하고(祼) → 희생의 피와 날고기를 올리고(獻) → 희생의 익힌 고기를 올리고(肆) 동시에 黍·稷의 밥을 올리는(饋食) 순서로 진행된다. 그러나 大夫와 士의 종묘제사는 祼·獻의 의절이 없이 곧바로 희생의 익힌 고기를 올리는 '薦熟'으로부터 시작한다. 다만 희생의 익힌 고기를 올리는 '薦熟'과 黍·稷의 밥을 올리는 '饋食'의 의절이 동시에 진행되기 때문에 이곳의 정현 주에서 "희생의 익힌 고기를 올리는 것으로부터 시작하는 것을 '饋食'라고 한다"고 한 것이다. 또 『주례』「천관·籩人」의 정현 주에서는 "'饋食'는 희생의 익힌 고기를 올리는 것을 말한다. … 강신의 의식을 행하지 않고 희생의 날고기를 올리지 않고, 희생의 익힌 고기를 올리는 것에서 시작한다. 이 때문에 모두 '饋食의 禮라고 한다"(饋食, 薦孰也. … 不祼·不薦血腥, 而自薦孰始. 是以皆云'饋食之禮')고 하여 희생의 익힌 고기를 올리는 것을 직설적으로 '饋食의 禮'라고 규정하였다. 이 饋食의 禮는 희생고기를 우선시하는 천자·제후와 구별한 것이다.

2_ 희생의 반쪽 : 길례의 경우는 좌우를 모두 삶지만, 虞祭에는 主人과 主婦 및 賓 이하의 俎가 없으므로 한 쪽만을 삶는다. 『의례주소』, 919쪽 참조.

3_ 묘문의 동쪽에서 ~ 때문이다 : 虞祭는 喪祭이므로 廟門의 동쪽에서 하지 않는데, 이는 길례인 特牲饋食禮의 경우 鼎과 가마가 모두 묘문의 동쪽에 있는 것과 대비하여 말한 것이다. 『의례주소』, 919쪽 참조.

4_ 우제 : 喪祭의 명칭으로, 아침에 下棺을 하고, 낮에 虞祭를 행한다. 士의 경우 3개월 만에 장례를 치르고, 장례를 치른 후 4일 안에 殯宮에서 세 차례 虞祭를 지내는데, 이를 '三虞'라고 칭한다. 첫 번째 우제를 '祫事', 두 번째 우제를 '虞事', 세 번째 우제를 '成事'라고 한다. 『의례』「기석례」의 '三虞'에 대해 정현은 "虞는 喪祭의 명칭이다. '虞'는 편안하다(安)는 뜻이다. 骨肉은 땅으로 돌아갔지만, 精氣는 가지 않는 바가 없다. 효자는 그 정기가 방황을 하기 때문에 세 차례 제사를 지내서 안정시켜 주는 것이다. 아침에 장례를 거행하고, 낮에 우제를 지내는 것은 차마 하루라도 혼령이 돌아갈 곳이 없게 할 수 없기 때문이다"(虞, 喪祭名. 虞, 安也. 骨肉歸於土, 精氣無所不之. 孝子爲其彷徨, 三祭以安之. 朝葬, 日中而虞, 不忍一日離)라고 하였다. 虞祭를 지낸 후에 卒哭의 제사를 행한다. 한편 오계공과 만사동은 우제 후에 지내는 제사가 아니라 三虞를 마친 후에는 수시로 하는 곡을 끝마치는데, 이것이 卒哭이라고 하였다. 그러나 『의례』「사우례」의 記, 『예기』「단궁」을 통해서 본다면 卒哭은 虞祭에 이어지는 제사이다. 『삼례사전』, 951쪽 참조.

5_ 부제 : 卒哭 다음날 새로 죽은 자의 神主를 祖廟에 올려 合祀하는 것을 말한다. 祔祭

를 마치면 虞祭의 신주는 正寢으로 되돌아온다. 삼년상이 끝나고 四時의 길제를 만난 후에 새 신주를 받들어 사당에 들여놓는다. 虞祭는 하루 건너서 지내며, 卒哭과 祔祭는 하루를 건너지 않고 지낸다.

6_ 이 날에는 ~ 바꾼다 : 『예기』 「단궁」의 글이다. 「단궁」에 "葬事를 치른 날 虞祭를 지내는 것은 차마 하루라도 혼령이 돌아갈 곳이 없게 할 수 없기 때문이다. 이 날에는 奠을 虞祭로 바꾼다. 卒哭을 '成事'라고 한다. 이날 喪祭를 吉祭로 바꾼다. 다음날 조부의 사당에 祔祭를 지낸다"(葬日虞, 弗忍一日離也. 是日也, 以虞易奠. 卒哭曰'成事'. 是日也, 以吉祭易喪祭. 明日, 祔於祖父)라고 하였다. 이에 대해 정현은 '虞는 喪祭이고 卒哭은 吉祭'라고 하여 卒哭을 길제로 보았다. 그러나 본 주에서는 '祔祭 때에는 喪祭를 吉祭로 바꾼다'고 하여 祔祭를 길제로 보고 있다. 이에 대해 호배휘는 '卒哭과 祔祭는 서로 연속되어 있으므로 祔祭를 아울러 말한 것'으로 해석한다. 만사대는 "葬事를 지내기 전에는 奠이 있고 祭는 없다. 매장한 날에 奠을 虞로 바꾸는 것을 喪祭라고 한다. 末虞의 다음날 卒哭을 하고 제사를 지내는데 이것을 吉祭라고 한다. 그러나 「喪大記」에 '禫祭를 마친 후에 정치에 종사하여 직무를 수행한다. 사시의 길제를 지낸 뒤에 寢으로 돌아간다'(禫而從御. 吉祭而復寢)라고 하였다. 이때의 길제는 四時의 정기 제사를 가리키는 것이니 卒哭, 祔, 練, 祥, 禫을 길제라고 부르기는 하지만 아직 길제와 동일한 것은 아니다"라고 하였다. 『의례정의』, 1976쪽 참조.

7_ 귀신이 ~ 것이다 : 虞祭는 殯宮에서 거행하는데 빈궁은 실제로는 正寢이지만 廟라고 하였으므로 註에서 '높여서 말하는 것'이라고 한 것이다. 『의례정의』, 1976쪽 참조.

8_ 북쪽을 윗자리로 삼는다 : 吳氏의 『章句』에 "북쪽을 윗자리로 삼는다는 것은 돼지가 가장 북쪽이고, 생선이 다음이며, 말린 토끼고기가 또 그 다음이라는 것이다"라고 하였다. 『의례정의』, 1976쪽 참조.

9_ 우제 때 ~ 때문이다 : 가공언은 "小斂과 大斂의 奠에는 黍稷이 없고, 朔月과 薦新의 奠에서야 비로소 黍稷을 사용한다. 吉을 향해 가기는 하지만 여전히 아궁이는 없었는데 이때서야 비로소 삶고 찌는 아궁이를 두므로 '吉에 더욱 가까워진다'고 한 것이다"(以其小斂·大斂未有黍稷, 朔月薦新之等, 始有黍稷. 向吉, 仍未有爨, 至此始有亨饎之爨, 故云彌吉)라고 하였다. 그러나 오정화는 "朔奠에 이미 黍稷이 있다면 결단코 삶는 아궁이가 없을 리가 없으니 문장을 생략한 것일 뿐이다. 가공언은 아궁이가 없으므로 「사상례」에서 진설하는 서직은 모두 날 것이라고 하였으니 어찌 큰 잘못이 아니겠는가?"라고 반박하였다. 『의례주소』, 920쪽 및 『의례정의』, 1977쪽 참조.

10_ 물받이 항아리 : 손을 씻고 버리는 물을 받는 기구이다. 손을 씻거나 술잔을 씻을 때 모두 한 사람이 구기를 이용하여 罍에서 물을 떠서 위에서 붓는다. 이 때문에 '沃盥'이라고 한다. 그 아래로 붓는 물을 '棄水'라고 하는데, 洗로 그것을 받는다. 섭숭의의 『삼례도』에 인용된 『舊圖』에는 "洗는 높이가 3척, 입의 직경이 1척 5촌, 다리의 직경이 3척이다. 士는 鐵로 만든 것을 사용하고, 大夫 이상은 銅으로 만든 것을 사용하는데 諸侯는 白金으로 장식하고, 천자는 黃金으로 장식한다"고 하였다.

『삼례사전』, 567쪽 참조.

11_ 예주·청주를 넣은 두 통 : 오계공은 "우제를 지내면서 室안에 술동이를 놓고 예주와 청주 한 통씩을 사용하는 것은 모두 길례와는 달리하는 것이다. 예주와 청주를 함께 사용하는 것은 예주는 신에게 올리고 청주는 시동에게 올리기 위한 것으로 또한 奠과 크게 달라지지 않았음을 보이는 것이다"라고 하였다. 『의례정의』, 1977 쪽 참조.

12_ 질그릇 술동이 : 탁주를 담그는 질그릇의 술 단지로 '瓦大', '瓦甒'라고도 한다. 宋 섭 숭의의 『삼례도』에 인용된 『舊圖』에 따르면 醴甒는 질그릇으로 만드는데 용량이 5 斗이며, 입구의 직경이 1척, 목 부분의 높이는 2촌이며, 아래 부분이 좁고 밑바닥 은 평평하다고 한다.

13_ 술동이 받침대 : 술잔이나 술동이를 올려놓는 받침대이다. 大夫는 다리가 없는 棜 를 사용하고, 士는 다리가 있는 禁을 사용하는데, 술을 조심하라는 戒酒의 의미가 있다.

14_ 비로소 귀신의 예로 섬기는 것 : 『예기』「단궁」에 "虞祭에 시동(尸)을 세우고, 안석 (几)과 자리(筵)를 설치한다. 卒哭祭에 이름을 避諱하는 것은 살아 있는 사람으로 섬기는 일이 끝나고 귀신으로 섬기는 일이 시작되기 때문이다"(虞而立尸, 有几筵. 卒哭而諱, 生事畢而鬼事始已)라고 하였다.

15_ 당 위 서쪽 모서리에 있는 흙 받침대 : '坫'은 당의 네 귀퉁이에 있는데 흙으로 만든 다. 그 서쪽에 있는 것을 '西坫'이라고 한다. [특생궤사례15 : 經-28] 양복의 '寢廟辨 名圖' 참조.

16_ 다른 국그릇 : 오계공은 '돼지고기로 끓인 국그릇'으로 해석한다. 『의례정의』, 1979 쪽 참조.

17_ 진설하기 편리하도록 한 것 : 진설하는 것은 室에 진설한다는 것이다. 시동은 室에 동쪽을 향해 있고, 진설하는 사람은 서쪽을 향하여 진설한다. 고기젓갈이 북쪽에 있으면 시동의 왼쪽에 해당하고, 채소절임이 남쪽에 있으면 시동의 오른쪽에 해 당한다. 이 경문은 堂에서 차리는 경우로 고기젓갈을 서쪽에 채소절임을 동쪽에 놓으면 남쪽을 향해 취할 때 왼쪽에서 채소절임을 취하고 오른쪽에서 고기젓갈 을 취할 수가 있다. 室에 들어가 서쪽을 향하여 진설하면 또한 채소절임이 남쪽에 고기젓갈이 북쪽에 있게 되므로 '진설하기 편리하도록'이라고 한 것이다. 『의례정 의』, 1979쪽 참조.

18_ 따라서 ~ 나무제기 : 吳氏의 『章句』에 "위에서 언급한 두 개의 豆는 陰厭을 위해 서 진설한 것으로 이것이 正豆이다. 이곳에서 말한 두 개의 豆는 主人이 祝에게 올 리면 바로 올리므로 '따라서'라고 한 것이다. 네 개의 籩 가운데 두 개의 籩은 主婦 가 尸童에게 올리는 것을 따라서 올리고, 두 개의 籩은 主婦가 祝에게 올리는 것을 따라서 올리는 것으로, 역시 올리기를 마치면 바로 올리므로 모두 '따라서 올리는 것'이 된다"라고 하였다. 『의례정의』, 1979쪽 참조.

19_ 채소절임과 대추이다 : 따라서 올리는 두 개의 豆는 鉶의 동쪽에 독립적으로 한 줄을 이루는데 채소절임은 북쪽에 고기젓갈은 남쪽에 놓는다. 네 개의 籩은 豆의 동쪽에 놓는데, 또 독립적으로 한 줄을 이룬다. 대추는 북쪽에 놓고 대추의 남쪽에는 밤을, 밤의 동쪽에는 대추를 놓는다. 이 豆의 경우는 채소절임이 고기젓갈의 북쪽에 있고, 籩의 경우는 대추가 밤의 북쪽에 있으므로 '북쪽을 윗자리로 삼는다는 것은 채소절임(菹)과 대추(棗)이다'라고 한 것이다. 『의례정의』, 1979쪽 참조.

20_ 정두와 구별하기 위해서 : 위 구절의 2개의 正豆인 채소절임(菹)과 고기젓갈(醢)은 서쪽에서 동쪽으로 진설한다. 따라서 올리는 豆와 籩은 북쪽을 윗자리로 하여 동쪽으로가 아니라 남쪽으로 진설하므로 정두와 구별된다. 『의례정의』, 1979쪽 참조.

21_ 가로막대 : 세발솥의 양 귀를 관통하는 가로막대로서, 鼎을 들 때에 사용한다. 본래 글자는 '鼏'이며, '鉉'으로도 쓴다. 『설문』「鼎部」에 "鼏은 나무로 정의 귀를 가로로 관통하여 드는 것이다. 鼏을 따르고, ─이 발음을 나타낸다"(鼏, 以木橫貫鼎耳擧之. 從鼎, 一聲)라고 하였다. 『설문』「金部」에서는 "鉉은 鼏을 드는 도구이다"(鉉, 所以擧鼎也)라고 하였다. 『예기』「곡례상」에 "문으로 들어갈 때 빗장을 받들 듯이 한다"(入戶奉扃)고 한 것에 대해 공영달은 "禮에 鼎扃이 있는데, 鼏에 빗장을 치는 도구이다. 오늘날 문에 빗장을 치는 나무가 정에 빗장을 치는 것과 서로 유사하기 때문에 또한 扃으로 칭하게 되었다"(謂禮有鼎扃, 所以關鼎. 今關戶之木, 與關鼎相似, 亦得稱扃)고 하였다. 공영달에 따르면 '鼏扃'은 鼏을 드는 용도 이외에 鼏에 빗장을 치는 데에도 사용한다고 한다. 『삼례사전』, 555쪽 참조.

22_ 숟가락 : 鼏에서 희생고기를 덜어 내는 도구이다. '朼'로도 쓰며, 『예기』「악기」의 정현 주에 따르면, 喪祭禮에 쓰는 비는 뽕나무로 만들고, 吉한 의례에 쓰는 비는 가시나무로 만든다고 한다.

비朼
섭숭의(宋), 『삼례도』

23_ 희생제기 : 희생고기를 담는 도구이다. 그림은 周나라의 俎인 房俎이다.

방조房俎
섭숭의(宋), 『삼례도』

24_ 숙 가운데 ~ 향한다 : 이여규에 의하면, 협문의 당을 '塾'이라고 한다.(夾門之堂謂之塾) 『이아』「釋宮」에서 "문 옆의 당을 '塾'이라고 한다"(門側之堂謂之塾)고 하였는데, 문의 안쪽과 바깥쪽에는 그 동쪽과 서쪽으로 모두 '塾'이 있다. 문 하나에 4개의 塾이 있는데, 그 外塾은 남향이다. 『의례정의』, 1982쪽 참조.

「즉위即位」

(淸),『흠정의례의소』

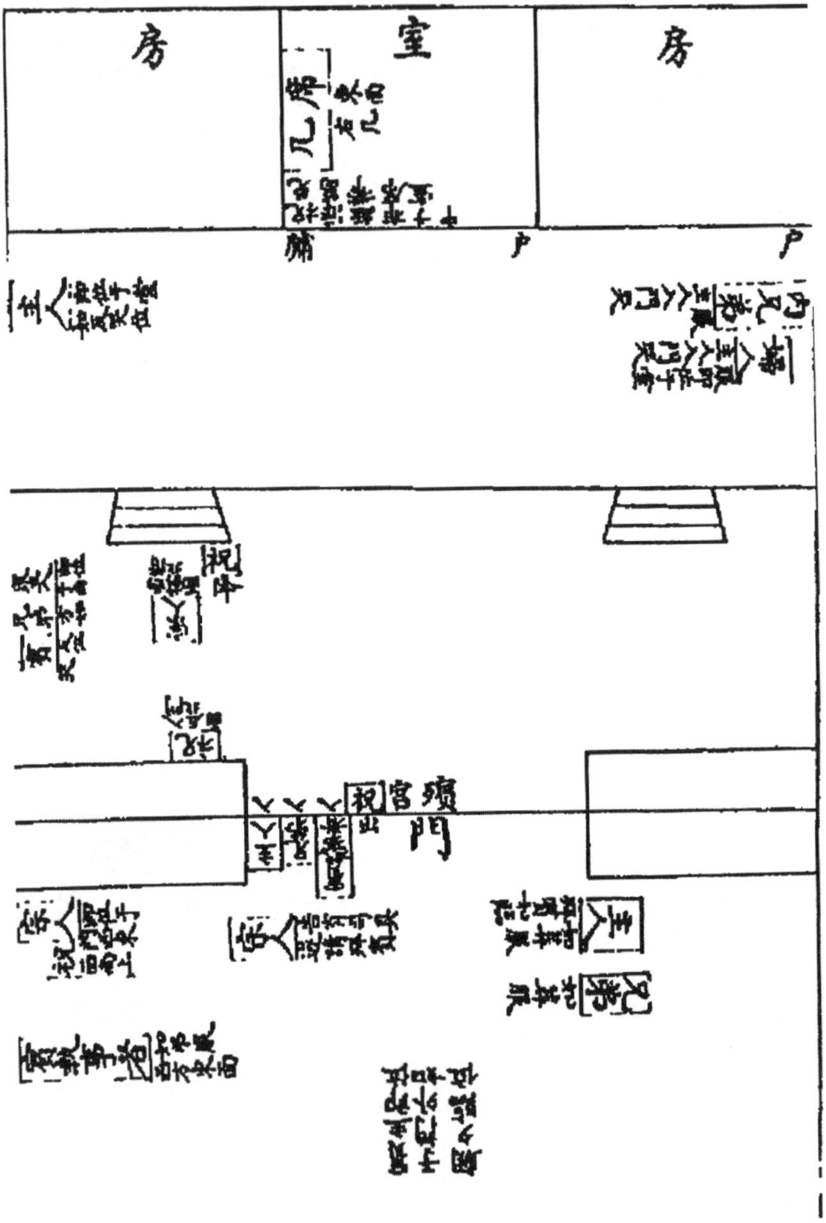

經−16에서 經−21까지는 주인과 빈이 문 밖에서 들어와 자리로 나아가는 절차이다.

[士虞禮14 : 經 – 16]

주인과 형제는 매장埋葬 때의 복장과 같이 하고, 빈집사賓執事는 조문弔問 때의 복장과 같이 하여 모두 문 밖의 자리로 나아가는데, 조석朝夕으로 곡할 때의 자리[1]와 같다. 부인과 내형제內兄弟는 복服을 하고 당의 자리로 나아가는데 또한 그와 같다.

主人及兄弟如葬服, 賓執事者如弔服, 皆卽位于門外, 如朝夕臨位. 婦人及內兄弟, 服卽位于堂, 亦如之.

정현주 '매장 때의 복장'(葬服)은 「기석례」에서 "남자들은 문免을 하고 부인들은 북상투(髽)를 하며, 허리를 두르고 남은 부분은 늘어뜨린다"[2]는 것이다. '빈집사賓執事'는 빈으로 와서 일을 맡은 사람이다.[3] '葬服'者, 「旣夕」曰, "丈夫髽, 散帶垂"也. '賓執事'者, 賓客來執事也.

[士虞禮14 : 經 – 17]

축祝은 문免[4]을 하고, 칡을 씻어 수질首絰과 허리띠(帶)를 만들며, 실室 안에 자리를 펴는데, 동쪽을 향하도록 하고 안석案席을 오른쪽에 놓는다. 당을 내려와 묘를 나오고 종인宗人[5]과 함께 묘문의 서쪽에 있는 자리로 나아가 동쪽을 향하는데, 남쪽을 윗자리로 삼는다.

祝免, 澡葛絰帶, 布席于室中, 東面右几. 降, 出, 及宗人卽位于門西,
東面南上.

'축祝' 또한 집사執事이다. '문을 한다'(免)는 것은 제사祭
祀의 예는 축이 몸소 집행하기[6] 때문이다. '조澡'는 씻는다는 뜻이다. 칡을 씻
어 수질과 허리띠를 만드는 것으로 신령과 교접하기 위해서는 바꾸어야 하
기 때문이다. 그렇다면 사士인 속관屬官은 그 관장官長을 위해서 조복弔服에
가마加麻를 했다가, 졸곡卒哭을 마치고 주인이 복을 바꾸면 벗는다. '안석을
오른쪽에 놓는다'(右几)는 것은 자리의 남쪽 가까운 곳에 놓는다는 것이다.
'祝'亦執事. '免'者, 祭祀[7]之禮, 祝所親也. '澡', 治也. 治葛以爲首絰及帶, 接神宜變也.
然則士之屬官爲其長, 弔服加麻矣, 至於旣卒哭, 主人變服則除. '右几', 於席近南也.

[士虞禮14 : 經-18]
종인宗人이 주인에게 "유사有司들이 준비를 마쳤다"고 보고하고 빈
賓에게 배례할 것을 요청하면, 조석곡朝夕哭을 할 때처럼 빈賓이 서
있는 방향마다 세 번씩 배례한다.[8] 주인은 묘문 안으로 들어가 곡
하고, 부인들도 곡을 한다.
宗人告有司具, 遂請拜賓, 如臨. 入門哭, 婦人哭.

'임臨'은 조석곡朝夕哭을 말한다. '臨', 朝夕哭.

[士虞禮14 : 經-19]
주인은 당에 있는 자리로 나아가고 중주인衆主人 및 형제와 빈은

서쪽의 자리로 나아가는데, 묘지墓地로부터 조묘祖廟로 되돌아와 곡을 할 때(反哭)의 자리와 같다.

主人卽位于堂, 衆主人及兄弟·賓卽位于西方, 如反哭位.

정현주 「기석례」에 "이어서 묘지로부터 조묘로 되돌아와 곡을 한다. 주인이 묘로 들어가, 서쪽 계단을 통해 당으로 올라가 동쪽을 향하여 선다. 중주인은 당 아래 서쪽 계단의 앞에서 동쪽을 향하여 서되 북쪽을 윗자리로 삼는다"라고 하였다. 이것은 조석곡朝夕哭의 경우와는 다르다. 「旣夕」曰, "乃反哭, 入門, 升自西階, 東面. 衆主人堂下, 東面, 北上." 此則異於朝夕.

[士虞禮14 : 經 – 20]

축祝은 묘문廟門으로 들어가서 왼쪽으로 나아가 북쪽을 향한다.

祝入門左, 北面.

정현주 집사執事들[9]과 자리를 같이하지 않는 것은 신령과 교접하는 일이 존귀하기 때문이다. 不與執事同位, 接神尊也.

[士虞禮14 : 經 – 21]

종인宗人은 서쪽 계단의 앞에서 북쪽을 향한다.

宗人西階前北面.

정현주 주인과 빈에게 고하는 일을 담당한다. 當詔主人及賓之事.

1_ 조석으로 곡할 때의 자리 : 호배휘는 말한다. "朝夕哭을 할 때 丈夫가 먼저 모두 문 밖의 자리로 나아갔다가 문으로 들어오므로 이 또한 그와 같이 한다. 자리는 丈夫 가 문 밖에 서쪽을 향하여 북쪽을 윗자리로 삼고, 外兄弟는 그 남쪽에 있는데 남쪽 을 윗자리로 삼으며, 賓이 그것을 잇는데 북쪽을 윗자리로 삼는다. 婦人은 당의 자 리로 나가는데 남쪽을 윗자리로 삼는다. 이에 따르면 주인과 형제 그리고 賓執事의 자리는 서쪽을 향하여 북쪽을 윗자리로 삼는다. 婦人과 內兄弟는 당 위에 남쪽을 윗 자리로 삼아야 한다."『의례정의』, 1983쪽 참조.

2_ 허리를 두르고 ~ 늘어뜨린다 : 喪服의 腰帶로 허리에 두르고 난 뒤 남는 부분을 묶 지 않고 드리운 것을 산대라고 한다. 大功 이상의 상복에서는 산대를 하고, 소공 이 하는 아래로 드리운 부분을 요대 안에 끼어 넣는데, 이것을 絞라고 한다. 『삼례사 전』, 812쪽 '散帶' 조항 참조.

3_ 빈으로 와서 ~ 사람이다 : 슬픔이 아직 잊히지 않아 주인이 몸소 할 수 없으므로 빈이 일을 맡는 경우가 많다. 『의례정의』, 1983쪽 참조.

4_ 문 : 冠을 대신하는 것으로, 한 치 넓이의 베를 목 중앙에서 이마 앞에서 교차시키 고 다시 뒤로 감아 상투에 묶는 것이다.

5_ 종인 : 호광충은 '宗人'은 私臣으로서 禮와 宗廟를 관장하는 자라고 하였고, 호배휘 는 예를 관장하는 관직에 대해서 천자의 경우에는 '宗伯'이라고 하고, 제후 이하는 통틀어서 '宗人'이라고 한다고 하였다. 제후와 대부는 자체적으로 家臣을 종인으로 삼는다. 士는 비록 신분은 낮지만 또한 家臣을 두어 의례의 절차를 주관하게 하는 데 대부의 종인에 해당하는 직무를 수행한다. 『의례정의』, 23쪽 참조.

6_ 축이 몸소 집행하기 : 『예기』「상복소기」에 "緦麻와 小功의 喪에 虞祭와 卒哭을 할 때 는 免을 한다"(緦·小功, 虞·卒哭則免)라고 한 것에 대하여 정현은 "卒哭에는 緦麻 이 상 참최까지 모두 문을 한다"고 하였다. 축은 執事 또는 屬吏 등속으로 모두 문을 하 는 법이 없는데, 이제 緦麻 이상과 마찬가지로 문을 착용하는 것은 지나치게 무거 운 혐의가 있으므로 그렇게 말한 것이다. 『의례주소』, 923쪽 참조.

7_ 祀 : 북경대본에는 祝으로 되어 있으나, 가공언과 호배휘를 따라 바로잡았다.

8_ 빈이 서 있는 ~ 배례한다 : [사상례12 : 經-184]에 "주인이 빈에게 拜禮를 하는데, 빈이 서 있는 방향마다 세 번씩 절한다. 그리고 나서 오른쪽으로 몸을 돌려 廟門으 로 들어와 哭을 한다. 부인들이 踊을 한다"(主人拜賓, 旁三. 右還入門哭. 婦人踊)고 규 정하고 있다.

9_ 집사들 : 『예기』「증자문」에 "사의 제사에 일을 맡을 사람이 부족하면 대공 이하의 복을 하는 형제 가운데서 취한다"(士祭不足, 則取於兄弟大功以下者)라고 하였다. 집 사는 위에서 말한 '兄弟와 賓 등 서쪽의 자리로 나아간 사람'이다. 『의례주소』, 924 쪽 참조.

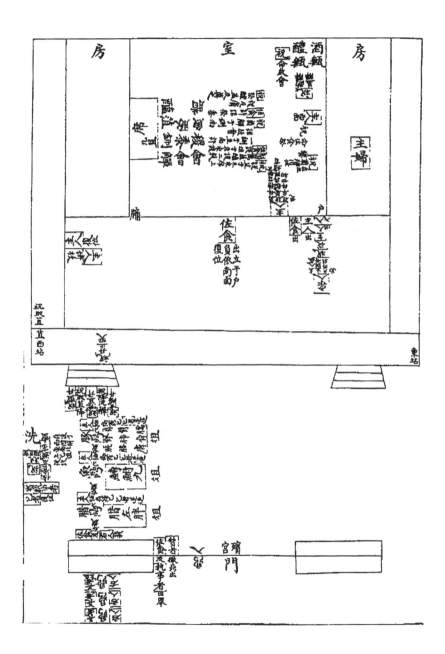

經-22에서 經-37까지는 제수祭需를 진설하고 신에게 음식 대접을 하는 것으로 '음염陰厭'[1]에 해당한다.

[士虞禮14 : 經 -22]

축祝은 손을 씻고 당으로 올라가 깔개(苴)를 가지고 내려와 씻은 뒤 다시 올라가, 안석(几)의 동쪽, 자리(席) 위에 진설하는데, 동쪽으로 세로 방향[2]으로 놓는다. 내려가 술잔(觶)을 씻어 올라온다.[3] 곡을 멈춘다.[4]

祝盥, 升, 取苴降, 洗之, 升, 入設于几東席上, 東縮. 降, 洗觶, 升. 止 哭.

정현주 　　　　　'축縮'은 세로 방향이라는 뜻이다. 고문본에는 '縮'이 '蹙'으로 되어 있다. '縮', 從也. 古文'縮'爲'蹙'.

[士虞禮14 : 經 -23]

주인이 당 위 서쪽 벽(西序)에 지팡이를 기대어 놓고 들어가면, 축 祝은 따라 들어와[5] 왼쪽에 있으면서 서쪽을 향한다.

主人倚杖, 入, 祝從, 在左, 西面.

정현주 　　　　　주인이 북쪽으로 돌아 당 위 서쪽 벽(西序)에 지팡이를 기대어 놓고 들어간다. 「상복소기」에 "우제虞祭를 거행한 후에는 지팡이를 가지고 실室에 들어가지 않고, 부제祔祭를 거행한 후에는 지팡이를 가지고 당堂에 오르지 않는다"라고 하였다. 그렇다면 연제練祭를 거행한 후에는 지팡이를 가지고 묘문에 들어가지 않는 것이 분명하다. 主人北旋, 倚杖西序乃入. 「喪服小記」曰, "虞杖不入於室, 祔杖不升於堂." 然則練杖不入於門, 明矣.

[士虞禮14 : 經-24]

찬贊[6]은 채소절임(菹)과 고기젓갈(醢)을 올리는데, 채소절임은 남쪽에, 고기젓갈은 북쪽에 놓는다.

贊薦菹醢, 醢在北.

정현주

주부主婦가 올리는 않는 것은 참최복斬衰服과 자최복齊衰服을 하는 사람은 일을 맡지 않기 때문이다. 「증자문」에 "사士의 제사에 일을 맡을 사람[7]이 부족하면 대공大功 이하의 복을 하는 형제 가운데서 취한다"라고 하였다. 主婦不薦, 齊[8]斬之服不執事也. 「曾子問」曰, "士祭不足, 則取於兄弟大功以下者."

[士虞禮14 : 經-25]

좌식佐食과 집사執事는 손을 씻고 나가 세발솥(鼎)을 드는데, 빈장賓長은 세발솥의 서쪽에 있는다.

佐食及執事盥, 出擧, 長在左.

정현주   '든다'(擧)는 것은 세발솥을 든다는 것이다. '빈장은 왼쪽
에 있는다'(長在左)는 것은 서쪽의 자리⁹를 말한다. 모든 일은 종인宗人이 고
한다. '擧', 擧鼎也. '長在左', 西方位也. 凡事宗人詔之.

[士虞禮14 : 經-26]
세발솥(鼎)이 들어오면 서쪽 계단의 앞에 놓는데, 동쪽을 향하고
북쪽을 윗자리로 삼는다.¹⁰ 숟가락(匕)¹¹과 희생제기(俎)를 이어서
진설한다. 왼쪽 사람이 세발솥의 가로막대(扃)·덮개보(鼏)를 거두
고 숟가락을 잡아 뜨면, 좌식과 오른쪽 사람이 희생제기(俎)에 담
는다.
鼎入, 設于西階前, 東面北上. 匕俎從設. 左人抽扃·鼏, 匕, 佐食及
右人載.

정현주   '담는다'(載)는 것은 희생제기(俎)에 담는다는 것이다. '좌
식이 담는다'(佐食載)고 하였으니 좌식 또한 오른쪽에 있는 것이다. 금문본에
는 '扃'이 '鉉'으로 되어 있고, 고문본에는 '鼏'이 '密'로 되어 있다. '載', 載於俎.
'佐食載', 則亦在右矣. 今文扃爲'鉉', 古文鼏爲'密'.

[士虞禮14 : 經-27]
뜨기를 마치면 비자枇者는 반대로 물러나¹² 빈賓의 자리로 돌아
간다.
卒, 枇者逆退復位.

정현주 '돌아간다'(復)는 것은 빈의 자리를 말한다. '復', 賓位也.

[士虞禮14 : 經 – 28]

희생제기(俎)가 들어오면 나무제기(豆)의 동쪽에 진설하고 생선은 그 다음에 놓는데, 말린 고기(腊)는 하나만 놓는다.¹³

俎入, 設于豆東, 魚亞之, 腊特.

정현주 '아亞'는 다음이라는 뜻이다. 금문본에는 그 글자가 없다.

'亞', 次也. 今文無之.

[士虞禮14 : 經 – 29]

찬贊은 희생제기(俎)의 남쪽에 찰기장 밥(黍)과 메기장 밥(稷)을 담은 밥솥(敦) 두 개를 진설하는데, 찰기장 밥을 놓고 그 동쪽에 메기장 밥을 놓는다.

贊設二敦于俎南, 黍, 其東稷.

정현주 궤簋에 채우는 것¹⁴은 찰기장 밥(黍)을 높이기 때문이다.

簋實, 尊黍也.

[士虞禮14 : 經 – 30]

나물국을 담은 그릇(鉶) 하나를 나무제기(豆)의 남쪽에 진설한다.

設一鉶于豆南.

정현주 '형鉶'은 나물국(菜羹)을 담은 그릇이다. '鉶', 菜羹也.

[士虞禮14 : 經 - 31]

좌식은 나가 문(戶)의 서쪽에 선다.

佐食出, 立于戶西.

정현주 차리는 일이 끝났기 때문이다. 금문본에는 '于戶西'라는
글자가 없다. 饌已也. 今文無'于戶西'.

[士虞禮14 : 經 - 32]

찬자贊者는 세발솥(鼎)을 묘문 밖으로 치운다.

贊者徹鼎.

정현주 문 밖으로 되돌리는 것이다. 反于門外.

[士虞禮14 : 經 - 33]

축은 술잔에 예주(醴)를 담아[15] 좌식에게 밥솥(敦)의 덮개를 열도록
명한다. 좌식이 응낙을 하면 덮개를 열어 밥솥의 남쪽에 물려 놓
고, 제자리 즉 문(戶) 서쪽으로 돌아가 선다.

祝酌醴, 命佐食啟會. 佐食許諾, 啟會, 卻于敦南, 復位.

정현주 '회會'는 합하다의 뜻으로 밥솥(敦)의 덮개를 가리킨다. '제자리로 돌아간다'(復位)는 것은 나가서 문(戶) 서쪽에 선다는 것이다. 금문본에는 '啟'가 '開'로 되어 있다. '會', 合也, 謂敦蓋也. '復位', 出立于戶西. 今文'啟'爲'開'.

[士虞禮14 : 經 - 34]
축은 술잔(觶)을 국그릇(鉶)의 남쪽에 놓고 주인의 왼쪽인 제자리로 돌아간다. 주인은 머리를 바닥에 대면서 재배를 한다.[16]
祝奠觶于鉶南, 復位. 主人再拜稽首.

정현주 '제자리로 돌아간다'(復位)는 것은 주인의 왼쪽으로 돌아간다는 것이다. 復位, 復主人之左.

[士虞禮14 : 經 - 35]
축은 신령에게 흠향할 것을 고하고, 좌식佐食에게 고수레 하도록 명한다.
祝饗, 命佐食祭.

정현주 '향饗'은 신령에게 흠향하도록 고하는 것이다. 이 고수레는 깔개(苴)에서 고수레 하는 것이다. 신에게 흠향하도록 하는 말은 「기記」에

서 "애자哀子 아무개(某)와 애현상哀顯相(제례를 돕는 사람)은 아침 일찍부터 저
녁 늦게까지 슬픔에 잠겨 편안치 못합니다"라고 한 것에서부터 그대의 할아
버지 모보某甫에게 나아가니, 흠향하소서!"라고 한 것이 그것이다. '饗', 告神
饗. 此祭, 祭於苴也. 饗神辭, 「記」所謂"哀子某, 哀顯相, 夙興夜處不寧", 下至"適爾皇
祖某甫, 尙饗"是也.

[士虞禮14 : 經 – 36]

좌식은 허락을 하면, 옷소매를 말아서 팔뚝을 드러낸 뒤(鉤袒), 찰
기장 밥(黍)과 메기장 밥(稷)을 취하여 깔개(苴)에다 세 번 고수레를
하고, 돼지고기의 껍질 부위(膚)[17]를 취하여 처음처럼 깔개에 세 번
고수레를 한다. 축은 진설된 술잔(觶)을 취하여 또한 이와 같이 하
는데, 예주(醴)가 남았으면 다시 따라서 놓였던 곳에 돌려놓는다.
주인은 머리를 바닥에 대면서 재배를 한다.
佐食許諾, 鉤袒, 取黍稷, 祭于苴三, 取膚祭, 祭如初. 祝取奠觶祭,
亦如之, 不盡, 益, 反奠之. 主人再拜稽首.

정현주   '구단鉤袒'은 지금의 옷소매를 말아서 팔뚝을 드러내는
것(攘衣)과 같다. '깔개'(苴)는 제사를 지내기 위해 깔아 놓은 자리이다. 상주
喪主가 비로소 시동을 모셔와 그 부모를 섬기려 하면서, 신령이 자기의 자리
를 찾지 못하고 헤맬까 염려하여 깔개를 진설하여 안정시키는 것이다. 혹자
는 '깔개에는 신주神主의 도리가 있다'고 하는데, 그렇다면 「특생궤사례」과
「소뢰궤사례」에도 신주神主의 상징인 깔개가 있어야 하는데 없는 것은 왜인
가?[18] '鉤袒', 如今攘衣也. '苴', 所以藉祭也. 孝子始將納尸以事其親, 爲神疑於其位,

設苴以定之耳. 或曰'苴, 主道也', 則「特牲」·「少牢」當有主象而無, 何乎?'

[士虞禮14 : 經-37]

축이 축사祝辭를 읽고, 마치면, 주인은 처음과 같이 머리를 바닥에 대면서 재배를 하고 곡을 한 뒤 나가 제자리[19]로 돌아간다.

祝祝, 卒, 主人拜如初, 哭, 出, 復位.

정현주 '축축祝祝'은 상주의 제사祭辭를 풀이한 것이다. '祝祝'者, 釋孝子祭辭.

1_ 음염 : 『예기』「증자문」에 "宗子가 죄를 지어 다른 나라에 살고 있고 庶子가 대부라면, 서자가 제사를 지낼 때는 축문에 '孝子 아무개가 介子 아무개에게 정기적인 제사의 일을 집행하도록 하였습니다'라고 한다. 攝主는 厭祭를 하지 않고, 旅酬를 하지 않고, 축복의 절차도 거치지 않으며 綏祭를 지내지도 않고 配享하지도 않는다"(若宗子有罪, 居于他國, 庶子爲大夫, 其祭也, 祝曰, "孝子某, 使介子某執其常事." 攝主不厭祭, 不旅, 不假, 不綏祭, 不配)라고 한 것에 대하여, 정현은 "厭은 신에게 충분하게 음식대접을 하는 것이다. 厭에는 陰厭이 있고 陽厭이 있다. 시동을 맞이하기 전에 축이 술잔에 술을 따라 올리고 흠향하는 것이 陰厭이다. 시동이 일어난 뒤에 俎를 거두어 서북쪽 모퉁이에 다시 진설하고 더 흠향하도록 하는 것이 陽厭이다"(厭, 厭飫神也. 厭有陰有陽. 迎尸之前, 祝酌奠, 奠之且饗, 是陰厭也. 尸謖之後, 徹薦俎敦, 設於西北隅, 是陽厭也)라고 하였다.

2_ 동쪽으로 세로 방향 : 서쪽에서 동쪽으로 진설하는 것으로 서쪽이 윗자리가 된다. 『의례정의』, 1986쪽 참조.

3_ 올라온다 : 주인이 室에 들어가기를 기다렸다가 따라서 들어간다. 『의례정의』, 1986쪽 참조.

4_ 곡을 멈춘다 : 곡을 멈추는 것은 제사를 지내기 위해서이다. 『의례정의』, 1986쪽 참조.

5_ 축이 따라 들어와 : 방포는 말한다. "吉祭의 경우는 祝이 먼저 들어가고 主人이 따라간다. 이때 祝이 먼저 들어가는 것은 주인을 인도하기 위해서이다. 虞祭는 자식이 그의 부모를 신령으로 섬기는 시작이어서, 부모가 생존해 계실 때 아침저녁으로 식사 시중을 드는 것처럼 한다. 차마 평상시 해 왔던 것을 갑자기 바꿀 수 없으므로 주인이 먼저 들어가고 축이 따라 들어가는 것이다." 『의례정의』, 1987쪽 참조.

6_ 찬 : 賓으로 와서 제사를 돕기 위하여 일을 맡은 사람이다. 『의례정의』, 1987쪽 참조.

7_ 일을 맡을 사람 : 이여규는 말한다. "天子와 諸侯의 경우 일을 맡는 것은 그 신하들이다. 大夫는 正君이라는 혐의를 피하기 위해 그 신하들이 일을 담당하지 않고, 齊衰服을 하는 형제들이 일을 맡는다. 士는 신분이 낮아 군주와 같이 한다는 혐의를 받을 것이 없으므로 그의 친속들이 일을 담당하는데, 부족하면 大功 이하의 복을 하는 형제 가운데서 취한다. 齊衰服을 하는 사람을 취하지 않는 것은 大夫와의 혐의를 피하기 위해서이다." 『의례정의』, 1987쪽 참조.

8_ 齊 : 북경대본에는 袞로 되어 있으나 가공언과 호배휘를 따라 바로잡았다.

9_ 서쪽의 자리 : 이여규는 말한다. "吉禮의 경우에는 賓長이 오른쪽에 있다. 이제 정현 주에서 '서쪽의 자리에 있다'고 말한 것은 세발솥이 북쪽을 향해 있어 서쪽이 왼쪽이 되므로 자리가 서쪽에 있음을 알 수 있다." 『의례정의』, 1987쪽 참조.

10_ 세발솥이 ~ 한다 : 「특생궤사례」에는 鼎을 조계 앞에 서쪽을 향하여 놓는다. 여기에서 西階 앞에 동쪽을 향하도록 놓는 것은 또한 길례와 달리하는 것이다. 『의례정의』, 1988쪽 참조.

11_ 숟가락 : 鼎에서 희생고기를 덜어 내는 도구이다. '朼' 또는 '枇'로도 쓴다. 『예기』

「잡기」에 "枇는 뽕나무로 된 것을 사용하는데 길이는 3척이다. 어떤 이는 5척이라고도 한다. 畢은 뽕나무로 된 것을 사용하는데 길이는 3척이고, 자루와 끝 부분을 깎아낸다"(枇以桑, 長三尺. 或曰五尺. 畢用桑, 長三尺, 刊其柄與末)라고 한 것에 대한 정현 주에는 "枇는 희생의 덩치를 싣는 것이다. 이것은 喪祭를 가리킨다. 吉祭의 경우 枇는 대추나무로 된 것을 사용한다"(枇, 所以載牲體者. 此謂喪祭也. 吉祭, 枇用棘)고 하였다.

12_ 반대로 물러나 : 腊鼎에서 숟가락으로 뜬 사람이 먼저 물러나는 것이다. 빈의 자리는 서쪽에 있고, 담는 사람은 희생제기를 진설해야 하므로 아직은 물러나지 않는다. 『의례정의』, 1988쪽 참조.

13_ 하나만 놓는다 : 돼지고기와 생선을 담은 희생제기는 함께 진설하고, 말린 토끼고기는 돼지고기의 북쪽에 짝 없이 놓으므로, 하나만 놓는다고 한 것이다. 『의례정의』, 1988쪽 참조.

14_ 궤에 채우는 것 : 가공언은 "經에서는 敦이라 하고 注에서 簋라고 한 것은 「특생궤사례」의 주에 '簋를 나눈다는 것은 敦에 담은 黍와 稷을 궤의 뚜껑에 나누어 짝을 이루도록 하는 것이다. 敦는 유우씨 시대의 그릇이다. 주나라의 제도에서는 士가 그것을 사용했다. 敦를 簋로 바꾸어서 말한 것은 同姓의 士는 주나라의 제도를 따를 수 있었기 때문이다'라고 하였다. 그러므로 여기에서 대를 궤로 바꾸어 말한 것 역시 동성의 사는 궤를 사용할 수 있었기 때문이다"라고 하였다. 『의례주소』, 925쪽 참조.

15_ 술잔에 예주를 담아 : 가공언은 말한다. "「特牲」・「少牢」에서 '술잔에 담아'라고만 하고 '醴를 담아'라고 말하지 않은 것은 그 경우에는 酒만 있으므로 酒라고 말하지 않더라도 이것이 酒임을 알 수 있기 때문이다. 여기에서는 酒와 醴 두 가지가 있고 지금 올리는 것은 醴이므로 반드시 醴라고 해야 하기 때문이다. 그렇다면 그 경우에는 酒만을 갖추고 이 경우에는 두 가지를 모두 갖추는 것은 小斂, 大斂, 朔月遷祖, 祖奠, 大遣奠 등에는 모두 酒와 醴를 갖추므로 이 喪祭인 虞祭 역시 두 가지를 갖춘 것으로, 吉祭와는 차이를 둔 것이다"(直言酌奠, 不言酌醴者, 以彼直有酒, 故不言酒, 是酒可知. 此酒・醴兩有, 今所奠者醴, 故須言醴也. 若然, 彼單酒, 此兩有者, 以其同小斂・大斂・朔月遷祖・祖奠・大遣奠等皆酒醴並有, 故此虞之喪祭亦兩有, 異於吉祭也)라고 하였다. 『의례주소』, 925쪽 참조.

16_ 재배를 한다 : 방포는 말한다. "小・大斂奠에서 遣奠에 이르기까지 주인은 哭踊만을 했는데, 여기에 이르러 拜禮를 하는 것은 왜인가? 자식이 부모를 섬기는 예는 「내칙」보다 상세한 것이 없는데, 거기에는 배례를 한다는 기록이 없다. 世子가 문안을 하고 식사를 살피는 경우에도 배례하는 일은 없다. 배례는 君臣・朋友 간에 燕饗을 할 때의 예이기 때문이다. 매장을 하기 전에는 부모의 體魄이 여전히 집안에 있어 부모인데도 賓客으로 대우할 수가 없다. 神魂을 맞이하여 돌아오면 신령의 도리로 섬기게 되므로, 시동을 맞이하기 전에 祝이 술잔에 술을 따라 올리고 흠향하는 陰

厭이 주인이 喪祭에서 배례를 하는 시작이 되었다." 『의례정의』, 1990쪽 참조.

17_ 돼지고기의 껍질 부위 : 능정감의 『예경석례』에 따르면 돼지의 껍질 부위(皮)를 '膚'라고 하는데, 정수인 부분(精)을 '倫膚'라고 한다. 또한 돼지고기의 고깃결이 있는 부위(肉理)는 '脀'라고 하고, 고기가 국물(汁) 안에 있는 것이 '肉濇'이다. 『의례정의』, 2216쪽 참조.

18_ 혹자는 ~ 왜인가? : 호배휘는 말한다. "옛날 虞祭를 마치고는 重을 매장하고 神主를 만들었으므로 「단궁」에서는 重을 神主의 도리라고 하였다. 이에 혹자는 깔개 역시 虞祭 때 마련하는 것이어서 깔개를 重처럼 신주의 도리가 있는 것으로 여겼다. 그러나 정현의 생각에는 '大夫와 士는 신주가 없고, 「특생궤사례」와 「소뢰궤사례」 두 편에는 신주를 진설한다는 글이 없다. 만일 깔개가 신주의 도리가 있는 것이라면 「특생」과 「소뢰」 역시 신주의 형상이 있어야 하는데 신주가 없는 것은 왜인가?'라고 한 것이다. 이는 정현이 혹자의 설을 논파한 것이다." 『의례정의』, 1992쪽 참조.

19_ 제자리: 西階 위쪽의 동남쪽 자리를 말한다. 『의례정의』, 1994쪽 참조.

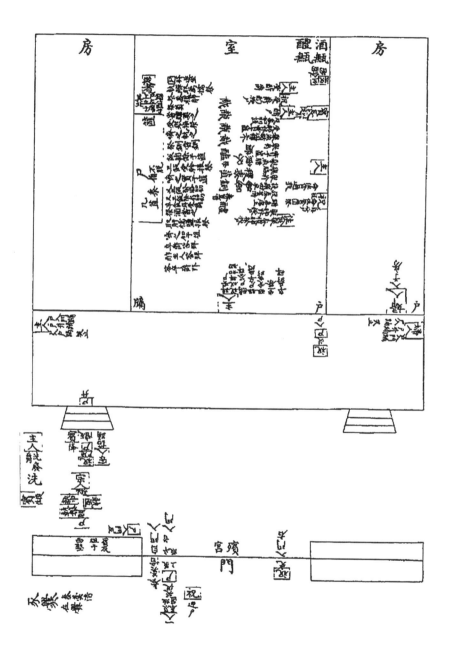

經-38에서 經-45까지는 시동을 영접(迎尸)하고 시동을 편안히 앉히는(妥尸) 절차이다.

[士虞禮14 : 經-38]

축祝은 시동尸童을 맞이한다. 주인의 형제 가운데 한 사람이 최질衰絰을 하고 대광주리(篚)를 받들고[1] 곡을 하면서 시동을 따른다.[2]

祝迎尸. 一人衰絰奉篚, 哭從尸.

정현주　　　　　　　　'시尸'는 주로 삼는다(主)는 뜻이다. 상주가 제사를 지낼 때 부모의 형상이 보이지 않으면 마음을 메어 둘 곳이 없으므로 시동을 세워 마음을 거기에 두게 한다.[3] '한 사람'(一人)은 주인의 형제[4]이다. 「단궁」에 "하관下棺[5]을 마치면 상주는 사자死者에게 폐백을 드리고(贈), 축관祝官은 먼저 돌아와 우제虞祭의 시동을 빈궁殯宮으로 나아가게 한다"라고 하였다 . '尸', 主也. 孝子之祭, 不見親之形象, 心無所繫, 立尸而主意焉. '一人', 主人兄弟. 「檀弓」曰, "旣封, 主人贈而祝宿虞尸."

[士虞禮14 : 經-39]

시동이 묘문으로 들어가면, 장부丈夫들이 먼저 용踊을 하고, 부인婦人들이 뒤에 용踊을 한다.

尸入門, 丈夫踊, 婦人踊.

정현주 　　　용踊을 한다고 하면서 글을 나눈 것은 선후가 있기 때문이다.[6] 시동이 들어갈 때 주인이 계단 아래로 내려가지 않는 것은 상사喪事는 슬픔을 위주로 하지 공경을 위주로 하는 것이 아니기 때문이다.[7] 踊不同文者, 有先後也. 尸入, 主人不降者, 喪事主哀不主敬.

[士虞禮14 : 經−40]

빈집사賓執事는 시동이 씻을 대야(盥)에 물을 채우고, 시동이 씻으면, 종인宗人은 수건을 준다.

淳尸盥, 宗人授巾.

정현주 　　　'연延'은 나아가게 한다는 뜻으로, 계단을 오르도록 고하는 것이다. '淳', 沃也. 沃尸盥者, 賓執事者也.

[士虞禮14 : 經−41]

시동이 계단에 이르면 축은 시동에게 계단을 오르도록 고한다.

淳尸盥, 宗人授巾.

정현주 　　　'순淳'은 물을 채운다는 뜻이다. 대야에 물을 채우는 것은 빈집사이다. '延', 進也, 告之以升.

[士虞禮14 : 經 - 42]

시동이 계단을 오르면 종인은 처음에 그랬던 것처럼 용踊을 하도
록 고한다.

尸升, 宗人詔踊如初.

정현주 　　　　'처음에 그랬던 것처럼 용踊을 하도록 고한다'(詔踊如初)
고 말하였으니, 모든 용은 종인이 고하는 것[8]이다. 言'詔踊如初', 則凡踊, 宗人
詔之.

[士虞禮14 : 經 - 43]

시동이 문(戶)을 들어서면 처음과 같이 용踊을 하고 곡을 멈춘다.

尸入戶, 踊如初, 哭止.

정현주 　　　　'곡을 멈추는 것'(哭止)은 시동을 높이기 때문이다. '哭止',
尊尸.

[士虞禮14 : 經 - 44]

부인들은 집사들을 피하기 위해 방으로 들어간다.

婦人入于房.

정현주 　　　　집사들을 피하기 위해서이다.[9] 辟執事者.

주인과 축이 배례하고 시동에게 편안히 앉도록 하면, 시동은 답배를 하고 앉는다.

主人及祝拜妥尸, 尸拜, 遂坐.

정현주 '타妥'는 편히 앉는다는 뜻이다. '妥', 安坐也.

1_ 대광주리를 받들고 : 희생의 몸체를 넣었다가 虞祭를 마치면 받들고 나간다.

2_ 시동을 따른다 : 吉祭에는 시동을 따르는 사람이 없는데 여기에 그런 사람을 둔 것은 또한 吉祭와는 달리하는 것이다. 『의례정의』, 1994쪽 참조.

3_ '시'는 주로 ~ 한다 : 『예기』「단궁」"下棺을 마치면 상주는 死者에게 폐백을 드리고(贈), 祝官은 먼저 돌아와 虞祭의 시동을 殯宮으로 나아가게 한다"(既封, 主人贈, 而祝宿虞尸)고 한 것에 대해, 진호는 "尸라는 말은 主로 삼는다는 뜻이다. 어버이의 모습을 볼 수 없어 마음을 매어 둘 곳이 없기 때문에, 시동을 세우고 그에게 죽은 자의 옷을 입혀 상주의 마음을 거기에 두게 하는 것이다"(尸之爲言主也. 不見親之形容, 心無所係, 故立尸而使之著死者之服, 所以使孝子之心主於此也)라고 해석한다. 「증자문」에는 "成人이 되어 죽은 사람을 제사할 때는 반드시 尸童을 두는데, 시동은 반드시 손자로 한다. 손자가 어리면 사람을 시켜 안고 있도록 한다. 손자가 없으면 同姓 가운데서 취해도 된다"(祭成喪者必有尸, 尸必以孫. 孫幼, 則使人抱之. 無孫, 則取於同姓可也)라고 하였다.

4_ 주인의 형제 : 가공언은 "주인은 곡을 하고 나가 제자리로 나갔으므로 시동을 따를 리가 없다. 또 衰経을 한다고 하였으니 소원한 사람이 아니다. 그 때문에 '최질을 한 한 사람'이 주인의 형제임을 알 수 있다"(主人哭出複位, 無從尸之理. 又云'衰経', 且非疏遠. 故知'一人衰経'是主人兄弟也)라고 하였다. 『의례주소』, 927쪽 참조.

5_ 하관 : 본문에는 '봉분 쌓기를 마치면'(既封)이라고 하였으나, 가공언은 "'封'은 '窆'이 되어야 한다. '窆'은 하관한다는 뜻이다"('封'當爲'窆'. '窆', 下棺也)라고 하였다. 『의례주소』, 927쪽 참조.

6_ 용을 ~ 때문이다 : 가공언의 소에 "주인은 西序에 동쪽을 향해 있고, 衆兄弟는 西階 아래에 또한 동쪽을 향해 있으며, 부인은 당위의 東序에 해당하는 곳에 서쪽을 향해 있으므로, 주인과 형제들이 시동을 보고 먼저 踊을 하며, 부인은 뒤에 시동을 보게 되므로 뒤에 용을 한다"(主人在西序東面, 衆兄弟西階下亦東面, 婦人堂上當東序, 西面, 故主人與兄弟見尸先踊, 婦人後見尸, 故後踊)고 하였다. 『의례주소』, 928쪽 참조.

7_ 상사는 슬픔을 ~ 때문이다 : 가공언은 "「특생궤사례」와 「소뢰궤사례」에 시동이 들어가면 주인은 모두 내려가 조계의 동쪽에 서서 시동에게 공경을 표시하는데, 여기에서 내려가지 않은 것은 슬픔을 위주로 하기 때문이다"(「特牲」·「少牢」尸入, 主人皆降立於阼階東, 敬尸, 故此不降爲主哀)라고 하였다. 『의례주소』, 928쪽 참조.

8_ 종인이 고하는 것 : 吳氏는 『章句』에서 "슬픔이 이르면 踊을 하는 것인데 어째서 고해 줄 때까지 기다리는가? 踊을 하게 되면 행동거지가 평상시의 모습을 잃게 된다. 그 때문에 시동의 권위에 눌려 踊을 하지 못할까 염려해서 踊을 하도록 고해 주는 것이다"라고 해석한다. 『의례정의』, 1996쪽 참조.

9_ 집사들을 ~ 위해서이다 : 가공언은 "당시 부인들이 당 위에 있고 집사들은 당의 동쪽으로 움직이므로 그들을 피하기 위하여 방으로 들어가는 것이다"(其婦人在堂上, 執事者由堂東, 故辟之入房也)라고 하였다. 吳氏는 『章句』에서 "부인은 제사를 지낼

때 방에 머문다. 이 경우는 제사를 지낼 것이어서 부인들이 방에 일이 있어 들어간 것이지, 집사들을 피하기 위해서만은 아니다"라고 반박하였다. 『의례주소』, 928쪽 및 『의례정의』, 1996쪽 참조.

經-46에서 經-58까지는 시동에게 음식을 대접하고 시동이 아홉 번 떠먹는 절차이다.

[士虞禮14 : 經 – 46]

종자從者는 대광주리(篚)를 시동의 왼쪽 자리(席) 위에 놓고 자리의 북쪽에 선다.

從者錯篚于尸左席上, 立于其北.

정현주 '북北'은 자리의 북쪽¹이다. '北', 席北也.

[士虞禮14 : 經 – 47]

시동尸童은 전奠을 취해 왼손으로 그것을 잡는다. 채소절임(菹)을 취해 고기젓갈(醢)에 찍어 나무제기(豆) 사이에 고수레를 한다. 축祝은 좌식佐食에게 타제墮祭²를 지내도록 명한다.

尸取奠, 左執之. 取菹, 擩于醢, 祭于豆間. 祝命佐食墮祭.

정현주 아래로 고수레를 하는 것을 '타墮'라고 하는데 '타'라는 말은 아래로 떨어뜨린다는 것과 같다. 『주례』에 "고수레를 마치면 떨어뜨린 것을 갈무리한다"고 한 것이 이것을 말한다. 금문본에는 '墮'가 '綏'로 되어 있다. 「특생궤사례」·「소뢰궤사례」에는 '羞'로 되어 있기도 하는데 옛날의 바른

뜻을 잃은 것이다. 제齊와 노魯 지역에서는 고수레를 '타墮'라고 한다. 下祭曰
'墮', '墮'之猶言墮下也. 『周禮』曰, "旣祭, 則藏其墮"謂此也. 今文'墮'爲'綏'. 「特牲」·
「少牢」或爲羞, 失古正矣. 齊·魯之間, 謂祭爲'墮'.

[士虞禮14 : 經 – 48]

좌식佐食이 찰기장 밥(黍)과 메기장 밥(稷)과 중앙 부위를 완전하게
끊어서 자른 허파(肺祭)[3]를 취하여 시동에게 주면 시동은 고수레를
한다. 그 뒤 전奠으로 고수레를 하고, 축관은 축을 읽는다. 주인은
처음처럼 머리를 바닥에 대면서 재배를 한다. 시동은 예주(醴)를
맛보고 원래의 자리에 놓는다.

佐食取黍稷肺祭授尸, 尸祭之. 祭奠, 祝祝. 主人拜如初. 尸嘗醴,
奠之.

정현주   '처음처럼 한다'(如初)는 것은 또한 축관이 축 읽기를 마치
면 바로 머리를 바닥에 대면서 재배를 한다는 것이다. '如初', 亦祝祝卒, 乃再
拜稽首.

[士虞禮14 : 經 – 49]

좌식은 허파(肺)와 등뼈(脊)를 들어서 시동에게 준다. 시동은 받아
흔들어서 고수레를 한 뒤(振祭)[4] 한 번 맛보고 왼손으로 그것을 잡
는다.

佐食擧肺脊授尸. 尸受, 振祭, 嚌之, 左手執之.

　　　　오른손은 사용할 일⁵이 있기 때문이다. 시동이 먹을 때는 또한 허파(肺)와 등뼈(脊)를 나무제기(豆)에 놓는다. 右手將有事也. 尸食之時, 亦奠肺脊于豆.

[士虞禮14 : 經 - 50]
축은 좌식에게 밥솥(敦)을 가까이 옮기도록 한다. 좌식이 찰기장 밥(黍)을 들어 자리(席) 위에 놓는다.
祝命佐食邇敦. 佐食擧黍, 錯于席上.

정현주　　　　'이邇'는 가까이한다는 뜻이다. '邇', 近也.

[士虞禮14 : 經 - 51]
시동은 오른손으로 국그릇(鉶)에서 국을 떠서 고수레 하고, 숟가락 (柶)으로 국그릇의 국을 맛본다.
尸祭鉶 · 嘗鉶.

정현주　　　　오른손으로 한다. 「소뢰궤사례」에는 "숟가락(柶)으로 양 형羊鉶에서 국을 떠서 고수레를 하고 이어서 시형豕鉶에서 국을 떠서 고수레를 하고, 양형의 것을 맛본다"라고 하였다. 右手也. 「少牢」曰, "以柶祭羊鉶, 遂以祭豕鉶, 嘗羊鉶."

[士虞禮14 : 經 – 52]

오미를 첨가하지 않은 고깃국(泰羹)이 문으로 들어오면, 국그릇(鉶)의 남쪽에 진설하고, 저민 고기(菹)를 담은 네 개의 나무제기(豆)는 왼쪽에 진설한다.[6]

泰羹湆自門入, 設于鉶南, 菹四豆, 設于左.

정현주 이채로운 맛의 음식을 널리 마련하는 것이다. '읍湆'은 고깃국이다. '자菹'는 썬 고기이다. 博異味也. '湆', 肉汁也. '菹', 切肉也.

[士虞禮14 : 經 – 53]

시동은 밥을 먹다 남긴 것을 광주리(筐)에 놓는다.

尸飯, 播餘于筐.

정현주 남은 것[7]을 밥솥(敦)으로 되돌리지 않는 것이다. 옛날에는 밥을 먹을 때 손을 사용하였는데,[8] 길시吉時에는 남은 것을 밥솥의 뚜껑(會)에 놓는다. 고문본에는 '播'가 '牟'으로 되어 있다. 不反餘也. 古者飯用手, 吉時播餘于會. 古文'播'爲'牟'.

[士虞禮14 : 經 – 54]

시동이 세 번 밥을 떠먹으면(三飯), 좌식은 갈비뼈의 중앙 부위(幹)를 올린다. 시동이 받아 흔들어서 고수레를 하고(振祭) 맛을 본 뒤, 좌식이 받아서 광주리(筐)에 담는다.

三飯, 佐食擧幹. 尸受, 振祭, 嚌之, 實于筐.

정현주   밥을 먹는 사이에 고기를 먹이는 것은 식사의 기운을 편
안히 하려는 것이다. 飯間啗肉, 安食氣.

[士虞禮14 : 經　55]
다시 세 번 밥을 떠먹은 뒤 뒷다리 뼈의 중앙 부위(胳)를 들어 처음
처럼 고수레를 한다. 좌식이 생선과 말린 고기(腊)를 들어 대광주
리(筐)에 담는다.
又三飯, 擧胳, 祭如初. 佐食擧魚·腊, 實于筐.

정현주   시동이 생선과 말린 고기를 받지 않는 것[9]은 상례喪禮에
는 진미를 다 갖추지 않기 때문이다. 尸不受魚腊, 以喪不備味.

[士虞禮14 : 經-56]
다시 세 번 밥을 떠먹은 뒤 앞다리 뼈의 위쪽 부위(肩)를 들어 처음
처럼 고수레를 한다.
又三飯, 擧肩, 祭如初.

정현주   뒤에 앞다리 뼈의 위쪽 부위를 드는 것은 완성을 요구하
는 것을 귀하게 여기기 때문이다. 後擧肩者, 貴要成也.

[士虞禮14 : 經 - 57]

생선과 말린 고기(腊)가 담긴 희생제기(俎)를 들되 희생제기 세 개
는 남긴다.

擧魚·腊俎, 俎釋三个.

정현주   '석釋'은 남긴다는 뜻과 같다. '세 개를 남긴다'(遺之)는 것
은 군자는 남에게 음식 대접을 잘해 주기를 요구하지 않고, 의복 등을 남김
없이 요구하지 않기 때문이다.[10] '개个'는 매枚와 같다. 지금 시속에서는 매
枚를 개箇라고 부르는데 발음이 서로 가깝기 때문이다. 여기서의 말린 고
기(腊) 또한 일곱 덩어리로 희생의 경우와 같다. '釋', 猶遺也. '遺之'者, 君子不
盡人之歡, 不竭人之忠. '个', 猶'枚'也. 今俗或名枚曰個, 音相近. 此腊亦七體, 如其牲
也.

[士虞禮14 : 經 - 58]

시동이 식사를 마치면, 좌식은 허파(肺)[11]와 등뼈(脊)를 시동에게서
받아 대광주리(筐)에 담고, 찰기장 밥(黍)을 담은 밥솥(敦)을 진설하
는데 처음 진설했던 것처럼 한다.

尸卒食, 佐食受肺脊, 實于筐, 反黍, 如初設.

정현주   구반九飯이니 사의 예이다.[12] 대광주리(筐)는 길제吉祭 때
시동이 먹고 남은 음식을 올려놓는 희생제기(肵俎)[13]를 두는 것과 같다. 九飯
而已, 士禮也. '筐'猶吉祭之有肵俎.

1_ 자리의 북쪽 : 가공언은 "虞禮에서 篚는 「특생궤사례」에서의 折俎를 본뜬 것이다. 절조는 자리의 북쪽에 두므로 여기에서 비 또한 자리의 북쪽에 두어 시동의 祭需를 채우는 것에 견준 것이다"(虞禮篚象「特牲」折俎. 折俎置於席北, 明此篚亦在席北, 以擬盛尸之饌也)라고 하였다. 『의례주소』, 928쪽 참조.

2_ 타제 : '按祭'는 '綏祭'라고도 한다. 시동이 음식을 들기 전에 神이 먹고 남은 음식으로 고수레 하는 것을 말한다.

3_ 중앙 부위를 완전하게 ~ 허파 : 祭肺라고도 하며, 허파를 완전히 끊어지게 자른 것을 가리킨다. 허파를 진설할 때 자르는 방식에는 두 가지가 있다. 하나는 '祭肺'로서 제사(고수레)를 지내기 위해 진설하는데, 자를 때 완전히 끊어지게 자른다. 刌肺 혹은 切肺라고도 한다. 다른 하나는 '擧肺'로서 먹기 위해 진설하는데, 가를 때 중앙 부위가 끊어지지 않고 조금 남아 있게 한다. 離肺 혹은 嚌肺라고도 한다.

4_ 흔들어서 고수레를 한 뒤 : 식사를 하기 전에 고수레를 하는 방법 중 하나로, 肝이나 肺, 菹 등을 먼저 소금에 문지른 다음, 소금을 털어 내는 동작을 가리킨다. 『삼례사전』, 637쪽 참조.

5_ 사용할 일 : 다음 경문의 "鉶에서 국을 떠서 고수레 하고 鉶의 국을 맛보는 일"이다. 『의례주소』, 930쪽 참조.

6_ 저민 고기를 담은 ~ 진설한다 : 가공언은 말한다. "「특생궤사례」에 '豆 네 개를 왼쪽에 진설하는데 남쪽을 윗자리로 삼는다'고 하였다. 왼쪽이란 正豆의 왼쪽이다. 또 「소뢰궤사례」에 '上佐食은 羊俎(썬 양고기)와 豕俎(썬 돼지고기)를 담은 2개의 瓦豆를 시동에게 올리고 羊醢(양고기 젓갈)와 豕醢(돼지고기 젓갈)가 있는데 또한 2개의 瓦豆에 나누어 담아서 시동에게 올린다. 이 4개의 瓦豆는 이미 진설한 4개의 두(薦豆)의 북쪽에 진설한다'고 하였고, 주에서 '이미 진설한 4개의 두의 북쪽에 진설한다고 말한 것은 부가해서 진설하는 것이기 때문이다'라고 하였다. 북쪽이라고 한 것 역시 왼쪽이다"(「特牲」'四豆設於左, 南上.' 云左者, 正豆之左. 又「少牢」云, '上佐食羞俎, 兩瓦豆, 有醢, 設於薦豆之北', 注云, '設於薦豆之北, 以其加也.' 言北亦是左也)라고 하였다. 『의례주소』, 931쪽 참조.

7_ 남은 것 : 『예기』「소의」에 "조금씩 밥을 먹고 빨리 넘긴다"(小飯而亟之)라고 한 것에 대하여 정현은 "딸꾹질할 것에 대비하기 위해서이다"(備噦噎)라고 하였다. 군자를 모시고 식사하는 방법이지만 무릇 음식을 먹을 때는 모두 그렇게 한다. 밥을 조금씩 떠먹으면 밥솥(敦)에서 뜬 것은 많은데 먹은 것은 적어서 남은 밥이 있게 된다. 『의례정의』, 2002쪽 참조.

8_ 밥을 먹는 ~ 사용하였는데 : 『예기』「곡례」에 "밥을 한그릇에 담아 함께 먹을 때, 손을 문지르지 않는다"(共飯不澤手)라고 한 것에 대하여, 정현은 "땀이 나와 불결해지기 때문이다. … 예에서는 밥을 손으로 먹는다"(爲汗生不絜也. … 禮, 飯以手)라고 하였다.

9_ 시동이 ~ 않는 것 : 「특생궤사례」와 「소뢰궤사례」에서 생선과 말린 고기를 든 경우

에는 모두 시동이 振祭를 하고 맛을 본다. 여기서는 '좌식이 생선과 말린 고기를 든다'고 하고는 곧바로 광주리에 넣는다고 하고 시동이 받아서 맛본다고 하지 않았으니, 이는 생선과 말린 고기를 받지 않은 것으로 吉祭와는 다르다. 『의례정의』, 2003쪽 참조.

10_ 군자는 남에게 ~ 때문이다 : 『예기』 「곡례」의 글이다. 해당 구절에 대해 정현은 "歡은 음식을 가리키고, 忠은 의복 등을 가리킨다"(歡謂飮食, 忠謂衣服之物)라고 하였고, 진호는 "歡은 나를 좋아하는 것을 가리킨다. 忠은 나에게 마음을 다하는 것이다"(歡謂好於我也. 忠謂盡心於我也)라고 하였다.

11_ 허파 : 식사할 때 고수레를 하거나 맛보거나 할 때 쓰기 위해 진설하는 허파로, 허파를 가를 때 허파 중심에 이르지 않도록 부분적으로 가른 것이다. 離肺 혹은 嚌肺라고도 한다. 『의례주소』, 166쪽 참조.

12_ 구반이니 ~ 예이다 : 小牢는 十一飯이고, 諸侯는 十三飯, 천자는 十五飯이므로 그렇게 말한 것이다. 『의례주소』, 932쪽 참조.

13_ 시동이 먹고 ~ 희생제기 : 제사에서 饋食할 때, 시동을 위해서 희생의 삶은 염통과 혀를 올린 俎를 말한다. 『의례』 「특생궤사례」 '佐食升斯俎·鼏'에 대한 정현 주 참조.

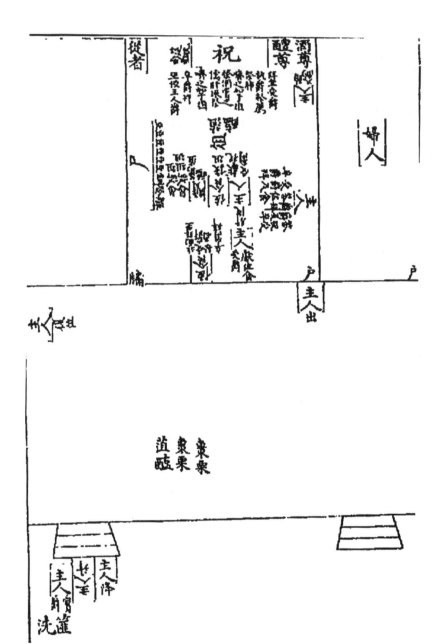

經-59에서 經-67까지는 주인이 시동과 축 그리고 좌식에게 술을 올리는
절차이다.

[士虞禮14 : 經-59]

주인主人은 폐작廢爵(다리가 없는 爵)을 씻고 청주(酒)를 따라 시동에
게 입가심(酳)¹ 하도록 한다. 시동이 배례하고 술잔(爵 : 1승 용량)을
받으면 주인은 북쪽을 향해 답배를 한다. 시동은 청주로 고수레를
하고 그것을 맛본다.

主人洗廢爵, 酳酒酳尸. 尸拜受爵, 主人北面答拜. 尸祭酒, 嘗之.

정현주　　　　　　　작에 다리가 없는 것을 '폐작廢爵'이라 한다.² '윤酳'은 음
식의 기운을 안정시키는 것이다. 주인이 북쪽을 향해 입가심 술을 올리는
것은 길吉로 변화되기 때문이다.³ 무릇 길제吉祭와 차이가 있는 것은 모두
길吉로 변화되기 때문이다. 고문본에는 '酳'이 '酳'으로 되어 있다. 爵無足曰'廢
爵'. '酳', 安食也. 主人北面以酳酢, 變吉也. 凡異者皆變吉. 古文酳作'酳'.

[士虞禮14 : 經-60]

빈장賓長은 구운 간(肝)을 들고 따르다가 희생제기(俎)에 담아 세로
방향으로 놓는데, 소금을 오른쪽에 둔다.

賓長以肝從, 實于俎, 縮, 右鹽.

'축縮'은 세로 방향으로 한다는 것이다. '따른다'(從)는 것
은 구운 간을 희생제기에 담는다는 것이다. 상제喪祭의 경우에는 밑부분(柢)
이 앞쪽으로 보이게 놓는다.⁴ 희생제기의 북쪽 가까운 곳에 소금을 오른쪽
에 놓는 것은 시동이 취하기 편리하도록 하려는 것이다. 세로 방향으로 희
생제기를 잡고 있으므로 오른쪽에 소금을 놓는다고 하면 구운 간과 소금이
나란하게 된다. '縮', 從也. '從', 實肝炙於俎也. 喪祭進柢. 右鹽於俎近北, 便尸取之
也. 縮執俎, 言右鹽, 則肝鹽幷也.

[士虞禮14 : 經-61]
시동은 왼손으로 술잔(爵 : 1승 용량)을 잡고, 오른손으로 구운 간을
취하여 소금에 찍어 흔들어서 고수레를 한 뒤(振祭), 맛을 보고, 희
생제기(俎)에 되돌려 놓는다. 빈장은 내려가 조俎를 묘문 안의 서
쪽 당(西塾)에 돌려놓고 제자리로⁵ 돌아간다.
尸左執爵, 右取肝, 擩鹽, 振祭, 嚌之, 加于俎. 賓降, 反俎于西塾, 復位.

구운 간을 취하는 것은 오른손으로 한다. '희생제기(俎)에
되돌려 놓는다'(加于俎)는 것은 희생고기를 따르는 것이다. 상喪 때문에 맛있
는 음식에 뜻을 두지 않는 것이다. 取肝, 右手也. '加于俎', 從其牲體也. 以喪不
志於味.

[士虞禮14 : 經-62]
시동이 술을 다 마시면 축祝이 받는데 서로 잔을 주고받지는 않는

다. 주인이 배례하면 시동은 답배를 한다.

尸卒爵, 祝受, 不相爵. 主人拜, 尸答拜.

정현주　　　　　'서로 잔을 주고받지 않는다'(不相爵)는 것은 상제喪祭는 예에 정해진 것을 생략하기 때문이다. '상작相爵'은 「특생궤사례」에 "술잔을 보냈는데, 황시皇尸께서 술잔의 술을 다 마셨습니다"라고 한 것이 그것이다. '不相爵', 喪祭於禮略. '相爵'者, 「特牲」曰, "送爵, 皇尸卒爵."

[士虞禮14 : 經-63]

축이 술을 따라 시동에게 주면, 시동은 그것으로 주인에게 되돌려 주는데, 주인이 배례를 하고 술잔을 받으면, 시동은 답배를 한다.

祝酌授尸, 尸以醋主人, 主人拜受爵, 尸答拜.

정현주　　　　　'초醋'는 되돌려 준다는 뜻이다. '醋', 報.

[士虞禮14 : 經-64]

주인이 앉아서 고수레를 하고 술을 다 마신 뒤 배례를 하면 시동은 답배를 한다. 집사자는 축에게 갈대자리(萑席)를 깔아주는데 남쪽을 향하게 한다.

主人坐祭, 卒爵, 拜, 尸答拜. 筵祝, 南面.

정현주　　　　　축은 신령과 접하는 사람이니 존귀하기 때문이다. 자리는 갈대자리(雚席)를 사용한다. 祝接神, 尊也. 筵用雚席.

[士虞禮14 : 經-65]

주인이 축에게 올리면, 축은 배례를 하고 앉아서 작爵을 받으며,
주인은 답배를 한다.

主人獻祝, 祝拜, 坐受爵, 主人答拜.

정현주 　　축에게 술을 올리고 그 기회에 서쪽의 자리로 돌아간다.
獻祝, 因反西面位.

[士虞禮14 : 經-66]

집사執事는 채소절임(菹)과 고기젓갈(醢)을 올리고, 희생제기(俎)를
진설한다. 축은 왼손에 술잔(爵 : 1승 용량)을 잡고 고수레를 한 뒤,
술잔을 놓고 일어나 폐肺를 가지고 앉아서 고수레를 하고, 맛을 본
뒤 일어나 희생제기에 되돌린다. 술을 고수레 한 뒤 맛을 보고, 구
운 간을 올려놓은 희생제기를 따라서 주인에게 올린다(肝從). 축은
구운 간을 들어 소금에 적신 뒤 흔들어서 고수레를 하고(振祭), 맛
을 본 뒤, 희생제기(俎)에 되돌려 놓고, 술잔을 비운 뒤, 배례를 한
다. 주인은 답배를 한다.

薦菹醢, 設俎. 祝左執爵, 祭薦, 奠爵, 興, 取肺, 坐祭, 嚌之, 興, 加于
俎. 祭酒, 嘗之, 肝從. 祝取肝擩鹽, 振祭, 嚌之, 加于俎, 卒爵, 拜. 主
人答拜.

　　　　　　금문본에는 '소금에 적신다'(擩鹽)는 말이 없다. 今文無 '擩鹽'.

[士虞禮14 : 經 −67]

축은 앉아서 주인이 주는 것을 받는다. 주인이 술을 채워 좌식佐食에게 올리면, 좌식은 북쪽을 향하여 배례를 하고 앉아서 술잔을 받는다. 주인은 답배를 한다. 좌식은 술을 고수레 하고, 술을 다 마신뒤 배례를 한다. 주인은 답배를 하고, 빈 술잔을 받아 나가 광주리(篚)에 채운 뒤, 당에 올라 제자리로 간다.

祝坐受主人. 主人酌獻佐食, 佐食北面拜, 坐受爵. 主人答拜. 佐食 祭酒, 卒爵, 拜. 主人答拜, 受爵, 出, 實于篚, 升堂, 復位.

　　　　　　광주리는 뜰에 있는데,[6] 주인이 다시 실室로 들어가지 않는 것은 일이 끝났기 때문이다. 또한 그로 인해 지팡이를 짚고 동쪽을 향하여 선다.[7] 篚在庭, 不復入, 事已也. 亦因取杖, 乃東面立.

1_ 입가심 : 「사혼례」의 정현 주에 "'酳'은 입가심을 한다는 뜻이다. '酳'이라는 글자는 흘러내리게 하다, 편안하게 하다는 뜻이다. 입가심을 하는 것은 입안을 깨끗하게 하고 또 먹은 것들이 잘 내려가서 편안하게 하려는 것이다"('酳', 漱也. '酳'之言演也, 安也. 漱, 所以潔口, 且演安其所食)라고 하였다. 한편, 「소뢰궤사례」의 정현 주에서는 "'酳'은 넉넉하다는 뜻이다. 이미 먹게 하였는데 또 마시게 하는 것은 즐겁도록 하는 까닭이다"(酳'猶羨也. 既食之而又飲之, 所以樂之)라고 하였다. 따라서 '酳'은 음식 먹은 것이 잘 내려가도록 입가심을 하게 하는 것과 동시에 먹고 마시게 함으로써 시동을 즐겁게 하려는 것이다.

2_ 작에 ~ 한다 : 채덕진은 말한다. "아래 '주부가 足爵을 씻는다'고 한 것에서 족작은 다리가 있는 것이므로 여기에서 폐작은 다리가 없는 것임이 분명하다. 복이 무거우므로 成器를 감히 사용하지 못하는 것이다. 다리가 없는 것을 모두 廢라고 하는데 이 爵에 다리가 없으므로 廢爵이라 한 것은 敦에 다리가 없는 것을 廢敦이라고 하는 것과 같다." 『의례정의』, 2006쪽 참조.

3_ 주인이 ~ 때문이다 : 「특생궤사례」와 「소뢰궤사례」의 경우에는 '시동이 배례를 하고 주면 주인은 서쪽을 향해 술잔을 건네준 후에 배례를 한다'고 하여 이 경문과 향하는 방향이 서로 다르므로 '길로 변화되기 때문이다'라고 한 것이다. 『의례주소』, 933쪽 참조.

4_ 상제의 ~ 놓는다 : [사우례14 : 記-09] 참조.

5_ 제자리로 : 西階 앞 衆兄弟의 남쪽에 동쪽을 향하는 자리를 말한다. 『의례주소』, 933쪽 참조.

6_ 광주리는 뜰에 있는데 : [사우례14 : 經-05]에 "물받이 항아리(洗)를 서쪽 계단의 서남쪽에 진설하는데, 물은 물받이 항아리의 서쪽에 두고, 대광주리(篚)는 동쪽에 둔다"(設洗於西階西南, 水在洗西, 篚在東)고 하였다.

7_ 동쪽을 향하여 선다 : 주인의 자리는 본래 서쪽 계단 위에 동쪽을 향하는 곳인데, 앞에서 室에 들어갈 때 지팡이를 西序에 기대 놓았으므로, 이때도 지팡이를 가지고 동쪽을 향해 선다는 것을 알 수 있다. 『의례정의』, 2009쪽 참조.

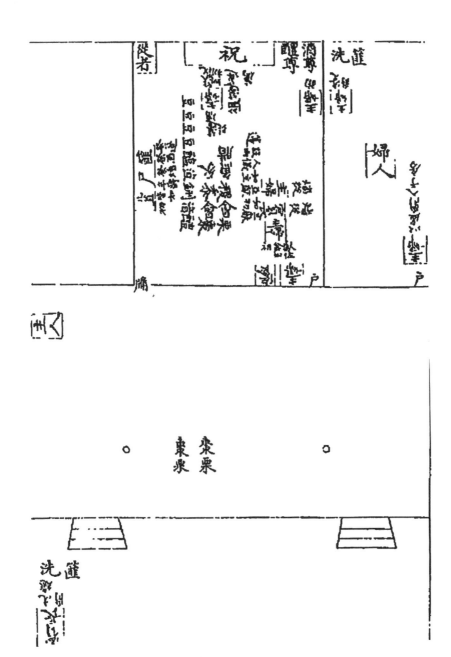

[士虞禮14 : 經-68]

주부主婦가 족작足爵(다리가 있는 爵)을 방房 안에서 씻은 뒤, 술을 채
워 시동尸童에게 아헌을 하는데, 주인의 의식儀式처럼 한다.

主婦洗足爵于房中, 酌, 亞獻尸, 如主人儀.

정현주 술잔(爵 : 1승 용량)에 다리가 있는 것은 가벼운 복을 하는
사람들의 경우 문식文飾을 하기 때문이다.[1] 「사혼례」에 "며느리의 물받이 항
아리(內洗)[2]는 북당北堂에 진설하는데, 실室의 동쪽 모퉁이와 마주하도록 놓
는다"고 하였다. 爵有足, 輕者飾也. 「昏禮」曰, "內洗在北堂, 直室東隅."

[士虞禮14 : 經-69]

주부는 직접[3] 당으로 올라가 대추와 밤이 담긴 대나무제기(籩)를
가져다가 뚜껑(會)의 남쪽에 진설하는데 대추는 서쪽에 놓는다.

自反兩籩棗·栗, 設于會南, 棗在西.

정현주 대추를 높이는 것은 대추가 아름답기 때문이다. 尙棗,
棗美.

시동은 처음 주인이 했던 것처럼 대나무제기(籩)에 남아 있는 것으로 고수레를 하고 술로 고수레를 한다. 빈賓은 구운 고기를 올려놓은 희생제기(俎)를 들고 주부의 뒤를 따라서 시동에게 올리기를 주인이 했던 것처럼 한다. 시동은 구운 고기(燔)로 고수레를 하고 술을 다 마시기를 주인이 했던 것처럼 한다. 술을 따라 축祝에게 올리면 대나무제기와 구운 고기를 가지고 따라가 좌식佐食에게 올리기를 모두 주인이 했던 것처럼 한다. 빈 술잔을 가지고 방으로 들어간다.

尸祭籩·祭酒如初. 賓以燔從, 如初. 尸祭燔·卒爵如初. 酌獻祝,
籩·燔從, 獻佐食, 皆如初. 以虛爵入于房.

정현주   '처음'(初)이란 주인의 의절을 말한다. 初, 主人儀.

1_ 가벼운 복을 ~ 때문이다 : 가공언은 "주부는 주인의 아내로서 시부모에게 자최복을 한다. 이는 주인보다 가벼우므로 다리가 있는 爵이 首飾하는 것이 된다"(主婦, 主人之婦, 爲舅姑齊衰. 是輕於主人, 故爵有足爲飾也)라고 하였다. 『의례주소』, 935쪽 참조.

2_ 며느리의 물받이 항아리 : 洗에는 庭洗와 內洗(北洗)가 있다. '庭洗'는 조계의 동남쪽에 진설하고, '內洗'는 內賓을 위하여 北堂에 진설한다. 상세한 것은 [사관례01 : 經–26]의 주석 1) 참조.

3_ 주부가 직접 : 가공언은 "주부가 직접 두 개의 籩을 가져다 놓고 宗婦에게 시키지 않는 것은 喪禮에서는 '縱'을 숭상하기 때문인데, '縱'은 吉禮와 반대로 하는 것이다"(此主婦自反兩籩, 不使宗婦者, 以喪尙縱, 縱, 反吉故)라고 하였다. 방포는 "吉祭의 경우 宗婦가 문 밖에 앉아 두 개의 籩을 들고 있으면 주부가 그것을 받아 진설한다. 虞祭의 경우는 주부가 직접 드는 것은 평상시 시부모에게 아침저녁으로 식사를 올리던 일을 차마 갑자기 바꾸지 못하기 때문이다"라고 하였다. 『의례주소』, 935쪽 및 『의례정의』, 2010쪽 참조.

經-71은 빈장이 삼헌三獻을 하는 절차이다.

[士虞禮14 : 經-71]

빈장賓長이 억작繶爵을 씻어 삼헌三獻을 한 뒤, 구운 고기(燔)를 들고 따르기를 처음 했던 의식처럼 한다.

賓長洗繶爵, 三獻, 燔從, 如初儀.

정현주   '억작繶爵'은 입과 발 사이에 전문篆文이 있고 또 약간 수식을 한 것이다. '繶爵', 口足之間有篆文, 又彌飾.

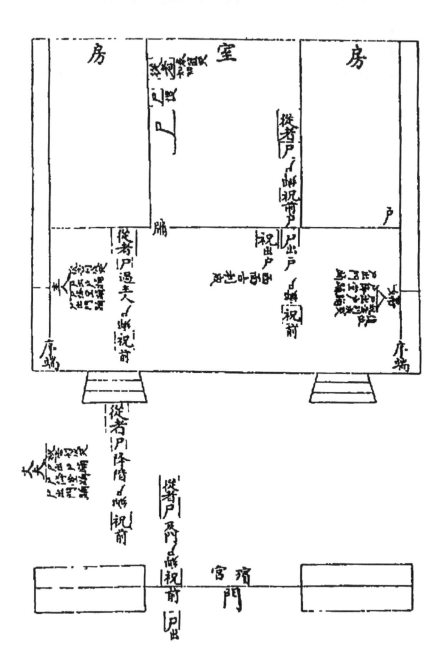

經-72에서 經-77까지는 축이 일이 이루어졌음을 고한 뒤 시동이 나가는
절차이다.

[士虞禮14 : 經-72]

부인婦人은 당 위 서쪽을 향한 자리로 돌아간다.

婦人復位.

정현주   당 위 서쪽을 향한 자리로 돌아가는 것이다.¹ 일이 끝나²
시동이 나가려고 하여 곡용哭踊을 해야 하기³ 때문이다. 復堂上西面位, 事已,
尸將出, 當哭踊.

[士虞禮14 : 經-73]

축祝이 문(戶)을 나가 서쪽을 향하여 주인主人에게 공양하는 예가
끝났음을 고하면, 주인은 곡을 한다.

祝出戶, 西面告利成. 主人哭.

정현주   '서쪽을 향하여 고한다'(西面告)는 것은 주인에게 고하는
것이다. '이利'는 공양한다는 뜻과 같다. '성成'은 마친다는 뜻으로 공양하는
예가 끝났음을 말한다. '공양하는 예가 끝났다'(養禮畢)고 말하지 않는 것은
시동이 한가하여 일이 없다는 혐의를 받을 수 있기 때문이다. '西面告', 告主

人也. '利'猶養也. '成', 畢也. 言養禮畢也. 不言養禮畢, 於尸間嫌.

[士虞禮14 : 經 − 74]

장부丈夫와 부인婦人을 포함하여 모두가[4] 곡을 한다.

皆哭.

정현주　　　　장부와 부인[5]은 주인이 곡을 하면 이에 곡을 한다. 丈夫婦

人於主人哭, 斯哭矣.

[士虞禮14 : 經 − 75]

축이 들어가면 시동尸童은 일어난다.

祝入, 尸謖.

정현주　　　　'속謖'은 일어난다는 뜻이다. 축이 들어와 아무 일 없이

있으면 시동은 일이 없음을 알고 일어난다. 시동에게 고하지 않는 것은[6] 존

자尊者를 시키는 도리는 없기 때문이다. 고문본에는 '謖'이 '休'로 되어 있기

도 하다. '謖', 起也. 祝入而無事, 尸則知起矣. 不告尸者, 無遣尊者之道也. 古文'謖'

或爲'休'.

[士虞禮14 : 經 − 76]

종자從者는 대광주리(篚)를 받들고 곡하기를 처음 곡을 하며 시동

을 따르던 때처럼 한다.

從者奉篚哭, 如初.

정현주 '처음'(初)은 곡을 하며 시동을 따르던 때이다. '初', 哭從尸.

[士虞禮14 : 經 – 77]

축은 시동을 인도하여 문(戶)을 나가면 처음처럼 용踊을 하고, 당을 내려가면 처음처럼 용을 하며, 문을 나갈 때도 이와 같이 한다.

祝前尸, 出戶, 踊如初, 降堂, 踊如初, 出門, 亦如之.

정현주 '전前'은 인도하다의 뜻이다. '처음처럼 한다'(如初)는 것은 나갈 때는 들어올 때처럼 하고, 내려갈 때는 올라올 때처럼 한다는 것으로 세 가지 절차는 슬픔이 동일하기 때문이다. '前', 道也. '如初'者, 出如入, 降如升, 三者之節悲哀同.

1_ 당 위의 ~ 것이다 : 주인은 문 밖의 자리로 나아가는데 朝夕哭을 할 때 자리로 나아가는 것처럼 한다. 婦人과 內兄弟는 당의 자리로 나아가는데 또한 마찬가지로 한다.『의례주소』, 936쪽 참조.

2_ 일이 끝나 : 室에서의 일이 끝나 尸童이 나가려고 하므로 당의 자리로 돌아가 기다리는 것이다.『의례정의』, 2012쪽 참조.

3_ 곡용을 해야 하기 : 방포는 말한다. "吉祭의 경우 부인의 자리는 방 안에 있고, 喪奠의 경우는 당 위에 있는데, 尸柩가 堂에 있어 奠을 올릴 때와 치울 때 踊을 해야 하기 때문이다. 虞祭 때 여전히 당 위에 자리하는 것은 시동이 門으로 들어오고 戶로 들어올 때 踊을 해야 하기 때문이다. 그러므로 시동이 들어와 곡을 그치면 방으로 들어가고, 三獻을 마치면 부인은 당 위의 자리로 돌아간다. 축이 공양하는 예가 끝났음을 고하여 주인이 곡을 하면, 장부와 부인이 모두 곡을 한다. 시동이 戶를 나가거나, 堂을 오르거나 門을 나설 때는 모두 처음처럼 踊을 한다"라고 하였다.『의례정의』, 2012쪽 참조.

4_ 모두가 : 가공언은 "위에서 주인이 곡을 한다고 하였으므로 주인을 제외한 시마 이상의 친족으로 哭位에 있는 사람이 모두 곡을 한다"(上云主人哭, 則主人之外, 緦麻以上, 在位者皆哭)고 하였다.『의례주소』, 936쪽 참조.

5_ 장부와 부인 : 丈夫와 婦人의 범위에 관하여 마융은 장부와 부인을 오속의 범위를 불문한 일족의 남녀로 본다. "장부와 부인은 일족의 남녀로서, 모두가 종자의 어머니와 처를 위해 복을 한다."(馬氏云, 丈夫婦人, 謂一族男女, 皆爲宗子母與妻) 그러나 왕숙은 오속 밖의 친족만을 가리키는 것으로 해석한다. "이는 족인들 가운데 또 오속의 친족이 없는 자가 돌아와서 그 종자를 위해 복을 하는 경우이다."(王氏云, 此爲族人無復五屬者, 反爲其宗子服也) 이와 함께 채덕진은 오속 내외의 복을 구분한다. "대종은 지존이므로 오속 밖에 있는 사람도 모두 자최 3월의 복을 한다. 오복의 관계 안에 있는 자로서 시마의 친족은 자최 3월의 복을 하고 벗는다. 대공과 소공의 친족이라면 자최 3월의 복을 하고 나서 대공·소공의 상복을 받아 그 달수를 채운 후에 그친다."(蔡氏云, 大宗至尊, 五屬之外, 皆服齊衰三月. 其在五服中者, 緦麻之親, 服齊衰三月而除. 若大功小功之親, 則旣服齊衰三月, 乃受以大功, 小功之衰, 以足其月數而止)『의례정의』, 1462쪽 참조.

6_ 시동에게 ~ 것은 : 가공언은 "시동에게 예가 끝났다고 고하지 않는 것은 시동은 존귀하므로 만약 그렇게 고하게 되면 존귀한 자를 보내는 것과 같게 된다"(不告尸以禮畢者, 尸尊, 若告之, 則如發遣尊者)라고 하였다.

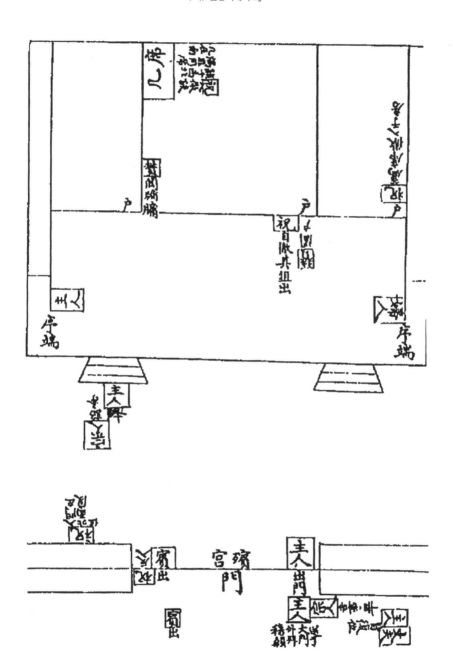

[士虞禮14 : 經-78]

축祝은 시동을 전송하기 위해 문門을 나섰다가 다시 들어가, 찬饌을 거두어 서북쪽 모퉁이에 진설하는데, 처음 음염陰厭을 할 때처럼 한다. 안석(几)은 자리(席)의 남쪽에 놓고, 자리(筵)로 음식을 둘러서 가린다.

祝反, 入徹, 設于西北隅, 如其設也. 几在南, 厞用席.

정현주   '찬을 고쳐 진설한다'(改設饌)는 것은 귀신의 절도를 몰라 고쳐 진설하여 신이 흠향하기를 바라는 것으로, 배불리 음식대접을 하려는 것이다. '안석을 자리의 남쪽에 진설한다'(几在南)는 것은 고문古文을 바꾼 것으로, 동쪽을 향하는 것임을 분명히 한 것이다. 남쪽을 향하지 않는 것은 조금씩 변화됨을 의미한다. '비厞'는 가린다는 뜻으로, 자리로 둘러 가린 곳에 진설하는 것은 어둡고 컴컴한 곳을 따라 신혼神魂을 찾는 것이다. '改設饌'者, 不知鬼神之節, 改設之, 庶幾歆饗, 所以爲厭飫也. '几在南'變古文, 明東面. 不南面, 漸也. '厞', 隱也, 于厞隱之處, 從其幽闇.

축에게 올렸던 말린 고기(脯)·고기젓갈(醢)과 자리(席)를 집사執事
가 거두어 방 안에 넣는다. 축은 직접 희생제기(俎)를 들고 나간다.
祝薦席徹入于房. 祝自執其俎出.

정현주 축에게 올렸던 말린 고기·고기젓갈과 자리를 거두는 사
람은 집사이다. 축에게 올린 말린 고기·고기젓갈과 자리는 애초에 방에서
온 것이다. 徹薦席者, 執事者. 祝薦席, 則初自房來.

좌식佐食은 창문과 문(戶)을 닫는다.
贊闔牖戶.

정현주 귀신은 어두운 곳에 거처하기를 좋아하니 사람에게서
멀리 떨어져 계시지 않은가?² '찬贊'은 좌식이다.³ 鬼神尙居幽闇, 或者遠人乎?
'贊', 佐食者.

1_ 양염 : 『예기』「증자문」에 "섭주는 염제를 지내지 않는다"(攝主不厭祭)고 한 것에 대한 정현 주에 "'厭'은 신에게 배불리 음식대접을 하는 것이다. 厭에는 陰厭이 있고 陽厭이 있다. 시동을 맞이하기 전에 축이 술동이에서 술을 떠서 그것을 올리고 흠향하게 하는 것이 陰厭이다. 시동이 일어난 후에 薦·俎·敦을 거두어 서북쪽 모퉁이에 진설하는 것이 陽厭이다"(厭, 厭飫神也. 厭有陰有陽. 迎尸之前, 祝酌奠, 奠之且饗, 是陰厭也. 尸謖之後, 徹薦俎敦, 設於西北隅, 是陽厭也)라고 하였다.

2_ 사람에게서 멀리 ~ 않은가? : 『예기』「교특생」의 글이다. 본문은 다음과 같다. "魂氣는 하늘로 돌아가고 形魄은 땅으로 돌아간다. 그러므로 제사를 지내는 것은 陰陽에서 찾는 의리이다. 殷나라 사람들은 먼저 양에서 찾았고, 周나라 사람들은 먼저 음에서 찾았다. 祝이 방 안에서 신에게 고하고(詔祝於室), 시동을 당 위로 인도하여 앉게 하고(坐尸於堂), 뜰에서 희생을 쓰고(用牲於庭), 머리를 방 안에서 올린다(升首於室). 正祭를 지낼 때 축관은 축사로 神主 앞에서 고하고, 신령을 찾아 축관이 祊에서 제사드린다. 신이 계신 곳을 모르니 저기 방 안에 계신가? 여기 당에 계신가? 또는 사람에게서 멀리 떨어져 계신가? 祊에서 제사드리니 거의 사람과 멀리 떨어진 곳에서 찾을 수 있는가?"(魂氣歸于天, 形魄歸于地. 故祭, 求諸陰陽之義也. 殷人先求諸陽, 周人先求諸陰. 詔祝於室, 坐尸於堂, 用牲於庭, 升首於室. 直祭祝于主, 索祭祝于祊. 不知神之所在, 於彼乎? 於此乎? 或諸遠人乎? 祭于祊, 尙曰求諸遠者與?)

3_ '찬'은 좌식이다 : 가공언은 "이상의 행사에 오직 축과 좌식만이 있었고, '축이 스스로 그 俎를 들고 나간다'고 하였으므로 유와 호를 닫는 것은 좌식임을 알았던 것이다"(自上以來行事, 唯有祝與佐食, 以其云'祝自執其俎出', 故知闔牖戶者是佐食也)라고 하였다. 『의례주소』, 938쪽 참조.

[士虞禮14 : 經-81]

주인主人이 내려오면 빈賓은 묘문廟門을 나간다.

主人降, 賓出.

정현주   종인宗人이 주인에게 아뢴다. 주인이 내려오면 빈은 묘문을 나간다. 宗人詔主人. 降, 賓則出廟門.

[士虞禮14 : 經-82]

주인이 묘문을 나가면 곡을 멈추고 모두 제자리로 돌아간다.

主人出門, 哭止, 皆復位.

정현주   문 밖으로 나가지만 자리로 들어가지는 않는 것이다. 門外未入位.

[士虞禮14 : 經-83]

종인宗人이 일이 끝났음을 고하면 빈은 대문을 나서고 주인은 전송을 하는데, 이마가 바닥에 닿도록 하여 배례를 한다.

宗人告事畢, 賓出, 主人送, 拜稽顙.

'전송하면서 배례를 한다'(送拜)는 것은 대문 밖에서 함을
분명히 한 것이다. 빈집사賓執事가 모두 떠나니 실室 안의 찬饌을 치우는 것
은 형제이다. '送拜'者, 明于大門外也. 賓執事者皆去, 卽徹室中之饌者, 兄弟也.

記-01에서 記-03까지는 목욕과 희생의 진설 그리고 일을 치르는 기간에 관한 설명이다.

[士虞禮14 : 記-01]

기記.

우제虞祭 때는 목욕은 하지만 머리를 빗지는 않는다.

記.

虞, 沐浴, 不櫛.

정현주 '목욕을 한다'(沐浴)는 것은 제사를 지낼 것이어서 자기 몸을 깨끗하게 하는 것이다. '머리를 빗지 않는다'(不櫛)는 것은 아직 꾸밀 때가 아니어서이다. 삼년상의 경우만 머리를 빗지 않고, 기년 이하의 상에는 머리를 빗어도 된다. 금문본에는 '沐浴'이라고 되어 있다. '沐浴'者, 將祭, 自潔淸. '不櫛', 未在於飾也. 唯三年之喪不櫛, 期以下櫛可也. 今文曰'沐浴'.

[士虞禮14 : 記-02]

묘문廟門 밖에 희생犧牲을 진설하는데, 북쪽으로 머리를 향하게 하고, 서쪽을 윗자리로 삼으며, 오른쪽으로 눕힌다.

陳牲于廟門外, 北首, 西上, 寢右.

'희생'(牲)이라고 하였으니 말린 고기(腊)도 그 가운데 포

함된다. '서쪽을 윗자리로 삼는다'(西上)는 것은 길吉로 변하기 때문이다.[1]

'오른쪽으로 눕힌다'(寢右)는 것은 희생의 왼쪽 몸체를 올려야 한다는 것이

다. 말린 고기는 음식받침대(梡)[2]를 사용하여 올린다.[3] 「단궁」에 "반곡反哭을

마치고 주인과 유사는 우제 때의 희생을 살핀다"고 하였다. 言'牲', 腊在其中.

'西上', 變吉. '寢右'者, 當升左胖也. 腊用梡. 「檀弓」曰, "旣反哭, 主人與有司視虞牲."

[士虞禮14 : 記 - 03]

정오에 우제虞祭를 거행한다.

日中而行事.

아침에 매장을 하고 정오에 우제를 지내니 군자는 일을

거행할 때 반드시 진정辰正[4]을 쓴다. 재우再虞와 삼우三虞는 모두 동 틀 무렵

에 한다.[5] 朝葬, 日中而虞, 君子擧事必用辰正也. 再虞·三虞皆質明.

1_ '서쪽을 ~ 때문이다 : 가공언은 「소뢰궤사례」에 '두 희생은 동쪽을 윗자리로 삼는 다'고 하였으니, 吉祭는 동쪽을 윗자리로 삼는 것이다. 여기에서 서쪽을 윗자리로 삼는 것은 길로 변하기 때문이다"(「少牢」二牲東上, 是吉祭東上. 今此西上, 是變吉也) 라고 하였다. 『의례주소』, 939쪽 참조.

2_ 음식받침대 : 『예기』「禮器」에 "대부와 사는 棜 · 禁을 사용한다"(大夫士棜禁)라고 한 것에 대해서 공영달은 "대부는 棜를 사용하고, 사는 禁을 사용한다"(大夫用棜, 士用 禁)고 해석하였다. 또한 정현은 『예기』「예기」의 같은 경문에 대해 "棜는 斯禁이다. 그것을 '棜'라고 말하는 것은 다리가 없어서 棜와 비슷하기 때문에 아마도 그렇게 명칭을 붙여 부른 듯하다. 대부는 斯禁을 사용하고, 사는 禁을 사용하는데, 오늘날 의 方案(앉은뱅이책상)처럼 생겼다"(棜, 斯禁也. 謂之棜者, 無足, 有似於棜, 或因名云 耳. 大夫用斯禁, 士用禁, 如今方案)고 하였다.

3_ 말린 고기는 ~ 올린다 : [특생궤사례15 : 經─26] 참조.

4_ 진정 : 日出, 日入, 日中이 모두 辰正이다. 『의례정의』, 2020쪽 참조.

5_ 재우와 ~ 한다 : 初虞는 매장을 하는 당일에 지내므로 日中을 쓴다. 再虞와 三虞는 제사를 지내는 날에 아무 일도 없으므로 반드시 동틀 무렵에 해야 한다. 『의례정 의』, 2020쪽 참조.

記-04에서 記-10까지는 희생의 부위와 정조鼎俎를 진설하는 방법을 기록한 것이다.

[士虞禮14 : 記-04]

희생犧牲은 묘문廟門의 서쪽에서 잡는데 주인은 보지 않는다. 돼지를 해체한다.

殺于廟門西, 主人不視. 豚解.

정현주   주인은 희생을 미리 살펴보기는 하지만 죽일 때 보지는 않는데, 무릇 상사喪事를 치룰 때는 생략하기 때문이다. '돼지를 해체한다'(豚解)는 것은 앞뒤 다리(脛)와 등뼈의 가운데 부위(脊)와 갈비뼈(脅)를 해체할 뿐으로, 익힌 뒤에 몸체를 분해하여 세발솥(鼎)에 올린다. 금문본에는 '廟'가 없다. 主人視牲不視殺, 凡爲喪事略也. '豚解', 解前後脛脊脅而已, 孰乃體解, 升於鼎也. 今文無'廟'.

[士虞禮14 : 記-05]

익힌 고기를 넣어 끓인 고깃국(羹飪)으로는 왼쪽 앞다리 뼈의 위쪽 부위(左肩)·앞발(臂)·앞다리(臑)·뒷다리 뼈의 위쪽 부위(肫)·뒷다리 뼈의 중간 부위(骼)·등뼈의 가운데 부위(脊)·갈비뼈(脅)·중앙 부위를 조금 남기고 자른 허파(離肺)를 올린다. 껍질(膚)로 고수레를 세 번 하고, 왼쪽 목덜미살(膉)의 윗부분을 취하고 중앙 부위를 조금 남기고 자른 허파 한 조각과 함께 북쪽에 놓은 정鼎(上鼎)에 채운다.

羹飪, 升左肩·臂·臑·肫·骼·脊·脅·離肺. 膚祭三, 取諸左膉上, 肺祭一, 實于上鼎.

정현주 고깃국을 '갱羹'이라 한다. '임飪'은 익힌다는 뜻이다. 척협脊脅은 등뼈의 앞쪽 부위(正脊)와 갈비뼈의 중앙 부위(正脅)이다.[1] 상제喪祭는 소략하게 하므로 일곱 부위일 뿐이다.[2] 이폐離肺는 거폐擧肺이다.[3] 「소뢰궤사례」에 "거폐擧肺(중앙 부위를 조금 남기고 자른 허파) 한 조각은 폐肺의 길이대로 올려놓으며, 제폐祭肺(중앙 부위를 완전하게 끊어서 자른 허파) 세 조각은 모두 잘라서 올려놓는다"라고 하였다. '익膉'은 목덜미 살이다. 고문본에는 '左股上'으로 되어 있다. 이 글자는 '肉'과 '殳'으로 구성되는데 '殳矛'라고 할 때의 '殳'이 성음이다. 肉謂之'羹'. '飪', 孰也. '脊脅', 正脊·正脅也. 喪祭略, 七體耳. '離肺', 擧肺也. 「少牢饋食禮」曰, "擧肺一, 長終肺, 祭肺三, 皆刌." '膉', 脰肉也. 古文曰 '左股上'. 此字從肉殳, 殳矛之殳聲.

[士虞禮14 : 記-06]

생선을 올리는데, 붕어 아홉 마리를 중정中鼎에 채운다.

升魚, 鱄鮒九, 實于中鼎.

정현주 조금 감하는 것이다.[4] 差減之.

[士虞禮14 : 記 - 07]

말린 고기(腊)의 왼쪽 부분을 올리는데, 넓적다리(髀) 부분은 올리지 않고, 남쪽에 놓은 정(鼎)(下鼎)에 담는다.

升腊左胖, 髀不升, 實于下鼎.

정현주 　　　　　　 말린 고기의 일곱 부분[5] 역시 체體로 희생의 종류이다. 腊

七亦體, 牲之類.

[士虞禮14 : 記 - 08]

모두 세발솥(鼎)에 가로막대(扃)를 걸고 솥덮개보(鼏)를 얹어서[6] 진설한다.

皆設扃鼏, 陳之.

정현주 　　　　　　 진설한 뒤에야 세발솥에 가로막대(扃)를 걸고 솥덮개보(鼏)를 얹는 것으로 볼 혐의가 있기 때문이다. 금문본에는 '扃'이 '鉉'으로 되어 있고, 고문본에는 '鼏'이 '密'로 되어 있다. 嫌既陳乃設扃鼏也. 今文'扃'作'鉉', 古文'鼏'作'密'.

[士虞禮14 : 記 - 09]

받아서 희생제기(俎)에 놓을 때는 여전히 뼈 밑 부분(柢)이 앞쪽을 향하게 놓고, 생선은 생선 등(鬐)이 앞을 향하게 놓는다.

載猶進柢, 魚進鬐.

'여전히'(猶)는 「사상례」·「기석례」와 같다는 것[7]으로 아직 길례吉禮를 써서는 안 된다는 말이다. '저柢'는 뿌리이다. '기膏'는 척추이다. 금문본에는 '柢'가 '胝'로 되어 있고, 고문본에는 '膏'가 '者'로 되어 있다. '猶', 猶 「士喪」·「旣夕」, 言未可以吉也. '柢', 本也. '膏', 脊也. 今文'柢'爲'胝', 古文'膏'爲'者'.

[士虞禮14 : 記-10]
축祝의 희생제기(俎)에는 넓적다리뼈(髀), 등뼈(脊), 갈비뼈(脅), 중앙 부위를 조금 남기고 자른 허파(離肺)를 올려 조계와 서쪽 계단 사이에 진설하는데, 밥솥(敦)의 동쪽에 놓는다.
祝俎, 髀·胉·脊·脅·離肺, 陳于階間, 敦東.

세발솥에 올리지 않는 것은 신분이 낮기 때문이다. 밥솥(敦)에 통섭되는 것은 신령神靈의 은혜임을 분명히 하려는 것이다. 중앙 부위를 조금 남기고 자른 허파(離肺)로 고수레를 하는 것은 시동보다 낮추는 것이다. 不升於鼎, 賤也. 統於敦, 明神惠也. 祭以離肺, 下尸.

1_ 척협은 ~ 중앙 부위이다 : 가공언은 말한다. "「특생궤사례」의 주에 '등뼈의 앞쪽 부위(正脊)를 낮추어서 덜어 내지 않는 것은 바른 것을 빼앗지 않는 것이다'라고 하였다. 그렇다면 이것은 喪祭이므로 체수는 소략하게 하더라도 바른 것을 빼앗지 않으므로 척협이 정척과 정협인 줄 알았던 것이다."(「特牲」注云, '不貶正脊, 不奪正也.' 然則此爲喪祭, 體數雖略, 亦不奪正, 故知脊脅正脊正脅也)『의례주소』, 940쪽 참조.

2_ 상제는 ~ 뿐이다 : 가공언은 말한다. "「特牲」의 '시동의 조(俎)에는 돼지고기의 오른쪽 몸체를 사용하여 앞다리 뼈의 위쪽 부위(肩)·앞다리 뼈의 중간부위(臂)·앞다리 뼈의 아래쪽 부위(臑)·뒷다리 뼈의 위쪽 부위(肫)·뒷다리 뼈의 중앙 부위(胳)·등뼈의 앞쪽 부위(正脊) 2대, 등뼈의 뒤쪽 부위(橫脊), 갈비뼈의 중간부위(長脅) 2대, 갈비뼈의 뒤쪽 부위(短脅)를 올려놓는다'고 한 것에 대한 주에 '士의 正祭에 9개의 몸체를 사용하는 것은 대부보다 낮추는 것이지만, 실제로는 뼈 2대씩을 나란히 올려놓는 것이 2가지이므로 역시 11이라는 명분을 얻어서 「소뢰궤사례」의 牲體 수와 합치된다. 이것이 이른바 본받아서 문식하지만 끝까지 다하지 않는다는 것이다.'라고 하였다. 그런데 여기에서 올린 것이 7체이므로 '喪祭는 소략하게 하므로 일곱 부위일 뿐이다'라고 한 것이다."(「特牲」'尸俎, 右肩·臂·臑·肫·胳, 正脊二骨, 橫脊·長脅二骨, 短脅', 注云, '士之正祭禮九體, 貶於大夫, 有幷骨二, 亦得十一之名, 合「少牢」之體數. 此所謂放而不致者.' 然則此所升唯七體, 故云'喪祭略七體耳)『의례주소』, 940쪽 참조.

3_ 이폐는 거폐이다 : '離'는 가르다는 뜻이다. 허파 한 부분을 몸체와 완전히 분리되지 않도록 부분적으로 가르는 것을 말한다. 『의례주소』, 110쪽 참조.

4_ 조금 감하는 것이다 : 가공언은 "「특생궤사례」에 '생선 15마리'라고 되어 있으나 지금은 喪祭이므로 생략하고 9마리를 쓰므로 조금 감하는 것이다"(魚十有五, 今爲喪祭略而用九, 故云差減之也)라고 하였다. 『의례주소』, 941쪽 참조.

5_ 일곱 부분 : 가공언에 따르면, 肩·臂·臑·肫·胳·脊·脅가 희생의 일곱 부분이다. 『의례주소』, 941쪽 참조.

6_ 가로막대를 걸고 ~ 없어서 : '扃'은 솥의 양 귀를 관통하는 가로막대로서 鼎을 들 때에 사용한다. '鼎扃'은 鼎을 드는 용도 이외에 鼎에 빗장을 치는 데에도 사용한다. '鼏'은 솥을 덮는 데에 사용되며 띠풀로 만든다. '扃'과 '鼏'에 대해서는 [사관례01 : 經−89]의 주석 23)과 24)에 상세하다.

7_ 「사상례」·「기석례」와 같다는 것 : 「사상례」 小斂에 "모두 뒤집어 뼈가 앞쪽으로 보이게 놓는다"(皆覆, 進柢)라고 한 것에 대하여 정현은 "柢는 뿌리이다. 뿌리가 앞으로 가게 놓는 것은 살아 있을 때와 달리하지 않는 것이다"(柢, 本也. 進本者, 未異於生也)라고 하였다. 大斂에서는 "생선을 俎에 놓을 때 생선의 머리가 왼쪽을 향하고 생선 등이 앞을 향하게 9마리를 3줄로 놓는다. 말린 고기(腊)를 俎에 놓을 때 뼈 밑부분이 앞쪽을 향하게 놓는다"(載, 魚左首, 進鬐, 三列. 腊進柢)라고 한 것에 대해서 정현은 "또한 살아 계실 때와 달리하지 않는 것이다"(亦未異於生也)라고 하였다.

[士虞禮14 : 記-11]

시동尸童의 대야에 조금씩 물을 붓는데, 물받이 그릇(槃)을 든 사람
은 서쪽을 향하고, 주전자(匜)를 든 사람은 동쪽을 향하며, 수건을
든 사람은 그 북쪽에 동쪽을 향한다. 종인宗人은 수건을 주는데 남
쪽을 향한다.

淳尸盥, 執槃, 西面, 執匜, 東面, 執巾在其北, 東面. 宗人授巾, 南
面.

정현주 '반槃'은 버릴 물을 채우는 것으로 사람을 더럽히기 때문
이다. 수건을 든 사람이 주지 않는 것(執巾不授)은 수건은 신분이 낮은 사람
이 담당하는 것이기 때문이다. '槃'以盛棄水, 爲淺汙人也. 執巾不授, 巾卑也.

[士虞禮14 : 記-12]

주인主人이 실室에 있으면 종인宗人은 당으로 올라가 문(戶) 밖에서 북쪽을 향한다.

主人在室, 則宗人升, 戶外北面.

정현주 주인에게 실에서 할 일을 고해야 하기 때문이다. 當詔主人室事.

[士虞禮14 : 記-13]

좌식佐食은 일이 없으면 문(戶)을 나가 의依[1]를 등지고 남쪽을 향한다.

佐食無事, 則出戶, 負依南面.

정현주 실室 안은 존귀한 곳이므로 일 없이 서 있지 않는다. 문(戶)과 창문 사이를 '의依'라고 한다. 室中尊, 不空立. 戶牖之間謂之'依'.

주

1_ 의 : '依'는 형상이 병풍과 같으며, 진홍빛 비단으로 바탕을 삼고, 높이가 8척이다. 室戶(室의 출입문)와 牖(室의 창문) 사이에 진설한다. 도끼 문양의 수를 놓는데, 이 때문에 '斧依', '斧依', '黼依'라고도 하며, '依'는 '扆'로 쓰기도 한다. 『삼례사전』, 1247 ~1248쪽 '黼依' 항목 참조.

記-14에서 記-15까지는 형鉶에 나물을 채우는 것과 두변豆籩에 채우는 내용을 기록한 것이다.

[士虞禮14 : 記 – 14]

형鉶에 담긴 고깃국(羹)에 첨가하여 넣는 나물은 씀바귀(苦)나 고사리(薇)를 사용하고 조미하는 채소를 넣는데, 여름에는 아욱(葵)¹을 사용하고 겨울에는 제비꽃(荁)²을 사용하며, 수저(柶)를 놓는다.

鉶芼, 用苦若薇, 有滑, 夏用葵·冬用荁, 有柶.

정현주   '고苦'는 씀바귀이다. '환荁'은 제비꽃 종류이다. 말리면 윤택이 난다. 여름과 가을에는 생아욱(生葵)을 사용하고, 겨울에는 말린 제비꽃(荁)을 사용한다.³ 고문본에는 '苦'가 '枯'로 되어 있고, 금문본에는 '苄'으로 되어 있기도 하다. '苦', 苦荼也. '荁', 菫類也. 乾則滑. 夏秋用生葵, 冬春用乾荁. 古文'苦'爲'枯', 今文或作'苄'.

[士虞禮14 : 記 – 15]

나무제기(豆)에 담는 음식은 아욱(葵)으로 만든 채소절임(葵菹)으로, 달팽이 젓갈(蠃醢)⁴을 담은 나무제기의 서쪽에 둔다. 대나무제기(籩)에는 대추를 찐 후에 골라내고, 밤은 골라낸 후에 쪄서 담는다.

豆實, 葵菹, 菹以西蠃醢. 籩, 棗烝, 栗擇.

정현주 '대추를 찐 후에 골라내고, 밤은 골라낸 후에 쪄서 담는
다'(棗烝栗擇)고 하였으니 채소절임은 자른다. '대추는 찐 후에 골라내고, 밤
은 골라낸 후에 쪄서 담는다'(棗烝栗擇)고 하였으니 나무제기(豆)에는 올릴
수가 없는데 대나무제기(籩)에는 가선(籐)이 있기 때문에 담을 수 있다. 棗烝
栗擇, 則菹刊也. 棗烝栗擇, 則豆不揭, 籩有籐也.

1_ 아욱 : 冬葵, 露葵라고도 한다. 『爾雅翼』에 "葵는 百菜의 주인으로 맛이 특히 달고 부드럽다"(葵爲百菜之主, 味尤甘滑)고 하였다. 露葵는 1년생의 줄기식물로 높이는 1m이고, 부드러운 털이 붙어 있으며, 잎새는 둥글다. 씨·뿌리·줄기와 잎을 약으로 사용하며, 절임을 하여 먹기도 한다.

2_ 제비꽃 : 다년생의 줄기식물(vaginate violet)로, 땅 속에서 줄기가 거칠게 자라고, 잎은 심장의 형태이며, 꽃은 흰색에 자줏빛 결 무늬가 있다. 열매는 길쭉한 원형이다. 어린 순은 나물로 먹고, 풀 전체를 해독용으로 사용하기도 한다.

3_ 겨울에는 말린 제비꽃을 사용한다 : [특생궤사례15 : 記-08] 참조.

4_ 달팽이 젓갈 : 『이아』「釋魚」에는 '蠃醢는 달팽이 젓갈(蚹蠃醢)이다'라고 하였다.

[士虞禮14 : 記 - 16]
시동尸童이 들어오면 축祝은 시동을 따른다.[1]
尸入, 祝從尸.

정현주　　　　　　축은 주인의 앞에 있다. 처음 음염陰厭을 할 때와 마찬가지로 주인이 지팡이를 기대어 놓고 들어가면 축이 따라 들어온다는 혐의를 피하기 위해서이다. 처음에는 주인의 마음에 여전히 부모가 살아 계신 듯 여겨지기 때문에 자신이 직접 하지만 이제 이미 신령을 접하는 일이 끝났으니 축이 시동에게 권하도록 주인에게 고해야 한다. 祝在主人前也. 嫌如初時, 主人倚杖入, 祝從之. 初時, 主人之心尙若親存, 宜自親之, 今旣接神, 祝當詔侑尸也.

[士虞禮14 : 記 - 17]
시동은 앉는데 신발을 벗지 않는다.
尸坐不說屨.

정현주　　　　　　신령을 모실 때는 안이하고 태만해서는 안 되기 때문이다.[2] 금문본에는 '說'이 '稅'로 되어 있다. 侍神, 不敢燕惰也. 今文說爲稅.

[士虞禮14 : 記-18]
시동이 일어나면 축이 인도하는데 시동을 바라본다.
尸謖, 祝前, 鄕尸.

정현주 　　　　'앞선다'(前)는 것은 인도한다는 뜻이다. 축이 시동을 인
도하면서 반드시 앞에서 시동을 바라보는 것은 절도에 맞게 하려는 것이다.
'前', 道也. 祝道尸, 必先鄕之, 爲之節.

[士虞禮14 : 記-19]
축은 몸을 돌려 문(戶)을 나갈 때 다시 시동을 바라본다. 축은 몸을
돌려 주인主人을 지날 때 다시 시동을 바라본다. 축은 몸을 돌려
계단을 내려갈 때 다시 시동을 바라본다.
還, 出戶, 又鄕尸. 還, 過主人, 又鄕尸. 還, 降階, 又鄕尸.

정현주 　　　　주인을 지났다면 서쪽 계단 위일 터인데 서쪽 계단에 대
해 언급하지 않는 것은 주인이 시동을 보면 삼가고 어려워하면서 공경을
표시함이 있음을 밝힌 것이다. 過主人則西階上, 不言及階, 明主人見尸, 有踧踖
之敬.

[士虞禮14 : 記-20]
축은 계단을 내려와 시동을 돌아보고, 문에 이르러서는 문(戶)을
나설 때처럼 시동을 돌아본다.

降階, 還, 及門, 如出戶.

정현주 '급及'은 이른다는 뜻으로 '돌아보고 문에 이른다'(還至門)
고 한 것은 그 사이에는 다른 절도가 없음을 분명히 한 것이다.[3] 계단을 내려
올 때는 올라갈 때처럼 하고, 문을 나설 때는 문(戶)을 나설 때처럼 하는 것
은 모두 돌아서서 시동을 향한다는 것이다. 돌아서려고 할 때마다 반드시
피하고 물러서는 태도를 취한다. 시동을 인도하는 예의는 여기에 달려 있
다. '及', 至也, 言'還至門', 明其間無節也. 降階如升時, 將出門如出戶時, 皆還鄕尸
也. 每將還, 必有辟退之容. 凡前尸之禮儀在此.

[士虞禮14 : 記-21]
시동이 나가면 축祝이 돌아오는데, 문 안으로 들어가서 왼쪽으로
나아가 북쪽을 향하여 제자리로 간 뒤에, 종인宗人이 주인主人에게
내려가도록 고한다.
尸出, 祝反, 入門左, 北面復位, 然後宗人詔降.

[士虞禮14 : 記-22]
시동尸童은 사자死者의 상복上服을 입는다.
尸服卒者之上服.

정현주 '상복上服'은 「특생궤사례」에서 "사士는 현단을 한다"고
한 것과 같다. 작변복爵弁服을 상복으로 하지 않는 것은 군주의 제사를 도울

사우례 제14 ▶ 523

때 하는 복이지 자신이 귀신을 대할 때 하는 복이 아니기 때문이다.[4] 사士의
아내는 비단 옷깃을 한 검은색 웃웃(宵衣)을 할 뿐이다. 上服者, 如「特牲」士玄
端也. 不以爵弁服爲上者, 祭於君之服, 非所以自配鬼神. 士之妻則宵衣耳.

남자일 때는 남자 시동을 쓰고, 여자일 때는 여자 시동을 쓰는데
반드시 성姓을 달리하는 며느리를 쓰도록 하고, 신분이 낮은 자를
시키지 않는다.
男, 男尸, 女, 女尸, 必使異姓, 不使賤者.

정현주   '성을 달리한다'(異姓)는 것은 며느리를 가리킨다. '신분이
낮다'(賤)는 것은 서손庶孫의 첩을 가리킨다.[5] 시동은 신분이 높은 사람과 짝
하므로 반드시 적자에게 맡긴다. '異姓', 婦也. '賤者', 謂庶孫之妾也. 尸配尊者,
必使適也.

1_ 시동이 ~ 따른다 : 저인량이 말한다. "記에는 두 가지 의미가 있다. 첫째, 시동을 맞이할 때는 祝이 앞에 있고 시동이 뒤에 있지만, 門을 들어오고 난 뒤에는 시동이 앞에 있고 축이 뒤에 있음을 분명히 하는 것이다. 둘째, 陰厭을 할 때는, 주인은 아직도 부모가 살아 계신 듯 여기므로 먼저 室에 들어가고 축이 주인을 따르지만, 시동이 室에 들어 온 뒤에는 축이 신령과 접촉해야 하므로 시동을 따라 먼저 들어가고 주인이 축을 따름을 분명히 한 것이다." 『의례정의』, 2027쪽 참조.

2_ 안이하고 태만해서는 ~ 때문이다 : 『예기』「소의」에 "모든 제사에서, 방 안이거나 당 위거나 신발을 벗지 않는데 宴禮의 경우에는 신발을 벗기도 한다"(凡祭, 於室中‧堂上無跣, 燕則有之)라고 한 것에 대하여 정현은 "제사 때 신발을 벗지 않는 것은 공경을 위주로 하기 때문이다. 연례의 경우에는 신발을 벗는데 이는 즐거움을 위하기 때문이다"(祭不跣者, 主敬也. 燕則有跣, 爲歡也)라고 하였다.

3_ 그 사이에는 ~ 것이다 : 가공언은 말한다. "계단 이전에서는 모두 '이르다(及)'고 말하지 않고 계단에서 문에 이르러서야 '이르다'고 한 것은 계단에서 문까지는 그 길이 멀므로 특별히 언급하여 구별한 것이다."(以經自階已前, 皆不言及, 從階到門言及者, 以其自階到門, 其中道遠, 故特言及以殊之)『의례주소』, 945쪽 참조.

4_ 작변복을 ~ 때문이다 : 가공언은 말한다. "『증자문』에 '공자가 말하였다. 시동이 고깔(弁)이나 면(冕)을 하고 나가면, 卿과 大夫 그리고 士는 모두 수레에서 내린다'고 한 것에 대한 정현의 주에 '군주의 시동이 고깔을 한 것은 선조 가운데 대부나 사가 있기 때문이다'라고 하였다. 군주의 선조가 사이면 시동은 작변을 하고 현단을 하지 않는 것은 자손이 제후가 되면 선조의 시동이 그 가운데 있기 때문에 선조가 사인 경우 시동은 군주의 제사를 도울 때 입는 복을 하는 것이다."(「曾子問」, '孔子曰, 尸弁冕而出, 卿大夫士皆下之', 注云, '爲君尸或弁者, 先祖或有爲大夫士者.' 彼君之先祖爲士, 尸服爵弁, 不服玄端者, 子孫爲諸侯, 先祖尸在中, 故先祖爲士者, 尸還服助祭於君之服也)『의례주소』, 946쪽 참조.

5_ 서손의 첩을 가리킨다 : 가공언은 말한다. "남자 시동은 먼저 적손을 시키고, 적손이 없으면 서손을 시킨다. 여자 시동은 적손처가 없으면 적손첩을 시키며, 첩이 없어야 서손처를 시키니, 서손첩을 시키지 못하는 것은 서손첩은 신분이 매우 낮기 때문이다."(男尸先使適孫, 無適孫乃使庶孫. 女尸先使適孫妻, 無適孫妻使適孫妾, 又無妾乃使庶孫妻, 卽不得使庶孫妾, 以庶孫之妾是賤之極者)『의례주소』, 946쪽 참조.

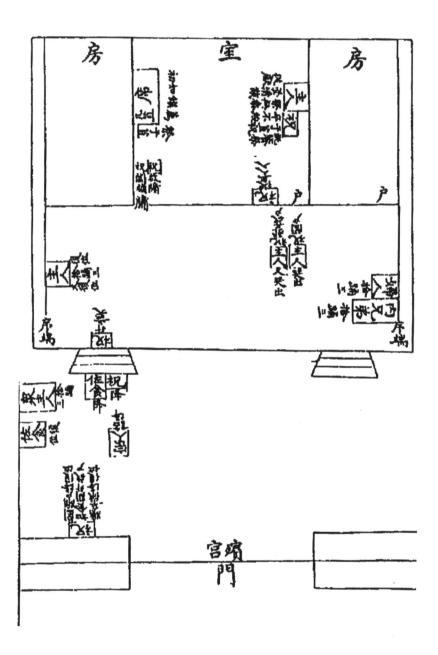

記-24에서 記-37까지는 우제虞祭 때 시동이 없을 경우의 의식절차를 기록한 것이다.

[士虞禮14 : 記-24]

시동尸童이 없으면 예의禮儀와 음식 올리는 것 모두를 처음처럼 한다.

無尸, 則禮及薦饌皆如初.

정현주   '시동이 없다'(無尸)는 것은 손자의 항렬에 시킬 만한 사람이 없다'는 말이다. 상殤 또한 이와 같다. '예의'(禮)는 의복, 자리에 나아감, 오르고 내림 등을 말한다. '無尸', 謂無孫列可使者也. 殤亦是也. '禮', 謂衣服卽位升降.

[士虞禮14 : 記-25]

흠향歆饗을 마치면 깔개(苴)에 고수레를 한다.

旣饗, 祭于苴.

[士虞禮14 : 記-26]

축祝은 축사祝辭를 올리고 마친다.

祝祝卒.

축이 있을 때와 달리하는 절차를 기록한 것이다. 記異者之節.

[士虞禮14 : 記 – 27]

수제綏祭[2]를 하지 않고, 고기국물과 저민 고기(羝)가 없이 종헌從獻
(따라서 올리는 것)을 한다.

不綏祭, 無泰羹湆羝, 從獻.

'수제綏祭'를 하지 않는다고 하면서 '헌獻'을 말한 것은 처
음과 끝을 기록한 것이다. 시동을 섬기는 예는 수제綏祭로 시작하여 종헌從
獻으로 마친다. '綏'는 '墮'가 되어야 한다. '不綏', 言'獻', 記終始也. 事尸之禮, 始
於綏祭, 終於從獻. '綏'當爲'墮'.

[士虞禮14 : 記 – 28]

축이 축사를 마치면, 주인主人은 곡을 하고 문(戶)을 나가 자리로
돌아간다.

主人哭, 出復位.

축이 축사를 마칠 때이다. 於祝祝卒.

[士虞禮14 : 記 – 29]

축은 창문(牖)과 문(戶)을 닫고 내려가 문門 서쪽의 자리로 돌아간다.

祝闔牖戶, 降, 復位于門西.

정현주

문(戶) 서쪽의 북쪽을 향한 자리이다. 門西北面位也.

[士虞禮14 : 記 – 30]

남녀는 번갈아 용踊을 세 번 한다.

男女拾用踊三.

정현주

'습拾'은 다시[3]라는 뜻이다. 세 번 다시 용을 한다. 拾, 更

也. 三更踊.

[士虞禮14 : 記 – 31]

식간처럼 한다.

如食間.

정현주

가리기를 시동이 식사를 하는 것처럼 하는데, 구반九飯을

하는 동안이다. 隱之, 如尸一食, 九飯之頃也.

[士虞禮14 : 記 – 32]

축은 올라가면 곡을 멈추고 헛기침 소리를 세 번 낸 뒤 문(戶)을 연다.

祝升, 止哭, 聲三, 啟戶.

'소리'(聲)는 헛기침이다. 문을 열려고 하여 신령神靈을 경

각시키는 것이다. 금문본에는 '啟'가 '開'로 되어 있다. '聲'者, 噫歆也. 將啟戶,

警覺神也. 今文'啟'爲'開'.

[士虞禮14 : 記 – 33]

주인은 직접 들어간다.

主人入.

몸소 하는 것이다. 親之.

[士虞禮14 : 記 – 34]

축은 따라가 창문(牖鄕)을 여는데, 처음처럼 주인이 들어가고 축이

따라가 왼쪽에 선다.

祝從, 啟牖鄕, 如初.

'유牖'는 먼저 닫고 뒤에 여는데 사립문이 안에 있기 때문

이다. '향鄕'은 유牖의 다른 명칭이다. '처음처럼 한다'(如初)는 것은 주인이

들어가고 축이 따라가 왼쪽에 선다는 것이다. '牖'先闔後啟, 扇在內也. '鄕', 牖

一名也. '如初'者, 主人入, 祝從在左.

[士虞禮14 : 記 – 35]

주인은 곡을 한 뒤 나와 당堂 위에 있는 자리로 돌아간다.

主人哭, 出復位.

정현주   당 위의 자리이다. 堂上位也.

[士虞禮14 : 記 – 36]

거두기를 마치면 축과 좌식佐食이 내려와 제자리로 돌아간다.

卒徹, 祝·佐食降, 復位.

정현주   축은 문 서쪽의 북쪽을 향한 자리로 돌아가고, 좌식佐食은 서쪽의 자리로 돌아간다. 서북쪽 모퉁이에 다시 진설을 하지 않는 것은 거듭 유호牖戶를 닫게 되어 설만褻慢하기 때문이다. 祝復門西北面位, 佐食復西方位. 不復設西北隅者, 重閉牖戶, 褻也.

[士虞禮14 : 記 – 37]

종인宗人은 주인에게 내려갈 것을 처음처럼 고한다.

宗人詔降如初.

정현주   '처음'(初)은 찬贊이 유호牖戶를 닫을 때이다. 종인이 주인에게 내려가도록 고한다. '初', 贊闔牖戶. 宗人詔主人降之.

1_ 손자의 항렬에 ~ 없다 : 가공언은 말한다. "『예기』에 '손자가 없으면 同姓의 적자 가운데 취한다'고 하였으니, 대부와 사가 제사를 지낼 때는 먼저 손자 가운데서 취하고, 손자가 없으면 동성의 적자 가운데서 취하며 다시 동성의 적자가 없으면 이것이 손자의 항렬에 시킬 만한 사람이 없는 것이다."(『禮記』云'無孫則取同姓之適', 則大夫士祭先取孫, 無孫取同姓之適, 是有孫列可使, 複無同姓之適, 是無孫列可使者也)『의례주소』, 947쪽 참조.

2_ 수제 : '挼祭' 또는 '墮祭'라고도 한다. 시동이 식사를 하기 전에 神이 먹고 남은 음식으로 고수레 하는 것을 말한다. 『예기』「증자문」의 공영달의 소에는 "식사를 하려고 할 때, 먼저 찰기장 밥·메기장 밥과 희생고기를 덜어 내어 나무제기(豆) 사이에 놓고 고수레 하는 것을 '挼祭'라고 한다"(謂欲食之時, 先減黍稷牢肉而祭之於豆間, 故曰'挼祭')고 하였다. '挼祭'는 祝이 佐食에게 명하여 희생제기와 나무제기 위에서 제물(黍·稷·肺)을 덜어 내어 시동에게 건네주면, 시동이 이를 가지고 고수레를 지낸다는 뜻이 된다. [少牢饋食禮16 : 經-86]의 주석 참조.

3_ 다시 : 가공언은 "주인이 용을 하고 주부가 용을 하며 빈이 용을 하여 세 사람이 세 번 하는 것이 拾이 된다"(主人踊, 主婦踊, 賓乃踊, 三者三爲拾也)고 하였다. 『의례주소』, 948쪽 참조.

記-38에서 記-48까지는 삼우三虞와 졸곡卒哭에 사용하는 날짜가 다르다는 것과 축사의 차이를 기록한 것이다.

[士虞禮14 : 記-38]

시우始虞는 유일柔日[1]을 사용한다.

始虞用柔日.

정현주   매장하는 날 정오에 우제虞祭를 지내는 것은 신령을 안정시키려는 것이다. 유일은 음陰으로, 음은 그 안정됨을 취한 것이다. 葬之日, 日中虞, 欲安之. 柔日陰, 陰取其靜.

[士虞禮14 : 記-39]

축사祝辭는 다음과 같다. "애자哀子 아무개(某)와 애현상哀顯相(제례를 돕는 사람)은 아침 일찍부터 저녁 늦게까지 슬픔에 잠겨 편안치 못합니다.

曰, "哀子某, 哀顯相, 夙興夜處不寧.

정현주   '왈曰'은 사辭의 뜻으로 축이 읽는 축문이다. 상제喪祭의 경우에는 애현상哀顯相이라고 부르는데 제사를 돕는 사람이다. '현顯'은 밝다는 뜻이고, '상相'은 돕는다는 뜻이다. 『시경』에 "아아 심원한 청묘淸廟여!

공경하고 온화한 돕는 자들이여!"라고 하였다. '불녕不寧'은 슬픈 생각에 편안치 않은 것이다. '曰', 辭也, 祝祝之辭也. 喪祭稱'哀顯相', 助祭者也. '顯', 明也, '相', 助也. 『詩』云, "於穆淸廟, 肅雍顯相." '不寧', 悲思不安.

[士虞禮14 : 記 - 40]

감히 정결한 희생인 돼지고기(剛鬣)와,

敢用絜牲剛鬣,

정현주 '감敢'은 무릅쓴다는 말이다. 돼지를 강기剛鬣라고 한다. '敢', 昧冒之辭. 豕曰'剛鬣'.

[士虞禮14 : 記 - 41]

향합香合과,

香合,

정현주 찰기장(黍)이다. 대부大夫와 사士가 서직黍稷을 칭할 때 합하여 '크고 조화로움'(普淖)이라고 한다. 여기에서 '향합香合'이라고 한 것은 기록자가 잘못한 것이다. 축사에 기장을 다음으로 하였는데 또 '천薦' 앞에 있을 수 없다. 黍也. 大夫士於黍稷之號, 合言'普淖'而已. 此言'香合', 蓋記者誤耳. 辭次黍, 又不得在薦上.

[士虞禮14 : 記 – 42]

맛난 음식(嘉薦 : 菹醢) · 기장밥(普淖 : 黍稷)과,

嘉薦 · 普淖,

정현주   '가천嘉薦'은 채소절임(菹)과 고기젓갈(醢)이다. '보뇨普淖'
는 기장밥이다. '보普'는 크다는 뜻이고, '뇨淖'는 조화롭다는 뜻이다. 덕이 크
게 조화로워야 기장밥을 먹을 수 있으므로 그렇게 부르는 것이다. '嘉薦', 菹
醢也. '普淖', 黍稷也. '普', 大也, '淖', 和也. 德能大和, 乃有黍稷, 故以爲號云.

[士虞禮14 : 記 – 43]

새로운 물(明齊)로 담근 술을 사용하여,

明齊溲酒,

정현주   '명제明齊'는 새로운 물이다. 새로운 물로 씻어서 이 술을
담갔다는 말이다. 「교특생」에 "명수明水와 세제涗齊는 깨끗함을 귀중히 여기
는 것이다"라고 하였다. 혹자는 말한다. "명시明視가 되어야 한다. 명시는 토
끼로 만든 포이다." 금문본에는 '明粢'로 되어 있는데, '자粢'는 기장(稷)이다.
모두 그 차례에 맞지 않는다. 금문본에는 '溲'가 '醙'로 되어 있다. '明齊', 新水
也. 言以新水溲釀此酒也. 「郊特牲」曰, "明水涗齊, 貴新也." 或曰, "當爲明視. 爲兔
腊也." 今文曰'明粢', '粢', 稷也. 皆非其次. 今文'溲'爲'醙'.

[士虞禮14 : 記 - 44]
시우始虞를 올리기 위하여,
哀薦祫事,

정현주 시우始虞를 '협사祫事'라고 하는 것은 신주神主는 선조에
게 합해지기를 원하는데, 선조와 합해지는 것을 편안히 여기기 때문이다.
금문본에는 '古事'라고 하였다. 始虞謂之'祫事'者, 主欲其祫先祖也, 以與先祖合爲
安. 今文曰'古事'.

[士虞禮14 : 記 - 45]
그대의 할아버지 모보某甫에게 나아가니,
適爾皇祖某甫,

정현주 '이爾'는 그대라는 뜻으로, '그대'(女)는 죽은 사람이다. '할
아버지에게 나아간다'(適皇祖)고 고하는 것은 안정시키기 위한 것이다. '황皇'
은 군주라는 뜻이다. '모보某甫'는 황조의 자字이다. 이보尼甫라고 말하는 것
과 같다. '爾', 女也, '女', 死者. 告之以'適皇祖', 所以安之也. '皇', 君也. '某甫', 皇祖
字也. 若言尼甫.

[士虞禮14 : 記 - 46]
흠향하소서!"
饗!

정현주   권하는 것이다. 勸強之也.

[士虞禮14 : 記 – 47]

재우再虞는 모두 처음과 같지만, "상주喪主는 우사虞事를 올리기 위하여"라고 한다.

再虞, 皆如初, 曰"哀薦虞事."

정현주   정일丁日에 매장을 하였다면 기일己日에 재우再虞를 지내는데, 그 축사祝辭에서 다른 곳은 한 부분뿐이다. 丁日葬, 則己日再虞, 其祝辭異者一言耳.

[士虞禮14 : 記 – 48]

삼우三虞·졸곡卒哭·다른 제사(他)는 강일剛日을 사용하는데 또한 처음과 같고, "상주는 일이 이루어졌음을 아룁니다"라고 한다.

三虞·卒哭·他, 用剛日, 亦如初, 曰"哀薦成事."

정현주   조묘祖廟에 부제祔祭를 해야 신령이 안정되기 때문이다. 삼우三虞는 강일을 사용하는 것으로 바꾼다. 강일은 양陽으로, 양은 그 움직임을 취한 것이다. 사士는 경일庚日에 삼우를 하고, 임일壬日에 졸곡을 한다. 축사에서 달라지는 것 또한 한마디일 뿐이다. '다른 제사'(他)는 때에 맞추어 매장을 하지 않은 경우를 가리킨다. 「상복소기」에 "빨리 장사를 지낼 경우에는 우제虞祭도 빨리 행한다. 그러나 삼 개월 뒤에 졸곡을 한다"라고 하였

다. 그렇다면 우제와 졸곡 사이에 제사가 있는 경우에는 또한 강일을 쓰는
데, 그 제사는 이름이 없어 '다른 제사'라고 가정하여 말한 것이다. 졸곡 앞에
기록하지 않은 것은 정례적인 것이 아니기 때문에 정례와 서로 차례지은 것
이다. 「단궁」에 "장사葬事를 치른 날 우제를 지내는 것은 차마 하루라도 (혼령
이) 돌아갈 곳이 없게 할 수 없기 때문이다. 이날 우제로 전奠을 바꾼다. 졸곡
을 '성사成事'(제사가 성립됨)라고 한다. 이날 길제吉祭로 상제喪祭를 바꾼다.
다음날 할아버지의 사당에 부제祔祭를 지낸다"라고 하였다. 이처럼 우제는
상제이고 졸곡은 길제가 된다. 금문본에는 '他'가 '它'로 되어 있다. 當祔於祖
廟, 爲神安於此. 後虞改用剛日. 剛日, 陽也, 陽取其動也. 士則庚日三虞, 壬日卒哭.
其祝辭異者, 亦一言耳. 他, 謂不及時而葬者. 「喪服小記」曰, "報葬者報虞者. 三月而
後卒哭." 然則虞卒哭之間有祭事者, 亦用剛日, 其祭無名, 謂之他者, 假設言之. 文不
在卒哭上者, 以其非常也, 令正者自相亞也. 「檀弓」曰, "葬日中而虞, 弗忍一日離也.
是日也, 以虞易奠. 卒哭日成事. 是日也, 以吉祭易喪祭. 明日祔於祖父." 如是虞爲喪
祭, 卒哭爲吉祭. 今文'他'爲'它'.

주

1_ 유일 : 간지 중에 甲·丙·戊·庚·壬이 들어가는 날이 剛日이 되고, 乙·丁·己·辛·癸가 들어가는 날이 柔日이 된다.

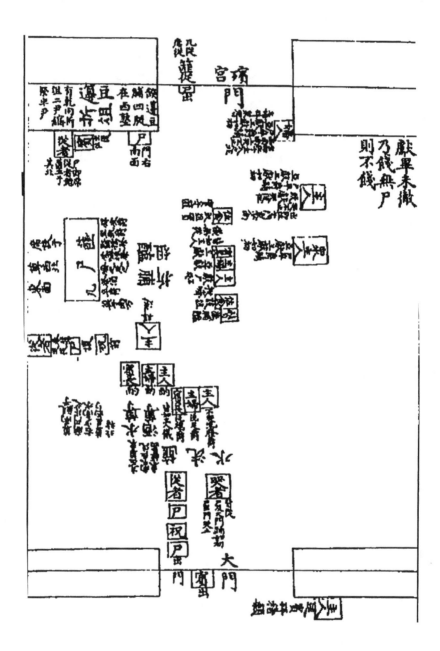

「전시餞尸」

(淸),『흠정의례의소』

記-49에서 記-69까지는 졸곡제를 마치고 시동을 전별하는 것과 전별할
시동이 없는 경우 신혼神魂을 전송하는 예를 기록한 것이다.

[士虞禮14 : 記-49]

졸곡제卒哭祭에서 삼헌三獻을 마치고 아직 치우지 않았을 때 전별
餞別하는 술을 올린다.

獻畢, 未徹, 乃餞.

정현주   졸곡제에서 삼헌을 마친 것이다. '전餞'은 전별하는 술이
다. 『시경』에 "제수濟水에 나가 머물며 녜묘禰廟에서 전별주를 마시네"라고
하였다. 시동이 새벽에 황조皇祖에 부祔를 할 것이므로 전별주로 그를 전송
한다. 고문본에는 '餞'이 '踐'으로 되어 있다. 卒哭之祭, 旣三獻也. '餞', 送行者之
酒. 『詩』云, "出宿于濟, 飮餞于禰." 尸旦將始祔于皇祖, 是以餞送之. 古文餞爲踐.

[士虞禮14 : 記-50]

두 개의 질그릇 술동이(甒)[1]를 묘문廟門 밖 오른쪽에 놓는데 조금
남쪽으로 놓는다. 물동이는 술동이의 서쪽에 있고, 술 국자(勺)는
손잡이 부분이 북쪽으로 가도록 한다.

尊兩甒于廟門外之右, 少南. 水尊在酒西, 勺北枋.

'조금 남쪽으로 한다'(少南)는 것은 북쪽에서 일이 있기 때
문이다. 현주玄酒를 둔 것은 길吉로 나아가기 때문이다.² 물동이가 서쪽에
있는 것은 아직 흉凶의 상태이기 때문이다. 물이라고 말한 것은 상喪은 질박
하여 덮개가 없으므로 오래도록 진설해서는 안 되기 때문이다. 고문본에는
'甒'가 '廡'로 되어 있다. '少南', 將有事於北. 有玄酒, 卽吉也. 此在西, 尙凶也. 言
'水'者, 喪質, 無冪, 不久陳. 古文'甒'爲'廡'也.

[士虞禮14 : 記−51]

물받이 항아리(洗)는 술동이(尊)의 동남쪽에 두고, 물은 물받이 항
아리의 동쪽에, 대광주리(篚)는 서쪽에 둔다.

洗在尊東南, 水在洗東, 篚在西.

문門의 왼쪽 조금 남쪽에 있다. 在門之左又少南.

[士虞禮14 : 記−52]

대나무제기(籩)와 나무제기(豆)를 차리는데, 4조각의 말린 고기(脯)
를 담는다.

饌籩豆, 脯四脡.

청주에는 말린 고기가 마땅하기 때문이다. 고문본에는
'脡'이 '挺'으로 되어 있다. 酒宜脯也. 古文'脡'爲'挺'.

[士虞禮14 : 記−53]

말린 고기를 올려놓은 희생제기(乾肉折俎)를 두는데,³ 바르게 세로로 자른 것 두 개 가운데 반은 고수레를 하고, 나머지는 묘문의 서쪽 당(西塾)⁴에 놓는다.

有乾肉折俎, 二尹縮, 祭半尹, 在西塾.

정현주   '말린 고기'(乾肉)는 희생의 몸체로 만든 포이다. 지금 양주涼州의 오시烏翅와 같다. 잘라서 희생제기(俎)에 채우는 것은 시동尸童을 우대하는 것이다. '윤尹'은 바르다는 뜻이다. 말린 고기를 자르더라도 반드시 바르게 해야 한다. '축縮'은 세로 방향의 뜻이다. 고문본에는 '縮'이 '蹙'으로 되어 있다. '乾肉', 牲體之脯也. 如今涼州烏翅矣. 折以爲俎實, 優尸也. '尹', 正也. 雖其折之, 必使正. '縮', 從也. 古文縮爲蹙.

[士虞禮14 : 記−54]

시동尸童이 나가면 집사執事는 안석(几)과 자리(席)를 들고 따른다.

尸出, 執几從, 席從.

정현주   축이 들어가 또한 일이 이루어졌음을 고하는 것이다. 들어가 시동 앞에 이르면 시동이 나간다. '궤석几席'은 소궤素几⁵와 갈대자리이다. 궤석을 가지고 따르는 것은 집사이다. 祝入亦告利成. 入前尸, 尸乃出. '几席', 素几葦席也. 以几席從, 執事也.

시동은 문을 나가 오른쪽에 남쪽을 향한다.

尸出門右, 南面.

정현주 자리 펴기를 기다리는 것이다. 俟設席也.

[士虞禮14 : 記-56]

자리(席)를 술동이(尊)의 서북쪽에 진설하는데 동쪽을 향하도록 한
다. 안석(几)은 남쪽에 둔다. 빈賓은 나가면 제자리로 돌아간다.

席設于尊西北, 東面. 几在南. 賓出, 復位.

정현주 들어가서 임하게 될 자리이다. 「사상례士喪禮」에 "경卿,
대부大夫인 조문객이 외형제外兄弟 남쪽에 서는데 북쪽을 윗자리로 삼는다.
제공諸公이 문 동쪽에서 북쪽을 향해 서는데 서쪽을 윗자리로 삼는다. 다른
나라의 경卿과 대부大夫가 문 서쪽에서 북쪽을 향해 서는데 동쪽을 윗자리
로 삼는다. 사士는 서쪽에서 동쪽을 향해 서는데 북쪽을 윗자리로 삼는다"
라고 하였다. 將入臨之位. 「士喪禮」 "賓繼兄弟, 北上. 門東, 北面西上. 門西, 北面
東上. 西方, 東面北上."

[士虞禮14 : 記-57]

주인主人은 나가 문門 동쪽의 자리로 나아가 조금 남쪽에 선다. 부
인婦人은 나가 주인의 북쪽 자리로 나아가는데, 모두 서쪽을 향하

고 곡하기를 그치지 않는다.

主人出, 卽位于門東, 少南. 婦人出, 卽位于主人之北, 皆西面, 哭不止.

정현주 '부인이 나간다'(婦人出)는 것은 시동尸童을 전별餞別하는 것을 중시하기 때문이다. '婦人出'者, 重餞尸.

[士虞禮14 : 記-58]

시동이 자리로 나아가 앉으면 주인主人만이 곡을 하지 않고 폐작廢爵(다리가 없는 爵)을 씻고 술을 따라 시동에게 올린다. 시동은 배례를 하고 받는다. 주인은 배례를 하면서 전송한 뒤 곡을 하고 제자리로 돌아간다. 말린 고기(脯)와 고기젓갈(醢)을 올리고 희생제기(俎)를 말린 고기와 고기젓갈의 동쪽에 진설하는데 굽은 부분(朐)을 왼쪽에 놓는다.

尸卽席坐, 唯主人不哭, 洗廢爵, 酌獻尸. 尸拜受. 主人拜送, 哭, 復位. 薦脯醢, 設俎于薦東, 朐在南.

정현주 '구朐'는 포脯와 말린 고기의 가운데를 접은 곳이다. 접은 곳을 남쪽에 두는 것은 길吉로 변하기 때문이다.[6] '朐', 脯及乾肉之屈也. 屈者在南, 變於吉.

[士虞禮14 : 記-59]

시동은 왼손으로 술잔(爵)을 잡고 말린 고기(脯)를 취하여 고기젓갈

(醢)에 적신 후 고수레를 한다. 좌식佐食은 맛을 볼 말린 고기(嚌)를 시동에게 준다.

尸左執爵, 取脯擩醢, 祭之. 佐食授嚌.

정현주 말린 고기 가운데 고수레 할 것을 준다는 것이다. 授乾肉 之祭.

[士虞禮14 : 記－60]

시동은 받아서 흔들어서 고수레를 하고(振祭), 맛을 본 뒤, 좌식에게 돌려준다. 청주로 고수레를 하고 다 마신 뒤 남쪽에 놓는다.

尸受, 振祭, 嚌, 反之. 祭酒, 卒爵, 奠于南方.

정현주 '돌려준다'(反之)는 것은 좌식에게 돌려준다는 것이다. 좌식은 희생제기(俎)에 되돌려 놓는다. 시동이 술잔을 내려놓는 것은 예는 마침이 있기 때문이다. '反之', 反於佐食. 佐食反之於俎. '尸奠爵', 禮有終.

[士虞禮14 : 記－61]

주인과 형제들은 용용踊을 하고 부인 또한 이와 같이 한다. 주부主婦가 족작足爵(다리가 있는 爵)을 씻어 아헌亞獻을 하는데 주인의 의절처럼 한다. 부인은 처음처럼 용용踊을 한다. 빈장賓長은 억작繶爵을 씻어 삼헌三獻을 하는데, 아헌을 할 때처럼 하고 용용踊은 처음처럼 한다. 좌식은 희생제기(俎)를 취하여 대광주리(篚)에 넣는다. 시동이

일어나면 종자從者는 대광주리(筐)를 받들고 곡하면서 따른다. 축
祝이 앞에서 인도하면 곡하는 자들이 모두 따르는데, 대문大文 안
쪽에 이르면 처음처럼 용용踊을 한다.

主人及兄弟踊, 婦人亦如之. 主婦洗足爵, 亞獻, 如主人儀. 婦人踊
如初. 賓長洗繶爵, 三獻, 如亞獻, 踊如初. 佐食取俎, 實于筐. 尸謖,
從者奉筐哭從之. 祝前, 哭者皆從, 及大門內, 踊如初.

정현주 남녀가 시동을 따를 때 남자는 왼쪽으로 여자는 오른쪽
으로 한다. '급及'은 이른다는 뜻이다. 시동을 따라가되 대문을 나가지 않는
것은 묘문廟門 밖에서는 시동을 섬기는 예가 없기 때문이다. 고문본에는 '謖'
이 '休'로 되어 있다. 男女從尸, 男由左, 女由右. '及', 至也. 從尸不出大門者, 由廟
門外無事尸之禮也. 古文'謖'作'休'.

[士虞禮14 : 記-62]
시동이 대문大文을 나서면 곡하던 것을 멈춘다.
尸出門, 哭者止.

정현주 밖에서 전별을 하기 때문이다. 대문은 묘문廟門과 같다.
以餞於外. 大門猶廟門.

[士虞禮14 : 記-63]
빈賓이 나가면 주인은 전송을 하면서 이마가 바닥에 닿도록 하여

배례를 한다.

賓出, 主人送, 拜稽顙.

정현주 빈을 전송할 때는 대문 밖에서 배례를 한다. 送賓, 拜於大
門外.

[士虞禮14:記-64]
주부 또한 위문闈門[7] 안에서 여자 빈에게 배례를 한다.
主婦亦拜賓.

정현주 여자 빈賓이다. 나간다고 말하지도 않고 전송한다고 말
하지도 않는 것은 위문 안에서 배례를 하기 때문이다. 위문은 지금의 동서
로 난 곁문이다. 女賓也. 不言出, 不言送, 拜之於闈門之內. 闈門如今東西掖門.

[士虞禮14:記-65]
장부丈夫들은 질대絰帶를 묘문 밖에서 벗는다.
丈夫說絰帶于廟門外.

정현주 졸곡卒哭을 마치면 마麻를 갈葛로 바꾸어 수복受服을 해
야 한다. 저녁에 갈질葛絰을 하는 것은 부제祔祭를 위한 시기이기 때문이다.
금문본에는 '說'이 '稅'로 되어 있다. 旣卒哭, 當變麻, 受之以葛也. 夕日, 則服葛者
爲祔期. 今文'說'爲'稅'.

[士虞禮14 : 記 – 66]

대공大功 이하의 형제兄弟들이 들어가 거두는데, 주인은 참여하지
않는다.

入徹, 主人不與.

^{정현주}

들어가 거두는 것은 형제로 대공 이하의 사람들이다. '주
인은 참여하지 않는다'(主人不與)고 말하였으니 장부丈夫와 부인婦人이 그 속
에 포함됨을 알 수 있다. 고문본에는 '與'가 '豫'로 되어 있다. 入徹者, 兄弟大功
以下. 言'主人不與', 則知丈夫·婦人在其中. 古文'與'爲'豫'.

[士虞禮14 : 記 – 67]

부인들은 수질首経을 벗지만 허리띠(帶)를 풀지는 않는다.

婦人說首経, 不說帶.

^{정현주}

'허리띠를 풀지 않는다'(不說帶)는 것은 참최斬衰와 자최齊
衰를 하는 부인의 허리띠(帶)는 바꾸지 않기 때문이다. 부인은 변화를 적게
하고 허리띠를 중시하는데, 허리띠는 하체의 위에 있다. 대공大功과 소공小
功을 하는 사람의 갈대葛帶의 경우도 벗지 않는 것은 가벼운 문식을 가지고
주부의 본질이 되는 것을 바꿀 수 없기 때문이다. 부제祔祭에 이르면 갈대
를 하고 자리에 나아간다. 「단궁」에 "부인은 갈포로 만든 요대腰帶를 하지 않
는다"라고 하였다. '不說帶', 齊斬婦人帶不變也. 婦人少變而重帶, 帶, 下體之上也.
大功·小功者葛帶, 時亦不說者, 未可以輕文變於主婦之質. 至祔, 葛帶以卽位. 「檀
弓」曰, "婦人不葛帶."

[士虞禮14 : 記 - 68]

시동이 없는 경우에는, 전별을 하지는 않지만 여전히 나간다. 안석과 자리를 처음처럼 진설하는데, 세 사람이 세 번씩 용을 한다.

無尸, 則不餞, 猶出. 几席設如初, 拾踊三.

정현주　　　　　시동을 전별하는 것은 본래 신령神靈을 전송하기 위한 것이다. 장부와 부인 또한 안석과 자리를 따라서 나간다. 고문본에는 '席'이 '筵'으로 되어 있다. 以餞尸者本爲送神也. 丈夫・婦人亦從几席而出. 古文'席'爲'筵'.

[士虞禮14 : 記 - 69]

곡哭을 멈추고 고하는 일이 끝나면 빈이 나간다.

哭止, 告事畢, 賓出.

주

1_ 질그릇 술동이 : 탁주를 담그는 질그릇의 술 단지로 '瓦大', '瓦甒'라고도 한다. 宋 섭숭의의 『삼례도』에 인용된 『舊圖』에 따르면 醴甒는 질그릇으로 만드는데 용량이 5斗이며, 입구의 직경이 1척, 목 부분의 높이는 2촌이며, 아랫부분이 좁고 밑바닥은 평평하다고 한다.

2_ 현주를 ~ 때문이다 : 가공언은 "虞祭에는 醴酒를 쓰고 玄酒를 사용하지 않는데 졸곡의 경우도 우제와 마찬가지이다. 이제 시동을 전별할 때 현주를 사용하고, 술은 평소 제사할 때의 술을 사용하고 예주를 사용하지 않으므로 吉로 나아간다고 한 것이다"라고 하였다.

3_ 말린 고기를 ~ 두는데 : 가공언은 혹자의 설을 인용하여 돼지를 해체하여 7개의 몸체로 만들고 그것을 말리는데 이를 '乾肉'이라고 하고, 그것을 俎에 올릴 때에는 썰어서 21개의 몸체로 만들기 때문에 '乾肉折俎'라고 이름한다고 하였다. 성세좌는 俎에 乾肉을 올리는 것은 희생을 죽이지 않기 때문이라고 하였다. 『의례주소』, 107쪽 참조.

4_ 묘문의 서쪽 당 : 이여규는 "협문의 당을 '塾'이라고 한다.(夾門之堂謂之塾) 『이아』 「석궁」에서 '문 옆의 당을 塾이라고 한다'(門側之堂謂之塾)고 하였는데, 이에 대해 곽박은 '협문의 당이다'(夾門堂也)라고 해석하였다. 문의 안쪽과 바깥쪽에는 그 동쪽과 서쪽으로 모두 '塾'이 있다. 문 하나에 4개의 塾이 있는데, 그 外塾은 남향이다"(『儀禮釋宮』)고 하였다.

5_ 소궤 : 흰색의 안석으로서, 상례에 사용된다. 『주례』 「춘관·司几筵」에서 "무릇 喪事에 갈대로 만든 돗자리를 설치하고, 오른쪽에 소궤를 놓는다"(凡喪事, 設葦席, 右素几)고 하였다. 흰색 흙을 안석에 칠한 것이다. 『삼례사전』, 670쪽 참조.

6_ 길로 변하기 때문이다 : 가공언에 따르면 "길시에는 접은 부분이 왼쪽에 있는데 이제 시동이 동쪽을 향하고 있는 상태에서 '굽은 부분이 남쪽에 있다'면 이는 흉례에서 '굽은 부분이 오른쪽에 있고 머리 부분이 왼쪽에 있는 것'과는 다르기 때문에 '길로 변하기 때문'이라고 한 것이다"(吉時屈者在左, 今尸東面而云胊在南, 則是凶禮, 屈者在右, 末頭在左, 故云變於吉也)라고 하였다.

7_ 위문 : 궁중의 문을 '闈門'이라고 한다. 부녀자들이 궁중이나 묘를 드나들 때 이용하는 쪽문이다. 종묘에서는 앞 건물을 '廟'라 하여 조상의 위패와 畫像을 모시고, 뒤 건물은 '寢'이라 하여 衣冠과 几仗 등을 보관하는데, 闈門은 寢과 廟 각각의 양쪽에 있다.

記−70에서 記−76까지는 졸곡에 부제祔祭를 고하는 축사와 시동에게 음식을 올릴 때의 축사를 기록한 것이다.

[士虞禮14 : 記−70]

죽은 지 삼일이 되면 빈殯을 하고, 삼 개월이 되면 장례葬禮를 행하고, 이어서 졸곡卒哭을 한다.

死三日而殯, 三月而葬, 遂卒哭.

정현주 사士의 경우를 말한다. 「잡기」에 "대부大夫는 사망한 지 3개월 만에 장례를 행하고 사망한 지 5개월 만에 졸곡을 한다. 제후諸侯는 사망한 지 5개월 만에 장례를 행하고 사망한 지 7개월 만에 졸곡을 한다"고 하였다. 여기에서는 죽은 달부터 계산한 것으로 사람들마다 그 뜻이 차이가 있다. 謂士也. 「雜記」曰, "大夫三月而葬, 五月而卒哭. 諸侯五月而葬, 七月而卒哭." 此記更從死起, 異人之間, 其義或殊.

[士虞禮14 : 記−71]

새벽에 부제祔祭[1]를 지내기 위해 전날 졸곡제卒哭祭(薦)를 지낸다.

將旦而祔, 則薦.

정현주 '천薦'은 졸곡제를 가리킨다. '薦'謂卒哭之祭.

[士虞禮14 : 記-72]

졸곡제의 축사祝辭는 다음과 같다. "애자哀子 아무개는 내일 모시에 그대를 그대의 황조皇祖인 모보某甫에게 합사 드리려 합니다. 흠향하소서!"

卒辭曰, "哀子某, 來日某, 隮祔爾于爾皇祖某甫. 尙饗!"

정현주 '졸사卒辭'는 졸곡의 축사이다. '제隮'는 올린다는 뜻이다. '상尙'은 바란다는 뜻이다. 찬품饌品을 거론하지 않는 것은 부제祔祭를 고하는 것이 중심임을 분명히 한 것이다. 금문본에는 '隮'가 '齊'로 되어 있다. '卒辭', 卒哭之祝辭. '隮', 升也. '尙', 庶幾也. 不稱饌, 明主爲告祔也. 今文'隮'爲'齊'.

[士虞禮14 : 記-73]

여손女孫을 부제祔祭할 때는 "황조비皇祖妣 모씨某氏"라고 한다.

女子, 曰, "皇祖妣某氏."

정현주 여손女孫을 조모祖母에게 부제祔祭할 경우이다. 女孫附於祖母.

[士虞禮14 : 記-74]

며느리를 부제할 때는 "손부孫婦를 황조고皇祖姑 모씨某氏에게"라고 한다.

婦, 曰, "孫婦于皇祖姑某氏."

'이爾'라고 하지 않고 손부라고 한 것은 며느리는 조금 소
원하기 때문이다. 금문본에는 '某氏'라는 말이 없다. 不言爾, 曰'孫婦', 婦差疏
也. 今文無'某氏'.

[士虞禮14 : 記 − 75]
그 밖의 축사는 동일하다.
其他辭, 一也.

　　　　　　'내일 모시'(來日某), '올려 부제하다'(隮祔), '흠향하소서'(尙
饗) 등이다. '來日某', '隮祔', '尙饗'.

[士虞禮14 : 記 − 76]
향사饗辭는 다음과 같다. "애자哀子 아무개가 정결하게 하여 애달
프게 올리니 흠향하소서!"
饗辭曰, "哀子某, 圭爲而哀薦之. 饗!"

　　　　　　'향사饗辭'는 시동에게 권하는 말이다. '규圭'는 정결하다
는 뜻이다. 『시경』에 "길하고 정결한 것을 조리하네"라고 하였다. 모든 길제
吉祭에서 시동에게 음식을 권할 때는 '효자孝子'라고 한다. '饗辭', 勸強尸之辭
也. '圭', 絜也. 『詩』曰, "吉圭爲饎." 凡吉祭饗尸, 曰'孝子'.

1_ 부제 : 卒哭 다음날 새로 죽은 자의 神主를 祖廟에 올려 合祀하는 것을 말한다. 祔祭를 마치면 虞祭의 신주는 正寢으로 되돌아온다. 삼년상이 끝나고 四時의 吉祭를 만난 후에 새 신주를 받들어 사당에 들여놓는다. 우제는 하루 건너서 지내며, 졸곡과 부제는 하루를 건너지 않고 지낸다.

[士虞禮14 : 記-77]

졸곡제卒哭祭를 지낸 다음날 조묘祖廟에서 소목昭穆의 차례에 따라
부제祔祭를 지낸다.

明日, 以其班祔.

정현주 졸곡의 다음날이다. '반班'은 위차位次이다. 「상복소기」
에 "부제祔祭는 반드시 소목昭穆에 따라 한다. 없으면 건너뛰고 올라간다"라
고 하였다. 부제가 끝나면 정침正寢으로 돌아가는데, 협제祫祭[1]가 끝나고 신
주神主가 그의 묘묘廟로 돌아가는 것과 같다. 연제練祭를 지낸 뒤에 천묘遷廟
를 한다. 고문본에는 '班'이 '辨'으로 되어 있기도 한다. 변씨성의 경우도 마찬
가지이다. 금문본에는 '胖'으로 되어 있다. 卒哭之明日也. '班', 次也. 「喪服小記」
曰, "祔必以其昭穆. 亡則中一以上." 凡祔已, 復于寢, 如旣祫, 主反其廟. 練而後遷
廟. 古文'班'或爲'辨'. 辨氏姓或然. 今文爲'胖'.

[士虞禮14 : 記-78]

목욕하고 · 머리를 빗기고(櫛) · 손톱을 깎는다(搔翦).

沐浴 · 櫛 · 搔翦.

더욱 자신을 문식文飾하는 것이다. '搔'는 '爪'가 되어야 한다. 금문본에는 '沐浴'이라고만 되어 있다. '搔翦'은 '蚤揃'으로 되어 있기도 하는데, '揃'은 '鬋'으로 되어 있기도 하다. 彌自飾也. '搔'當爲'爪'. 今文曰'沐浴.' '搔翦'或爲'蚤揃', '揃'或爲'鬋'.

[士虞禮14 : 記 - 79]

두텁게 돼지고기의 껍질 부위(膚)[2]를 사용하여 희생고기의 뼈를 잘라서 올려놓은 희생제기(折俎)를 차리는데, 앞다리 뼈의 위쪽 부위(胳臂)를 취한다.

用專膚爲折俎, 取諸胳臂.

'전專'은 두텁다는 뜻과 같다. '절조折俎'는 주부主婦 이하의 희생제기(俎)를 가리킨다. 몸체는 다 사용하고 사람은 많으므로 뼈를 쪼개어 만든다. 이제 앞다리 뼈의 위쪽 부위를 가지고 하는 것은 순길純吉한 경우보다 낮추는 것이다. 금문본에 글자가 '折俎'로 되어 있으나 풀이는 '斦俎'로 되어 있는 것 또한 잘못이다. 고문본에는 '胳臂'이 '頭嗌'으로 되어 있다. '專'猶厚也. '折俎', 謂主婦以下俎也. 體盡人多, 折骨以爲之. 今以胳臂, 貶於純吉. 今文字爲'折俎', 而說以爲'斦俎', 亦已誣矣. 古文'胳臂'爲'頭嗌'也.

[士虞禮14 : 記 - 80]

그 밖의 것은 특생궤사례特牲饋食禮의 경우와 같다.

其他如饋食.

특생궤사례의 일과 같다는 것이다. 혹자는 말한다. "왼쪽 몸체(左胖)로 우제虞祭를 지내고, 오른쪽 몸체(右胖)로 부제祔祭를 지낸다. 지금 여기에서 궤사饋食의 경우와 같다고 한다면 시조尸俎와 기조斨俎[3]는 모두 앞다리 뼈의 위쪽 부위(肩)와 앞다리 뼈의 중앙 부위(臂)가 있을 것인데 어찌 다시 우제 때 앞다리 뼈의 중앙 부위(臂)를 쓸 수 있겠는가? 그것은 그렇지 않음이 분명하다." 如特牲饋食之事. 或云, "以左胖虞, 右胖祔. 今此如饋食, 則尸俎・斨俎皆有肩臂, 豈復用虞臂乎? 其不然明矣."

[士虞禮14 : 記 – 81]

이어서 같은 시동尸童을 쓴다.

用嗣尸.

우제虞祭와 부제祔祭는 질質을 숭상하므로 시동을 점칠 겨를이 없다. 虞祔尙質, 未暇筮尸.

[士虞禮14 : 記 – 82]

졸곡의 축사祝辭는 다음과 같다. "효자孝子 아무개와 효현상孝顯相은 아침 일찍 일어나 저녁 늦게 잠들면서 조심스럽게 두려워하며 그 몸을 게으르게 하지 않아 편안치가 못합니다.

曰, "孝子某, 孝顯相, 夙興夜處, 小心畏忌, 不惰其身, 不寧.

'효孝'라고 칭한 것은 길제吉祭이기 때문이다. 稱'孝'者, 吉祭.

[士虞禮14 : 記−83]

포(尹祭)와,

用尹祭,

정 현 주
'윤제尹祭'는 포脯이다. 대부大夫와 사士의 제사에는 포라
고 하는 것이 없다. 이제 희생을 말하지 않고 윤제라고 한 것은 또한 기록자
의 잘못이다. 尹祭, 脯也. 大夫士祭無云脯者. 今不言牲號而云尹祭, 亦記者誤矣.

[士虞禮14 : 記−84]

맛난 음식(嘉薦 : 菹醢)・기장밥(普淖 : 黍稷)・솥에 담긴 고깃국(普薦)・
담근 술(溲酒)을 사용하여,

嘉薦・普淖・普薦・溲酒,

정 현 주
'보천普薦'은 형갱鉶羹[4]이다. 희생을 칭하지 않는 것은 다
른 것만을 기록하기 때문이다. 금문본에는 '溲'가 '醙'로 되어 있다. 普薦, 鉶
羹. 不稱牲, 記其異者. 今文'溲'爲'醙'.

[士虞禮14 : 記−85]

그대의 황조皇祖 모보某甫에게 올려 부제祔祭를 지냅니다. 흠향하
소서!"

適爾皇祖某甫, 以隮祔爾孫某甫. 尙饗!"

합부合祔하고자 하므로 둘 모두에게 고하는 것이다. 「증자문」에 "천자天子가 죽거나 국군國君이 죽으면, 축관祝官이 여러 묘廟의 신주神主를 모셔다가 태조太祖의 묘에 모아놓는 것이 예이다. 졸곡제를 마친 뒤에 신주를 각각 자기의 묘로 되돌린다"라고 하였다. 그렇다면 사士의 황조皇祖는 졸곡에 또한 묘로 되돌린다. 신주가 없을 때 묘로 되돌리는 예에 관해서는 들은 것이 없는데 아마도 폐백을 가지고 고할 것이다. 欲其祔合, 兩告之. 「曾子問」曰, "天子崩, 國君薨, 則祝取群廟之主而藏諸祖廟, 禮也. 卒哭成事, 而後主各反其廟." 然則士之皇祖, 於卒哭亦反其廟. 無主, 則反廟之禮未聞, 以其幣告之乎!

1_ 협제 : 『예기』 「왕제」의 "천자는, 봄 제사(祠)는 犆祭로 지내고, 여름 제사(禘), 가을 제사(嘗), 겨울 제사(烝)는 祫祭로 지낸다"(天子犆祠, 祫禘·祫嘗·祫烝)에 정현 주는 "'祫'은 '합한다'는 뜻이다. 천자와 제후가 喪을 마치고 先君의 신주를 祖廟에 합하여 제사를 지내는 것을 '祫'이라고 한다. … 노나라의 예에서는, 삼년상을 마치고 태조의 묘에서 협제를 지내고, 그 이듬해 봄에 群廟에서 禘를 지냈다. 이로부터 5년 동안에 은제를 두 번 지내고, 협제를 한 번 체를 한 번 지냈다('祫', 合也. 天子·諸侯之喪畢, 合先君之主于祖廟而祭之, 謂之'祫' … 魯禮, 三年喪畢而祫于大祖, 明年春禘于群廟. 自爾之後, 五年而再殷祭, 一祫一禘)라고 하였다.

2_ 돼지고기의 껍질 부위 : 능정감의 『예경석례』에 따르면 돼지의 껍질 부위(皮)를 '膚'라고 하는데, 정수인 부분(精)을 '倫膚'라고 한다. 또한 돼지고기의 고깃결이 있는 부위(肉理)는 '膬'라고 하고, 고기가 국물(汁) 안에 있는 것이 '肉湆'이다. 『의례정의』, 2216쪽 참조.

3_ 기조 : 시동을 공경하는 뜻으로 진설한 俎이다. 시동이 먹은 음식을 肵俎 위에 올려 놓고, 예가 완성되면 시동에게 보내준다.

4_ 형갱 : '鉶'은 국을 끓이고 국을 담는 솥이다. 쇠고기(牛)·양고기(羊)·돼지고기(豕)를 넣고 물을 넣은 다음 끓이는데, 모두 나물을 섞어 넣어 간을 맞춘다. 그 솥은 '鉶'이라 하고, 그 고깃국은 '鉶羹'이라고 한다.

記-86에서 記-90까지는 소상小祥·대상大祥·담제禫祭·길제吉祭의 절차와 축사의 차이를 기록한 것이다.

[士虞禮14 : 記 - 86]

일 년이 되면 소상제小祥祭[1]를 지낸다.

朞而小祥.

정현주 　　　　　'소상小祥'은 제사의 명칭이다. '상祥'은 길吉의 뜻이다. 「단궁」에 "상제 때 쓴 고기를 보낸다"고 하였다. 고문본에는 '朞'가 모두 '基'로 되어 있다. '小祥', 祭名. '祥', 吉也. 「檀弓」曰, "歸祥肉." 古文'朞'皆作'基'.

[士虞禮14 : 記 - 87]

소상小祥의 축사는 다음과 같다. "이 정기 제사(常事)를 올립니다."

曰, "薦此常事."

정현주 　　　　　축사 가운데 차이가 있는 것이다. '상常'이라고 한 것은 일 년이 되어 제사를 올리는 것이 예이기 때문이다. 고문본에는 '常'이 '祥'으로 되어 있다. 祝辭之異者. 言常者, 朞而祭, 禮也. 古文'常'爲'祥'.

[士虞禮14 : 記−88]

다시 일 년이 되어 대상제大祥祭를 지내는데, 축사는 "이 상사祥事
를 올립니다"라고 한다.

又朞而大祥, 曰, "薦此祥事."

<u>정현주</u>　　'우又'는 다시라는 뜻이다. '又', 復也.

[士虞禮14 : 記−89]

한 달을 띠우고 담제禫祭를 지낸다.

中月而禫.

<u>정현주</u>　　'중中'은 사이를 둔다는 뜻과 같다. '담禫'은 제사의 명칭
이다. 대상제와는 1달의 차이가 있다. 초상으로부터 여기에 이르기까지 모
두 27개월이다.[2] 담禫이라는 말은 담담한 듯 평안하다[3]는 뜻이다. 고문본에
는 '禫'이 '導'로 되어 있기도 하다. '中'猶間也. '禫', 祭名也. 與大祥間一月. 自喪
至此, 凡二十七月. 禫之言, 澹澹然平安意也. 古文禫或爲導.

[士虞禮14 : 記−90]

이 달에 길제吉祭[4]를 지내는데, 아직 배위配位를 함께 모시지는 않
는다.[5]

是月也, 吉祭, 猶未配.

정현주 '이 달'(是月)은 담제를 지낸 달이다. 사시四時의 제사를 지내는 달이 되면 제사를 지내는데, 여전히 배위를 함께 모시지는 않는다. 이는 슬픔이 잊히지 않았기 때문이다.「소뢰궤사례」에 "축이 축사를 하기를 효손孝孫 아무개는 삼가 양고기(柔毛)·돼지고기(剛鬣)·맛난 음식(嘉薦)·기장밥(普淖)으로 황조皇祖 백 아무개께 세시歲時의 제사를 올리고, 아무개의 비(某妃)를 아무개 씨(某氏)께 배향하고자 하나이다. 흠향하소서!"라고 하였다. '是月', 是禫月也. 當四時之祭月則祭, 猶未以某妃配某氏. 哀未忘也.「少牢饋食禮」, "祝祝曰, 孝孫某, 敢用柔毛·剛鬣·嘉薦·普淖, 用薦歲事于皇祖伯某, 以某妃配某氏. 尚饗!"

1_ 소상제 : 오불이 말한다. "이것은 練祭이다. 기간을 가지고 말하면 소상이라 하고, 喪服을 變除하는 절차로 말하면 練이라고 한다."『의례정의』, 2071쪽 참조.

2_ 초상으로부터 ~ 27개월이다 : 호배휘는 말한다. "禪은 대상 뒤 복을 벗는 제사의 명칭이다. 삼년상의 경우는 25개월에 대상제를 지내고, 27개월에 담제를 지낸다. 마치 기년상에서 13개월에 대상제를 지내고, 15개월에 담제를 지내는 것과 같다. 모두 대상제로부터 1달의 간격을 두는 것이다"라고 하였다. 『의례정의』, 2073쪽 참조.

3_ 담담한 듯 평안하다 : 호배휘는 말한다. "禪은 淡과 통용되는데 애통하고 참담한 마음이 이때에 이르러 조금씩 평안해지고 지난날 아침저녁으로 불안했던 것이 이때에 이르면 조금 안정된다는 것이다."『의례정의』, 2073쪽 참조.

4_ 길제 : 길제는 四時의 정기 제사이다. '吉'이라고 한 것은 禪祭 이전을 喪祭라고 하는 것과 대비시켜 말하는 것이다.

5_ 배위를 함께 ~ 않는다 : 오불은 "길제는 반드시 某妣를 配位로 모시는데 여기에서 배위를 모시지 않는 것은 아버지를 祔廟하고 어머니는 먼저 돌아가신 경우를 말한 것이다. 사자를 처음 遷廟하거나 살아 있는 사람이 처음 除喪을 하게 되면 남겨진 슬픔이 여전히 남아 있어 감히 순수한 吉禮를 사용할 수 없기 때문이다"라고 하였고, 성세좌는 "부인은 묘가 없어 먼저 돌아가신 어머니는 황조고에게 부묘를 하였다가 남편이 遷廟하기를 기다린 뒤에 合食을 하는데 이것이 配라는 것이다. 배를 하지 않는다면 考를 제사할 뿐이다"라고 하였다. 『의례정의』, 2076쪽 참조.